Die Entstehung von Religion

Andrew Lang

Writat

Diese Ausgabe erschien im Jahr 2023

ISBN: 9789359255255

Herausgegeben von
Writat
E-Mail: info@writat.com

Inhalt

I
EINFÜHRUNGSKAPITEL

Die moderne Wissenschaft der Religionsgeschichte ist zu Schlussfolgerungen gelangt, die bereits den Anschein haben, fest etabliert zu sein. Diese Schlussfolgerungen lassen sich kurz wie folgt zusammenfassen: Der Mensch leitete die Vorstellung von „Geist" oder „Seele" aus seinen Überlegungen zu den Phänomenen Schlaf, Träume, Tod, Schatten und aus den Erfahrungen von Trance und Halluzinationen ab. Der Mensch verehrte zunächst die verstorbenen Seelen seiner Verwandten und erweiterte später die Lehre von spirituellen Wesen in viele Richtungen. Geister oder andere spirituelle Wesen, die nach den gleichen Grundsätzen entstanden, gediehen, bis sie zu Göttern wurden. Als Ergebnis einer Vielzahl von Prozessen wurde schließlich einer dieser Götter zum höchsten Gott und wurde schließlich als der einzige Gott angesehen. Unterdessen behielt der Mensch seinen Glauben an die Existenz seiner eigenen Seele bei, die nach dem Tod des Körpers überleben würde, und gelangte so zur Vorstellung der Unsterblichkeit. Somit sind die Vorstellungen von Gott und der Seele das Ergebnis früher falscher Überlegungen über missverstandene Erfahrungen.

Es mag fast mutwillig erscheinen, die Notwendigkeit einer Überarbeitung eines Systems zu suggerieren, das gleichzeitig so einfach, so logisch und scheinbar so gut auf Fakten basiert. Aber es kann niemals wirklich schaden, Massen an Beweisen aus neuen Blickwinkeln zu untersuchen. Schlimmstenfalls muss das Scheitern negativer Kritik dazu beitragen, die angegriffenen Lehren zu etablieren. Nun gibt es, wie wir zeigen werden, zwei Gesichtspunkte, unter denen die Beweise für die Religion in ihren frühen Stadien nicht kontinuierlich geprüft wurden. Deshalb möchten wir zunächst fragen, was, wenn überhaupt, über die Natur der „Visionen" und Halluzinationen festgestellt werden kann, die laut Herrn Tylor in seinem berühmten Werk „Primitive Culture" zur Entstehung von beigetragen haben die Idee von „Geist". Zweitens werden wir die uns vorliegenden Berichte über die hohen Götter und schöpferischen Wesen sammeln und vergleichen, die von den rückständigsten Rassen verehrt oder an sie geglaubt werden. Wir werden dann fragen, ob diese relativ höchsten Wesen, die sich Menschen in sehr rudimentären sozialen Verhältnissen so vorstellen, wie die Anthropologie behauptet, bloße Entwicklungen aus dem Glauben an Geister der Toten sein können.

Abschließend wollen wir die Behauptung wagen, dass die wilde Theorie der Seele zumindest teilweise auf Erfahrungen beruht, die derzeit nicht in ein rein materialistisches System des Universums passen. Wir werden auch Beweise vorbringen, die beweisen, dass die Idee von Gott in ihrer frühesten bekannten Form nicht logisch aus der Idee des Geistes abgeleitet werden muss, wie auch immer diese Idee selbst erlangt oder weiterentwickelt worden sein mag. Die Vorstellung von Gott muss also nicht aus Reflexionen über Träume und „Geister" entwickelt werden.

Wenn diese beiden Positionen mit Erfolg verteidigt werden können, ist es offensichtlich, dass die gesamte Theorie der Religionswissenschaft überdacht werden muss. Aber es ist nicht weniger offensichtlich, dass unsere beiden Positionen nicht voneinander abhängen. Das erste kann als phantastisch oder unwahrscheinlich angesehen werden oder „maskiert" und auf der Seite gelassen werden. Aber die Stärke der zweiten Position, die auf Beweisen anderer Art beruht, wird daher in keiner Weise beeinträchtigt. Unsere erste Position kann nur durch Beweise begründet werden, die äußerst unpopulär sind und in der Regel von der modernen Wissenschaft verurteilt werden. Die Beweisführung erfolgt durch ein jedenfalls legitimes anthropologisches Vorgehen. Wir könnten dem Beispiel von Herrn Tylor folgen und wilde *Überzeugungen* über Visionen, Halluzinationen, „Hellsehen" und den Erwerb von Wissen sammeln, das scheinbar über die normalen Sinneskanäle nicht erreichbar ist. Wir können diese wilden Überzeugungen dann mit bezeugten Aufzeichnungen über ähnliche *Erfahrungen* lebender und gebildeter zivilisierter Männer vergleichen. Selbst wenn wir zu keiner oder einer negativen Schlussfolgerung hinsichtlich der Aktualität und des übernatürlichen Charakters der angeblichen Erfahrungen gelangen, ist es dennoch sinnvoll, Daten der wilden und zivilisierten Psychologie oder sogar der wilden und zivilisierten Illusionen und Fabeln zu vergleichen ein vernachlässigter Teil der Funktion der anthropologischen Wissenschaft. Die Ergebnisse, ob sie unsere erste Position stärken oder nicht, müssen neugierig und lehrreich sein, und sei es nur als Kapitel in der Geschichte des menschlichen Versagens. Auch in diesem Kapitel geht es nicht um ein unbedeutendes Thema, sondern um das, was wir die X-Region unserer Natur nennen könnten. Aus dieser Region, aus Wundern, Prophezeiungen und Visionen, sind sicherlich die großen Religionen hervorgegangen, das Christentum und der Islam; und die großen religiösen Erneuerer und Führer, unser Herr selbst, der heilige Franziskus, John Knox, Jeanne d'Arc , bis hin zum Gründer des neuen Glaubens der Sioux und Arapahoe. Es kann daher nicht unwissenschaftlich sein, die barbarischen mit den zivilisierten Überzeugungen und Erfahrungen über eine Region zu vergleichen, die so wenig verstanden und so fruchtbar an starken Einflüssen ist. Hier wird das Thema eher mit der Methode der Anthropologie als mit der Methode der Psychologie untersucht. Es ist denkbar, dass wir (wie schon zuvor) aus den groben Beobachtungen und voreiligen Schlussfolgerungen der rückständigsten Rassen etwas lernen können.

Wir können dies anhand einer Anekdote veranschaulichen:

„Die Nordindianer nennen die *Aurora Borealis* „ Edthin ", das heißt „Hirsch".
Ihre diesbezüglichen Vorstellungen basieren auf einem Prinzip, das man sich
nicht vorstellen kann. Die Erfahrung hat ihnen gezeigt, dass ein haariges
Hirschfell, wenn man es in einer dunklen Nacht zügig mit der Hand
streichelt, viele Funken elektrischen Feuers ausstößt.

So sagt Hearne in seiner 1795 veröffentlichten „Reise" (S. 346).

Diese Beobachtung der Roten Männer ist eine Art Gleichnis, das einen Teil
des Inhalts der folgenden Abhandlung darstellt. Die Indianer zogen aus
einem trivialen Phänomen voreilige Schlussfolgerungen und gelangten
unversehens zu einer wahrscheinlich richtigen Schlussfolgerung, die der
zivilisierten Wissenschaft lange unbekannt war. Sie verbanden die Aurora
Borealis mit Elektrizität und gingen davon aus, dass Scharen von Hirschen
am Himmel sich gegenseitig die Funken ausrieben! Unterdessen sprach eine
verwirrte Bevölkerung sogar im letzten Jahrhundert von dem Phänomen als
„Lord Derwentwaters Lichter". Der kosmische Prunk und die Pracht
erstrahlten, um den treuen Derwentwater im Himmel willkommen zu heißen,
als er sein Leben für seinen verbannten König gegeben hatte.

Nun möchte ich im früheren Teil dieses Aufsatzes darauf hinweisen, dass
bestimmte Phänomene der menschlichen Natur, scheinbar so trivial wie die
Funken, die in einer dunklen Nacht aus dem Fell eines Hirsches gerieben
werden, auf eine oder mehrere Kräfte hinweisen und mit ihnen verbunden
sein könnten , die, wie die Aurora Borealis, von einem Ende des Himmels
zum anderen scheinen kann und die Dunkelheit unseres Schicksals auf
seltsame Weise erhellt. Solche Phänomene hat die Wissenschaft ignoriert, so
wie sie so lange die Funken der gestreichelten Hirschhaut und die
Anziehungskraft von geriebenem Bernstein ignoriert hat. Es war nicht
bekannt, dass diese trivialen Dinge mit dem Blitz in Verbindung standen oder
auf eine Kraft hindeuteten, die der Mensch zähmen und nutzen konnte. Aber
so wie die Indianer durch eine schnelle, nachlässige Schlussfolgerung die
Aurora Borealis auf elektrische Einflüsse zurückführten, so (wie uns die
Anthropologie versichert) haben Wilde überall auf die Existenz von Seele
oder Geist, Intelligenz, geschlossen

„Kennt weder das Band der Zeit,
noch trägt er die Fesseln des Weltraums"

zum Teil aus bestimmten scheinbar trivialen Phänomenen der menschlichen
Fähigkeiten. Diese Phänomene hat, wie Herr Tylor sagt, „die große
intellektuelle Bewegung der letzten zwei Jahrhunderte einfach als wertlos
beiseite geworfen."[1] Ich beziehe mich auf angebliche Erfahrungen, die
lediglich seltsam, sporadisch und für kommerzielle Zwecke nutzlos sind, wie
z wie die Übertragung von Gedanken von einem Geist auf einen anderen
über keinen bekannten Sinneskanal, das Auftreten von Halluzinationen, die

auf den *ersten Blick* zufällig mit unbekannten Ereignissen in der Ferne korrespondieren, alles, was „zweiter Blick" oder „Hellsehen" genannt wird, und andere Dinge sind noch unklarer. Ausgehend von diesen realen oder angeblichen Phänomenen und anderen ganz normalen und akzeptierten Tatsachen wie Traum, Schatten, Schlaf, Trance und Tod haben Wilde auf die Existenz von Geist oder Seele geschlossen, genau wie die Indianer zur Vorstellung von Elektrizität gelangten (nicht). (von ihnen natürlich so genannt) als Ursache der Aurora Borealis. Aber so wie die Indianer dachten, dass die kosmischen Lichter durch das Aneinanderreiben dicht gedrängter Hirsche am Himmel verursacht würden (eine Theorie, die völlig kindisch und absurd ist), so hat der Wilde seine Schlussfolgerung hinsichtlich der Existenz des Geistes auf grobe, phantastische Weise zum Ausdruck gebracht . Er glaubt an wandernde, trennbare Seelen der Menschen, die den Tod überleben, und er hat mit seinen Träumen das gesamte unbelebte Universum bevölkert.

Meine Vermutung ist, dass der Wilde trotz seiner Fantasien möglicherweise aus seinen Prämissen eine Schlussfolgerung gezogen hat, die nicht vollständig oder nachweislich falsch war. So wie die Funken der Hirschhaut auf Elektrizität hinwiesen, so deuten die seltsamen Lichter in der Nacht der menschlichen Natur möglicherweise auf Fähigkeiten hin, über die die Wissenschaft bis vor kurzem und in einigen wenigen Fällen gelacht, sie ignoriert und „als wertlos beiseite geworfen" hat.

Es sollte beachtet werden, dass ich nicht von „Spiritualismus" spreche, einem Wort mit den schlimmsten Assoziationen, das untrennbar mit Betrug, schlechter Logik und blindester Leichtgläubigkeit verbunden ist. Einige der erwähnten Phänomene wurden jedoch von „ Spirituosen " als ihre eigene Provinz beansprucht und müssen vor ihnen gerettet werden. Herr Tylor schreibt:

„Die Frage, die durch den Vergleich von wildem, barbarischem und zivilisiertem Spiritualismus aufgeworfen wird, ist folgende: Teilen der indianische Medizinmann, der tatarische Nekromant, der Geisterseher aus den Highlands und das Bostoner Medium den Besitz von Glauben und Wissen über das?" höchste Wahrheit und Bedeutung, die jedoch die große intellektuelle Bewegung der letzten zwei Jahrhunderte einfach als wertlos beiseite geworfen hat?'

Hervorragend ! Das scheint mir nicht das Problem zu sein. Meiner Meinung nach geht es darum: „Haben die Indianer, die Tataren, der Hochland-Seher und das Bostoner Medium (das am wenigsten angesehene Volk der Menagerie) bestimmte echte Dinge beobachtet und wild darüber nachgedacht, sie gefälscht und durch Betrug verdunkelt?" -Produkte menschlicher Fähigkeiten, die es *auf den ersten Blick nicht* verdienen, beiseite geworfen zu werden?'

Ich wage zu glauben, dass das das eigentliche Problem ist. Dass die Wissenschaft einige wertvolle Beobachtungen von Wilden als wertlos beiseite werfen könnte, wird mittlerweile allgemein von Leuten zugegeben, die die Fakten kennen. Zu diesen Beobachtungen gehört das gesamte Thema des Hypnotismus mit der Verwendung von Suggestionen zu Heilungszwecken und das nicht mehr geleugnete Phänomen des „Persönlichkeitswechsels". Für die Wahrheit dieser Aussage können wir uns auf einen der größten kontinentalen Anthropologen berufen, Adolf Bastian.[2] Die Missionare, wie auch Livingstone, gingen gewöhnlich davon aus, dass die erklärte Unwissenheit des wilden Sehers – nach seinem sogenannten Inspirationsanfall – darüber, was in diesem Staat geschah, eine Betrügerei war. Aber niemand zweifelt mehr an der ähnlichen Vergessenheit dessen, was vergangen ist, die manchmal auf den analogen hypnotischen Schlaf folgt. Von einer bemerkenswerten Heilung, die die Schule der Salpêtrière oder von Nancy wahrscheinlich mit Recht der „Suggestion" zuschreiben würde, wird später ein brutales Beispiel gegeben.

In den „Reports of the Ethnological Bureau of the Smithsonian Institute" (Washington, USA, 1892-98) wurde der grausame Hypnotismus und die „Suggestion" bei den Sioux und Arapahoe für einen ganzen Band wert gehalten. Republikanische Regierungen veröffentlichen wissenschaftliche Inhalte „unabhängig von den Kosten", und die wesentlichen Punkte hätten möglicherweise kürzer dargelegt werden können. Sie veranschaulichen die Tatsache, dass nur bestimmte Personen andere hypnotisieren können , und beleuchten einige Besonderheiten des *Rapports*. [3] Kurz gesagt, in der modernen Wissenschaft der experimentellen Psychologie kamen uns Wilde voraus, wie die Gesellschaft für Experimentelle Psychologie in Berlin offen zugibt. „Dass viele mystische Phänomene unter Wilden viel häufiger und prominenter sind als unter uns, ist jedem bekannt, der mit dem Thema vertraut ist." Die *ethnologische* Seite unserer Untersuchung erfordert eine tiefgreifende Untersuchung."[4]

Diese Studie versuche ich gleich zu skizzieren. Mein Ziel ist es, einige „abergläubische Praktiken" und Überzeugungen der Wilden mithilfe der vergleichenden Methode zu untersuchen. Ich werde, wie ich bereits sagte, die ethnologischen Beweise für wilde Gebräuche und Überzeugungen, die der Gedankenübertragung, zufälligen Halluzinationen, alternierenden Persönlichkeiten usw. ähneln, mit den besten bezeugten modernen Beispielen vergleichen, ob experimentell oder spontan. Dies wirft die Frage nach unseren Beweisen auf, die von entscheidender Bedeutung sind. Wir fahren fort, es zu verteidigen. Die brutalen Berichte stehen auf dem Niveau vieler anthropologischer Beweise; Sie können von Gegnern als „

Reisemärchen " abgetan werden. Aber der beste Beweis für die Richtigkeit der Berichte und den tatsächlichen Glauben an die Fakten ist das unbeabsichtigte Zusammentreffen von Beweisen aus allen Altersgruppen und Kreisen.[5] Wenn die Geschichten, die von Reisenden , alten und modernen, gelehrten und ungebildeten, frommen oder skeptischen Reisenden, mitgebracht werden, im Großen und Ganzen übereinstimmen, haben wir alle Gewissheit, die die Anthropologie bieten kann. Wenn wir wiederum praktisch die gleichen seltsamen, vernachlässigten Funken finden, von denen nicht nur im europäischen Volksaberglauben gemunkelt wird, sondern die auch in vielen hundert Aussagen aus erster Hand von angesehenen modernen, gebildeten und verantwortungsbewussten Zeugen bezeugt werden, können wir den Zufall nicht ehrlich oder sicher von der Hand weisen Bericht als Hinweis auf ein bloßes „Überleben" des wilden Aberglaubens und nichts weiter.

Bei hypnotischen Phänomenen ist dies, so ist man sich einig, nicht mehr möglich. Ich hoffe, es möglich erscheinen zu lassen, dass wir dies nicht tun sollten, wenn es um die Halluzinationen geht, die durch einen sanften, tiefen Blick hervorgerufen werden, der normalerweise als „Kristallblick" bezeichnet wird. Ethnologisch gesehen ist diese Praxis mindestens so alt wie die Antike und nahezu weltweit verbreitet. Ich werde seine Existenz in Australien, Neuseeland, Nordamerika, Südamerika, Asien, Afrika, Polynesien und bei den Inkas beweisen, ganz zu schweigen vom mittleren und jüngsten europäischen Zeitalter. Die allgemeine Idee ist, dass solche Visionen „hellsichtig" sein könnten. Um einen polynesischen Fall zu nehmen, „ähnlich dem hawaiianischen *Wai*". *harru* .' Wenn jemand ausgeraubt wurde, lässt der Priester nach einem Gebet ein Loch in den Boden des Hauses graben und es mit Wasser füllen. Dann blickt er ins Wasser, „über das der Gott den Geist des Diebes legen soll…". Ihrem Bericht zufolge spiegelte sich das Bild des Diebes im Wasser, und als der Priester es sah, benannte er den Einzelnen oder die Parteien."[6] Hier ist die Aussage über den „Geist" lediglich eine brutale Philosophie Erläuterung. Aber die Tatsache, dass halluzinatorische Bilder tatsächlich von einem beträchtlichen Prozentsatz gebildeter Europäer in Wasser, Glaskugeln usw. gesehen werden können, wird heute durch häufige Experimente bestätigt und von Gegnern, „nicht-mystischen Schriftstellern" wie Dr., akzeptiert. Kirchengemeinde München.[7] Ich werde Beweise dafür vorlegen, dass die Visionen sozusagen korrekt Personen und Orte widerspiegeln, die dem Betrachter völlig unbekannt sind, und dass sie möglicherweise sogar Details offenbaren, die jedem Anwesenden unbekannt sind. Solche Ergebnisse bei Wilden oder Abergläubischen würden und werden durch die Theorie der „Geister" erklärt. Die moderne Wissenschaft muss immer noch eine Erklärung finden, die mit den anerkannten Naturgesetzen im Einklang steht, aber wir werden uns nicht auf „Geister" berufen.

Auf die gleiche Weise möchte ich alle oder die meisten der „sogenannten mystischen Phänomene des wilden Lebens" untersuchen. Ich vergleiche sie dann mit den besser verbürgten modernen Beispielen. Um auf die Frage der Beweise zurückzukommen: Ich gestehe, dass ich nicht sehe, wie der ablehnende Anthropologe, Psychologe oder populäre Agnostiker dem folgenden Dilemma entgehen soll: Dem Anthropologen sagen wir: „Die Beweise, die wir vorlegen, sind Ihre eigenen Beweise, die von." Reisebücher in allen Ländern und Ländern. Wenn *Sie* daraus argumentieren dürfen, dürfen wir das auch tun. Einige davon sind Beweise für ungewöhnliche Tatsachen, mehr davon sind Beweise für einzigartige Überzeugungen, die unserer Meinung nach nicht unbedingt unbegründet sind. Um eine Vermutung zugunsten dieser Meinung zu begründen, führen wir Beispiele an, in denen brutale Beobachtungen anormaler und einst verworfener Tatsachen von der Wissenschaft nun als ein großer Rest an Wahrheit anerkannt werden; wir argumentieren, dass das, was in manchen Fällen zugegeben wird, wahr werden kann in mehr zugelassen. Hier kann keine *apriorische* Grenze gezogen werden.'

Dem Psychologen, der einwendet, dass unsere modernen Beispiele bloße Anekdoten seien, antworten wir mit der Frage: „Sehr geehrter Herr, was sind *Ihre* modernen Beispiele?" Was wissen Sie über „Frau A.", die Sie immer noch hartnäckig als Beispiel für krankhafte, wiederkehrende Halluzinationen anführen? Nennen Sie das deutsche Dienstmädchen, das im Fieber mehrere erlernte Sprachen sprach, die sie von ihrem früheren Herrn, einem Gelehrten, vortragen hörte! Wo hat sie gelebt? Wer bürgt für sie, wer hat sie gehört, wer hat sie verstanden? Es gibt, wissen Sie, überhaupt keine Beweise; Die Anekdote wird von Coleridge erzählt: Die Phänomene sollen von ihm „in einer römisch-katholischen Stadt in Deutschland beobachtet worden sein, ein oder zwei Jahre vor meiner Ankunft in Göttingen ... Viele bedeutende Physiologen und Psychologen besuchten die Stadt." Warum nennen Sie nicht einige aus der angesehenen Menge?"[8] Diese Anekdote, ein Gerücht eines Gerüchts über eine protestantische Erklärung eines katholischen Wunders, wurde von Coleridge mindestens zwanzig Jahre nach dem möglichen Datum erzählt. Die Psychologen kopieren es,[9] einer nach dem anderen, wie eine Schafherde dorthin springt, wo ihr Anführer gesprungen ist. Ein Beispiel als Anekdote kann zulässig sein.

Der aktuellen anthropologischen Theorie zufolge wurde die Vorstellung von Seele oder Geist den frühen Menschen durch ihre Traumerlebnisse nahegelegt. Sie schienen im Schlaf abgelegene Orte zu besuchen; Deshalb, so argumentierten sie, sei etwas in ihnen in der Lage, den Körper zu verlassen und umherzuwandern.

Dieses Etwas war die Seele oder der Geist. Nun ist es offensichtlich, dass diese Meinung der frühen Menschen bestätigt würde, wenn sie jemals in

Träumen Wissen über Orte erlangen würden, die sie nie besucht hatten, und über Tatsachen, über die sie im Wachzustand keine Informationen haben könnten. Diese Erfahrung würde in der Tat selbst Herrn Herbert Spencer Probleme bereiten, wenn sie ihm in den Sinn käme.

Als ich mich mit einem Freund von anerkannter philosophischer Bedeutung über dieses Thema unterhielt, veranschaulichte ich meine Bedeutung anhand der Geschichte eines Traums. Der Träumer, mit dem ich gut vertraut bin, berichtete mir, dass es sich um ein sehr junges Ereignis handelte und durch die Aussage einer anderen Person bestätigt wurde, der der Traum erzählt wurde, bevor seine Erfüllung entdeckt wurde. Es steht mir aus guten Gründen nicht frei, die Einzelheiten zu veröffentlichen, aber der Kern der Sache war folgender: A. und B. (der Träumer) hatten gemeinsame Interessen. A. hatte bestimmte Schritte unternommen, über die B. nur eine vage Vermutung hatte, dass wahrscheinlich Schritte unternommen worden seien. A. starb dann, und B. schien in einem äußerst lebhaften Traum (was ihm unbekannt war) eine Menge unbekannter Tatsachen zu lesen, die in zwei eindeutigen Ergebnissen gipfelten, die in Zahlen ausgedrückt werden konnten. Diese Ergebnisse konnten A. aufgrund der Natur des Falles nicht bekannt sein, so dass er sie, bevor er B. durch seinen Tod außer Reichweite gebracht wurde, ihm gegenüber nicht hätte mitteilen können und dies auch später getan hat sicherlich keine Möglichkeit, dies zu tun.

Der Traum erwies sich zwei Tage nach seinem Auftreten und nachdem er C. erzählt worden war, im wahrsten Sinne des Wortes als richtig. Nun frage ich den Leser nicht nach seinem Glauben an diese Anekdote (denn dieser konnte nur aufgrund der Kenntnis der Wahrhaftigkeit von B. und C. ermittelt werden), sondern ich lenke seine Aufmerksamkeit auf die psychologische Erklärung. Mein Freund vermutete, dass A. B. alles über die Angelegenheit erzählt hatte, dass B. nicht zugehört hatte (obwohl seine Interessen von entscheidender Bedeutung waren) und dass die Menge merkwürdiger Details, die B. natürlich nicht kannte, in seiner unterbewussten Erinnerung geruht hatte und war im Traum wiederbelebt worden.

Nun war Bs Traum ein Traum, in dem er eine Menge winziger Details las, darunter auch Namen von Orten, die ihm völlig unbekannt waren. Man kann in Übereinstimmung mit der psychologischen Theorie zugeben, dass B. zwar alle diese Informationen von A. erhalten haben könnte, sich aber aufgrund von Unaufmerksamkeit – „der Krankheit, nicht zu markieren" – möglicherweise nie bewusst war, was *er* hörte . Dann könnte B.s unbewusste Erinnerung an das, was er nicht *bewusst* wusste, in seinem Traum über ihn hereinbrechen. Fälle ähnlicher psychischer Phänomene sind keine Seltenheit. Aber das allgemeine Ergebnis der kombinierten Einzelheiten konnte A. unmöglich vor seinem Tod kennen; noch B. konnte es überhaupt wissen. Doch B.s Traum stellte dieses allgemeine Ergebnis mit vollkommener

Genauigkeit dar, was nicht durch die Wiederbelebung der unterbewussten Erinnerung im Schlaf erklärt werden kann. Weder im Schlaf noch im Wachzustand kann sich ein Mensch an etwas erinnern, das er unmöglich gewusst haben kann. Der Traum enthielt keine *Vorhersage* , denn die Ergebnisse standen nun fest; aber (wenn man den guten Glauben des Erzählers anerkennt) enthielt der Traum tatsächlich Informationen, die normalerweise nicht zugänglich waren.

Als psychologische Erklärung des Traums zitierte mein Freund jedoch Coleridges Legende über das deutsche Mädchen und ihre unbewussten Kenntnisse bestimmter erlernter Sprachen. „Und was ist der Beweis für die Wahrheit von Coleridges Legende?" Natürlich gibt es keine oder keine, die allen Psychologen bekannt ist, die es von Coleridge zitieren. Auch wenn die Legende wahr war, war sie nicht auf den Punkt gebracht. Allerdings wird die Psychologie solche nicht authentifizierten Erzählungen akzeptieren und dennoch auf den ersten Blick baudige, ordnungsgemäß bestätigte Aussagen lebender und ehrenhafter Menschen über jüngste Ereignisse verspotten.

Nur eine große Kraft des Vorurteils kann erklären, warum Psychologen eine Art wunderbarer Geschichten ohne Beweise akzeptieren und eine andere Klasse wunderbarer Geschichten ablehnen, wenn sie durch unterzeichnete und bestätigte Beweise aus erster Hand von lebenden Zeugen gestützt werden. Ich sehe für Psychologen nur einen Ausweg aus diesem Dilemma. Ihre wunderbaren Geschichten sind *möglich* , wenn auch unbestätigt, weil sie sie immer gehört und in Vorträgen wiederholt und in Büchern gelesen und wiederholt haben. *Unser* Wunderbare Geschichten sind unmöglich, weil die Psychologen wissen, dass sie unmöglich sind, was bedeutet, dass sie sie nicht von Jugend auf in Vorlesungen und Handbüchern kennengelernt haben. Aber der Mensch hat kein Recht , *a priori* „klare Vorstellungen vom Möglichen und Unmöglichen" zu haben, wie Faraday , außer in den exakten Wissenschaften. Es gibt andere Fälle schwacher Beweise, die Psychologen zufriedenstellen.

Hamilton hat eine Anekdote, die er von Monboddo entlehnt hat, der sie von Herrn Hans Stanley erhielt, der sie „vor etwa sechsundzwanzig Jahren" von der Person der Geschichte, Madame de Laval, hörte. „Ich habe das Memorandum irgendwo in meinen Papieren", sagt Mr. Stanley vage. Dann haben wir zwei amerikanische Anekdoten von Dr. Flint und Mr. Rush; und das ist Sir William Hamiltons Ausstattung mit seltsamen Fakten, um das Unbewusste oder Unterbewusste zu diskutieren. Die am wenigsten glaubwürdigen und am schlechtesten belegten dieser Erzählungen tauchen immer noch in populären Werken zur Psychologie auf. Darüber hinaus basiert die gesamte Psychologie, mit Ausnahme der experimentellen Psychologie, auf Anekdoten, die Menschen über ihre eigenen subjektiven Erfahrungen erzählen. Herr Galton, dessen ursprüngliche Forschungen wohlbekannt sind, bot sogar eine Geldprämie für solche Erzählungen über visualisierte Reihen farbiger Figuren usw. an.

Offensichtlich hat der Psychologe also auf *den ersten Blick kein* Recht, Einwände gegen unsere Erfahrungsanekdoten zu erheben, die er als rein subjektiv ansieht. Als Beweismittel akzeptieren wir nur sie aus erster Hand und wenn möglich, werden die Zeugen persönlich befragt. Unsere Beweise liegen also, sofern sie aus Reiseerzählungen bestehen , auf einer Ebene mit dem, was den Anthropologen zufriedenstellt. Wenn es sich um moderne Aussagen persönlicher Erfahrungen handelt, sind unsere Beweise oft unendlich besser als vieles, was vom nichtexperimentellen Psychologen akzeptiert wird. Was den agnostischen Autor über die Nichtreligion der Zukunft betrifft, so illustriert M. Guyau die Auferstehung unseres Herrn tatsächlich durch einen amerikanischen Mythos über einen Verbrecher, von dem jedem seiner Gefängniskameraden einzeln und nacheinander ein halluzinatorisches Phantom erschien einen Tag nach seiner Hinrichtung! Für diese erstaunliche Fabel wird kein Hinweis auf eine Autorität gegeben.[10] Dennoch scheinen die Beweise M. Guyau zu befriedigen und werden von ihm zur Untermauerung seiner Argumentation herangezogen.

Der Anthropologe und der Psychologe müssen also entweder zugeben, dass ihre Beweise nicht besser als unsere sind, wenn sie sogar genauso gut sind, oder sie müssen sagen, dass sie nur Beweisen für „mögliche" Tatsachen glauben. Sie konstituieren sich damit selbst als Richter des Möglichen und betrachten sich praktisch als allwissend. Die Wissenschaft musste so viele Dinge akzeptieren, die einst als „unmöglich" verspottet wurden, dass diese Haltung, wie wir in Kapitel II zeigen werden, keinen Respekt mehr einflößt.

Mein Vorschlag ist, dass die trivialen, abgelehnten oder unbeachteten Phänomene, die durch die hier verteidigten Beweise bestätigt werden, nicht unvorstellbar von erheblicher Bedeutung sein könnten. Wenn wir uns jedoch nur mit Illusionen und Fabeln befassen, ist es, um es auf den Punkt zu bringen, merkwürdig, ihre anhaltende Gleichförmigkeit im wilden und zivilisierten Leben zu bemerken.

Um die erste unserer beiden Hauptpositionen zu verdeutlichen und teilweise zu rechtfertigen, dass wir für solche Angelegenheiten überhaupt Aufmerksamkeit erregen, bieten wir nun einen historischen Überblick über die Beziehungen zwischen der Wissenschaft und dem sogenannten „Wunder" in der Vergangenheit.

[Fußnote 1: *Primitive Kultur* , d . h . 156. London, 1891.]

[Fußnote 2: *Ueber psychische Beobachiungen bei Naiurvülkern* . Leipzig, Günther, 1890.]

[Fußnote 3: Siehe insbesondere S. 922-926. Das Buch ist auch in anderer Hinsicht interessant und in der Tat berührend, da es die Gründung einer neuen indianischen Religion auf der Grundlage von Hypnose und Christentum beschreibt.]

[Fußnote 4: Programm der Gesellschaft, S. iv.]

[Fußnote 5: Tylor, *Primitive Culture* , i , 9, 10.]

[Fußnote 6: Ellis, *Polynesian Researches* , ii. P. 240.]

[Fußnote 7: *Halluzinationen und Illusionen* , englische Ausgabe, S. 69-70, 297.]

[Fußnote 8: Sir William Hamiltons *Vorlesungen* , ich . 345.]

[Fußnote 9: Maudsley, Kerner, Carpentor , Du Prel , Zangwill.]

[Fußnote 10: Coleridges mythische Magd (S. 10) wird von Mr. Samuel Laing zu einem Experiment von Braid geschickt! Es werden keine Referenzen angegeben. – Laing: *Problems of the Future.*]

II
WISSENSCHAFT UND „WUNDER"

Historische Skizze

Forschung in der X-Region ist keine neue Sache. Als Saul sich vor seiner Konferenz mit der Hexe von Endor verkleidete, unternahm er einen elementaren Versuch, das Übernatürliche wissenschaftlich zu testen. Krösus, der König, ging noch viel weiter, als er die Hellsichtigkeit der Orakel Griechenlands testete, indem er eine Gesandtschaft schickte, um zu fragen, was er zu einer bestimmten Stunde an einem bestimmten Tag tat, und dabei etwas sehr Bizarres *tat* . Wir wissen nicht, wie das Delphische Orakel die richtige Antwort herausfand, aber uns fallen sofort verschiedene einfache Betrugsmethoden ein. Allerdings war das Vorgehen des Krösus, wenn er bestimmte Vorsichtsmaßnahmen traf, relativ wissenschaftlich. Relativ wissenschaftlich war auch die Untersuchung von Porphyrius, mit dessen Position unsere eigene nicht unwahrscheinlich verglichen werden kann. Porphyrius war nicht in der Lage oder zögerte, das Christentum anzunehmen, und suchte nach einem Zeichen für ein Element übernatürlicher Wahrheit im Heidentum. Aber er begann am falschen Ende, nämlich bei heidnischen spiritistischen *Séancen* , mit den üblichen Begleiterscheinungen von Dunkelheit und Betrug. Sein verwirrter Brief an Anebo , dessen Antwort Jamblichus zugeschrieben wird, enthüllt, dass Porphyrius verwirrt zwischen Medien, schwebenden Lichtern, seltsamen Geräuschen und seltsamen, zweifelhaften „physikalischen Phänomenen" umherirrt. Er begann nicht mit genauen Experimenten zur Existenz seltener und scheinbar übernatürlicher menschlicher Fähigkeiten, und er scheint zu keinem Schluss gelangt zu sein, außer dass „Geister" „betrügerisch" sind.[1]

Etwas, das eher der modernen Forschung ähnelte, begann etwa zur Zeit der Reformation und dauerte bis etwa 1680. Der Zorn auf die Hexenverbrennung veranlasste Männer mit Verstand, Gelehrsamkeit und Menschlichkeit zu der Frage, ob es überhaupt eine Realität in der Hexerei und überhaupt in der Hexerei gäbe Wunder des Volksglaubens. Die Nachforschungen von Thyraeus , Lavaterus , Bodinus , Wierus , Le Loyer , Reginald Scot und vielen anderen tendierten im Großen und Ganzen zur negativen Seite, was die wilderen Fabeln über Hexen anbelangte, beließen aber die Probleme mit Geistern und Spukhäusern weitgehend dort, wo sie waren waren vorher. Es kann beobachtet werden, dass Lavaterus (um 1580) bereits eine Form der Hypothese der Telepathie aufstellte (dass „Geister" Halluzinationen sind, die durch die direkte Einwirkung eines Geistes oder Gehirns auf einen anderen erzeugt werden), während Thyraeus an den Geräuschen zweifelte Die in „Spukhäusern" gehörten Geräusche waren keine bloßen Halluzinationen des Gehörsinns. Aber alle diese frühen

Autoren, wie Cardan, waren gegenüber Beweisen aus erster Hand sehr sorglos und bevorzugten tatsächlich Geister, die von klassischen Autoritäten, Plinius, Plutarch oder Sueton, verbürgt wurden. Mit Rev. Joseph Glanvil , FRS (ca. 1666), kam eine sorgfältigere Prüfung der Beweise zum Einsatz. Zu den Wunderwerken Glanvils und anderer Traktate, die gewöhnlich zusammen in seinem „ Sadducismus" veröffentlicht werden, gehören Triumphatus ' werden Briefe gefunden, aus denen hervorgeht, dass er und seine Freunde, wie Henry More und Boyle, daran arbeiteten , aus erster Hand Beweise für den zweiten Blick, Spukhäuser, Geister und Geister zu sammeln. Das erklärte Ziel bestand darin, eine „Peitsche für den Droll" zu beschaffen, eine Antwort auf die lachende Skepsis der Restauration. Das Ergebnis war, dass Glanvil eine Menge Langeweile bescherte – es spukte in ihm „schlimmer als in Mr. Mompessons Haus", sagt er – und Mr. Pepys fand seine Argumente „nicht sehr überzeugend". Mr. Pepys war jedoch von „unserer jungen Gib-Katze" beunruhigt, die er fälschlicherweise für einen „Spritzer" hielt. Mit Henry More, Baxter und Glanvil starb der Versuch, diese Themen wissenschaftlich zu untersuchen, für die damalige Zeit praktisch, obwohl bei Addison ein Eindruck des Zweifels zurückblieb. Die Hexerei setzte sich nicht mehr durch und wurde 1736 als Verbrechen abgeschafft. Einige der schottischen Geistlichen und John Wesley hielten liebevoll am alten Glauben fest, aber Wodrow und Cotton Mather (um 1710-1730) waren außerordentlich nachlässig und Pech gehabt, auch nur annähernd Beweise für ihre Erzählungen vorzulegen. Es wurden weiterhin Geistergeschichten erzählt, aber nicht untersucht.

Dann entschied einer der scharfsinnigsten Philosophen, dass eine Untersuchung niemals versucht werden sollte. Diese wissenschaftliche Haltung gegenüber X-Phänomenen, die sich weigert, sie zu untersuchen, und sie ohne Prüfung zu leugnen, wurde von David Hume in seinem berühmten Aufsatz über „Wunder" festgelegt. Hume verspottete die Beobachtung und das Studium dessen, was er „Wunder" auf dem Gebiet der Erfahrung nannte, und suchte nach einem *apriorischen* Argument, das die Frage ohne Prüfung der Fakten für immer klären würde. In einer Zeit der experimentellen Philosophie, die *apriorische* Methoden verspottete, war dies Humes großer Beitrag zur Erkenntnis. Sein berühmtes Argument, das die Freude vieler ehrlicher Herzen weckt, ist ein Gewebe von Trugschlüssen, das man Anfängern in der Logik als Grundübung an die Hand geben könnte. Bei der Bekanntgabe seiner Entdeckung bringt Hume auf amüsante Weise die Selbstgefälligkeit und den Mangel an Humor zum Ausdruck , die uns Schotten häufig von unseren Kritikern vorgeworfen werden:

„Ich schmeichele mir, dass ich ein Argument entdeckt habe, das, wenn es richtig ist, bei den Weisen und Gelehrten ein ewiger Hemmschuh für alle

Arten von abergläubischen Wahnvorstellungen sein wird und folglich nützlich sein wird, solange die Welt besteht."

Er erwartet jedoch nicht, die Menge zu überzeugen. Bis zum Ende der Welt „werden Berichte über Wunder und Wunder in allen Geschichten zu finden sein, ob heilig oder profan." Ohne hier zu sagen, was er unter einem Wunder versteht, argumentiert Hume, dass „die Erfahrung unser einziger Leitfaden beim Denken ist". Anschließend definiert er ein Wunder als „eine Verletzung der Naturgesetze". Mit einem „Naturgesetz" meint er eine Einheitlichkeit, nicht aller Erfahrungen, sondern jeder Erfahrung, wie er zuzugeben bereit ist; während er ohne Prüfung alle Erfahrungsbeweise für das Fehlen einer solchen Einheitlichkeit ausschließt. Eine solche Erfahrung kann nicht berücksichtigt werden. „Für jedes wundersame Ereignis muss eine einheitliche Erfahrung vorliegen, sonst würde das Ereignis diese Bezeichnung nicht verdienen." Liegen Erfahrungen vor, die für die Veranstaltung sprechen , zählen diese Erfahrungen nicht. Ein Wunder steht im Widerspruch zur universellen Erfahrung, kein Ereignis steht im Widerspruch zur universellen Erfahrung, daher ist kein Ereignis ein Wunder. Wenn Sie Beweise für das vorlegen, was Hume ein Wunder nennt (wir werden Beispiele sehen), antwortet er, dass die Beweise nicht gültig sind, es sei denn, ihre Falschheit wäre wundersamer als die Tatsache. Nun kann kein Irrtum menschlicher Beweise wundersamer sein als ein „Wunder". Daher kann es keine gültigen Beweise für „Wunder" geben. Glücklicherweise gibt Hume jetzt ein Beispiel dafür, was er unter „Wunder" versteht. Er sagt:—

„Denn erstens gibt es in *der gesamten Geschichte kein* Wunder, das von einer *ausreichenden Anzahl* von Menschen bezeugt wurde und derart unbestritten *gesunder Menschenverstand, Bildung* und *Gelehrsamkeit* war, dass es uns vor jeder Täuschung an sich schützen würde; von solch unbestrittener *Integrität* , dass sie über jeden Verdacht jeglicher Absicht, andere zu täuschen, erhaben sind; Sie sind in den Augen der Menschheit so kreditwürdig und angesehen, dass sie viel zu verlieren haben, wenn sie einer Lüge bezichtigt werden. und gleichzeitig die Bestätigung von Tatsachen, die in einer so *öffentlichen Weise* und in einem so *berühmten Teil der Welt durchgeführt wurden* , dass die Entdeckung unvermeidbar war; Alle diese Umstände sind erforderlich, um uns eine vollständige Gewissheit im Zeugnis der Menschen zu geben.'[2]

Hume fügte am Ende seines Buches eine Anmerkung hinzu, in der er jeder Behauptung widersprach, die er in der gerade zitierten Passage gemacht hatte; tatsächlich wurde ihm selbst widersprochen, bevor er sechs Seiten geschrieben hatte.

„Es gab sicherlich nie eine größere Zahl von Wundern, die einer Person zugeschrieben wurden, als die, die kürzlich in Frankreich am Grab des Abbé Paris, des berühmten Jansenisten, gewirkt haben sollen, von dessen Heiligkeit das Volk so lange getäuscht wurde." Die Heilung von Kranken, das Hören von Tauben und das Sehen von Blinden wurden überall als die üblichen Wirkungen dieses heiligen Grabes bezeichnet . Aber was noch außergewöhnlicher ist: Viele der Wunder wurden *sofort an Ort und Stelle vor Richtern von unbestrittener Integrität bewiesen* , die von *Zeugen von Glaubwürdigkeit und Ansehen bezeugt wurden* , in *einem gelehrten Zeitalter* und auf dem bedeutendsten *Theater* , das es *heute auf der Welt gibt* . Das ist noch nicht alles. Ein Bericht davon wurde veröffentlicht und überall verbreitet; Auch waren die Jesuiten, obwohl sie eine gelehrte Körperschaft waren, die vom Zivilrichter unterstützt wurde und entschiedene Feinde jener Meinungen waren, zu deren Gunsten die Wunder gewirkt worden sein sollen, nie in der Lage, *sie deutlich zu widerlegen oder aufzudecken* . Wo finden wir so viele Umstände, die eine einzige Tatsache bestätigen? Und was können wir einer solchen Wolke von Zeugen entgegensetzen, außer der absoluten *Unmöglichkeit oder Wunderhaftigkeit* der Ereignisse, die sie erzählen? Und dies allein wird sicherlich in den Augen aller vernünftigen Menschen als ausreichende Widerlegung angesehen werden.'

Daher bestreitet Hume zunächst die Existenz solcher Beweise, die unter den von ihm geforderten Umständen vorgelegt wurden, und liefert dann ein Beispiel für genau diese Art von Beweisen. Nachdem er dies getan hat, gibt er (wie Herr Wallace bemerkt) seine ursprüngliche Behauptung auf, dass die Beweise nicht existieren, und flüchtet sich in die Behauptung „der absoluten Unmöglichkeit" der Ereignisse, die die Beweise stützen. Somit gibt sich Hume in einer Art Allwissenheit als perfekter Richter des Möglichen aus. Er vertritt seinen Standpunkt auf der Einheitlichkeit aller Erfahrungen, die seiner Vorstellung vom Möglichen nicht feindlich gegenüberstehen, und lehnt alle Zeugnisse anderer Erfahrungen ab, selbst wenn sie seinen Beweisstandard erreichen. Er ist in der Tat weit von Virchows Position entfernt, „dass das, was wir Naturgesetze nennen, entsprechend unseren häufigen neuen Erfahrungen variieren muss".[3] In seiner Notiz untermauert und bestätigt Hume seine Beweise für die jansenistischen Wunder. Sie haben sogar einen Märtyrer, M. Montgeron , der einen Bericht über die Ereignisse verfasste und, wie Hume leichthin sagt, „wegen seines Buches angeblich irgendwo im Kerker sitze". „Viele der Wunder des Abbé Paris wurden sofort von Zeugen vor dem Bischofshof in Paris unter den Augen von Kardinal Noailles bewiesen ..." „Sein Nachfolger war ein Feind der Jansenisten, doch zweiundzwanzig *Pfarrer* von Paris ... drängten ihn, diese Wunder zu untersuchen ... *Aber er verzichtete klugerweise darauf ...*" Hume fügt sein Zeugnis dem Charakter dieser *Pfarrer hinzu* . Daher ist es laut Hume klug, die öffentlichsten und am besten bestätigten „Wunder" ohne Prüfung abzutun. Das ist experimentelle Wissenschaft der seltsamen Art.

Bei den Phänomenen handelte es sich um oft überraschende Heilungen, kataleptische Starre und Schmerzunempfindlichkeit bei Besuchern des Grabes des Abbé Paris (1731). Wären die Fälle gerichtlich geprüft worden (alle medizinischen Beweise sprachen für sie) und hätten sie sich als falsch erwiesen, hätte die Sache von Hume enorm profitiert. Gegen die Wunder des Christentums wäre eine starke Vermutung erhoben worden. Aber Hume begrüßt die Weisheit, seiner eigenen Theorie diese Chance auf einen Triumph nicht zu geben. Die kataleptischen Anfälle waren von der Art, wie sie heute in der Wissenschaft bekannt ist. Diese sind also aus dem Wunder hervorgegangen. Tatsächlich sind die Phänomene, die sich am Grab des Abbé Paris ereigneten, fast zu weit verbreitet und scheinen nun in Gefahr zu sein, allzu bereitwillig und zu leicht akzeptiert zu werden. Im Jahr 1887 MM. Binet und Féré von der Schule der Salpêtrière veröffentlichten in englischer Sprache ein populäres Handbuch mit dem Titel „Animal Magnetism". Diese Autoren schreiben mit großer Vorsicht über angebliche Phänomene wie das Lesen der Gedanken im Kopf des Hypnotiseurs durch den hypnotisierten Patienten . Aber was die Phänomene am Grab des Abbé Paris angeht, sagen sie, dass „die Suggestion sie erklärt".[4] Das heißt, nach Meinung von MM. Binet und Féré ereigneten sich die sogenannten „Wunder" tatsächlich und wurden durch „die Vorstellungskraft", durch „Selbstsuggestion" bewirkt.

Der berühmteste Fall – der von Mlle. Coirin – wurde von Dr. Charcot sorgfältig untersucht.[5]

Mlle. Coirin stürzte im September 1716, in ihrem einunddreißigsten Lebensjahr, gefährlich vom Pferd. Die medizinischen Details können in Dr. Charcots Aufsatz oder in Montgeron nachgelesen werden .[6] „Ihre Krankheit wurde als Krebs der linken Brust diagnostiziert", die Brustwarze „fiel körperlich ab." Es wurde eine Amputation der Brust vorgeschlagen, aber Madame Coirin , die glaubte, die Krankheit sei völlig unheilbar, lehnte ihre Zustimmung ab. Es trat eine Lähmung der linken Seite auf (1718), das linke Bein schrumpfte . Am 9. August 1731 wurde Mlle. Coirin versuchte es mit einem Wunder, zog ein Hemd an , das das Grab von Paris berührt hatte, und nutzte etwas Erde aus dem Grab. Am 11. August wurde Mlle. Coirin konnte sich im Bett umdrehen; Am 12. war die schreckliche Wunde „verstopft und begann sich zu schließen und zu heilen". Die gelähmte Seite erlangte das Leben und seine natürlichen Proportionen zurück. Bis zum 3. September hat Mlle. Coirin könnte eine Fahrt machen.

Ihre ganze Krankheit, sagt Dr. Charcot, Lähmung, „Krebs" und alles andere, sei „hysterisch" gewesen; „hysterisches Ödem", wofür er viele französische Experten und einen Amerikaner zitiert. „Unter dem physischen [psychischen?] Einfluss, der durch die Anwendung der Verschiebung hervorgerufen wurde, ... verschwand das Ödem, das auf gefäßmotorische

Probleme zurückzuführen war, fast augenblicklich." „Die Brust hat wieder ihre normale Größe erreicht."

Dr. Charcot fügt großzügig hinzu, dass Heiligtümer wie Lourdes Patienten geheilt haben, bei denen er „die Wirkung der Glaubensheilung nicht anregen konnte". Er kann sicherlich nicht alles erklären, was in der Glaubensheilung angeblich übernatürlichen Ursprungs ist. Wir müssen die Lektion der Geduld lernen. Ich gehöre zu den Ersten, die erkennen , dass Shakespeares Worte auch heute noch Gültigkeit haben:

„Es gibt mehr Dinge im Himmel und auf Erden, Horatio, als in deiner Philosophie geträumt wird."

Wenn Dr. Charcot an das geglaubt hätte, was die Franzosen *Suggestion mentale* nennen – Suggestion durch Gedankenübertragung (was er meiner Meinung nach nicht getan hat) – hätte er die Heilung des Dieners des Zenturios erklären können: „Sag das Wort, Herr, und mein Diener wird es tun." geheilt werden", durch Suggestion und Distanz (Telepathie) und durch die Annahme, dass die Lähmung des Dieners „hysterisch" sei. Aber was meinen wir mit „hysterisch"? Niemand weiß. Irgendwie verursacht der „Geist" Brandwunden, wenn nicht sogar Krebs, Lähmungen und Gewebeschwund; Der Geist heilt sie irgendwie. Und was ist der „Geist"? Denn mein Ziel ist es, brutale Parallelen zu modernen Beispielen zu ziehen, die besser belegt sind. Ich zitiere eine einzigartige Heilmethode der Indianer durch „Vorschlag". Als Hearne 1770 durch Kanada reiste, traf er einen Eingeborenen, der an einer „Todesparese" litt, die die gesamte Seite betraf. Er wurde auf einem Schlitten gezogen, „auf ein bloßes Skelett reduziert" und so in die Zauberhütte gebracht. Der erste Schritt seiner Heilung bestand darin, dass ein Zauberer öffentlich ein Holzbrett verschluckte, „ungefähr so groß wie ein Fassdaube", doppelt so breit wie sein Mund. Hearne stand neben dem Mann, „nackt, wie er geboren wurde", „und obwohl ich alle Aufmerksamkeit schenkte, konnte ich die Täuschung nicht erkennen." Natürlich glaubt Hearne, dass es sich hierbei lediglich um eine Taschenspielertrickserei handelte, und erwähnt (S. 216) einen äußerst verdächtigen Umstand. Der Bericht ist amüsant und verdient die Aufmerksamkeit von Herrn Neville Maskelyne. Derselbe Zauberer hatte zuvor eine Wiege verschluckt! Nun ist ein Bajonettverschlucken, das auch er tat, möglich, obwohl Hearne dies bestreitet (S. 217).

Der eigentliche Zweck dieser vorbereitenden Taten, wie auch immer sie ausgeführt werden, besteht wahrscheinlich darin, *Glauben zu wecken* , was Dr. Charcot möglicherweise durch das Verschlucken einer Wiege erreicht hätte. Die Indianer erklären, dass die scheinbar verschluckten Fassdauben von „Geistern" lediglich entmaterialisiert werden , so dass nur noch das gegabelte

Ende aus dem Mund des Zauberers herausragt. Tatsächlich ertappte Hearne den Zauberer dabei, wie er ein separates gegabeltes Ende herstellte.

Nachdem der Glaube auf diese Weise geweckt worden war, blies, sang und tanzte der Beschwörer drei Tage lang um „den armen, gelähmten Fastenden". „Und es ist wirklich wunderbar, wenn auch die strengste Wahrheit, dass der arme Mann, als er aus dem Zauberhaus geholt wurde, alle Finger und Zehen der Seite bewegen konnte, die so lange tot gewesen war …." Nach sechs Wochen ging er auf die Jagd nach seiner Familie" (S. 219). Hearne hielt seine Bekanntschaft aufrecht und fügt, was sehr merkwürdig ist, hinzu, dass er fast eine sekundäre Persönlichkeit entwickelt habe. „Vor diesem schrecklichen gelähmten Schlaganfall zeichnete er sich durch seine gute Natur und sein wohlwollendes Wesen aus und war völlig frei von jedem Anschein von Geiz, … aber nach diesem Ereignis war er der widerspenstigste, streitsüchtigste, unzufriedenste und habgierigste Unglückliche der Welt" (S . 220).

Wenn Dr. Charcot diesen Fall gekannt hätte, hätte er wahrscheinlich gesagt, dass er „in der Natur derjenigen liegt, die Professor Russell Reynolds unter der Überschrift „Ideenabhängige Lähmung" klassifiziert hat."[7] Unglücklicherweise, Hearne erzählt uns nicht, wie sein Jäger, ein ungebildeter Indianer, „ durch Ideen gelähmt " wurde.

Dr. Charcot fügt hinzu: „In jedem Fall ist die Wissenschaft ein Feind der systematischen Verneinung, die morgen angesichts ihrer neuen Triumphe dahinschmelzen könnte." Der gegenwärtige „neue Triumph" ist ein bloßer Zufall mit dem Ausspruch unseres Herrn: „Dein Glaube hat dich gesund gemacht …" Ich habe keinen so großen Glauben gefunden, nein, nicht in Israel.' Es gibt Heilmittel, genauso wie es Krankheiten gibt, die „durch eine Idee" verursacht werden. Wir hatten es also eigentlich immer verstanden. Aber der Punkt ist, dass die Wissenschaft, wo immer sie David Hume zustimmt, kein Feind, sondern ein Freund der „systematischen Negation" ist.

Ein paralleler Fall eines „Wunders", die Stigmata des Heiligen Franziskus, wurde von der Wissenschaft natürlich als Fabel oder Betrug angesehen. Aber jetzt, da Blasen und andere Läsionen durch Suggestion erzeugt werden können, ist die Fabel zu einer wahrscheinlichen Tatsache und daher überhaupt kein Wunder geworden.[8] Herr James bemerkt: „Wie so oft wird eine Tatsache geleugnet, bis eine willkommene Interpretation damit einhergeht." Dann wird es ohne weiteres zugegeben, und Beweise, die völlig unzureichend sind, um eine Behauptung zu untermauern, solange die Kirche ein Interesse daran hatte, erweisen sich für die moderne wissenschaftliche Aufklärung als völlig ausreichend, sobald sich herausstellt, dass damit ein angeblicher Heiliger behauptet werden kann ein Fall von „ Hystero - Epilepsie".'[9]

Aber die Kirche hat weiterhin ein Interesse an der Sache. Als die Klasse von Tatsachen, deren Untersuchung Hume ablehnte, allmählich von der Wissenschaft anerkannt wird, wird die Sache klar. Die Beweise, die diese jetzt zugegebenermaßen möglichen Tatsachen, etwa aus der Zeit Christi, sicher vermitteln könnten, haben sich bisher als nicht unbedingt mythisch erwiesen – sie haben sich als nicht unfähig erwiesen, wahrscheinlich richtige Aussagen zu machen, die einst absolut falsch schienen. Wenn ja, wo genau endet ihre Fähigkeit, Tatsachen zu verbreiten? So betrachtet sind die wunderbaren Ereignisse, die beispielsweise in den Evangelien aufgezeichnet werden, nicht länger *a priori* als „mythisch" abzutun . Wir können Beweise jetzt nicht als unbedingt falsch abtun, weil sie mit unseren gegenwärtigen Vorstellungen vom Möglichen kollidieren, wenn wir anerkennen müssen, dass genau dieselben Beweise uns sicher Fakten vermitteln können, die im Widerspruch zu den Vorstellungen unserer Väter davon standen, was möglich ist, die es aber sind jetzt akzeptiert. Unsere Vorstellungen vom Möglichen sind kein Kriterium für Wahrheit oder Falschheit mehr, und unsere Verachtung für die Evangelien als Mythen muss langsam sterben, da „Wunder" nach „Wunder" in den Bereich des anerkannten Rechts gebracht wird. Mit jedem solchen Eingeständnis muss die Hypothese, dass die Beweise des Evangeliums mythisch sind, schwächer werden, und schwächer muss die negative Gewissheit der Populärwissenschaft zunehmen.

Die Ereignisse, die sich am und in der Nähe des Grabes von Paris ereigneten, wurden, wie Hume wahrhaftig beteuert, durch eine Vielzahl hervorragender Beweise bestätigt. Aber die Weisheit, die sich weigerte, eine gerichtliche Prüfung vorzunehmen, hat uns der besten Art von Aufzeichnungen beraubt. Analoge, wenn auch nicht ganz ähnliche Ereignisse ereignen sich nun zugegebenermaßen und werden nicht mehr als Wunder angesehen. Aber solange sie als Wunder galten, sei es die Politik „aller vernünftigen Menschen", die Beweise nicht zu prüfen, sagte Hume. Das Ergebnis war, dass der Wissenschaft die beste Art von Tatsachenaufzeichnung vorenthalten wurde, die sie begrüßt, sobald sie glaubt, sie erklären zu können.[10] Beispiele für die Torheit einer *apriorischen* Verneinung sind häufig. Die British Association weigerte sich, den Aufsatz anzuhören, den Braid, der Erfinder des Wortes „Hypnotismus", zu diesem Thema geschrieben hatte. Braid, Elliotson und andere englische Forscher der Mitte des Jahrhunderts waren den Verfolgungen ausgesetzt, die die offizielle Wissenschaft verhängen konnte. Von M. Deslon , einem Schüler Mesmers, lesen wir um 1783, dass er „von der medizinischen Fakultät ohne Prüfung der Fakten verurteilt" wurde. Die Inquisition ging gerechter vor als diese wissenschaftlichen Obskurantisten.

Ein weiteres merkwürdiges Beispiel sei angeführt. M. Guyau argumentiert in seinem Werk „Die Nichtreligion der Zukunft", dass Religion dem Untergang geweiht ist. „Das poetische Genie hat seine Dienste zurückgezogen", bezeugen Tennyson und Browning! „Unter orthodoxen protestantischen Nationen geschehen keine Wunder."[11] Aber *es geschehen* „ wunderbare Tatsachen" .[12] Diese „ wunderbaren Tatsachen", die von M. Guyau akzeptiert wurden, sind das, was Hume „Wunder" nannte und den „Weisen und Gelehrten" riet, ohne Prüfung darüber zu lachen. Es seien keine Fakten und könnten es auch nicht sein, sagte er. Für Herrn Guyau *handelt* es sich nun um Tatsachen und daher nicht um Wunder. Er schließt ein, dass „mentale Suggestionen auch aus der Ferne stattfinden". Ein Mann „kann, so scheint es heutzutage, durch eine einfache Anspannung seines Willens einen fast zwanghaften Befehl übermitteln." Wenn dem so ist und der „Wille" die Materie aus der Ferne beeinflussen kann, dann sind die Beziehungen zwischen Wille und Materie offensichtlich nicht das, was uns die Populärwissenschaft vorgibt. Nochmals: Wenn diese Wahrheit nun etabliert und aus dem Bereich gewonnen ist, dessen Untersuchung Hume und die Populärwissenschaft uns verboten haben, wer weiß, welche anderen Fakten aus diesem Schwebezustand erlöst werden können oder inwieweit sie unsere Ansichten über Möglichkeiten beeinflussen können? Das Eingeständnis einer mentalen Aktion, operativ *aus der Distanz* , ist natürlich nur M. Guyau persönlich vorbehalten , der zu den Freunden der neuen negativen Tradition gehört.

Wir kehren zu Hume zurück. Als nächstes argumentiert er, dass die Freuden des Staunens alle Berichte über „Wunder" wertlos machen. Er hat gerade ein Beispiel für die gleichen Freuden des dogmatischen Unglaubens gegeben. Dann ist Religion eine störende Kraft; aber so ist es offensichtlich auch mit der Irreligion. „Die Weisen und Gelehrten begnügen sich damit, die Absurdität zu verspotten, ohne sich über die konkreten Fakten zu informieren." Die Weisen und Gelehrten werden für ihre wissenschaftliche Einstellung gelobt. Auch hier zerstören sich Wunder gegenseitig, denn alle Religionen haben ihre Wunder, aber nicht alle Religionen können wahr sein. Dieses Argument ist nicht mehr stichhaltig bei Menschen, die „Wunder" als „X-Phänomene" betrachten und nicht als göttliche Beweise für die Wahrheit dieses oder jenes Glaubensbekenntnisses. „Die starrende Bevölkerung erhält ohne Prüfung alles, was den Aberglauben besänftigt", und Humes ganze Absicht besteht darin, die Weisen und Gelehrten dazu zu bringen, die starrende Bevölkerung nachzuahmen, indem sie angebliche Tatsachen „ohne Prüfung" zurückweisen. Die Bevölkerung forschte mehr als die Weisen und Gelehrten.

Hume hat eine alternative Definition eines Wunders: „Ein Wunder ist eine Übertretung eines Naturgesetzes durch einen bestimmten Willen der Gottheit oder durch das Eingreifen eines unsichtbaren Agenten." Wir antworten, dass das, was Hume ein „Wunder" nennt, aus der Wirkung eines noch nicht geklärten Naturgesetzes resultieren kann (z. B. Selbstsuggestion) und dass unsere Aufgabe derzeit darin besteht, solche Ereignisse zu untersuchen und nicht, sie zu erklären.

Man kann durchaus sagen, dass Hume gegen Männer argumentiert, die sogenannte „Wunder" zum Beispiel zu einem Test für die Wahrheit des Jansenismus machen wollten, und dass man von ihm nicht erwarten konnte, Ideen, die in seinen eigenen nicht aktuell waren, durch Vorwegnahme zu beantworten Tag. Er bleibt jedoch schuldig, die Untersuchung offensichtlicher Tatsachen angeprangert zu haben. Keine Haltung kann weniger wissenschaftlich sein als seine oder bei vielen Männern der Wissenschaft verbreiteter sein.

Nach der humorvollen Sitte der Dinge in dieser Welt war die ganze Frage des Wunderbaren kaum von David Hume für immer geklärt, als sie von Emanuel Swedenborg erneut aufgeworfen wurde. Nun war Kant mit einigen Werken von Hume vertraut, unabhängig davon, ob er seinen „Essay über Wunder" gelesen hatte oder nicht. Kant weigerte sich keineswegs, die unheilvollen „Visionen" Swedenborgs zu untersuchen, sondern beschäftigte sich intensiv mit dem Thema. Bereits 1758 schrieb er seine ersten Bemerkungen über den Seher, die einige Berichte über Geschichten oder Legenden über Swedenborgs „Hellsehen" enthielten. Im wahren Geiste der psychischen Forschung schrieb Kant einen Brief an Swedenborg und bat um Informationen aus erster Hand. Der Seher erhielt den Brief, beantwortete ihn jedoch nie. Kant druckt jedoch ein oder zwei Beispiele für Swedenborgs Erfolge. Madame Harteville , Witwe des niederländischen Gesandten in Stockholm, wurde von einem Silberschmied wegen einer Schuld ihres verstorbenen Mannes gemahnt. Sie glaubte, dass der Betrag bezahlt worden sei, konnte die Quittung jedoch nicht finden. Sie bat Swedenborg daher, seine berühmten Gaben zu nutzen. Er versprach, zu sehen, was er tun könne, und traf drei Tage später im Haus der Dame ein, während sie gerade eine Tee- oder vielmehr Kaffeeparty gab. Vor der versammelten Gesellschaft bemerkte Swedenborg „kaltblütig, dass er ihren Mann gesehen und mit ihm gesprochen habe." Der verstorbene M. Harteville erklärte gegenüber Swedenborg, dass er die Rechnung sieben Monate vor seinem Tod bezahlt hatte: Die Quittung befand sich in einem Schrank oben. Madame Harteville antwortete, dass der Schrank gründlich und vergeblich durchsucht worden sei. Swedenborg antwortete, dass sich, wie er vom Geist erfahren hatte, hinter der Seitenwand des Schranks eine Geheimschublade befände. Die Schublade enthielt diplomatische Korrespondenz und die fehlende Quittung. Dann ging die ganze Gruppe nach oben und fand die Geheimschublade und die Quittung unter den anderen Papieren. Kant fügt Swedenborgs hellseherische Vision aus Göteborg von einem großen Brand in Stockholm (datiert vom September 1756) hinzu. Kant sehnte sich danach, Swedenborg selbst zu sehen, und wartete sehnsüchtig auf sein Buch „Arcana Coelestia ". Schließlich erhielt er dieses Werk gegen ein für Kant damals ruinöses Lösegeld von 7 £. Aber er war enttäuscht von dem, was er las, und von „ Träume" . eines „Geistersehers " unternahm einen etwas sarkastischen Versuch einer metaphysischen Erscheinungstheorie.

' Velut aegri Schlaflosigkeit vanae
  Finguntur -Arten

ist sein Motto.

Ich wage zu behaupten, dass Kants wirkliche Position zu all diesen Themen fast identisch mit der von Sir Walter Scott ist. Kant ist selbst Schotte und hat möglicherweise Geschichten über das zweite Gesicht und Bogles gehört. Wie Scott liebte er Geistergeschichten sehr; Wie Scott war er schlau genug, öffentlich über sie und über sich selbst zu lachen, weil er sich für sie interessierte. Doch beide würden sich die Mühe machen, nachzufragen. Wie Kant vergeblich an Swedenborg und andere schrieb — wie er 7 £ vergeblich ausgab. über „Arcana Coelestia ", also wollte Sir Walter unbedingt nach Ägypten reisen, um die Fakten des tintenblickenden Hellsehens zu untersuchen. Kant gibt zu, dass jede einzelne Geistergeschichte ihn skeptisch fand , während die Gesamtheit einen beträchtlichen Eindruck hinterließ.[13]

Die ersten siebzig Seiten der „Tribune" sind einer durchaus ernsthaften Diskussion der Metaphysik der „Geister" gewidmet. Auf Seite 73 bemerkt er freundlich: „Jetzt werden wir verstehen, dass alles bisher Gesagte überflüssig ist", und er wird dem Leser keinen Vorwurf machen, der Seher *nicht* als Bürger zweier Welten (Plotin), sondern als Kandidaten für Bedlam betrachtet.

Kants Ironie ist eigentümlich schottisch. Er weiß selbst nicht, wie weit er es ernst meint, und um seine Selbstachtung und seinen Charakter vor Schlauheit zu bewahren, „jockt er mit Unfähigkeit " . Er amüsiert sich damit, zu versuchen, wie weit er Spekulationen über die von ihm noch nicht reformierte Metaphysik ins Gespenstische tragen kann. Er gibt zu, dass er dazu neigt zu glauben, dass er eine immaterielle Seele hat, und dass diese Punkte wissenschaftlich gelöst sind, sein könnten oder eines Tages gelöst werden. Diese Eingeständnisse werden von Du Prel in seiner „Philosophie der Mystik" eifrig begrüßt ; aber sie sind nur ein Teil von Kants Witz, und wie ernst sie es meinen, weiß Kant selbst nicht. Wenn Spiritualisten ihr Handwerk verstehen würden, würden sie Kants erste siebzig Seiten von „ Träume " übersetzen und veröffentlichen. Es wird auf so etwas wie Telepathie, die Wirkung eines Geistes, auch eines körperlosen Geistes, auf den Geist hingewiesen, aber die Idee ist mindestens so alt wie Lavaterus (S. 52). Kant hat, wie Scott in seiner „Dämonologie", viel über die Physik der Halluzination zu sagen, aber es ist eine antiquierte Angelegenheit. Er glaubt, dass das gesamte Thema des spirituellen Seins nur wichtig ist, weil es sich auf die Hoffnungen auf ein zukünftiges Leben auswirkt. Als Spekulation liegt alles „in der Luft", und da sich Gelehrte und Ungebildete in solchen Angelegenheiten auf einer Ebene der Unwissenheit befinden, wird die Wissenschaft sie nicht diskutieren. Dann wiederholt er die Swedenborg-Geschichten und denkt, es wäre für die Nachwelt nützlich, wenn jemand sie untersuchen würde, solange die Zeugen noch am Leben und die Erinnerungen frisch sind.

Tatsächlich fordert Kant psychische Forschung.

Kant lacht über Swedenborgs so teures Buch. Es gibt darin keine Beweise, nur Behauptungen. Kant endet, indem er, wie er sagt, niemandem gefallen habe und genauso unwissend sei wie zu Beginn, indem er *Kulturen zitiert notre Garten* .

Anthropologische" auf das Thema zurück Didaktik .' Er erörtert das Unbewusste oder Unterbewusstsein, das, bis Sir William Hamilton einen Vortrag hielt, für britische Psychologen ein völlig unbekanntes Thema gewesen zu sein scheint. „So ist das Feld dunkler." „ Vorstellungen das größte in Menschen." Er hat ein Kapitel über „The Divining Faculty" (S. 89-93). Von Vorahnungen hört er nichts, und im Gegensatz zu Hegel erkundet er die Highlands auf den zweiten Blick. Die „Besessenen" der Anthropologie sind Epilepsiepatienten. Mystiker (Schwedenborg) sind Opfer der *Schwärmerei*
.

Auf diesen Verweis auf Swedenborg hat Schubert in seinem Vorwort zum Aufsatz von Kants hingewiesen. Er weist darauf hin, dass es „interessant ist, die Umsicht, die beinahe Unsicherheit von Kant zu vergleichen, als er ein Urteil über die von ihm beschriebenen Phänomene abgeben musste und nach denen er eine Untersuchung angestellt hatte [d. h. in seinem Brief über Swedenborg an *Mlle* . de Knobloch] und die sehr entschiedenen Meinungen, die er vierzig Jahre später über Swedenborg und seine Gefährten äußerte" [im zitierten Werk, Abschnitte 35-37. Die Meinung in Absatz 35 ist eine allgemeine Meinung in Bezug auf Mystiker. Es gibt keine weitere Erwähnung von Swedenborg.

Im Großen und Ganzen ist Kant interessiert, aber verzweifelt. Er will Fakten, und ihm werden keine Fakten gegeben außer dem Buch des Propheten Emanuel. Doch wie sich herausstellte, war gerade eine neue oder wiederbelebte Ordnung der Tatsachen dabei, wissenschaftliche Aufmerksamkeit zu erregen. Kant hatte (1766) Gerüchte über Heilung durch Magnetismus und die angebliche Wirkung des Magneten auf den menschlichen Körper gehört. Das Thema lag in der Luft und hatte bereits die Aufmerksamkeit von Mesmer erregt, über den Kant Informationen hatte. Es wäre überflüssig, die bekannte Geschichte von Mesmers Auftritten in

Paris noch einmal zu erzählen. Während Mesmers Theorie des „Magnetismus" von der zeitgenössischen Wissenschaft angeprangert wurde, wurde die Entdeckung des hypnotischen Schlafs von seinem Schüler Puységur gemacht . Dieser Herr war davon überzeugt, dass es zwischen dem Patienten und dem Magnetiseur zu Vorfällen von „Gedankenübertragung" (nicht über bekannte Sinneskanäle) kam , und er glaubte auch, dass er Fälle von „Hellsehen", „Klarheit", „Vue à Distance" und „ *Vue à Distance " erlebt hatte* . bei dem der Patient offenbar weit entfernte Orte und Ereignisse im Weltraum wahrnahm. Diese Dinge würden heute in den skeptischeren Schulen der Psychologie durch „unbewusste Suggestion" erklärt . Die Revolution unterbrach die wissenschaftliche Forschung in Frankreich weitgehend, doch in Deutschland wurden „Somnambulismus" (der hypnotische Schlaf) und „Magnetismus" intensiv untersucht. Moderne Handbücher neigen aus irgendeinem Grund dazu, diese deutschen Forschungen und Spekulationen zu übersehen. (Vergleichen Sie Mr. Vincents „Elements of Hypnotism", S. 34.) Die Schellings waren interessiert; Ritter glaubte, eine neue Kraft entdeckt zu haben, den „Siderismus". Herr Wallace spricht in seinem Vorwort zu Hegels „Philosophie des Geistes ", als hätte Ritter Experimente in der Telepathie durchgeführt. Er hat es vielleicht getan, aber sein „ Siderismus " (Tübingen, 1808) ist ein für die Akademie München angefertigter Bericht über die Taten eines italienischen Wassersuchers oder „Rutengängers". Ritter gibt Einzelheiten zu vierundsiebzig Experimenten zum „Wünschen" nach Wasser, Metallen oder Kohle. Er glaubt an die Fähigkeit, aber nicht an „psychische" Erklärungen oder den Teufel. Er spricht über „Elektrizität" (S. 170, 190). Er beschreibt seine Vorsichtsmaßnahmen, um vulgären Betrug zu vermeiden, er traf jedoch keine Vorsichtsmaßnahmen gegen unbewusste Gedankenübertragungen. Er hielt die Fakultät für „temperamentvoll" und nützlich.

Amoretti untersuchte in Mailand Hunderte Fälle der sogenannten Wünschelrute, und Jung Stilling wurde ein früher Spiritualist und „voller Quell" von Geistergeschichten.

Das wohl wichtigste philosophische Ergebnis der frühen deutschen Forschungen zum hypnotischen Schlaf findet sich in den Schriften Hegels. Aufgrund seiner eigentümlichen Verwendung einer ganz eigenen Terminologie oder wissenschaftlichen Sprache ist es äußerst schwierig, Hegels Bedeutung auch nur einigermaßen klar zu machen. Vielleicht können wir es teilweise durch eine Ähnlichkeit mit Herrn Frederic Myers verdeutlichen. Nehmen wir an, wir vergleichen das gewöhnliche Alltagsbewusstsein eines jeden von uns mit einem *Spektrum* , dessen Enden zu jedem Extrem hin aus unserem Blickfeld verschwinden.

Außerhalb des Sichtbereichs kann man sich ein niedrigeres oder physiologisches Ende vorstellen: Denn unser gewöhnliches Bewusstsein ist sich natürlich vieler physiologischer Prozesse, die ewig in uns ablaufen, nicht bewusst. Die Verdauung, sofern sie gesund ist, ist ein offensichtliches Beispiel. Aber hypnotische Experimente stellen sicher, dass ein Patient im *hypnotischen* Zustand bewusst oder zumindest absichtlich physiologische Prozesse beeinflussen kann, für die das *normale* Bewusstsein blind ist – zum Beispiel durch das Anheben einer Blase, obwohl dies suggeriert wird, dass eine Blase dies tun muss aufgezogen werden. Nochmals (wobei wir die Fakten hypothetisch und nur aus Gründen der Argumentation anführen): Am *oberen* Ende des Spektrums, jenseits der Sicht des gewöhnlichen Alltagsbewusstseins, kann Wissen über Dinge erworben werden, die außerhalb der Sicht des Alltagsbewusstseins liegen. Zum Beispiel (der Argumentation halber wollen wir es zugeben) können unbekannte und entfernte Menschen und Orte durch Hellsehen oder *Vue à Distance gesehen und beschrieben werden* .

Nun akzeptierte Hegel die Tatsachen, die wir hier lediglich aus Gründen der Argumentation und zur Veranschaulichung anführen, als echt. Aber er betrachtete das hellseherische Bewusstsein (oder wie auch immer wir es nennen), das *ex hypothetisch* unabhängig von Raum oder sogar Zeit ist , nicht als das, was wir als das *obere* Ende des psychischen Spektrums bezeichnen . Im Gegenteil, er platzierte es am *unteren* Ende. Hegels oberes Ende „verliert sich im Licht"; das untere Ende, *qui voit tant de selecteds* , wie der Hirte von La Fontaine sagt, ist *nicht* „eine erhabene mentale Phase und fähig, allgemeine Wahrheiten zu vermitteln". Zeit und Raum behindern nicht das Bewusstsein am *unteren Ende* Hegels , das der „großen Seele der Natur" entspringt. Aber dieses untere Ende vermittelt keine erhabenen philosophischen Wahrheiten, obwohl es für Jeanne d'Arc in Valcouleurs eine Schlacht bei Rouvray , hundert Meilen entfernt, sehen mag.[14] Die Phänomene des Hellsehens deuten nach Hegels Meinung lediglich darauf hin, dass das „Material" wirklich „ideal" ist, was vielleicht mehr ist, als wir von ihnen verlangen können. „Der Schlafwandler und Hellseher sieht ohne Augen und trägt seine Visionen direkt in Regionen, in die das wartende Bewusstsein einer geordneten Intelligenz nicht eindringen kann" (Wallace). Hegel gibt jedoch zu, dass es „im gewöhnlichen, selbstbeherrschten, bewussten Leben" Spuren der „magischen Bindung" gibt, „insbesondere zwischen weiblichen Freundinnen mit zarten Nerven", zu denen er Ehemann und Ehefrau hinzufügt, und Mitgliedern derselben Familie. Er gibt (ohne Datum und Quelle) den Fall eines Mädchens in Deutschland an, das ihren Bruder tot in einem Krankenhaus in Valladolid liegen sah. Ihr Bruder lag zu diesem Zeitpunkt im Krankenhaus, aber es war ein anderer Mann im Nestbett, der tot war. „Es ist also unmöglich zu erkennen, ob das, was die Hellseher wirklich sehen, überwiegt, worüber sie sich täuschen."

Solange die von Hegel akzeptierten Tatsachen von der Wissenschaft nicht offiziell anerkannt werden, mag es überflüssig erscheinen, darüber zu streiten, ob sie von der unteren oder der höheren Schicht unseres Bewusstseins erlangt werden. Aber vielleicht lässt sich die Frage, um die es hier geht, durch einige Bemerkungen von Dr. Max Dessoir klären . Die Psychologie, sagt er, habe bewiesen, dass in jeder Vorstellung und Idee ein Bild oder eine Gruppe von Bildern vorhanden sein muss. Diese mentalen Bilder sind das Wiederauftreten oder Wiederauftreten von Wahrnehmungen. Wir sehen einen Baum, einen Mann oder einen Hund, und wann immer wir die Vorstellung oder Idee eines dieser Dinge vor Augen haben, kehrt die ursprüngliche Wahrnehmung davon zurück, wenn auch natürlich schwächer. Aber nach Dr. Dessoirs Meinung würden diese wiederbelebten mentalen Bilder den Höhepunkt tatsächlicher Halluzinationen erreichen (so dass der Mann, der Hund oder der Baum sichtbar präsent erscheinen würden), wenn nicht andere Erinnerungen und neue Empfindungen mit ihnen konkurrieren und ihre Entwicklung behindern würden.

Angenommen, um Mlle zu verwenden. Ferrands Metapher, ein menschlicher Körper, lebendig, aber mit all seinen Sinneskanälen bisher ungeöffnet. Öffnen Sie den Sehsinn, um einen grünen Farbblitz zu empfangen , und schließen Sie ihn wieder. Anscheinend hatte der Geist, der diesen Körper informierte, immer dann eine Vorstellung von Grün (und er konnte keine andere haben), er hatte also auch eine Halluzination von Grün

„Alles vernichtend, was geschaffen wurde,
zu einem grünen Gedanken in einem grünen Farbton."

Nun wird im Schlaf oder in der hypnotischen Trance die Konkurrenz neuer Empfindungen und anderer Erinnerungen beseitigt oder verringert, und daher wird die Vorstellung eines Menschen, eines Hundes oder eines Baumes, die dem hypnotisierten Patienten einmal suggeriert wurde, tatsächlich zu einer tatsächlichen Halluzination. Der hypnotisierte Patient sieht das abwesende Objekt, das er sehen soll, der Schläfer sieht Dinge, die nicht wirklich vorhanden sind.

Unser primitiver Zustand, bevor die enorme Konkurrenz anderer Erinnerungen und neuer Empfindungen einsetzt, wäre daher ein Zustand der Halluzination. Unser normaler gegenwärtiger Zustand, in dem Halluzinationen durch konkurrierende Erinnerungen und neue Empfindungen kontrolliert werden, ist eine Unterdrückung unserer ursprünglichen, primitiven, natürlichen Tendenzen. Halluzination stellt „den Hauptstrang unserer psychischen Existenz" dar.[15] In Dr. Dessoirs Theorie ist dieser Zustand der Halluzination der ursprüngliche und primitivste Zustand des Menschen, aber es handelt sich nicht um einen *höheren* , sondern eher um einen niedrigeren Zustand spiritueller Aktivität als die alltägliche Praxis nicht halluziniertes Bewusstsein.

Dies ist auch die Meinung von Hegel, der davon ausgeht, dass unser primitiver Geisteszustand in der Lage ist, räumlich und zeitlich entfernte Objekte zu erkennen. Herr Myers vertritt, wie wir gesehen haben, die gegenteilige Meinung, was die relative Würde und relative Realität des gegenwärtigen alltäglichen Selbst und des alten ursprünglichen Grundselbst betrifft. Dr. Dessoir verzichtet darauf, eine entschiedene Meinung darüber zu äußern, ob das ursprüngliche, primitive, halluzinierte Selbst in uns „über Kräfte und Handlungen aus der Ferne herrscht", wie etwa das Hellsehen; aber er glaubt an Hypnose aus der Ferne. Seine Theorie ist, wie die Hegels, die des „Atavismus" oder des „Zurückgreifens" auf einen sehr entfernten angestammten Zustand. Dies wird sich später als interessant erweisen.

Hegel glaubte jedenfalls an die Tatsache des Hellsehens (obwohl er es für wenig praktischen Nutzen hielt); er akzeptierte Telepathie („die magische Bindung"); er akzeptierte den Austausch von Empfindungen zwischen dem Hypnotiseur und dem Hypnotisierten ; er glaubte an die Wünschelrute und im Gegensatz zu Kant sogar an das „schottische zweite Gesicht". „Die intuitive Seele überschreitet die Bedingungen von Zeit und Raum; es erblickt Dinge, die fern liegen, Dinge, die längst vergangen sind, und Dinge, die noch kommen werden.'[16]

Das Pendel des Denkens ist von dem Punkt, zu dem es von David Hume angeregt wurde, weit zurückgeschwungen. Hegel bemerkt: „Die Tatsachen, so scheint es, bedürfen zunächst einer Überprüfung." Eine solche Überprüfung wäre jedoch für diejenigen überflüssig, für die sie erforderlich war, da sie sich die Untersuchung dadurch erleichtern, dass sie die Erzählungen, obwohl sie unendlich zahlreich sind und durch die Bildung und den Charakter der Zeugen bestätigt werden, für bloße Täuschung erklären Betrug. Ihre *apriorischen* Vorstellungen sind so verwurzelt, dass kein Zeugnis gegen sie ausrichten kann, und sie haben sogar geleugnet, was sie mit eigenen Augen gesehen haben, und haben selbst berichtet, wie Sir David Brewster. Es wird beobachtet, dass Hegel die Tatsachen als gegeben annimmt und sie in seine allgemeine Theorie der sensiblen Seele (*fühlende*) *einarbeitet Seele*). Er versucht nicht, die Fakten festzustellen; aber sie festzustellen oder zumindest zu untersuchen, ist die erste Aufgabe der psychischen Forschung. Die Theoriebildung kommt später.

Die Jahre, die zwischen dem Datum von Hegels „Philosophie des Geistes" und unserer Zeit vergangen sind, waren Zeuge des langen Streits über die Existenz, die Natur und die Ursachen des hypnotischen Zustands sowie über die Realität und Grenzen der Phänomene. Deshalb berief die Pariser Medizinische Akademie 1825 ein Komitee ein, das sich mit diesem Thema befassen sollte. Der Bericht über „Tierischen Magnetismus", wie er damals genannt wurde, wurde 1831 vorgelegt. Der Akademie fehlte der Mut, ihn zu veröffentlichen, denn der Bericht war positiv sogar auf einige der immer noch umstrittenen Phänomene. Zu dieser Zeit glaubte man in Übereinstimmung mit einem Überbleibsel der Theorie von Mesmer, dass das Mittel in Hypnosefällen eine Art Ausfluss einer kosmischen Flüssigkeit vom „Magnetisierer" zum Patienten sei. Es gab „eine magnetische Verbindung".

Obwohl im Volksmund nicht zwischen Mesmerismus und Hypnose unterschieden wird, ist „Mesmerismus" ein Wort, das diese Theorie eines „magnetischen" oder anderen unbekannten persönlichen Einflusses impliziert. „Hypnotismus", wie wir gleich sehen werden, impliziert keine solche Theorie. Der Bericht der Akademie (1831) bescheinigte unter dem Einfluss des „Magnetismus" die Entwicklung „neuer Fähigkeiten" wie Hellsehen und Intuition sowie die Herbeiführung „großer Veränderungen in der physischen Ökonomie" wie Bewusstlosigkeit und plötzliche Steigerung der Kraft. Der Bericht erklärte, es sei „bewiesen", dass Schlaf „ohne Suggestion" erzeugt werden könne, wie wir heute sagen, obwohl dieser Begriff damals noch nicht gebräuchlich war. „Schlaf wurde unter Umständen erzeugt, in denen die Personen die zu seiner Herstellung eingesetzten Mittel nicht sehen konnten oder sich nicht darüber im Klaren waren."

Die Akademie tat ihr Bestes, um diesen Bericht zu unterdrücken, der die Phänomene bestätigt, die Hegel akzeptierte und die immer noch umstritten sind. Sechs Jahre später (1837) berichtete ein Komitee gegen die Ansprüche einer gewissen Berna, einer „ Magnetisiererin ". In beiden Ausschüssen war niemand tätig und dieser Bericht wurde angenommen. Später versuchten mehrere Leute, einen Brief in einem Briefkasten zu lesen, was jedoch scheiterte. „Damit", sagt Herr Vincent, „war die Frage hinsichtlich des Hellsehens geklärt." obwohl es vielleicht logischer wäre zu sagen, dass es die Ansprüche der Konkurrenten bei dieser Gelegenheit befriedigte. Die Akademie entschied nun, dass die Frage des Magnetismus endgültig abgeschlossen sei, da bestimmte Personen die durch ihre Voranzeigen geweckten Erwartungen nicht erfüllten.

Wir müssen oft bedauern, dass wissenschaftliche Eminenz nicht immer mit wissenschaftlicher Logik einhergeht. Wo die Wissenschaft ein Thema vernachlässigt, greifen Scharlatane und Betrüger es auf. In England war der „tierische Magnetismus" dieser Klasse von Enthusiasten überlassen worden, bis sich Thackerays Freund, Dr. Elliotson , dem Thema widmete. Er wurde verfolgt, wie Ärzte zu verfolgen wissen; Doch 1841 entdeckte Braid aus Manchester, dass der sogenannte „magnetische Schlaf" ohne jeglichen „Magnetismus" erzeugt werden konnte. Er ließ seine Patienten starr auf einen Gegenstand starren und ermutigte sie, damit zu rechnen, einzuschlafen. Er nannte seine Methode „Hypnotismus", ein Begriff, der keinen Zweifel aufkommen lässt. Da die Hypnose kein Geheimnis mehr zu sein schien, wurde sie nahezu respektabel und wurde bei chirurgischen Eingriffen eingesetzt, bis sie durch Chloroform ersetzt wurde. In England war und bleibt die Studie eher *verdächtig* , während auf dem Kontinent Hypnose sowohl zu Heilzwecken als auch bei Untersuchungen der experimentellen Psychologie eingesetzt wird. Es bestehen immer noch große Meinungsverschiedenheiten über die Natur des hypnotischen Schlafes, seine physiologischen Begleiterscheinungen und die Grenzen der Fähigkeiten, die während oder außerhalb des Schlafes ausgeübt werden. Es ist nicht einmal absolut sicher, dass die Ausübung der fremden Fähigkeiten – zum Beispiel die Erzeugung von Anästhesie und Starrheit – lediglich das Ergebnis von „Suggestion" und Erwartung ist. Einem hypnotisierten Patienten wird gesagt, dass der Mittelfinger seiner linken Hand steif und gefühllos wird. Dies geschieht und wird durch „Suggestion" erklärt, obwohl es ein weiteres Problem ist, *wie „Suggestion" die erstaunliche Wirkung hervorruft*. Der verstorbene Herr Gurney führte jedoch eine Reihe von Experimenten durch, bei denen weder ein Hinweis ausgesprochen wurde, noch wussten die Patienten, welcher ihrer Finger steif und schmerzunfähig werden sollte. Die Hände des Patienten wurden durch ein Sieb gesteckt; Auf der anderen Seite führte der Hypnotiseur Bewegungen über den Finger durch, der steif werden sollte. Die Zuschauer wählten den Finger aus und die Unempfindlichkeit wurde durch einen starken elektrischen Strom getestet. Der Effekt wurde auch *ohne* Durchgänge erzeugt, der Bediener zeigte lediglich auf den ausgewählten Finger und „wollte" das Ergebnis. Wenn er es nicht „wollte", geschah nichts, und es geschah auch nichts, wenn er es wollte, ohne darauf hinzuweisen. Die Nähe der Hand des Bedieners hatte keine Wirkung, wenn er nicht „wollte", und sein „Wollen" war auch nicht erfolgreich, wenn er seine Hand nicht in die Nähe der Hand des Patienten brachte. Die Hände anderer Menschen, die ähnlich platziert waren, zeigten keine Wirkung.

Erfolgreich waren auch Experimente zur Geschmacksübertragung von Salz, Zucker und Cayennepfeffer vom Bediener auf den Probanden. Dr. Janet und Gibert erzeugten bei einer Frau auch aus der Ferne Schlaf, indem sie ihn „wollten", und zwar zu Stunden, die durch ein Losverfahren ermittelt wurden.[17] Diese Tatsachen deuten natürlich eher auf ein Element der Wahrheit in der alten hypnotischen Hypothese eines bestimmten Einflusses auf den Bediener hin. Sie können nicht sehr gut durch Suggestion und Erwartung erklärt werden. Aber diese Tatsachen und Tatsachen des Hellsehens und der Gedankenübertragung werden von Menschen, die ihnen nicht aus eigener Erfahrung begegnet sind, als abergläubische Wahnvorstellungen abgetan. Dies muss uns nicht davon abhalten, sie zu untersuchen, denn *alle* Fakten, einschließlich derjenigen, die heute von Continental allgemein akzeptiert und von der britischen Wissenschaft kaum angeklagt werden, wurden auf der Grundlage von Humes Prinzipien immer wieder lautstark zurückgewiesen.

Die selteneren Tatsachen durchlaufen, wie Mr. Gurney bemerkt, „immer noch die hohle Form des Geschehens". Hier ist ein Beispiel für die Art und Weise, wie diese Phänomene in der Populärwissenschaft behandelt werden. Herr Vincent sagt, dass „Hellsehen und Phrenologie Elliotsons ständige Handwerkskunst waren." (Die Phrenologie war auch Braids Fachgebiet.) „Es ist eine Frage der Gratulation, so schnell von dem befreit worden zu sein, was Dr. Lloyd Tuckey treffend als „eine Ansammlung von übermächtigem Unsinn" bezeichnet hat."[18] Hellsehen ist Teil einer Masse von Unsinn, auf Seite 57. Auf Seite 67 sagt Herr Vincent: „Es gibt viele interessante Fragen, wie Telepathie, Gedankenlesen, Hellsehen, zu denen es vielleicht voreilig wäre, eine entschiedene Meinung abzugeben …" „Alle diese seltsamen psychischen Zustände stellen Probleme von großem Interesse dar" und werden nur weggelassen, weil „sie keinen ausreichenden Einfluss auf die normalen Zustände der Hypnose haben …". So stellt das, was auf einer Seite „Unsinn" war, zehn Seiten später „Probleme von großem Interesse" dar, und nachdem Herr Vincent die entschiedene Meinung geäußert hat, dass Hellsehen Unsinn ist, hält er es für voreilig, eine entschiedene Meinung abzugeben. Es ist ziemlich voreilig, eine entschiedene Meinung abzugeben und dann zu sagen, dass es voreilig ist, dies zu tun.[19]

Diese kurze Skizze zeigt, dass die Wissenschaft mit bestimmten Tatsachen konfrontiert ist, die Hume zu seiner Zeit als unglaubliche Wunder abtat, was der Verachtung der Weisen und Gelehrten stand. Wir sehen auch, dass die seltsameren und selteneren Phänomene, die Hegel als Tatsachen akzeptierte und mit seiner allgemeinen Philosophie verwoben war, immer noch umstritten sind. Einige Wissenschaftler geben sie zu, andere bezweifeln sie; von anderen wiederum werden geleugnet, während die meisten Journalisten und Autoren billiger Fibeln, die die Volkstradition inspirieren, die Phänomene als Betrug oder Fabeln des Aberglaubens betrachten. Aber es ist klar, dass diese Phänomene, ebenso wie die alltäglicheren Tatsachen der Hypnose, endlich von der Wissenschaft anerkannt werden *können* . Vor nicht allzu langer Zeit lachte die wissenschaftliche Welt über Ogham-Inschriften, Meteoriten und paläolithische Waffen als Betrügereien oder Launen der Natur. Nun zweifelt niemand an diesen Dingen, und Hellsehen, Gedankenübertragung und Telepathie könnten auf lange Sicht nicht unvorstellbar so glücklich sein wie Meteoriten oder die üblicheren Phänomene der Hypnose.

Es ist nur Lord Kelvin, der jetzt oder kürzlich behauptet, dass es in der Hypnose überhaupt nichts außer Betrug und Fehlbeobachtung gibt . In den kommenden Jahren wird möglicherweise nur eine ähnliche verspätete Stimme ausrufen, dass es in der Gedankenübertragung nichts als

Fehlbeobachtung und Betrug gibt. Gegenwärtig sind die für die Feststellung der Tatsachen erforderliche ernsthafte Aufmerksamkeit und sorgfältige Experimente bei französischen Wissenschaftlern häufiger anzutreffen als bei englischen Wissenschaftlern. Wenn diese Experimente veröffentlicht werden, werden sie, wenn sie positive Beispiele enthalten, von den Führern der öffentlichen Meinung als „abergläubisch" angeprangert oder nach einem, wie wir wohlwollend als sehr voreiligen Blick ansehen müssen, kritisiert. Beispiele dieser Methode werden später zitiert. Inzwischen werden die Streitigkeiten über diese angeblichen Tatsachen wegen ihres angeblichen Zusammenhangs mit dem Ursprung der Religion hier zur Kenntnis genommen.

[Fußnote 1: Siehe den Aufsatz von Herrn Myers über die „Ancient Oracles" in *Classical Essays* und den „Ancient Spiritualism" des Autors in *Cock Lane und Common Sense* .]

[Fußnote 2: Die Kursivschrift hier stammt von Herrn Alfred Russell Wallace in seinem *Werk „Miracles and Modern Science"* . Herr Huxley hat bei seiner Aufdeckung von Humes Trugschlüssen (in seinem Leben von Hume) die jansenistischen „Wunder", die Hume kritisierte, nicht untersucht .]

[Fußnote 3: Moll, *Hypnotismus* , S. 357.]

[Fußnote 4: *Tierischer Magnetismus* , S. 355.]

[Fußnote 5: Eine Übersetzung seines Werkes wurde im *New Review vom* Januar 1693 veröffentlicht .]

[Fußnote 6: *La Vérité des Miracles* , Köln, 1747, Septièmo Démonstration .]

[Fußnote 7: Siehe den Aufsatz von Dr. Russell Reynolds im *British Medical Journal* , November 1869.]

[Fußnote 8: James, *Prinzipien der Psychologie* , ii. 612. Charcot, op. cit.]

[Fußnote 9: Mir muss nicht gesagt werden, dass Dr. Maudsley diese Tatsache 1886 geleugnet hat. Ich bin auf die Beweise vorbereitet, falls sie von einem Gelehrten verlangt werden, der sie zufällig nicht kennt.]

[Fußnote 10: Ich bin natürlich nicht verantwortlich für die wissenschaftliche Gültigkeit von Dr. Charcots Theorie der Heilung „durch Idee". Mein Punkt ist lediglich, dass bestimmte Experten ohne geringe Erfahrung oder geringen Ruf jetzt genau die Phänomene als wichtige Gewissheiten in ihrem persönlichen Wissen zugeben, über die Hume die

Weisen bittet und über die er zwar zu lachen gelernt hat, die er aber nie zu untersuchen gelernt hat.]

[Fußnote 11: S. 353-356.]

[Fußnote 12: S. 93.]

[Fußnote 13: *Träume* , S. 76.]

[Fußnote 14: Hegel akzeptiert die Hellsichtigkeit des Pucelle .]

[Fußnote 15: Siehe Dr. Dessoir , in *Das Doppel Ich,* zitiert von Mr. Myers, *Proceedings* , Bd. vi. 213.]

[Fußnote 16: *Philosophie des Geistes* , *Werke,* Bd. vii. 179. Berlin. 1845. Die Beispiele und ein Großteil des Philosophierens finden sich in den *Zusätzen* , nicht übersetzt in Mr. Wallaces Version, Oxford, 1894.]

[Fußnote 17: *Proceedings* , SPR, vol. ii. S. 201-207, 390-392.]

[Fußnote 18: *Elemente des Hypnotismus* , S. 67.]

[Fußnote 19: Möglicherweise meint Mr. Vincent nur, dass Elliotsons Experimente, „kaum mehr als nüchtern" (S. 57), mit den Schwestern Okey Unsinn waren. Aber ob die Schwestern Okey ehrlich waren oder nicht, ist eine Frage, auf die wir hier nicht eingehen können.]

III

Anthropologie und Religion

Zu den verschiedenen Wissenschaftsformen, die die neue Volkstradition erreichen und beeinflussen, zählen wir die Anthropologie. Erfreulicherweise ist die Anthropologie erst kürzlich aus dem Schwebezustand des Unerkannten herausgekommen , in dem die psychische Forschung sehnt. Die British Association lehnte anthropologische Arbeiten früher als „eitle Träume basierend auf Reiseerzählungen " ab. Zweifellos würde die British Association einen Aufsatz über Hellsehen als einen eitlen Traum, der auf Ammenfabeln oder auf hysterischem Schwindel beruht, ablehnen. Unbestreitbar wird das Studium solcher Themen durch Fabeln und Betrug behindert, ebenso wie die Anthropologie ständig auf der Hut sein muss vor „ Reisemärchen ", vor europäischen Missverständnissen wilder Ideen und vor zivilisierten Vorstellungen und wissenschaftlichen Theorien, die unbewusst in barbarische Bräuche hineininterpretiert werden. Riten, Traditionen und Gebräuche. Der Mensch, *ondoyant et divers* , ist gleichermaßen Gegenstand der Anthropologie und der psychischen Forschung. Der Mensch (insbesondere der wilde Mensch) kann nicht vor störenden Einflüssen geschützt und beobachtet werden, wie die Materialien eines chemischen Experiments in einem Labor. Der Mensch kann auch nicht in einem „primitiven" Zustand gefangen sein: Seine intellektuellen Anfänge liegen sehr weit hinter der Kulturstufe, auf der wir die niedrigsten bekannten Rassen finden. Folglich ist die Materie, mit der sich die Anthropologie befasst, schwankend; Die Beweise, auf denen es beruht, bedürfen der skeptischsten Kritik , und viele seiner Schlussfolgerungen müssen hypothetisch sein, da historische Zeugnisse über Zeiten fehlen, die weit hinter den niedrigsten bekannten Wilden zurückliegen.

Aus diesen guten Gründen betrachtete die offizielle Wissenschaft die Anthropologie lange Zeit mit Skepsis. Ihre Anhänger galten nicht als echte Gelehrte, und vielleicht aufgrund dieser Verachtung waren sie oft „gebrochene Männer", intellektuelle Gesetzlose, Menschen einer wilden Idee. Für den wissenschaftlichen Verstand waren Anthropologen oder Ethnologen eine Horde, die düster über Schlangenverehrung, Phallusverehrung, arkitische Lehren und die zehn verlorenen Stämme murmelte, die immer wieder an den unerwartetsten Orten auftauchten. Von Anthropologen hieß es, sie würden sich über die schmutzigen Riten schmutziger Wilder freuen und nach Vernunft suchen, wo es keine gab. Der Verbannte, der Ausgestoßene, der Paria der Wissenschaft findet sich in der Tat oft in seltsamer Gesellschaft wieder. Auch rund um das Lagerfeuer der psychischen Forschung, in der inoffiziellen, nicht gesicherten Wüste der

Wissenschaft , tummeln sich merkwürdige, bedrohliche Gestalten von esoterischen Buddhisten, *Satanisten* , Okkultisten, christlichen Wissenschaftlern, Spiritualisten und Astrologen, so wie die Arkiten und verlorenen Stammesangehörigen die Wiege heimgesucht haben Anthropologie.

Aber schließlich stellte sich heraus, dass in der Sache Vernunft und in dem Wahnsinn Methode steckten. Evolution war darin. Die Akzeptanz paläolithischer Waffen als Relikte der menschlichen Kultur, nachdem sie lange lächerlich gemacht wurde, trug wahrscheinlich dazu bei, die Anthropologie in den heiligen Kreis des erlaubten Wissens zu bringen. Ihr Thema war voller Illustrationen der Lehre von Herrn Darwin. Moderne Autoren zu diesem Thema wurden von den weniger systematischen Forschern des 18. Jahrhunderts erwartet – Goguet , de Brosses , Millar, Fontenelle, Lafitau , Boulanger oder sogar Hume und Voltaire. Als Pioniere repräsentieren diese Autoren die frühen Mesmeristen und Magnetisten Puységur , Amoretti, Ritter, Elliotson , Mayo und Gregory in der Geschichte der psychischen Forschung. Sie waren jeweils auf derselben Spur wie Lubbock, Tylor, Spencer, Bastian und Frazer oder als Gurney, Richet, Myers, Janet, Dessoir und Von Schrenck-Notzing . Aber die früheren Studenten legten weniger Wert auf Methode und Beweise.

Beweis! Das war der Stolperstein der Anthropologie. Wir hören in den späteren Werken von Herrn Max Müller noch immer das Echo der alten Klagen. Alles, was Sie wollen, sagt Herr Max Müller, können Sie unter Ihren nützlichen Wilden finden, und (im Hinblick auf einige Anthropologen) ist seine Kritik berechtigt. Sie brauchen nur mit dem Bleistift in der Hand ein paar Reisebücher zu überfliegen und herauszufinden, was zu Ihrem Fall passt. Angenommen, was unser aktuelles Thema betrifft, wäre Ihre Theorie, dass Wilde gebrochene Lichter des Glaubens an ein höchstes Wesen besitzen. Dafür kann man Belege finden. Oder nehmen Sie an, Sie möchten zeigen, dass sie überhaupt keine religiösen Vorstellungen haben; Sie können auch Beweise dafür finden. Ihre Aussagen stammen oft von Beobachtern, die die Sprache der Menschen, über die sie sprechen, nicht kennen oder die selbst durch die eine oder andere Theorie oder Voreingenommenheit voreingenommen sind. Wie kann man vorgeben, eine Wissenschaft auf einer solchen Grundlage aufzubauen, zumal die wilden Informanten den Fragestellern gefallen oder sie verwirren wollen, sie willkürlich antworten, ihre heiligsten Institutionen absichtlich verbergen oder dem Thema nie Beachtung geschenkt haben?

Auf all diese völlig natürlichen Einwände hat Herr Tylor geantwortet.[1] Wie in jedem anderen Untersuchungsbereich müssen Beweise gesammelt, gesichtet und geprüft werden. Ein Autor „ist natürlich verpflichtet, die Vertrauenswürdigkeit aller Autoren, die er zitiert, nach bestem Wissen und

Gewissen zu beurteilen und, wenn möglich, mehrere Berichte einzuholen, um jeden Punkt an jedem Ort zu bestätigen." Herr Tylor führt dann „den Test der Wiederholung" an, des unbeabsichtigten Zufalls in der Aussage, wie Millar bereits im letzten Jahrhundert argumentiert hatte.[2] Wenn ein mittelalterlicher Mahommedaner in der Tartarei, ein Jesuit in Brasilien, ein Wesleyaner auf Fidschi, ein Polizeibeamter in Australien, ein Presbyterianer in Zentralafrika, ein Fallensteller in Kanada hinzukommen, stimmen sie darin überein, einen analogen Ritus oder Mythos in diesen verschiedenen Ländern zu beschreiben Wir können den Zufall nicht auf Zufall oder Betrug zurückführen. „Nun sind auf diese Weise die wichtigsten Fakten der Ethnographie verbürgt."

Wir können hinzufügen, dass wir die Ideen der Wilden, selbst wenn sie unklar sind, oft durch die Analyse der Institutionen, in denen sie zum Ausdruck kommen, entdecken können.[3]

Daher müssen anthropologische Beweise ebenso wie psychische oder andere Beweise gewissenhaften Prüfungs- und Sichtungsprozessen unterzogen werden. Widersprüchliche Beispiele müssen sorgfältig gesucht werden. Nichts kann weniger wissenschaftlich sein, als sich die Erzählung eines Reisenden zu schnappen, die unsere Theorie untermauert, und Beweise zu ignorieren, die vielleicht früher oder später oder besser beobachtet sind und dagegen sprechen. Doch leider war dies in bestimmten Fällen (die noch dargelegt werden) der gelegentliche Fehler von Herrn Huxley und Herrn Spencer.[4] Mr. Spencer beginnt sein Buch „Ecclesiastical Institutions" mit der Bemerkung, dass „die Implikation [aus dem berichteten Fehlen von Glaubensvorstellungen bei taubstumm geborenen Menschen] darin besteht, dass die religiösen Vorstellungen zivilisierter Menschen nicht angeboren sind" (der das behauptet) . ?), und diese Implikation stützt Herr Spencer durch „Beweise, dass es bei verschiedenen Wilden keine religiösen Vorstellungen gibt". „Sir John Lubbock hat viele davon gegeben." Aber es wäre gut, dem Leser zu raten, Roskoffs Widerlegung von Sir John Lubbock und Mr. Tylors meisterhafte Aussage zu konsultieren.[5] Herr Spencer zitierte Sir Samuel Baker als Wilde, die nicht einmal „einen Funken Aberglauben" oder eine Spur von Anbetung hätten. Herr Tylor hatte zwölf Jahre bevor Herr Spencer schrieb, Sir Samuel Bakers Behauptung[6] in Bezug auf viele Stämme widerlegt und sie so in Bezug auf die Latukas erschüttert , zitiert von Herrn Spencer. Die gottlosen Dinkas haben „eine gute Gottheit und einen im Himmel wohnenden Schöpfer", der Jahre vor Sir Samuels „vorschneller Leugnung" sorgfältig aufgezeichnet wurde. Wir zeigen später, dass Mr. Spencer, der sich auf einen einzigen isolierten Satz in Brough Smyth stützt, alle seine wesentlichen Informationen über das australische Höchste Wesen auslässt; während Herr Huxley – die zahlreichen und schlüssigen Beweise für ihre ethische Religion übersehend – den Australiern vorwirft, sie hätten lediglich einen nicht-moralischen Glauben an Gelegenheitsgeister. Wir müssen auch zeigen, dass Herr Huxley unter der Vorherrschaft seiner Theorie und versehentlich eine gute Autorität zitiert, die genau das Gegenteil von dem sagt, was er wirklich sagt.

Wenn die Tatsachen, die nicht zu ihren Theorien passen, von so beliebten Autoritäten wie Mr. Huxley und Mr. Spencer kaum beachtet werden; wenn *Instantiae Widersprüchlichkeiten* werden von ihnen ignoriert oder vage gelassen; Wenn diese Dinge im grünen Baum geschehen, können wir uns leicht vorstellen, was im trockenen getan werden soll. Aber wir brauchen nicht gegen voreilige *Vulgaristen* und voreilige Theoretiker Krieg zu führen.

Es wurde genug gesagt, um die Position der Anthropologie in Bezug auf Beweise aufzuzeigen und um zu beweisen, dass die Kritik von Herrn Max Müller berechtigt ist, wenn er seine Beobachtungen auf bestimmte Anthropologen beschränkt. Vor allem aus diesem Grund orientieren sich die Argumente, die wir hier verfolgen, an Mr. Tylors wirklich gelehrtem und präzisem Buch „Primitive Culture".

Obwohl, aber vor kurzem eingeschlichen, *Vix aut ne vix Deshalb* übernimmt die Anthropologie aus dem kühlen Schatten der wissenschaftlichen Verachtung das Verhalten ihrer älteren Schwestern unter den Wissenschaften und ist ebenso streng wie sie gegenüber dem Aschenputtel der Familie, der psychischen Forschung. Sie muss zwischen den Aschen des Herdes über ihre Feen murmeln, während diese zum Ball gehen, und bei den Feierlichkeiten der British Association mit den Bürgermeistern der Provinzen tanzen. Dies ist ungroßzügig und bedauerlich, da die Aufzeichnungen der Anthropologie reich an ungeprüftem Material übersinnlicher Forschung sind. Ich kenne kein Werk eines renommierten Anthropologen, das sich mit den hypnotischen und verwandten Praktiken der niederen Rassen befasst, mit Ausnahme von Herrn Bastians sehr dürftigem Traktat „ Über" . psychische Beobachtungen bei Naturvölkern .'[7] Nichtsdestotrotz verfügen wir über eine Menge verstreuter Informationen zu diesem Thema, der wilden Seite psychischer Phänomene, in Reisewerken und in Mr. Tylors monumentaler „Primitive Kultur". Herr Tylor betrachtet es jedoch, wie wir sehen werden, als eine Frage der Gleichgültigkeit oder zumindest als eine Angelegenheit, die über den Rahmen seines Aufsatzes hinausgeht, zu entscheiden, ob die parallelen übernatürlichen Phänomene, an die die Wilden glauben und von denen es heißt, dass sie wiederkehren, wiederkehren in der Zivilisation sind Tatsachen tatsächlicher Erfahrung oder nicht.

Nun, diese Frage ist nicht überflüssig. Herr Tylor konstruiert, wie andere Anthropologen, Herr Huxley, Herr Herbert Spencer und ihre Anhänger und Popularisierer , auf anthropologischer Grundlage eine Theorie über den Ursprung der Religion.

Die Anthropologie erklärt diesen Ursprung als Ergebnis früher und falscher Überlegungen zu einer Reihe biologischer und psychologischer Phänomene, sowohl normaler als auch (wie von Wilden behauptet) übernatürlicher Natur. Diese Überlegungen führten zum Glauben an Seelen und Geister. Erstens geht die Anthropologie davon aus, dass die höchsten Gottheiten der Wilden von ihnen als „Geister" betrachtet werden. So paradox die Aussage auch erscheinen mag, genau das scheint nicht bewiesen zu sein, wie wir zeigen werden. Wenn es sich bei den übernatürlichen Phänomenen (Hellsehen, Gedankenübertragung, Phantasmen von Toten, Phantasmen von Sterbenden und anderen) um reale Erfahrungssache handelt, können die Schlussfolgerungen, die die frühe wilde Philosophie daraus zieht, in gewissem Maße fehlerhaft sein. Aber die Schlussfolgerungen, die Materialisten ziehen, die die übernatürlichen Phänomene ablehnen, werden vielleicht auch, sagen wir, unvollständig sein. Die Religion wird zum Teil auf der Grundlage von Fakten entwickelt worden sein, was möglicherweise nicht mit dem Materialismus in seiner gegenwärtigen dogmatischen Form vereinbar ist. Um es weniger prägnant und vielleicht genauer auszudrücken: Die angeblichen Tatsachen sind „nicht nur dramatisch seltsam, sie sind nicht nur außergewöhnlich und auffällig, sondern sie sind „seltsam" in dem Sinne, dass sie nicht ohne weiteres mit den Ansichten der Physiker übereinstimmen." und Männer der Wissenschaft geben uns im Allgemeinen etwas über das Universum, in dem wir leben" (Mr. AJ Balfour, Ansprache des Präsidenten, „Proceedings", SPR Bd. xp 8, 1894).

Da dies der Fall ist, scheint es die Aufgabe der Anthropologie, der Wissenschaft vom Menschen, zu sein, unter anderem die Beweise für die tatsächliche Existenz dieser angeblichen ungewöhnlichen und übernatürlichen Phänomene zu untersuchen, an die man als eines davon glaubt die Ursprünge der Religion.

Diese Untersuchung im ethnografischen Bereich durchzuführen, ist fast eine neue Arbeit . Wie wir sehen werden, haben Anthropologen bisher solche Dinge wie den „Feuerlauf" von Wilden, die unverletzt in den Flammen lagen, wie die drei Heiligen Kinder, noch nicht untersucht. Die weltweit verbreitete Praxis des Wahrsagens durch Halluzinationen, die durch den Blick in eine glatte Tiefe (Kristallblick) hervorgerufen werden, ist meines Erachtens von keinem Anthropologen untersucht worden. Die Wahrhaftigkeit der „Botschaften", die von wilden Sehern geäußert werden, wenn sie (wie sie annehmen) „besessen" oder „inspiriert" sind, wurde nicht kritisiert und kann dies wahrscheinlich auch nicht tun, da es an detaillierten Informationen mangelt. Die „physikalischen Phänomene", die bei den Wilden auf den Gebrauch der „Wünschelrute" und auf „ spiritistische " Wunder in der Neuzeit zurückzuführen sind, wurden nur flüchtig betrachtet. Kurz gesagt, alle brutalen Parallelen zu den sogenannten „psychischen Phänomenen", die derzeit in England, Amerika, Deutschland, Italien und Frankreich diskutiert werden, sind einer kritischen Analyse und einem Vergleich mit ihren zivilisierten Gegenstücken entgangen .

Eine Ausnahme unter den Anthropologen ist Herr Tylor. Er hat die Existenz dieser barbarischen Parallelen zu unseren modernen Problemen dieser Art nicht unterdrückt. Aber sein Interesse an ihnen endet praktisch, wenn er gezeigt hat, dass die Phänomene zur Entstehung des wilden Glaubens an „Geister" beigetragen haben, und wenn er das „Überleben" dieses Glaubens in späteren Kulturen aufgezeigt hat. Er fragt nicht: „Sind die Phänomene real?" er beschäftigt sich nur mit der wilden Philosophie der Phänomene und mit ihren Relikten im modernen Spiritismus und in der Religion. Mein Ziel ist es, nur durch *Ausschweifung das zu* tun, was weder die Anthropologie noch die psychische Forschung noch die Psychologie getan haben: die wilden und modernen Phänomene nebeneinander zu stellen. Solche Beweise, die wir für die Aktualität der modernen Erfahrungen liefern können, werden insoweit die Vermutung hervorrufen, dass die wilden Überzeugungen, wie falsch sie auch sein mögen, wie sehr sie auch durch Betrug und Fantasie verdunkelt sind, auf einer Grundlage tatsächlicher Beobachtung tatsächlicher Phänomene beruhen.

Die Anthropologie beschäftigt sich mit dem Menschen und dem, was im Menschen ist – *humani nihil a se alienum putat* . Diese Forschungen liegen daher im anthropologischen Bereich, insbesondere da sie sich auf die vorherrschende anthropologische Theorie des Ursprungs der Religion beziehen. Mit „Religion" meinen wir für den Zweck dieser Argumentation den Glauben an die Existenz einer Intelligenz oder von Intelligenzen, die nicht menschlich sind und nicht von einem materiellen Mechanismus aus Gehirn und Nerven abhängen, der die menschliche Intelligenz mächtig kontrollieren kann oder auch nicht Schicksale und die Natur der Dinge. Wir meinen auch den zusätzlichen Glauben, dass es im Menschen ein Element gibt, das so weit mit diesen Intelligenzen verwandt ist, dass es über das durch die bekannten Körpersinne erlangte Wissen hinausgehen und möglicherweise den Tod des Körpers überleben kann. Diese beiden Überzeugungen erscheinen derzeit (wenn auch nicht unbedingt in ihrem Ursprung) hauptsächlich als der Glaube an Gott und an die Unsterblichkeit der Seele.

Daher ist es wichtig, wenn möglich, den Ursprung dieser beiden Überzeugungen zu ermitteln. Wenn sie in tatsächlicher Gemeinschaft mit der Gottheit entstanden (wie es zumindest die erste in der Theorie der Hebräischen Schriften tat) oder wenn nachgewiesen werden konnte, dass sie in einem unanalysierbaren Zustand entstanden *Sinn numinis* , oder auch in „einer Wahrnehmung des Unendlichen" (Max Müller), hätte die Religion eine göttliche oder zumindest eine notwendige Quelle. Für den Theisten kann das

Unvermeidliche nur göttlich verordnet sein, daher ist Religion göttlich vorherbestimmt, daher ist Religion im Wesentlichen, wenn auch nicht in zufälligen Details, wahr. Der Atheist oder Nicht-Theist zieht natürlich keine derartigen Schlussfolgerungen.

Aber wenn die Religion, wie sie heute unter den Menschen verstanden wird, die neueste evolutionäre Form einer Reihe von Fehlern, Trugschlüssen und Illusionen wäre, wenn ihr Keim ein Fehler wäre und ihre gegenwärtige Form nur das Ergebnis fortschreitender, aber unwesentlicher Verfeinerungen dieses Fehlers wäre, dann … Der Schluss, dass die Religion unwahr ist – dass nichts Tatsächliches ihrer Hypothese entspricht – lässt sich sehr leicht ziehen. Die Schlussfolgerung ist vielleicht nicht logisch, denn unsere gesamte Wissenschaft ist das Ergebnis fortschreitender Verfeinerungen ursprünglich falscher Hypothesen, die dazu dienen, falsch verstandene Tatsachen zu erklären. Dennoch ist unsere Wissenschaft innerhalb ihrer Grenzen wahr, auch wenn sie bei weitem nicht erschöpfend ist. Auf die gleiche Weise könnte man argumentieren, dass unsere Religion, selbst wenn man davon ausgeht, dass sie aus primitiven Trugschlüssen und falschen Hypothesen entstanden ist, dennoch durch eine Vielzahl von Ursachen zu einer annähernden Wahrheit verfeinert wurde, wie es die Wissenschaft getan hat.

Obwohl ich häufig gezwungen bin, sowohl in Bezug auf Fakten als auch in Bezug auf deren Interpretation von Mr. Spencer abzuweichen, freue ich mich, dass er mir hier zuvorgekommen ist. Gegner werden darauf drängen, sagt er, dass „wenn der ursprüngliche Glaube" (an Geister) „absolut falsch war, alle daraus abgeleiteten Überzeugungen absolut falsch sein müssen?" Herr Spencer antwortet: „In der primitiven Vorstellung war ein Keim der Wahrheit enthalten – nämlich die Wahrheit, dass die Macht, die sich im Bewusstsein manifestiert, nur eine anders bedingte Form der Macht ist, die sich jenseits des Bewusstseins manifestiert." Tatsächlich finden wir, dass Herr Spencer, wie Faust, wie Marguerite ihn beschreibt, fast das Gleiche sagt wie die Priester, aber nicht ganz auf die gleiche Weise. Natürlich lasse ich einen viel größeren „Keim an Wahrheit" im Ursprung der Geistertheorie zu, als Mr. Spencer es tut. Aber wir können beide sagen: „Die ultimative Form des religiösen Bewusstseins ist" (wird?) „ die endgültige Entwicklung eines Bewusstseins, das zu Beginn einen Keim der Wahrheit enthielt, der durch zahlreiche Fehler verdeckt wurde."[8]

„Ein Gott, ein Gesetz, ein Element
und ein weit entferntes göttliches Ereignis, auf das sich die gesamte
Schöpfung zubewegt."

Wenn wir uns schließlich Herrn Tylor zuwenden, stellen wir fest, dass er zunächst die Idee zurückweist, dass jede bekannte Menschenrasse frei von religiösen Vorstellungen sei. Er widerlegt aus eigenem Antrieb die

Behauptungen mehrerer Autoren, die diese explodierte Behauptung über „gottlose Stämme" aufgestellt haben. Er sagt: „Die Gedanken und Prinzipien des modernen Christentums hängen mit intellektuellen Hinweisen zusammen, die durch weit vorchristliche Zeiten bis zum Ursprung der menschlichen Zivilisation , vielleicht *sogar der menschlichen Existenz* , zurückreichen ."[9] Tylors Sinn. „Als Mindestdefinition von Religion" gibt er „den Glauben an spirituelle Wesen" an, der „bei allen niederen Rassen vorkommt, mit denen wir durchaus innige Beziehungen aufgebaut haben". Die Existenz dieses Glaubens zum jetzigen Zeitpunkt beweist nicht, dass keine Rasse jemals und zu keinem Zeitpunkt frei von jeglichem Glauben war. Aber es hindert uns daran, die Existenz solch glaubensloser Rassen, egal zu welcher Zeit, als erwiesene Tatsache anzunehmen. Wir haben also, kurz gesagt, keine Möglichkeit, die Entwicklung des Menschen vom bloßen Unglauben hin zu auch nur der minimalen oder rudimentärsten Form des Glaubens *historisch* zu beobachten . Über die ersten Ansätze des menschlichen Glaubens an Gott und an spirituelle Wesen können wir nur Theorien aufstellen und mehr oder weniger plausible Vermutungen anstellen. Wir finden keine Rasse, deren Geist, was den Glauben betrifft, eine *tabula rasa ist*
.

Dem frühesten Glauben gibt Herr Tylor den Namen *Animismus* , ein Begriff, der nicht ganz frei von Einwänden ist, obwohl „Spiritualismus" noch weniger wünschenswert ist, da er von einer Form des modernen Aberglaubens usurpiert wurde. Dieser Animismus „beinhaltet in seiner vollen Entfaltung den Glauben an Seelen und an einen zukünftigen Zustand, an die Kontrolle von Gottheiten und untergeordneten Geistern." Nach Meinung von Herrn Tylor und Herrn Huxley hat der Animismus in seinen niedrigeren (und früheren) Formen kaum etwas mit Ethik zu tun. Seine „Geister" sorgen nicht „für Gerechtigkeit". Dies ist ein Nebenthema, das später untersucht werden soll, aber wir können vorläufig nebenbei feststellen, dass die ethischen Vorstellungen, wie sie sind, sogar von australischen Schwarzen Berichten zufolge in den religiösen Mysterien (*Bora*) der Stämme eingeprägt werden, die wurden von den Göttern ihres Heimatglaubens ins Leben gerufen und werden zu Ehren dieser aufgeführt. Dieses Thema muss jedoch unseren Schlusskapiteln vorbehalten bleiben.

Herr Tylor befasst sich jedoch hauptsächlich mit dem Animismus als „einer alten und weltweiten Philosophie, deren Theorie der Glaube und deren Anbetung die Praxis ist". Was ist dann angesichts des Animismus oder des Glaubens an spirituelle Wesen als früheste Form und Minimum des religiösen Glaubens der Ursprung des Animismus? Man wird sehen, dass Herr Tylor mit Animismus nicht die angebliche frühe Theorie meint, die implizit, wenn nicht explizit und bewusst vertreten wird, dass alle Dinge überhaupt beseelt und Persönlichkeiten sind.[10] Dem Verhalten kleiner

Kinder und den Mythen der Wilden nach zu urteilen, hat der frühe Mensch möglicherweise halbbewusst sein eigenes Gefühl einer persönlichen, mächtigen und belebten Existenz auf die gesamte ihm bekannte Natur ausgeweitet. Nicht nur Tiere, sondern auch Pflanzen und anorganische Gegenstände wurden von ihm möglicherweise als Personen betrachtet, so wie er sich selbst fühlte. Das Kind schlägt (vielleicht nur, weil *man* es ihm beigebracht hat) auf den unartigen Stuhl, und alle Objekte sind in der frühen Mythologie Personen. Es ist jedoch denkbar, dass dieses *Gefühl* und nicht eine Theorie bei den frühen Menschen existierte, bevor sie die Hypothese von „Geistern", „Gespenstern" oder Seelen entwickelten. Es ist der Ursprung der *Hypothese* „Animismus", die Herr Tylor untersucht.

Was ist dann der Ursprung des Animismus? Es entstand in den frühesten nachvollziehbaren Spekulationen über „zwei Gruppen biologischer Probleme:

(1) „Was macht den Unterschied zwischen einem lebenden Körper und einem toten Körper?" Was verursacht Wachen, Schlaf, Trance, Krankheit und Tod?

(2) „Welche menschlichen Formen erscheinen in Träumen und Visionen?"[11]

Hier ist anzumerken, dass Herr Tylor am treffendsten zwischen schlafenden „Träumen" und wachen „Visionen" oder „klaren Visionen" unterscheidet. Selbst die Schwarzen Australiens machen diesen Unterschied. So verkündete einer der Kurnai, dass sein *Yambo* , seine Seele, im Schlaf „herausgehen" könne und die Ferne und die Toten sehen könne. Aber „während jeder in der Lage sein könnte, *im Schlaf mit den Geistern zu kommunizieren* , waren dies nur die Zauberer, die im Wachzustand dazu in der Lage waren." Tatsächlich ist ein Zauberer eine Person, die im Wachzustand anfällig für halluzinatorische Wahrnehmungen von Totenphantasmen ist (oder dies vortäuscht). „Unter den Kulin des Wimmera-Flusses wurde ein Mann zum Zauberer, der als Junge den Geist seiner Mutter an ihrem Grab sitzen sah."[12] Diese Tatsachen beweisen, dass es eine Rasse von Wilden am unteren Ende der Kulturskala gibt eine formale Unterscheidung zwischen normalen Träumen im Schlaf und Wachhalluzinationen – eine Sache, die leicht geleugnet werden kann.

Daher vertritt Herr Herbert Spencer die massive Verallgemeinerung , dass Wilde keine Sprache besitzen, die es einem Menschen ermöglicht, zu sagen: „Ich habe geträumt, dass ich gesehen habe", statt „Ich habe gesehen" („Prinzipien der Soziologie", S. 150). Dies konnte nur durch die Nennung von Beispielen für solch äußerst defizitäre Sprachen bewiesen werden, was Herr Spencer nicht tut.[13] In vielen wilden Spekulationen tauchen Ideen auf, die so subtil metaphysisch sind wie die von Hegel. Darüber hinaus gibt es sogar in den australischen Sprachen das Verb „sehen" und das Substantiv „schlafen". Nichts hindert also einen Menschen daran zu sagen: „Ich habe im Schlaf gesehen" (*insomnium* , [griechisch: enupnion]).

Wir haben auch gezeigt, dass die Australier einen wesentlichen Unterschied zwischen Wachhalluzinationen (Geister, die ein Mann im Wachzustand sieht) und den üblichen Schlafhalluzinationen machen. Jeder kann diese haben; Der Mann, der im Wachzustand Geister sieht, gilt als Zauberer.

Gleichzeitig sind die Lebhaftigkeit der Träume bei bestimmten Wilden, wie sie in Herrn Im Thurns „Indianer von Guayana" aufgezeichnet sind, und die daraus resultierende Verwechslung von Traum- und Wacherlebnissen sichere Tatsachen. Wilson sagt dasselbe über einige Neger, und Mr. Spencer veranschaulicht dies anhand der Geistesverwirrung träumerischer Kinder. Wir wissen, dass sie viel stärker vom Somnambulismus abhängig sind als Erwachsene. Mir ist nicht bekannt, dass der spontane Somnambulismus bei Wilden so untersucht wurde, wie er sein sollte. Ich habe jedoch gezeigt, dass sehr niedrige Wilde einen wesentlichen Unterschied zwischen Schlaf- und Wachhalluzinationen machen können und dies auch tun.

Auch hier wurde die Kristallbeobachterin, deren scheinbar telepathische Kristallbilder später besprochen werden (Kap. V.), nur deshalb mit einem Kristall bekannt gemacht, weil zuvor bekannt war, dass sie anfällig für Wach- und gelegentlich wahre Halluzinationen war.

Der Wilde dachte in seinen frühen Spekulationen über das Leben und die Seele nicht nur über die Träume vom Schlaf nach, die so leicht vergessen werden, wie sie sind. Er bezog in seine Materialien die weitaus beeindruckenderen und unvergesslicheren Erlebnisse der Wachstunden ein, da sind wir und Mr. Tylor uns einig.

Beim Nachdenken über diese Dinge kamen die frühesten wilden Denker zu dem Schluss: (1) dass der Mensch ein „Leben" hat (das ihn vorübergehend im Schlaf und schließlich im Tod zurücklässt); (2) dass der Mensch auch ein „Phantom" besitzt (das anderen Menschen in ihren Visionen und Träumen erscheint). Der wilde Philosoph würde dann „seine Informationen kombinieren", wie ein berühmter Autor der chinesischen Metaphysik. Er würde lediglich „das Leben und das Phantom" als „Manifestationen ein und derselben Seele" kombinieren. Das Ergebnis wäre eine „Geisterseele" oder „Geisterseele".

Diese Geisterseele wäre ein hochentwickeltes Geschöpf, „ein Dampf , ein Film oder ein Schatten", aber dennoch bei Bewusstsein, fähig, den Körper zu verlassen, größtenteils unsichtbar und unfühlbar, „aber auch physische Kraft manifestierend", das nach dem Tod existiert und erscheint der Körper, der in der Lage ist, auf die Körper anderer Menschen, Tiere und Dinge einzuwirken.[14]

Als die frühesten Denker in einem Zeitalter und unter mentalen Bedingungen, von denen wir historisch nichts wissen, die Hypothese dieser bewussten, mächtigen, trennbaren Seele entwickelt hatten, die in der Lage war, den Tod des Körpers zu überleben, war es für sie nicht schwierig, diese zu entwickeln Rest der Religion, wie Mr. Tylor meint. Der mächtige Geist eines toten Mannes könnte so lange gedeihen, bis er, nachdem sein ursprünglicher Besitzer längst vergessen war, zu einem Gott wurde. Auch hier wäre es vielleicht kein sehr schwieriger logischer Sprung (sobald Seelen gegeben sind), sich Seelen oder Geister vorzustellen, die überhaupt nie menschlich gewesen wären. Es ist, so könnte man sagen, nur *le Premier pas qui coûte* , der Schritt zum Glauben an eine überlebende trennbare Seele. Wenn wir uns jedoch daran erinnern, dass Herr Tylor über Wilde im dunklen Hintergrund der menschlichen Evolution theoretisiert, über Wilde, von denen wir aus Erfahrung nichts wissen, über Wilde, die weit hinter den Australiern und Buschmännern (die Götter besitzen) zurückbleiben, müssen wir zugeben, dass er sie ihnen zuschreibt großer Einfallsreichtum und starke Fähigkeit zum abstrakten Denken. Möglicherweise hat er mit seiner Meinung Recht. Genauso wie die Urmenschen scharfsinnige Denker waren, könnten die frühen Bienen, die schlauer als die modernen Bienen waren, das System der sechseckigen Zellen entwickelt haben, und nur ein früher genialer Fisch hätte zuerst auf den Plan kommen können, der heute erblich ist eine Fliege töten, indem man Wasser darauf bläst.

Gegen diese Theorie des metaphysischen Genies bei sehr niederen Wilden habe ich nichts einzuwenden. Wir werden später erstaunliche Beispiele wilder abstrakter Spekulationen finden, die sicherlich nicht aus missionarischen Quellen stammen, sondern völlig außerhalb der Pflichten und Überlegungen des Missionars liegen.

So wie die frühen Tiere Genie besaßen, so scheinen die ersten Denker ebenso logisch begabt gewesen zu sein wie die niedrigsten Wilden, die wir heute kennen, oder sogar wie einige Bibelkritiker. Nach der Hypothese von Herrn Tylor entwickelten sie zunächst die äußerst abstrakte Idee des Lebens, „das, was den Unterschied zwischen einem lebenden und einem toten Körper ausmacht".[15] Diese äußerst abstrakte Konzeption muss jedoch zu Beginn umso schwieriger gewesen sein Der Mensch, da für ihn alle Dinge im Allgemeinen „belebt" sind.[16] Mr. Tylor veranschaulicht diese Theorie des frühen Menschen durch die Idee des kleinen Kindes, dass „Stühle, Stöcke und Holzpferde durch die gleiche Art von Antrieb betätigt werden." persönlicher Wille als Krankenschwestern und Kinder und Kätzchen…. In solchen Angelegenheiten repräsentiert der wilde Geist durchaus das kindliche Stadium.'[17]

Nichts kann sicherer sein als die Tatsache, dass Kinder, wenn sie glauben, Stöcke seien animiert, das nicht glauben, weil sie gehört oder entdeckt haben, dass sie Seelen besitzen, und diese dann auf Stöcke übertragen. Wir können also bezweifeln, ob der Urmensch auf diese Weise durch Überlegungen über Seelen zu der Annahme gelangte, dass alle Dinge im Allgemeinen beseelt seien. Aber wenn er glaubte, dass alle Dinge belebt seien – dann war eine Leiche seiner Meinung nach genauso belebt wie alles andere. Hat er argumentiert: „Alle Dinge sind belebt." Eine Leiche ist nicht animiert. Daher ist eine Leiche kein Ding (im Sinne meines Allgemeinen Gesetzes)'?

Wie stellte sich der frühe Mensch wiederum das Leben vor, bevor er das Leben (1) mit „dem, was den Unterschied zwischen einem lebenden und einem toten Körper ausmacht" identifizierte (ein Unterschied, den er ex hypothetisch nicht gezogen hat, da alle *Dinge vorhanden* sind) . sein Geist belebt) und (2) mit „den menschlichen Gestalten, die in Träumen und Visionen erscheinen"? „Die alten wilden Philosophen kamen wahrscheinlich zu dem offensichtlichen Schluss, dass jeder Mensch zwei Dinge besaß, ein Leben und ein Phantom." Aber alles sollte, soweit man das beurteilen kann, „ein Leben" haben, bevor die Idee der trennbaren Seele entwickelt wurde, zumindest wenn Wilde zur Theorie der universellen Animation gelangten, wie es Kinder angeblich tun.

Wir haben es hier ganz rein mutmaßlich mit Tatsachen zu tun, die außerhalb unserer Erfahrung liegen.

Auf jeden Fall hat der frühe Mensch (laut Hypothese) die abstrakte Idee des Lebens erdacht, *bevor* er sie sich zunächst in materiellen Begriffen als „Atem" oder „Schatten" „vorstellte". Als nächstes kam er zu dem Schluss, dass bloßer Atem oder Schatten nicht nur mit der abstrakteren Vorstellung vom Leben identisch sei, sondern auch Formen annehmen könne, die so real und vollmundig seien wie für ihn die Halluzinationen von Träumen oder Wachbildern. Seine Überlegungen scheinen vom Abstrakteren (der Idee des Lebens) zum Konkreteren übergegangen zu sein, zu dem Leben, das zunächst schattenhaft und dunstig war und dann in den Aspekt des wirklichen Menschen gekleidet wurde.

Herr Tylor hat somit (ob wir seiner Logik folgen oder nicht) den Menschen eine Theorie aktiver, intelligenter, trennbarer Seelen geliefert, die den Tod des Körpers überleben können. Zu dieser Theorie gelangte der frühe Mensch durch Spekulationen über die Natur des Lebens und über die Ursachen der Trugbilder von Toten oder Lebenden, die er in „Träumen und Visionen" sah. Aber unser Autor lässt die Auswirkungen angeblicher übernatürlicher Phänomene, an die Wilde glaubten, mit ihren Parallelen in der modernen Zivilisation keineswegs außer Acht . Diese übernatürlichen Phänomene, ob real oder illusorisch, sind seiner Ansicht nach Tatsachen in der Masse von

Erfahrungen, aus denen die Wilden ihren Glauben an trennbare, dauerhafte, intelligente Seelen oder Geister bauten, die Grundlage der Religion.

Während wir, vielleicht aufgrund unseres eigenen Mangels an Fähigkeiten, verwirrt sind über scheinbar zwei Arten früher Philosophie – (1) eine Art instinktiver oder unvernünftiger Glaube an die universelle Belebtheit, den Mr. Spencer „Animismus" nennt, was er aber nicht tut Glauben Sie an (2) den begründeten Glauben an trennbare und überlebende Seelen von Menschen (und an Dinge), an den Herr Spencer glaubt und den Herr Tylor „Animismus" nennt – wir müssen auch eine weitere Schwierigkeit beachten. Mr. Tylor scheint es als selbstverständlich anzunehmen, dass die frühesten, entferntesten, unbekannten Denker über Leben und Seele auf derselben psychischen Ebene existierten wie wir selbst oder zumindest als moderne Wilde. In dieser Hinsicht erkennt er gewisse Unterschiede zwischen modernen Wilden und uns, nicht jedoch zwischen modernen Wilden und den entfernten Religionsstiftern.

So bemerkt Herr Tylor:

„Der Zustand des modernen Geistersehers, dessen Vorstellungskraft solch leichte Erregung in positive Halluzinationen umwandelt, ist eher die Regel als die Ausnahme bei unkultivierten und äußerst fantasievollen Stämmen, deren Geist durch eine Berührung, ein Wort, eine Geste, ein ungewohntes Geräusch.'[18]

Ich finde Beweise dafür, dass niedere zeitgenössische Wilde *keine* großen Geisterseher sind, und wiederum kann ich Herrn Tylors Psychologie des „modernen Geistersehers" nicht ganz akzeptieren. Die meisten dieser bevorzugten Personen, die ich kannte, waren stabile, einfallslose, unaufgeregt Menschen mit nur einer seltsamen Erfahrung. Auch Lord Tennyson entschied, nachdem er absichtlich im Bett seines kürzlich verstorbenen Vaters geschlafen hatte, um seinen Geist zu sehen, dass Geister „von einfallsreichen Menschen nicht gesehen werden".

Wir untersuchen nun ausführlicher die psychischen Bedingungen, in denen sich laut Herrn Tylor zeitgenössische Wilde von zivilisierten Menschen unterscheiden. Später werden wir fragen, was über mögliche oder vermutete psychische Unterschiede zwischen modernen Wilden und den zeitlos weit entfernten Begründern des Seelenglaubens gesagt werden kann. Herr Tylor schreibt den niederen Rassen und sogar den Rassen weit über ihrem Niveau „krankhafte Ekstase zu, die durch Meditation, Fasten, Betäubungsmittel, Aufregung oder Krankheit hervorgerufen wird". Jetzt können wir immer noch „meditieren" – und inwieweit das Ergebnis „krankhaft" ist, müssen Psychologen und Pathologen entscheiden. Wir praktizieren das Fasten nicht freiwillig, und wir würden auch nicht ohne weiteres die Beweise eines Engländers für die Wahrhaftigkeit freiwilliger Fastenvisionen wie die von

Cotton Mather akzeptieren. Die Krankheitsvisionen sollten wir in der Regel durch jene der „Erregung" abgrenzen, die beispielsweise durch „Teufelstänze" hervorgerufen werden. Narkotische und alkoholische Visionen kommen nicht in Frage.[19] Für unseren Zweck sind die *induzierten* Trancen von Wilden (auf welche Weise auch immer sie freiwillig herbeigeführt werden) analog zur modernen induzierten hypnotischen Trance. Jeder übernatürliche Wissenserwerb unter diesen induzierten Bedingungen bei Wilden würde ähnlichen angeblichen Erfahrungen von Personen unter Hypnose gleichkommen.

Wir unterscheiden uns nicht von bekannten Wilden dadurch, dass wir in der Lage sind, anormale psychologische Zustände hervorzurufen, aber wir erzeugen diese in der Regel durch andere Methoden als sie, und solche Experimente werden nicht bei uns allen gemacht, wie sie bei allen der *Fall* waren Indianerjungen und -mädchen im „Medizinfasten" im Alter der Pubertät.

Darüber hinaus sind bekannte Wilde oder einige von ihnen in ihrem normalen Zustand zumindest „anregender" als gebildete Europäer.[20] Sie können im normalen Wachzustand durch Suggestion leichter halluziniert werden. Wieder einmal führen die Hungerperioden, auf die große Nahrungsmengen folgen, und der Mangel an künstlichem Licht dazu, dass Wilde leichter erkennen, was nicht da ist, als bequeme, gebildete weiße Männer. Aber Mr. Tylor geht zu weit, wenn er sagt: „Wo der Wilde Phantasmen sehen konnte, ist der zivilisierte Mann gekommen, um sich mit Fantasien zu vergnügen."[21] Der zivilisierte Mann ist zweifellos in der Lage, *Enfantosmé zu sein* .

Mit allem, was er zu diesem Punkt, dem Punkt des psychischen Zustands, sagt, schreibt Herr Tylor über bekannte Wilde, da sie sich von uns unterscheiden. Aber die Wilden, die *ex- Hypothese* die Seelenlehre entwickelt haben, liegen jenseits unseres Verständnisses und liegen weit hinter den modernen Wilden, bei denen wir nicht nur an Seelen und Geister glauben, sondern auch an moralische Götter. Über den psychischen Zustand der Wilden, die die Seelenlehre entwickelten und die Religion gründeten, wissen wir notwendigerweise nichts. Wenn es solche Erfahrungen wie Hellsehen, Telepathie usw. gibt, könnten diese unserer unbekannten Vorfahren (nach allem, was wir sagen können) ihnen gegenüber besonders aufgeschlossen gewesen sein und daher besonders geneigt gewesen sein, an trennbare Seelen zu glauben. Wenn wir über diese weit entfernten Religionsgründer schreiben, raten wir tatsächlich im Dunkeln oder im flackernden Licht der Analogie. Die niederen Tiere verfügen über Fähigkeiten (z. B. ihre Fähigkeit, durch neue, unbekannte Regionen den Weg nach Hause zu finden, und die Art und Weise der Ameisen, sich Wissen anzueignen und einander mitzuteilen), die für uns ein Rätsel sind. Über den Schrecken von Hunden in „Spukhäusern" und von Pferden in vorbeiziehenden „Spukszenen" wurde oft berichtet, worauf Mr. Tylor kurz anspielt. Bileams Esel und die Hunde, die vor Athene hockten und jammerten, die Eumäus nicht sehen konnte, sind „klassische" Beispiele.

Die Schwäche des anthropologischen Arguments besteht hier, wie wir wiederholen müssen, darin, dass wir über den Geisteszustand und die Erfahrungen der frühen Denker, die die Seelenlehre entwickelten, kaum mehr wissen als über den Geisteszustand und die Erfahrungen der niederen Tiere. Und je fester ein Philosoph an die darwinistische Hypothese glaubt, desto weniger, muss er zugeben, kann er davon ausgehen, etwas über die Zwielichtalter zwischen dem niederen Tier und dem voll entwickelten Menschen zu wissen. Was für ein Geschöpf war der Mensch, als er zum ersten Mal die Keime der Religion empfing oder das Licht empfing? Hier ist alles reine Vermutung! Wir können nur auf Hegels Theorie anspielen, dass Hellsehen und hypnotische Phänomene in einer Art vorübergehendem *Atavismus* oder „Werfen von Hack" auf einen entfernt alten Zustand der „sensiblen Seele" (*füklende*) entstehen *Seele*). Die „sensible" [unbedingte, hellseherische] Fähigkeit oder „Seele" ist „eine Krankheit, wenn sie zum Zustand des selbstbewussten, gebildeten, selbstbeherrschten menschlichen Wesens der Zivilisation wird."[22] „Zweite Sicht", denkt Hegel , war ein Produkt eines früheren Tages und einer früheren Geistesverfassung als wir.

Dessoir aus Berlin hat sich diesem fast unberührten Thema – dem frühen psychischen Zustand des Menschen – nicht von der Seite metaphysischer Spekulationen wie Hegel, sondern mit den Instrumenten der modernen Psychologie und Physiologie genähert, tatsächlich in der Nachfolge von M. Taine kamen, wie wir gesehen haben, zu ähnlichen Schlussfolgerungen. „Dieses völlig bewusste Leben des Geistes", in dem wir modernen Menschen leben, „scheint auf einem Substrat von Reflexhandlungen halluzinatorischer Art zu beruhen." Unser tatsächlicher moderner Zustand ist *nicht* „grundlegend" und „Halluzinationen stellen, zumindest in ihrem entstehenden Zustand, den Hauptstamm unserer psychischen Existenz dar."[23]

Nehmen wir nun an, dass unsere entfernten und unbekannten Vorfahren, die als erste die Seelenlehre entwickelten, sich noch nicht weit vom „Hauptstamm unserer psychischen Existenz" entfernt hatten, weit von der ständigen Halluzination entfernt. In diesem Fall (zumindest nach der Theorie von Dr. Dessoir) wären ihre psychischen Erfahrungen so, dass wir sie nicht abschätzen, aber als eine Möglichkeit, die die Religion beeinflussen kann, nicht außer Acht lassen können.

Wenn sich die frühen Menschen jemals in einem Zustand befänden, in dem Telepathie und Hellsehen vorherrschend wären (sofern diese Möglichkeit besteht), könnte man erwarten, dass Fähigkeiten entwickelt würden, die im Kampf ums Dasein so nützlich sind. Wir wissen, dass sie von modernen Wilden gezielt kultiviert werden. Die indische Pflegemutter von John Tanner versetzte sich, wenn Nahrung benötigt wurde, in einen hypnotischen Zustand, so dass sie *hellseherisch* über den Verbleib des Wildes informiert wurde. Tanner, ein englischer Junge, der früh von den Indianern gefangen genommen wurde, war skeptisch , praktizierte aber nicht ohne Erfolg selbst die gleiche Kunst.[24] Seine Erinnerungen, die er bei seiner Rückkehr in die Zivilisation diktierte , waren sicherlich nicht im Interesse irgendwelcher Theorien vorgetäuscht. Aber die telepathischsten menschlichen Bestände, so könnte man sagen, hätten *ceteris paribus* die erfolgreichsten im Kampf ums Dasein sein müssen. Wir können daraus schließen, dass *cetera* waren nicht *paria* , der hellseherische Zustand war nicht gerade der beste für die praktischen Angelegenheiten des Lebens. Aber eigentlich wissen wir nichts über den psychischen Zustand der ersten Menschen. Möglicherweise haben sie Erfahrungen gemacht, die zu einem Glauben an „Geister" tendierten, von denen wir nichts sagen können. Wir sind gezwungen, Vermutungen anzustellen, und das in beträchtlicher Unkenntnis der tatsächlichen Verhältnisse, und diese historische Unwissenheit beeinträchtigt unweigerlich alle anthropologischen Spekulationen über den Ursprung der Religion.

Das Wissen um unsere Unwissenheit über den psychischen Zustand unserer ersten denkenden Vorfahren könnte dazu führen, dass wir zögern, es als selbstverständlich anzunehmen, dass der frühe Mensch in seiner „psychischen" Erfahrung auf unserem eigenen Niveau oder auf dem Niveau moderner Wilder stand. Sogar wilde Rassen schreiben, wie Mr. Tylor zu Recht sagt, benachbarten Stämmen überlegenes psychisches Wissen zu , die auf einem noch niedrigeren Kulturniveau als sie selbst stehen. Der Finne schätzt die lappischen Zauberer höher als seine eigenen; die Lappen geben den überlegenen Ansprüchen der Samojeden nach. Diese relative Bescheidenheit kann auf mehrere Arten erklärt werden: Es gibt Hegels Art und es gibt Mr. Tylors Art. Wir können nicht *a priori* sicher sein , dass der früheste Mensch nicht mehr über übernatürliche oder scheinbar übernatürliche Erfahrungen wusste als wir gewöhnlich, oder dass diese seine Gedanken zum Animismus nicht beeinflussten.

Es ist ein Beispiel für die chamäleonartigen Veränderungen in der Wissenschaft (sogar der „fälschlicherweise so genannten Wissenschaft"), dass Herr Tylor diese Argumentationslinie unmöglich vorhersehen konnte, als er 1871 sein Buch schrieb.

„Psychische Ebenen" waren nicht erfunden; Hypnose mit ihren Problemen hatte in England kaum Beachtung gefunden. Aber der „Spiritualismus" blühte. Herr Tylor ignorierte dieses Wiederaufleben der wilden Philosophie nicht. Er erkannte sehr gut, dass am Ende des Jahrhunderts die

Glaubenssätze, die zwischen 1660 und 1850 verbreitet wurden, teilweise wiederhergestellt wurden. Vor siebzig Jahren, wie Herr Tylor sagt, schrieb Dr. Macculloch in seiner „Beschreibung der westlichen Inseln Schottlands" " schrieb über „die berühmte zweite Sicht der Highlands", dass „sie nicht mehr existiert, da man sie nicht mehr glaubt."[25]

Dr. Macculloch hat sich in seinen Fakten geirrt. Das „zweite Gesicht" hat nie aufgehört zu existieren (oder man glaubt, dass es existiert), und es wurde kürzlich im „Journal" der Caledonian Medical Society untersucht. Herr Tylor selbst sagt, dass es „in einem weitaus größeren Teil der Gesellschaft und unter weitaus besseren Lern- und Wohlstandsbedingungen wieder eingeführt wurde". Diese Tatsache führt er im Allgemeinen auf „eine direkte Wiederbelebung aus den Regionen der wilden Philosophie und der bäuerlichen Folklore" zurück, eine Wiederbelebung, die zu einem großen Teil durch die Schriften Swedenborgs hervorgerufen wurde. Heute haben sich die Dinge geändert. Die Studenten, die sich jetzt für diese ganze Klasse angeblicher übernatürlicher Phänomene interessieren, glauben selten an die Philosophie des Spiritualismus im amerikanischen Sinne des Wortes.[26]

Wie wir gesehen haben, führt Herr Tylor die Wiederbelebung des Interesses an dieser obskuren Themenklasse auf den Einfluss Swedenborgs zurück. Es stimmt, wie sich gezeigt hat, dass Swedenborg die Aufmerksamkeit von Kant auf sich gezogen hat. Aber das moderne Interesse wurde hauptsächlich durch die Phänomene der Hypnose geweckt und lebendig gehalten. Unter gebildeten Studenten ist das Interesse mittlerweile wirklich wissenschaftlicher Natur.

So schreibt Herr William James, Professor für Psychologie an der Universität Harvard:

„Ich wurde vor einigen Jahren durch meine Liebe zum Fairplay in der Wissenschaft zu diesem Fach (psychische Forschung) hingezogen."[27]

Herr Tylor ist nicht unfähig, diese Einstellung zu würdigen. Sogar die sogenannten „Geistermanifestationen", sagt er, „sollten nach ihren Vorzügen diskutiert werden", und die Untersuchung „scheint geeignet zu sein, Licht auf einige höchst interessante psychologische Fragen zu werfen." Nichts könnte weiter von der Logik Humes entfernt sein.

Die Ideen von Herrn Tylor über die Ursachen der Religionsentstehung werden heute nicht aus der Sicht des Spiritualismus, sondern der experimentellen Psychologie kritisiert . Wir halten es für sehr wahrscheinlich, dass es menschliche Fähigkeiten unbekannten Ausmaßes gibt; dass diese möglicherweise mächtiger und verbreiteter unter unseren sehr entfernten Vorfahren waren, die die Religion gründeten; dass sie sowohl bei wilden als auch bei zivilisierten Rassen noch existieren könnten und dass sie, wenn sie nicht ihren Ursprung hätten, die Lehre von den trennbaren Seelen bestätigt haben könnten. Wenn sie *existieren* , ist der Umstand wichtig, da moderne Ideen auf der Leugnung ihrer Existenz beruhen.

Als nächstes untersucht Herr Tylor die wilden und anderen *Namen* für die Geisterseele, wie Schatten (*Umbra*), Atem (*Spiritus*), und er nennt Fälle, in denen der *Schatten* eines Menschen als gleichbedeutend mit seinem *Leben angesehen wird* . Natürlich ähnelt der Schatten im Sonnenlicht nicht dem Phantasma in einem Traum. Die beiden wurden jedoch von frühen Denkern kombiniert und identifiziert, während *Atem* und *Herz* als Symbole für „das in den Menschen, was sie zum Leben bringt" verwendet wurden, eine Phrase, die 1528 bei den Ureinwohnern Nicaraguas gefunden wurde. Der zugegebenermaßen symbolische Charakter der Phrase „Es ist *nicht genau das Herz, sondern das in ihnen, was sie zum Leben erweckt", beweist, dass das Leben für den Sprecher nicht* „Herz" *oder* „Atem" war , sondern dass diese Begriffe bekanntermaßen materielle Gegenworte für die Konzeption waren des Lebens.[1] Ob die frühesten Denker Herz, Atem, Schatten mit Leben identifizierten oder ob sie bewusst Wörter materiellen Ursprungs verwendeten, um eine immaterielle Vorstellung zu bezeichnen, wissen wir natürlich nicht. Aber im letzteren Fall würde das Wort auf den Gedanken reagieren, bis der Römer den letzten Atemzug seines sterbenden Verwandten (als sein Leben?) einatmete, da er wohl wusste, dass die Mähnen des besagten Verwandten woanders waren und nicht eingeatmet werden durften.

Dann wurden Unterteilungen und Unterscheidungen erkannt , wie zum Beispiel das ägyptische *Ka* , das „Doppelte", das Karen *kelah* oder „persönliches Lebensphantom" (*Geist*) auf der einen Seite und das Karen *thah* , „die verantwortliche moralische Seele", auf der anderen Seite das andere. Der römische *Kernschatten* schwebt um das Grab, die *Mähnen* gehen zu Orcus, der *Spiritus* sucht die Sterne.

Als nächstes werden wir mit einer Menge von Fällen konfrontiert, in denen Krankheit oder Lethargie von Wilden auf die Abwesenheit des Geistes des Patienten oder eines seiner Geister zurückgeführt wird. Diese Idee des wandernden Geistes wird als nächstes von Wilden verwendet, um bestimmte Vorgänge des Zauberers, Priesters oder Sehers zu erklären. Es wird angenommen, dass seine Seele oder eine seiner Seelen auf der Suche nach Informationen an entfernte Orte reist, während der Seher vielleicht lethargisch bleibt. Wahrscheinlich hat er im Kampf ums Dasein durch seine Lethargie mehr verloren, als er durch sein Hellsehen gewonnen hat!

Hier berühren wir nun den ersten Punkt in Mr. Tylors Theorie, an dem ein Kritiker fragen könnte: War dieser Glaube an das Umherwandern des Geistes des Sehers eine Theorie, die nicht nur in ihrer Form falsch war (was wahrscheinlich der Fall ist), sondern auch völlig unbegründet war? auf

Erfahrungen, die eine Vermutung zugunsten der Existenz wirklich übernatürlicher Phänomene hervorrufen könnten ? Mit „übernatürlichen" Erfahrungen meine ich hier etwa den Erwerb von Wissen durch den menschlichen Geist, das ihm nicht über die bekannten Sinneskanäle vermittelt werden könnte. Sagen wir der Argumentation halber, dass eine Person, ob wild oder zivilisiert, in Trance Informationen über entfernte Orte oder Ereignisse erhält, die ihr unbekannt und über Sinneskanäle nicht erkennbar sind. Der Wilde wird dies erklären, indem er sagt, dass die Seele, der Schatten oder der Geist des Sehers aus dem Körper zu der fernen Szene gewandert sei. Dies ist derzeit eine unbestätigte Theorie. Aber der Argumentation halber nehmen wir dennoch an, dass der Seher diese Informationen ehrlich in Trance, Lethargie, hypnotischem Schlaf oder einem anderen Zustand erhalten hat. Wenn ja, hätte der moderne Wilde (oder seine begabteren Vorfahren) andere Gründe für seine Theorie der wandernden Seele als normale Ereignisse, gewöhnliche Träume, Schatten usw. Auch hier gäbe es in der menschlichen Natur (wenn solche Dinge passieren) eine Möglichkeit von Erfahrungen, die anders und seltsamer sind, als der Materialismus für möglich hält. Es wird (unter Berücksichtigung der Tatsachen) unmöglich sein zu behaupten, dass es *in der Intellektualität kein Nihil gibt Was im wahrsten Sinne des Wortes nicht prius ist* . Die Seele wird nicht *ce sein Qu'un eitles Volk Im* Rahmen der neuen Volkstradition wird die Denkweise des Wilden zum Ausdruck kommen, und die Theorie des Wilden über den Geist wird zumindest teilweise auf anderen als normalen und alltäglichen Tatsachen basieren. Der Zustand, in dem der Seher anderweitig nicht zugängliche Informationen über weit entfernte Ereignisse im Weltraum erhält, wurde von den Mesmeristen der Mitte des Jahrhunderts als „reisendes Hellsehen" bezeichnet.

Wenn eine solche Erfahrung *in rerum natura* erfolgt, rechtfertigt sie natürlich nicht die Theorie des Wilden, dass die Seele ein trennbares Wesen ist, das reisen und auch nach dem Tod des Körpers existieren kann. Aber es wird dem Wilden eine bessere Rechtfertigung für seine Theorie geben, als es normale Erfahrungen bieten; und wird sogar die Vermutung aufkommen lassen, dass die Reflexion über bloße alltägliche Erfahrungen – Tod, Schatten, Trance – nicht der einzige Ursprung seiner Theorie ist. Denn ein so scharfsinniger Wilder wie Mr. Tylors hypothetischer früher Denker könnte sich weigern zu glauben, dass seine eigene Seele oder die eines Freundes auf einer Expedition abwesend gewesen sei, es sei denn, sie brachte Informationen zurück, die normalerweise nicht zu erlangen waren. Wir können jedoch nicht *a priori* darüber urteilen, wie weit die Logik eines Wilden gelegentlich gehen könnte oder nicht.

Auf jeden Fall könnte von einem wissenschaftlichen Denker erwartet werden, dass er fragt: „Ist dieser angebliche Wissenserwerb, der *nicht* über die gewöhnlichen Sinneskanäle erfolgt, eine Sache *in rerum natura* ?" Denn wenn ja, müssen wir natürlich unsere Liste der Gründe des Wilden für den Glauben an eine Seele erweitern: Wir müssen dafür sorgen, dass seine Gründe „psychische" Erfahrungen einschließen, und es muss eine X-Region geben, die untersucht werden muss.

Diese Überlegungen blieben Herrn Tylor nicht verborgen. Aber seine Art, mit ihnen umzugehen, ist eigenartig. Mit seinem beispiellosen Wissen über die niederen Rassen war es für ihn leicht, Reisegeschichten über wilde Seher zu untersuchen, die ferne Ereignisse in Visionen sahen, und ihnen das Gewicht beizumessen, das er für angemessen hielt, nachdem er die Möglichkeit von Falschheit und Absprachen außer Acht gelassen hatte. Er hätte dann möglicherweise moderne Erzählungen über ähnliche Aufführungen unter Zivilisierten untersucht , die reichlich vorhanden sind. Es ist offensichtlich und unbestreitbar, dass Mr. Tylors Theorie Modifikationen bedarf, wenn der übernatürliche Wissenserwerb in Trance eine *vera causa ist, ein echter Prozess, wie selten er auch sein mag.* während der Charakter der Argumentation des Wilden für den Wilden glaubwürdiger wird und fundierter erscheint, als wir annehmen sollten. Aber Mr. Tylor untersucht dieses umfangreiche Beweismaterial überhaupt nicht oder bietet uns zumindest keine Einzelheiten seiner Untersuchung an. Er schreibt an dieser Stelle lediglich:

„Ein typisches spiritistisches Beispiel kann von Jung-Stilling zitiert werden, der sagt, dass ihm Beispiele von kranken Menschen bekannt geworden sind, die aus Sehnsucht nach abwesenden Freunden in Ohnmacht fielen und dabei den entfernten Objekten ihrer Familie erschienen." Zuneigung.'[29]

Jung-Stilling (obwohl er schrieb, bevor der moderne „Spiritualismus" aufkam) ist keine sehr gültige Autorität; Es gibt viele bessere Beweise als seine, aber Herr Tylor geht darüber hinweg und bemerkt lediglich, dass „das moderne Europa sich eng genug an die Linien der frühen Philosophie gehalten hat". Das moderne Europa hat dies in der Tat getan, wenn es den übernatürlichen Erwerb von Wissen oder die halluzinatorische Erscheinung eines entfernten Menschen vor seinem Freund mit der Theorie wandernder „Geister" erklärt. Aber Tatsachen hören nicht auf, Tatsachen zu sein, weil ihnen von Wilden, von Jung-Stilling oder sonst jemandem falsche Interpretationen verliehen wurden. Die eigentliche Frage ist: Kommen solche Ereignisse bei niederen und höheren Rassen vor, ohne dass sie durch Betrug und zufällige Zufälle erklärt werden können? Wir geben gerne zu, dass der Glaube an den Animismus, wenn er die Form einer Theorie von „wandernden Geistern" annimmt, wahrscheinlich unhaltbar ist, da er mit Sicherheit wilden Ursprungs ist. Aber wir sind nicht ganz so sicher, dass die Theorie in dieser Hinsicht nicht auf tatsächlichen Erfahrungen basiert, nicht auf normaler und gewöhnlicher Art. Wenn ja, werden die wilde Philosophie und ihre angeblichen Überbleibsel im Glauben in einem neuen Licht erscheinen. Und wir neigen zu der Annahme, dass eine Untersuchung der Fülle an Beweisen, auf die Herr Tylor hier eine so geringfügige Anspielung gibt, es zumindest klug erscheinen lässt, unser Urteil zurückzustellen, nicht nur hinsichtlich der Ursprünge der wilden Geistertheorie, sondern auch zur materialistischen Hypothese vom Fehlen eines psychischen Elements im Menschen.

Es scheint, als hätte ich die Grenzen zulässiger Hypothesen bereits überschritten. Es mag absurd erscheinen, anzunehmen, dass es im Menschen, ob wild oder zivilisiert , eine Fähigkeit geben kann, Informationen zu erlangen, die über die bekannten Sinneskanäle nicht zugänglich sind, eine Fähigkeit, die von wilden Philosophen der wandernden Seele zugeschrieben wird. Man darf jedoch die Meinung von M. Charles Richet, Professor für Physiologie an der medizinischen Fakultät in Paris, zitieren. Es wird nicht zitiert, weil M. Richet Professor für Physiologie ist, sondern weil er nach sechs Jahren sorgfältiger Experimente zu seiner Schlussfolgerung gelangt ist. Er sagt: „In bestimmten Personen gibt es zu bestimmten Zeitpunkten eine Fähigkeit, sich Wissen anzueignen, die in keiner *Beziehung* zu unseren normalen Fähigkeiten dieser Art steht."[30]

Beispiele, die dazu neigen, eine Vermutung zugunsten der Idee von M. Richet zu erwecken, können jetzt im Leben der Wilden und der Zivilisation gesucht werden .

[Fußnote 1: *Primitive Kultur,* ich . 9, 10.]

[Fußnote 2: *Ursprung der Ränge.*]

[Fußnote 3: Möglicherweise darf ich auf „Antwort auf Einwände" im Anhang zu „ *Myth, Ritual, and Religion",* Bd. ii.]

[Fußnote 4: Spencer, *Ecclesiastical Institutions* , S. 672, 673.]

[Fußnote 5: *Primitive Kultur* , d . h . 417-425. Vgl. jedoch *Princip. Von Soziol* . , P. 304.]

[Fußnote 6: Op. cit. ich . 423, 424.]

[Fußnote 7: Veröffentlicht für die Berliner Gesellschaft für Experimentelle Psychologie,
Günther, Leipzig, 1890.]

[Fußnote 8: *Kirchliche Institutionen* , 837-839.]

[Fußnote 9: *Primitive Kultur* , d . h . 421, Kapitel xi.]

[Fußnote 10: Diese Theorie nennt Mr. Spencer „Animismus" und glaubt nicht daran. Was Mr. Tylor „Animismus" nennt, glaubt Mr. Spencer, aber er nennt sie die „Geistertheorie".]

[Fußnote 11: *Primitive Kultur*, d. h . 428.]

[Fußnote 12: Howitt, *Journal of Anthropological Institute*, xiii. 191-195.]

[Fußnote 13: Neugierige können für wilde Wörter für „Träume" Mr. Scotts *Wörterbuch der Mang'anja- Sprache*, sv „Lots", oder ein beliebiges Glossar einer wilden Sprache konsultieren.]

[Fußnote 14: *Prim. Kult.* ich . 429.]

[Fußnote 15: *Prim. Kult.* ich . 428.]

[Fußnote 16: Ebd. ich . 285.]

[Fußnote 17: Ebd. ich . 285, 286.]

[Fußnote 18: *Primitive Kultur*, d. h . 446.]

[Fußnote 19: Siehe jedoch Dr. Von Schrenck-Notzing , *Die Beobachtung narcolischer Mittel für den Hypnotismus* , und SPR *Proceedings* , x. 292-899.]

[Fußnote 20: *Primitive Kultur*, d. h . 306-316.]

[Fußnote 21: i . 315.]

[Fußnote 22: *Phil. des Geistes* , S. 406, 408.]

[Fußnote 23: Siehe auch die Ansprache des Präsidenten von Herrn AJ Balfour an die Society for Psychical Research, *Proceedings* , Bd. X. Siehe auch Taine, *De l'Intelligence* , i . 78, 106, 139.]

[Fußnote 24: Tanner's *Narrative* , New York, 1830.]

[Fußnote 25: *Primitive Kultur*, d. h . 143.]

[Fußnote 26: Da „Spiritualismus" oft im Gegensatz zu „Materialismus" verwendet wird und kein Bezug auf rappende „Geister" besteht, kann der moderne Glaube an diese Klasse von Intelligenzen hier als Spiritismus bezeichnet werden.]

[Fußnote 27: *The Will to Believe* , Vorwort, S. xiv.]

[Fußnote 28: *Primitive Kultur*, d. h . 432.433. Unter Berufung auf Oviedo, *Hist. De*
Nicaragua, S. 21-51.]

[Fußnote 29: *Primitive Kultur* , ich . 440. Zitieren von Stilling nach Dale Owen und Zitat von Alfred Russel Wallaces „ *Wissenschaftlicher Aspekt des Übernatürlichen* " , S. 43. Herr Tylor fügt auch folkloristische Praktiken des

Geistersehens hinzu, wie am Vorabend von St. John. Auch der Markusabend ist volksübergreifend relevant.]

[Fußnote 30: *Verfahren* , SPR v. 167.]

- 55 -

IV

„Die Tore der Distanz öffnen"

„Die Tore der Distanz öffnen" ist der poetische Ausdruck der Zulu für das, was man Hellsehen oder *Vue à Distance nennt* . Dies ist, wenn es existiert, das Ergebnis einer Fähigkeit unbestimmter Natur, wodurch Wissen über entfernte Ereignisse erworben werden kann, nicht über normale Sinneskanäle. Wie die Zulus sagen: „ *Isiyezi* ist ein Zustand, in dem ein Mensch leicht gefühllos wird." Er ist wach, sieht aber immer noch Dinge, die er nicht sehen würde, wenn er sich nicht in einem Zustand der Ekstase (*nasiyesi*) befände.[1] Die Zulu-Beschreibung von *isiyezi* beinhaltet das, was technisch als „Dissoziation" bezeichnet wird. Kein Psychologe oder Pathologe wird leugnen, dass in dissoziierten Zuständen, etwa im *Petit mal* der Epilepsie, halluzinatorische Visionen auftreten können. Die Frage ist jedoch, ob solche Visionen tatsächliche Informationen vermitteln, die sonst nicht erlangt werden könnten und die außerhalb der Reichweite zufälliger Zufälle zu erklären sind.

Ein schottisches Beispiel aus den Akten eines Gerichts veranschaulicht die Zulu-Theorie genau. In dem Moment, als der Ehemann von Jonka Dyneis war in seinem Boot sechs Meilen von ihrem Haus entfernt in Gefahr. Jonka wurde gefunden und gesehen, wie sie in Trance an ihrer eigenen Hauswand stand, und als sie gefangen genommen wurde, konnte sie keine Antwort geben, sondern stand wie besinnungslos da, und wann Als sie gefragt wurde, warum sie so bewegt sei, antwortete sie: „Wenn unser Boot nicht verloren ginge, wäre es in großer Gefahr." (2. Oktober 1616.)[2]

Der Glaube an die Öffnung der Tore der Ferne ist natürlich sehr weit verbreitet. Die Schenkung wird Apollonius von Tyana , Plotinus, vielen Heiligen, Katharina von Medici, dem Reverend Mr. Peden [3] und Jeanne d'Arc zugeschrieben , während die Fakultät der Bestand im Handel mit Wilden ist Seher in allen Regionen.[4]

Die Frage, die Mr. Tylor jedoch nicht berührt, ist: *Sind irgendwelche der Geschichten wahr?* Wenn ja, würden sie natürlich im Kopf des Wilden seine Theorie der wandernden Seele bestätigen. Nun ist es eine schwierige Aufgabe, bezeugte Fälle erfolgreicher Hellsichtigkeit unter Wilden zu finden. Weiße Männer kritisieren die Idee entweder oder haben Angst, abergläubisch zu wirken, wenn sie Beispiele nennen, oder sie werden beschuldigt, auf das erniedrigte Niveau der Zulus oder Indianer herabgesunken zu sein, wenn sie Beispiele nennen. Selbst wenn Reisende wie Scheffer von ihren eigenen Erfahrungen erzählt haben , werden die Erzählungen moderner Autoren über wilde Wahrsagerei weggelassen.[5] Wir müssen daher unsere eigenen

Nachforschungen anstellen, und es ist zu beachten, dass die Geschichten über erfolgreiches Hellsehen durch Wilde lediglich zur Veranschaulichung dienen und nicht als Beweis für Tatsachen, da wir die Zeugen nicht ins Kreuzverhör nehmen können.

Mr. Tylor lehnt das Thema eher unbekümmert ab:

„Ohne die Berichte über das, was man das „zweite Gesicht" nennt, auf ihren Wert hin zu diskutieren, kann darauf hingewiesen werden, dass sie unter wilden Stämmen verwandt sind, wie zum Beispiel, als Kapitän Jonathan Carver von einem Cree-Medizinmann eine wahre Prophezeiung darüber erhielt Ankunft eines Kanus mit Neuigkeiten am nächsten Tag um die Mittagszeit; oder als Herr J. Mason Brown, der mit zwei *Voyageuren* auf dem Copper Mine River reiste, auf Indianer genau der Gruppe traf, die er suchte; diese waren von ihrem Medizinmann geschickt worden, der auf Nachfrage erklärte, dass „er sah sie kommen und hörte sie auf ihrer Reise reden."'[7]

Nun müssen unserer Meinung nach die „Vorzüge" von Geschichten über das zweite Gesicht diskutiert werden, da sie, wenn sie gut belegt sind, zu der Vermutung führen könnten, dass die Theorie des Wilden eine bessere Grundlage hat, als Mr. Tylor annimmt. Seltsamerweise ist Dr. Brinton (von dem er seine beiden Anekdoten entlehnt hat), obwohl Mr. Tylor dies nicht sagt, mehr oder weniger unserer Meinung.

„Es gibt", sagt Dr. Brinton, „Aussagen, die durch unbestreitbare Zeugenaussagen gestützt werden und die nicht mit Schweigen übergangen werden sollten, und dennoch kann ich nicht umhin, sie mit Zögern anzugehen." Sie widersprechen den Gesetzen der exakten Wissenschaft so sehr und sind, hätte ich fast gesagt, der Erfahrung unseres Lebens so fremd. Doch stimmt das, oder werden solche Erfahrungen nur ignoriert und ohne ernsthafte Überlegung beiseite geschoben?'

Genau das beklagen wir; die angeblichen Tatsachen werden „ohne ernsthafte Prüfung beiseite geschoben".

Zumindest wir sind nicht Sklaven der Idee, dass „die Gesetze der exakten Wissenschaft" die einzigen Gesetze sein müssen, die auf der Welt gelten. Die Wissenschaft, wie exakt sie auch sein mag, erhebt nicht den Anspruch, alle „Gesetze" entdeckt zu haben.

Um auf tatsächliche Beispiele des angeblichen übernatürlichen Wissenserwerbs durch Wilde zurückzukommen: Dr. Brinton gibt ein Beispiel aus der Anekdote von Charlevoix und General Mason Brown.[8] Im Beispiel von General Mason Brown befahl der Medizinmann aus großer Entfernung seinen Abgesandten, „drei Weiße zu suchen, deren Pferde, Waffen, Kleidung und persönliches Aussehen er genau beschrieb, und die Beschreibung wurde General Brown von den Kriegern wiederholt, bevor sie sie sahen. *"seine beiden*

Gefährten.' General Brown versicherte Dr. Brinton „die Richtigkeit dieser Angaben in jeder Einzelheit". Mr. Tylor hat die Geschichte in seiner gekürzten Fassung sicherlich nicht verbessert. Dr. Brinton bezieht sich auf „viele" Geschichten wie diese, und einige finden sich in „Among the Zulus" von David Leslie (1875).

Herr Leslie war ein schottischer Sportler, der seit seiner Kindheit mit den Zulus vertraut war. Seine Kenntnisse ihrer Sprache und Bräuche waren sehr gering, und sein privat gedrucktes Buch enthält viel Interessantes. Er schreibt:

„Ich war gezwungen, in das Zulu-Land zu reisen, um meine Kaffern-Elefantenjäger zu treffen, da die Zeit für ihre Rückkehr gekommen war. Sie jagten in einem sehr ungesunden Land, und ich hatte zugestimmt, an der Nordostgrenze auf sie zu warten , dem nächstgelegenen Punkt, den ich sicher erreichen konnte. Ich erreichte den vereinbarten Treffpunkt, konnte jedoch nicht die geringste Information über meine Leute im Kraal erhalten.

„Nachdem ich einige Zeit gewartet hatte und sehr unruhig geworden war, empfahl mir einer meiner Diener, zum Arzt zu gehen, und schließlich ging ich aus Neugier und aus Neugierde hin .

„Ich gab an, was ich wollte – Informationen über meine Jäger – und stieß auf eine strenge Ablehnung. „Ich kann nichts über weiße Männer sagen", sagte er, „und ich weiß nichts über ihre Art." Doch nach einigem Überreden und dem Versprechen einer großzügigen Bezahlung, wobei er ihm klarmachte, dass es nicht weiße Männer, sondern Kaffern waren, über die ich Bescheid wissen wollte, stimmte er schließlich zu und sagte: „Er würde das Tor der Distanz öffnen und hindurchreisen . " , obwohl sein Körper vor mir liegen sollte.

„Seine erste Maßnahme bestand darin, mich nach der Anzahl und den Namen meiner Jäger zu fragen. Darauf lehnte ich ab und sagte ihm, wenn er diese Informationen von mir bekäme, könnte er die „spirituellen telegraphischen Nachrichten", die ich von seinem „Vertrauten" erwartet hatte, leicht durch Nachrichten ersetzen, die er möglicherweise von anderen gehört hatte.

„Darauf antwortete er: „Ich habe dir gesagt, dass ich die Vorgehensweise der Weißen nicht verstehe; aber wenn ich etwas für dich tun soll, muss es auf meine Weise geschehen – nicht auf deine." Als ich diese Info erhielt, fühlte ich mich geneigt, sie aufzugeben, da ich dachte, ich könnte eine weitschweifige Aussage mit einem beträchtlichen Schuss Wahrheit erhalten, da es für jeden, der sich mit der Jagd auskennt, leicht wäre, eine halbwegs korrekte Vorstellung von seinen Bewegungen zu geben.

„Allerdings habe ich auch diesen Punkt eingeräumt und ihn ansonsten zufrieden gestellt."

„Der Arzt machte dann acht kleine Feuer – das war die Zahl meiner Jäger; auf jeden warf er einige Wurzeln,[9] die einen seltsamen, widerlichen Geruch und dicken Rauch verströmten ; In jeden warf er einen kleinen Stein und rief dabei den Namen, dem der Stein gewidmet war. Dann aß er etwas „Medizin" und fiel etwa zehn Minuten lang scheinbar in Trance um, wobei sich seine Gliedmaßen während dieser ganzen Zeit weiter bewegten. Dann schien er aufzuwachen, ging zu einem der Feuer, fegte die Asche herum, betrachtete den Stein aufmerksam, beschrieb den Mann getreulich und sagte: „Dieser Mann ist am Fieber gestorben, und Ihre Waffe ist verloren."

„Zum nächsten Feuer wie zuvor: „Dieser Mann" (richtig beschrieben) „hat vier Elefanten getötet", und dann beschrieb er die Stoßzähne. Das nächste: „Dieser Mann" (er beschreibt ihn erneut) „wurde von einem Elefanten getötet, aber Ihre Waffe kommt nach Hause" und so weiter im Ganzen, wobei die Männer genau und korrekt beschrieben werden; Ihr Erfolg oder Misserfolg ist gleichermaßen der Fall. Mir wurde gesagt, wo die Überlebenden waren und was sie taten, und dass sie in drei Monaten herauskommen würden, aber da sie nicht damit gerechnet hatten, dass ich so lange nach der festgesetzten Zeit dort auf sie warten würde, wollten sie diesen Weg nicht passieren .

„Ich habe mir damals alle diese Informationen genau zur Kenntnis genommen, und zu meinem größten Erstaunen *stellte sich heraus, dass sie in allen Einzelheiten korrekt waren* .

„Es lag kaum im Rahmen der Möglichkeit, dass dieser Mann gewöhnliche Intelligenz über die Jäger gehabt haben könnte; Sie waren in einem zweihundert Meilen entfernten Land verstreut.

Mr. Leslie konnte keine Erklärung finden, und Freunde, die mit dem Land und den Eingeborenen, die er befragte, vertraut waren, hatten auch keine vorgeschlagen. Er gibt ein weiteres Beispiel, das durch „Suggestion" erklärt werden kann. Ein paralleler Fall aus Zentralafrika findet sich im „Journal of the Anthropological Institute", November 1897, S. 320, wo „private Informationen" wie üblich die einzelnen Fakten erklären würden.

Die Zulus selbst erheben Anspruch auf eine Art Hellsichtigkeit, die wie das Ergebnis intensiver Visualisierungskraft in Kombination mit dem Erwachen des unterbewussten Gedächtnisses aussieht.[10]

„Unter schwarzen Männern gibt es etwas, das in ihnen Wahrsagerei ist." Wenn etwas Wertvolles verloren geht, suchen sie sofort danach; Wenn sie es nicht finden können, beginnt jeder, diese innere Weissagung zu praktizieren und versucht zu erspüren, wo sich das Ding befindet. Denn da er es nicht

sehen kann, spürt er in seinem Inneren einen Hinweis, der ihm sagt, wenn er
zu einem solchen Ort hinabsteigen will, ist er da und er wird ihn finden.
Schließlich heißt es, er werde es finden; endlich sieht er es und nähert sich
ihm; Bevor er anfängt, sich von seinem Standort zu entfernen, sieht er es in
der Tat sehr deutlich, und der Zweifel hat ein Ende. Dieser Anblick ist so
klar, dass es scheint, als wäre es kein innerer Anblick, sondern als ob er das
Ding selbst und den Ort, an dem es ist, gesehen hätte; Also steht er schnell
auf und geht dorthin. Wenn es sich um einen versteckten Ort handelt, stürzt
er sich hinein, als gäbe es etwas, das ihn dazu treibt, so schnell wie der Wind
zu gehen; und tatsächlich findet er das Ding, wenn er nicht durch bloßes
Kopfraten gehandelt hat. Wenn es durch echte innere Weissagung geschehen
ist, sieht er es wirklich. Aber wenn dies durch bloßes Kopfraten und Wissen
geschieht, dass er nicht an einen solchen Ort und einen solchen Ort gegangen
ist und dass er daher an einem solchen anderen Ort sein muss, verfehlt er im
Allgemeinen das Ziel.

Weitere Zulu-Beispiele werden unter den Überschriften „Besessenheit" und
„Fetischismus" aufgeführt.

Um ein nördliches Volk zu nehmen: In seiner „Geschichte der Lappen"[11]
beschreibt Scheffer mechanische Arten der Wahrsagerei , die von dieser
Rasse praktiziert werden und zu diesem Zweck eine Trommel und andere
Gegenstände verwenden. Diese Modi basieren auf traditionelleren Regeln
zur Interpretation der zufälligen Kombinationen von Losen. Aber ein Lappe
gestand Scheffer unter Tränen, dass er nicht umhin konnte, Visionen zu
sehen, was er bewies, indem er Scheffer eine genaue Beschreibung aller
Einzelheiten gab , die mir auf meiner Reise nach Lappland widerfahren
waren. Und er beklagte sich weiter darüber, dass er seine Augen nicht zu
gebrauchen verstünde, da ihnen völlig ferne Dinge präsentiert würden .
Dieser Lappen wollte unbedingt Christ werden und bedauerte daher, ein
„seltenes und wertvolles" Beispiel für Hellsehen zu sein. Torfaeus wurde
ebenfalls durch die Hellsichtigkeit eines Samojeden dargestellt, ebenso wie
Regnard durch einen lappischen Seher.[12]

Der nächste Fall ist älteren Datums und dient wie die anderen grausamen
Beispiele lediglich der Veranschaulichung.

' *25e Brief*.[13]

„ *Suite des Traditions des Sauvages* . "

„Au Fort de la Rivière de St. Joseph, 14. September 1721 .

> „ *Des Jongleurs* " — … Vous Ayez vu an Paris Madame de Marson, & elle
> y est encore; Stimme Das ist M. le Marquis de Vaudreuil Sohn Gendre
> , aktuell Unser Generalgouverneur , mein Erzähler cet Hyver , und was
> ist mit dieser Frau , das ist nicht so Rien Meine Güte Qu'un esprit

foible. Sie erzählte uns einen weiteren Tag lang eine Anfrage an M. de Marson, Sohn Mari, Lequel Kommando auf einer Post , die wir fliegen Accadie ; et etoit abwesend, & le tems qu'il vermeiden marqué pour son retour, etoit passé.

„Une Femme Sauvage , qui vit Madame de Marson en. " peine , lui de Demanda la Cause, & l'ayant apprise, lui Das sagte ich , nachdem ich ein Problem hatte Rêvé , es ist noch schlimmer , dass Epoux Sohn ist reviendroit Tel jour et à telle Heure , qu'elle lui marqua , mit einem grauen Hut auf dem Kopf. Comme elle Es scheint mir , dass die Dame sich nicht darauf berufen hat Vorhersage , au jour & à l'heure , qu'elle vermeiden Beauftragter , elle rotourna chez elle , lui Nachfrage si elle ne vouloit pas venir Voir Arrivaler Son Mari, & la Pressa de Telle sorte de la suivre , qu'elle l'entraîna au bord de la Rivière.

'A peine y etoíent-elles Als er ankam , parut M. de Marson in einem Canot , einem grauen Hut auf dem Kopf; & ayant appris Das ist vorbei , Assûra Ich konnte den Kommentar zur Sauvagese nicht verstehen vermeiden pû sçavoir l'heure & le jour de son arrivée .'

Es ist ungewöhnlich, dass europäische Reisende und Missionare Anekdoten erzählen, die den Anschein erwecken könnten, „die Wahnvorstellungen heimtückischer Wilder zu bestätigen". Auch solche Anekdoten gehören zu den *Geheimnissen* dieser wilden Philosophen und werden Fremden nur schwer mitgeteilt. Wenn erfolgreiche Fälle gemeldet werden, ist es selbstverständlich zu behaupten, dass sie von Europäern stammen, die in barbarischen Aberglauben verfallen sind, oder dass sie durch Betrug und Absprachen erklärt werden könnten. Es ist jedoch sicher, dass wilde Profis an ihre eigenen Kräfte glauben, auch wenn sie diese nicht weniger sicher durch Betrug ausstechen werden. Seher werden im Zululand wie bei den Eskimos und Samojeden aus der Klasse ausgewählt, die in Europa die Personen hervorbringt, die früher, aber nicht mehr die beliebtesten hypnotischen Subjekte sind, „abnormale Kinder", Epileptiker und Hysteriker. Diese werden einer „langen und methodischen Ausbildung" unterzogen.[14] Stoll sagt über Guatemala, dass „sicherlich die meisten der uns bekannten induzierten und spontanen Phänomene bei Wilden vorkommen" und bittet Reisende um Beobachtungen .[15] Es ist wahrscheinlich, dass Informationen eingehen, da gebildete Reisende dem Thema Aufmerksamkeit widmen.

Dr. Callaway übersetzt einige Zulu-Mitteilungen, die zeigen, wie groß der Glaube an dieses sehr praktische und skeptische Volk ist. Amüsante Beispiele für ihren Skeptizismus werden später unter „Besessenheit" angeführt, aber sie akzeptieren bestimmte hysterische Patienten als Seher . Diese werden durch ihre Fähigkeit getestet, Objekte zu finden, die ohne ihr Wissen versteckt wurden. Sie verhalten sich dann ähnlich wie Herr Stuart

Cumberland, haben aber nicht den Vorteil, Muskelkontakt mit der Person zu haben, die weiß, wo die versteckten Gegenstände versteckt sind. Die Nachbarn bestreiten sogar, überhaupt etwas versteckt zu haben. „Wenn sie weiterhin leugnen … findet er all die Dinge, die sie versteckt haben." Sie erkennen, dass er ein großer *Inyanga* (Seher) ist, wenn er alle Dinge gefunden hat, die sie verborgen haben. Zweifellos lässt er sich, vielleicht in einem überempfindlichen Zustand, von den unbewussten Hinweisen der aufgeregten Zuschauer leiten.

Der Punkt ist, dass, obwohl der wilde Zauberer zweifellos Betrug anwenden wird, wo immer er kann, die Erfahrung niedriger Rassen dennoch dafür spricht, die Klasse von Menschen als Seher einzusetzen, von denen in Europa bis vor Kurzem angenommen wurde, dass sie die besten hypnotischen Subjekte abgeben. So entdecken in Westafrika „die präsidierenden Ältesten während Ihrer Aufnahme in den Geheimbund Ihres Stammes diese Gabe [des Ebumtupismus oder des zweiten Gesichts] und wählen Sie daher als „Hexendoktor" aus."[15] Unter ihnen Die Karens , die „Wees" oder Propheten, „sind nervöse, erregbare Männer, die zu Medien werden würden",[16] wie Mr. Tylor Medien diagnostiziert.

Kurz gesagt, um nicht die Beispiele zu vervielfachen, gibt es ein Element der tatsächlichen Beobachtung und des *guten Glaubens,* der in die Tricks der brutalen Praxis verstrickt ist. Obwohl die Probanden zum Teil aufgrund der körperlichen Krämpfe, die sie zeigen und die einen positiven Eindruck auf ihre Klienten hervorrufen, ausgewählt werden können, sind es doch auch solche, die gelegentlich den Beweis übernatürlicher Fähigkeiten liefern, der von modernen Psychologen wie Richet, Janet usw. untersucht wird. und William James.

Das folgende, keineswegs einzigartige Beispiel zeigt, wie Wilde ihre eigene Magie beurteilen, nachdem sie Christen geworden sind. Catherine Wabose , eine konvertierte indianische Seherin, beschrieb ihr vorläufiges Fasten im Alter der Pubertät. Nachdem sie sechs Tage lang keine Nahrung zu sich genommen hatte, wurde sie an einen unbekannten Ort entführt, wo ein strahlendes Wesen sie begrüßte. Später versprach ihr ein dunkler runder Gegenstand die Gabe der Prophezeiung. Sie stellte fest, dass ihre natürlichen Sinne durch den Mangel an Nahrung stark geschärft wurden. Sie übte ihre Kräfte zum ersten Mal aus, als ihre Verwandten in großer Zahl hungerten. Für sie wurde eine Medizinhütte oder „Tabernakel", wie Lufitau es nennt, gebaut, und sie kroch hinein. Bekanntlich werden diese Hütten während dieser Zeit heftig erschüttert In ihnen steckte der Aufenthalt eines Magiers, den die frühen Jesuiten zunächst auf die Muskelanstrengung der Seher zurückführten. Im Jahr 1637 wurde Père Lejeune von den heftigen Bewegungen einer großen Hütte überrascht, die von einem kleinen Mann gemietet wurde. Ein Zauberer gelobte mit einem Anschein von Offenheit , dass „ein großer Wind stürmisch hereinkam", und dem Vater wurde versichert, dass er hellsichtig werden würde, wenn er selbst hineingehen würde. Er hat das Experiment nicht gemacht. Die methodistische Konvertitin Catherine beschrieb ihre eigene Erfahrung genauso: „Die Loge begann auf übernatürliche Weise heftig zu beben." Ich wusste das durch den komprimierten Luftstrom oben und das Geräusch der Bewegung.' Sie hatte eine kleine Trommel geschlagen und gesungen, jetzt lag sie still. Der strahlende „orbiculare" Geist teilte ihr dann mit, dass sie „nach Westen gehen müssen, um Wild zu fangen; wie kurzsichtig du bist!' „Der Rat wurde angenommen und von sofortigem Erfolg gekrönt." Dies begründete ihren Ruf.[17] Katharinas Bekehrung wurde durch einen Traum ihres sterbenden Sohnes vorangetrieben, der eine heilige Gestalt erblickte und von ihr weiße Gewänder empfing. Ihre magischen Lieder erzählen, wie unsichtbare Hände die Zauberhütte erschüttern. Sie rufen den Großen Geist an

„Erleuchtet die Erde,
erleuchtet den Himmel!" Ach, sagen Sie, was für ein Geist oder Körper
dieser Körper ist, der die Welt um sich herum erfüllt. Sprechen Sie,
Mensch, ah, sagen Sie, welcher Geist oder Körper ist dieser Körper?

Es ist wie eine wilde Hymne auf Hegels *„fühlende"* . *Seele* : die alles durchdringende
sensible Seele. Wir werden auch an „die Lehre der Sanskrit-Upanishaden" erinnert: „Es gibt keine Grenzen für das Erkennen des Selbst, das weiß."[18]

Leider wurde Catherine nicht gebeten, weitere Beispiele für ihre Erfolge zu nennen.

Acosta, der als Autorität nicht den allerbesten Ruf genießt, teilt uns mit, dass peruanische Hellseher „erzählen, was in den entlegensten Gegenden passiert ist, bevor Neuigkeiten kommen können." In einer Entfernung von zwei- oder dreihundert Meilen würden sie erzählen, was die Spanier in ihren Bürgerkriegen getan oder erlitten haben. Im Jahr 1606 erzählte Du Pont von einem Zauberer „ein wahres Orakel über die Ankunft von Poutrincourt und sagte, sein Teufel habe es ihm gesagt."[19]

Wir geben nun einen modernen Fall von Wissen aus einem wissenschaftlichen Labor, das offenbar auf keine normale Weise von einer Person erworben wurde, wie sie normalerweise von Wilden als Prophet oder Zauberer ausgewählt wird.

Professor Richet schreibt:[20]

„Am Montag, dem 2. Juli 1888, nachdem ich den ganzen Tag in meinem Labor verbracht hatte, hypnotisierte ich Léonie um 20 Uhr, und während sie versuchte, ein in einem Umschlag verstecktes Diagramm zu entziffern, sagte ich ganz plötzlich zu ihr: „Was ist mit Herrn Langlois passiert?" Léonie kennt M. Langlois, weil sie ihn vor einiger Zeit zwei- oder dreimal in meinem physiologischen Labor gesehen hat, wo er als mein Assistent fungiert. – „Er hat sich verbrannt", antwortete Léonie , „Gut", sagte ich, „und wo." Hat er sich selbst verbrannt? fragte: „Ist das Zeug, das er ausschüttet?" – „Es ist nicht rot, es ist braun; er hat sich sehr verletzt – die Haut ist direkt aufgebläht."

„Nun, diese Beschreibung ist bewundernswert genau. Um 16 Uhr an diesem Tag hatte M. Langlois den Wunsch geäußert, etwas Brom in eine Flasche zu gießen. Er hatte dies ungeschickt getan, so dass ein Teil des Broms auf seine linke Hand floss, die den Trichter hielt, und ihn sofort schwer verbrannte. Obwohl er seine Hand sofort ins Wasser tauchte, bildete sich überall dort, wo das Brom sie berührt hatte, innerhalb weniger Sekunden eine Blase – eine Blase, die man nicht besser beschreiben kann, als zu sagen: „Die Haut blähte sich auf." Ich brauche nicht zu sagen, dass Léonie weder mein Haus verlassen noch irgendjemanden aus meinem Labor gesehen hatte. Da bin ich mir *absolut sicher*, und ich bin mir sicher, dass ich den Vorfall mit der Verbrennung niemandem gegenüber erwähnt habe. Darüber hinaus war dies das erste Mal seit fast einem Jahr, dass M. Langlois mit Brom zu tun hatte, und als Léonie ihn sechs Monate zuvor im Labor sah, war er mit Experimenten ganz anderer Art beschäftigt.

Hier würde der wilde Denker schließen, dass Léonies Geist Herrn Langlois besucht hatte. Der moderne Forscher wird wahrscheinlich sagen, dass Léonie bemerkte, was in Monsieur Richets Gedanken vorging. Diese übernatürliche Art des Wissenserwerbs wurde im letzten Jahrhundert von M. de Puységur in einem seiner frühesten Fälle von Somnambulismus beobachtet. MM. Binet und Féré sagen: „Es ist noch nicht zugegeben, dass das Subjekt in der Lage ist, die Gedanken des Magnetisierers ohne jegliche materielle Kommunikation zu erraten." während sie zumindest zugeben, dass „die Forschung in dieser Richtung fortgesetzt werden sollte".[21] Sie scheinen zu glauben, dass Léonie in der Erscheinung von M. Richet „unfreiwillige Zeichen" gelesen haben könnte. Das ist eine schwierige Hypothese.

Australien, in seinem Tagebuch aufgezeichnet hat und der Hypnose zu Heilzwecken praktiziert hat. Er erklärt (10. Juni 1884), dass er Fräulein mehrmals hypnotisiert habe, um rheumatische Schmerzen und Halsschmerzen zu lindern. Er fand, dass sie hellsichtig war.

Sitzung waren vier Personen anwesend . Einer der Mitarbeiter schrieb die Antworten auf, während sie gesprochen wurden.

„Ihr Vater war zu diesem Zeitpunkt über fünfzig Meilen entfernt, aber wir wussten nicht genau wo, also fragte ich sie wie folgt: „Können Sie Ihren Vater derzeit finden? " Zuerst antwortete sie, dass sie ihn nicht sehen könne, aber nach ein oder zwei Minuten sagte sie: „Oh ja, jetzt kann ich ihn sehen, Mr. Dobbie. " "Wo ist er?" „Ich sitze an einem großen Tisch in einem großen Raum und viele Leute gehen ein und aus." "Was macht er?" „Schreibt einen Brief, und vor ihm liegt ein Buch." „An wen schreibt er?" „Zur Zeitung." Hier hielt sie inne und sagte lachend: „Nun, ich erkläre, er schreibt an A B" (unter Nennung einer Zeitung). „ Sie sagten, da sei ein Buch. Können Sie mir sagen, um welches Buch es sich handelt?" „Da sind vergoldete Buchstaben drauf." „Können Sie sie lesen oder mir den Namen des Autors sagen?" Sie las „WLW" (wobei sie den vollständigen Nachnamen des Autors angab) oder sprach es langsam aus. Sie beantwortete einige kleinere Fragen *zu* den Möbeln im Zimmer, und ich sagte dann zu ihr: „Ist es für Sie anstrengend oder schwierig, auf diese Weise zu reisen?" „Ja, ein bisschen; ich muss nachdenken."

„Ich stand nun hinter ihr, hielt eine halbe Krone in meiner Hand und fragte sie, ob sie mir sagen könne, was ich in meiner Hand hätte, worauf sie antwortete: „Es ist ein Schilling." Es kam ihr so vor, als könnte sie leichter erkennen, was meilenweit entfernt geschah, als was im Raum vor sich ging.

„Ihr Vater kehrte fast eine Woche später nach Hause zurück und war vollkommen erstaunt, als seine Frau und seine Familie ihm erzählten, was er an diesem Abend getan hatte; und obwohl er vor diesem Datum ein gründlicher Skeptiker gegenüber dem Hellsehen war, gab er offen zu, dass mein Hellseher in jeder Hinsicht völlig Recht hatte. Er teilte uns auch mit, dass es sich bei dem erwähnten Buch um ein neues Buch handele, das er gekauft habe, nachdem er sein Zuhause verlassen hatte, so dass seine Tochter nicht vermuten könne, dass er das Buch vor sich habe. Ich möchte hinzufügen, dass der Brief zu gegebener Zeit in der Zeitung erschien; und ich habe das Buch gesehen und in die Hand genommen.'

In den „Proceedings of the Society for Psychical Research"[22] finden sich zahlreiche Fälle von sogenanntem „Hellsehen". Wie die Autoren dieser Aufsätze anmerken, auch wenn sie in jedem Fall Betrug, Fehlbeobachtung usw. außer Acht gelassen haben Falsch berichtet, können die Reste der Fälle selten entweder die wilde Theorie der wandernden Seele (die hier nicht ernsthaft vorgeschlagen wird) oder Hegels Theorie des *Fühlens rechtfertigen Seele* ist raumunabhängig. Denn wenn es sich um eine Gedankenübertragung handelt, liest der scheinbare Hellseher möglicherweise nur die Gedanken einer Person aus der Ferne. Die Ergebnisse würden jedoch, wenn sie erfolgreich sind, dem wilden Denker natürlich den Glauben an die wandernde Seele nahelegen oder ihn bestätigen, wenn er bereits durch die üblichen Phänomene des Träumens nahegelegt worden wäre.

Zu diesen Beispielen von Wissen, das anders als über die anerkannten Sinneskanäle erworben wurde, könnten wir die schottischen Geschichten vom „zweiten Blick" hinzufügen. Bei diesem Ausdruck handelt es sich lediglich um einen lokalen Begriff, der Beispiele für das abdeckt, was man „Hellsehen" nennt – Ansichten von Dingen, die weit entfernt im Raum liegen, Halluzinationen des Anblicks, die mit einem bemerkenswerten Ereignis zusammenfallen, Vorahnungen zukünftiger Dinge und so weiter. Der Glaube und die halluzinatorischen Erfahrungen sind in den Highlands immer noch weit verbreitet, wo ich selbst in letzter Zeit viele Beispiele gesammelt habe. Herr Tylor bemerkt, dass die Beispiele „etwas zu viel beweisen; Sie bürgen nicht nur für menschliche Erscheinungen, sondern auch für Phantome wie Dämonenhunde und für noch fantasievollere symbolische Vorzeichen. Das ist völlig richtig. Ich habe keine Fälle von Dämonenhunden gefunden; Aber wandernde Lichter, wahrscheinlich meteorischen oder miasmatischen Ursprungs, werden sicherlich als Zeichen des Todes angesehen. Dies ist offensichtlich eine abergläubische Hypothese, da es sich bei den Lichtern um reale Phänomene handelt, die falsch interpretiert werden. Auch hier sind Beerdigungen keine Seltenheit, wenn keine Beerdigung stattfindet. Es wird dann behauptet, dass bald darauf eine echte Beerdigung, ähnlich und in ähnlicher Lage, stattgefunden habe. Nach der Hypothese der Gläubigen sehen die Wahrnehmenden irgendwie

„Eine   solche   Brechung   der   Ereignisse
, wie sie oft geschieht, bevor sie entstehen."

Selbst der Wilde kann diese Erfahrung nicht mit der Wanderung der Seele im Raum erklären; Ich schlage auch keine Erklärung vor. Ich nenne jedoch ein oder zwei Beispiele. Sie werden im „Journal of the Caledonian Medical Society" von 1897 von Dr. Alastair Macgregor im Auftrag des MSS veröffentlicht. seines Vaters, eines Pfarrers auf der Insel Skye.

„Er erzählte mir einmal, dass er sich bei seinem ersten Besuch auf Skye darüber lustig gemacht hatte, dass eine Macht wie das zweite Gesicht echt sei; aber er sagte, dass er, nachdem er einige Jahre als Geistlicher dort gewesen war, *vorher so oft* von Leuten konsultiert worden sei, die sagten, sie hätten Visionen von Ereignissen gesehen, die sich nach Kenntnis meines Vaters später genau in der Form und in den Einzelheiten zugetragen hätten Als er die vorhergesagte Vision wahrnahm, musste er zugeben, dass einige Leute offenbar zumindest die unglückliche Fähigkeit besaßen.

„Wie mein Vater es ausdrückte, war diese Fähigkeit „weder freiwillig noch dauerhaft und wurde von den Besitzern eher als störend denn als angenehm empfunden." Die Gabe besaßen Individuen beiderlei Geschlechts, und ihre Anfälle traten drinnen und draußen im Sitzen auf und im Stehen, bei Nacht und bei Tag, und bei welcher Beschäftigung auch immer der Wähler gerade beschäftigt sein mag."

Hier folgt ein typisches Beispiel für die Vision einer Beerdigung:

„Der Sitzungsschreiber in Dull, einem kleinen Dorf in Perthshire , war krank, und mein Großvater, damals Geistlicher dort, musste seine Pflichten für ihn erfüllen." An einem schönen Sommerabend, gegen 7 Uhr, kamen ein junger Mann und eine junge Frau, um einige Papiere auszufüllen, da sie heiraten wollten. Mein Großvater war mit dem Paar im Zimmer des Sitzungsschreibers und kümmerte sich zweifellos um die Papiere, als plötzlich *alle drei zusammen waren* sah durch das Fenster einen Trauerzug entlang der Straße ziehen. Ihrer Kleidung zufolge schienen die meisten Trauergäste Landarbeiter zu sein – tatsächlich erkannte die junge Frau einige von ihnen als Eingeborene aus Dull, die in die Nähe von Dunkeld gezogen waren, um dort zu leben und zu arbeiten. Mein Großvater und das junge Paar machten natürlich Bemerkungen über den unpassenden Zeitpunkt für eine Beerdigung, und mein Großvater füllte hastig die Papiere aus und ging hinaus, um den Schlüssel zum Kirchhof zu holen, der im Pfarrhaus aufbewahrt wurde, ohne dass dies der Fall war Schlüssel, die Prozession konnte nicht in Gottes Acker gelangen. Da er sich wunderte, warum er nichts von der Beerdigung erfahren hatte, ging er auf einem kurzen Weg zum Pfarrhaus, holte den Schlüssel und eilte zum Kirchhofstor, wo er natürlich erwartete, dass der Trauerzug auf ihn wartete. Außer dem jungen Paar *war niemand da* , der genauso erstaunt war wie mein Großvater!

„Nun, um dieselbe Stunde am Abend desselben Tages in der darauffolgenden Woche kam die Beerdigung, diesmal in Wirklichkeit, ganz unerwartet. Tatsache war, dass ein aus Dull stammender Junge in Dunkeld von einem Stier aufgespießt und so schrecklich verstümmelt worden war, dass seine sterblichen Überreste aufgehoben, in einen Sarg gelegt und unverzüglich nach Dull gebracht wurden. Da der arme Junge keine Verwandten hatte, wurde so schnell wie möglich ein Grab ausgehoben und die sterblichen Überreste beigesetzt. Mein Großvater und das junge Paar erkannten, dass einige der Trauergäste zu denen gehörten, die sie genau eine Woche zuvor im Phantomcortège aus dem Zimmer des Sitzungsschreibers gesehen hatten. Die junge Frau kannte einige von ihnen persönlich und erzählte ihnen, was sie gesehen hatte, aber sie bestritten natürlich, von der Angelegenheit etwas zu wissen, da sie damals in Dunkeld waren.

Ich nenne ein weiteres Beispiel, weil das Erlebnis sowohl auditiv als auch visuell war und die Vorhersage vor dem Ereignis bekannt gegeben wurde.

„Die Gemeindemitglieder in Skye waren offensichtlich weitgehend von dem romanistischen Glauben an die Fürsprachebefugnisse ihres Geistlichen durchdrungen; Wenn sie also eine „Warnung" oder eine „Vision" hatten, konsultierten sie normalerweise meinen Vater, was sie tun könnten, um zu verhindern, dass ihre Verwandten oder Freunde von der bevorstehenden Katastrophe heimgesucht würden. Auf diese Weise hatte mein Vater Gelegenheit, die Einzelheiten der „Warnung" oder „Vision" sofort zu notieren, wenn man sie ihm mitteilte. Da er vor seiner theologischen Ausbildung über eine medizinische Ausbildung verfügte, war er in der Lage, fundierte Fakten zu notieren, ohne durch übermäßige Vorstellungskraft verschönert zu werden. Als er diese Methode der Fallaufnahme mit völlig offenem Geist, bis auf einen leichten Anflug von Skepsis , in Angriff nahm, war er sehr überrascht, als er feststellte, wie sehr häufig Erkenntnisse auftraten, die genau den Einzelheiten der Vision entsprachen, wie sie in seinem Notizbuch beschrieben waren. Schließlich war er gezwungen, seine Skepsis aufzugeben und zuzugeben, dass einige Menschen zweifellos über die unheimliche Gabe verfügten. Beinahe der erste Fall, den er aufnahm (Fall

„FALL X. – Sie hörte ihren Sohn auf Gälisch ausrufen: „Das ist ein tödliches Lamm für mich." Da ihr Sohn mehrere Meilen von Uig entfernt lebte und Fischer war, schien es meinem Vater sehr unwahrscheinlich, dass mir das klar wurde , aber einen Monat später kam die Erkenntnis nur allzu wahr. Ohne dass seine Mutter es wusste, die ihn davor gewarnt hatte, irgendetwas mit Schafen oder Lämmern zu tun zu haben, dachte der Sohn eines Tages, anstatt mit seinem Boot hinauszufahren, daran, einen Urlaub im Landesinneren zu machen, und fuhr nach Uig, wo sich ein Bauer meldete seine Dienste bei der Trennung einiger Lämmer von den Mutterschafen. Eines der Lämmer lief davon, und der Fischerjunge rannte kopfüber hinter ihm her, und ohne zu achten, wohin er wollte, wurde er, nachdem er das Lamm gefangen hatte, von ihm an den Rand eines der sehr malerischen, aber äußerst gefährlichen Felsen bei Uig gezogen. Zu spät, als er seine kritische Position erkannte, rief er aus: „Das ist ein tödliches Lamm für mich", doch mit so viel Schwung schaffte er es nicht, sich rechtzeitig aufzurichten, und stürzte zusammen mit dem Lamm in die Schlucht darunter. und wurde natürlich sofort getötet. Als der Bauer die Gefahr für den Jungen erkannte, rannte er ihm zu Hilfe, konnte ihn aber gerade noch rechtzeitig auf Gälisch schreien hören, bevor er am Rande des Abgrunds verschwand. Dies wurde von der Mutter einen Monat zuvor vorhergesagt. War das einfach ein Zufall?'

Dr. Macgregors Bemerkungen über die unfreiwillige und unwillkommene Natur der Visionen werden durch das bestätigt, was Scheffer , wie bereits zitiert, über die Lappen sagt.

Zusätzlich zu Visionen, die auf diese Weise ungewollt entstehen und Wissen über ferne oder sogar zukünftige Dinge vermitteln, können wir einen Blick auf Visionen werfen, die durch verschiedene Methoden hervorgerufen werden. Es werden Drogen (*impepo*) verwendet, Seher tanzen wild umher, bis sie das Bewusstsein verlieren, oder Trance wird durch verschiedene Arten von Selbstsuggestion oder „Autohypnose" herbeigeführt. Auch Fasten wird praktiziert . Im modernen Leben ist die selbstinduzierte Trance unter „Medien" weit verbreitet – ein Thema, auf das wir später zurückkommen.

Bisher wird darauf hingewiesen, dass unsere Beweise belegen, dass genau ähnliche *Überzeugungen* hinsichtlich der gelegentlichen Fähigkeit des Menschen, die Tore der Ferne zu öffnen, in einer Vielzahl von Ländern und Zeitaltern sowie bei Rassen aller Kulturstufen vertreten wurden.[23] Die angeblichen Erfahrungen sollen immer noch vorkommen und wurden von Physiologen wie M. Richet untersucht. Es stellt sich unweigerlich die Frage nach dem Rest an Tatsachen in diesen Erzählungen, und sie stellt sich immer wieder.

Im folgenden Kapitel diskutieren wir eine Art der Herbeiführung von Halluzinationen, die für Anthropologen das Interesse einer universellen Verbreitung hat. Wir glauben, dass die Breite seines Verbreitungsgebiets bei wilden Rassen bisher nicht beobachtet wurde. Anschließend fügen wir Fakten moderner Erfahrung hinzu, an deren Echtheit wir persönlich keinen Zweifel hegen; und die vorläufige Schlussfolgerung scheint zu sein, dass die Wilden einen psychologischen Umstand beobachtet haben, der von anerkannten Psychologen ignoriert wurde und der sicherlich nicht in die gewöhnliche materialistische Hypothese passt.

[Fußnote 1: Callaway, *Religion of the Zulus* , S. 232.]

[Fußnote 2: Graham Dalzell, *Darker Superstitions of Scotland* , S. 481.]

[Fußnote 3: Siehe gute Beweise in *Ker of Kerslands Memoiren* .]

[Fußnote 4: Autus Gellius , xv. 18, Dio Cassius, lxvii., Crespet , *De la Haine du Diable* , *Procès de Jeanne d'Arc* .]

[Fußnote 5: Siehe „Shamanism in Siberia", *JAI* , November 1894, S. 147-149, und vergleiche Scheffer . Der Artikel ist sehr lehrreich und interessant.]

[Fußnote 6: Williams erwähnt die zweite Sicht auf Fidschi, nennt aber keine Beispiele.]

[Fußnote 7: *Primitive Kultur,* ich . 447. Herr Tylor zitiert Dr. Brintons *Myths of the New World,* S. 269. Der Verweis in der aktuellen Ausgabe ist S. 269. 289. Carvers Fall wird später unter der Überschrift „Besitz" aufgeführt.]

[Fußnote 8: *Journal Historique* S. 362; *Atlantic Monthly* , Juli 1866.]

[Fußnote 9: Wahrscheinlich *impepo* , laut Callaway von Sehern gefressen.]

[Fußnote 10: Callaways *Religion der Amazulu* , S. 358.]

[Fußnote 11: Oxford, 1674.]

[Fußnote 12: *Reisen* .]

[Fußnote 13: Aus Charlevoix, *Journal Historique* , S. 362.]

[Fußnote 14: Bastian, *Ueber psych. Beobacht* . S.21.]

[Fußnote 14: Op. cit. S.26.]

[Fußnote 15: Miss Kingsley, *Reisen in Westafrika* , S. 460.]

[Fußnote 16: *Primitive Culture* , ii, 181; Mason's *Burmah* , S. 107.]

[Fußnote 17: Schoolcraft, ich . 394.]

[Fußnote 18: Brinton's *Religions of Primitive Peoples* , S. 57.]

[Fußnote 19: Purchas, S. 629.]

[Fußnote 20: SPR *Proceedings* , vol. vi. 69.]

[Fußnote 21: Binet und Féré , *Animal Magnetism* , S. 64.]

[Fußnote 22: Bd. vii. Mrs. Sidgwick, S. 30, 356; Bd. vi. P. 66, Professor Richet, S. 407, Dr. Dufay und Azam.]

[Fußnote 23: Die Beispiele im Alten Testament und im *Leben des heiligen Columba* von Adamnan müssen nur angedeutet werden, da sie zu vertraut sind, um zitiert zu werden.]

V

Kristallvisionen, wild und zivilisiert

Unter den brutalen Methoden, Halluzinationen hervorzurufen, durch die übernatürliches Wissen erlangt werden kann, sind verschiedene Formen des „Kristallblickens" die merkwürdigsten. Bei den Indianern (Lejeune), den Römern (Varro, zitiert in *Civitas Dei* , iii. 457) und den Afrikanern von Fes (Leo Africanus) finden wir die Gewohnheit, ins Wasser zu schauen, meist in einem Gefäß, vorzugsweise einem Glasgefäß; Während Maoris einen Tropfen Blut verwenden (Taylor), verwenden Ägypter Tinte (Lane) und australische Wilde verwenden eine Kugel aus poliertem Stein, in die sich der Seher „versetzt", um die Ergebnisse einer Expedition zu erkennen.[1]

Ich habe in der Einleitung bereits Ellis' Bericht über den polynesischen Fall gegeben. In der Tür seines Hauses wird ein Loch gegraben und mit Wasser gefüllt. Der Priester hofft auf eine Vision des Diebes, der gestohlene Waren gestohlen hat. Die polynesische Theorie besagt, dass der Gott den Geist des Diebes über das Wasser trägt, in dem er sich widerspiegelt. Die Indianer von Lejeune lassen ihre Patienten ins Wasser blicken, in dem sie die Bilder von Dingen in Form von Nahrungsmitteln oder Medikamenten sehen, die ihnen gut tun. In moderner Sprache wird das instinktive Wissen, das implizit im Unterbewusstsein des Patienten vorhanden ist, somit in den Bereich seines gewöhnlichen Bewusstseins gebracht.

Im Jahr 1887 besuchte der verstorbene Kapitän JT Bourke von der US-Kavallerie, ein origineller und sorgfältiger Beobachter, die Apachen im Interesse des Ethnologischen Büros. Er erfuhr, dass eine der Hauptaufgaben der Medizinmänner darin bestand, den Verbleib verlorener oder gestohlener Gegenstände herauszufinden. Na-a-cha, einer dieser *Jossakeeds* , besaß einen magischen Quarzkristall, den er sehr schätzte. Kapitän Bourke überreichte ihm einen noch feineren Kristall. „Er konnte mir keine Erklärung für seine magische Verwendung geben, außer dass er beim Hineinschauen alles sehen konnte, was er sehen wollte." Kapitän Bourke scheint noch nie von den modernen Experimenten der Kristallbeobachtung gehört zu haben. Kapitän Bourke entdeckte auch, dass die Apachen , wie die Griechen, Australier, Afrikaner, Maoris und viele andere Rassen, den Stierbrüller Turndun oder *Rhombos verwenden* – ein Stück Holz, das, wenn es herumgewirbelt wird, ein seltsames, windiges Brüllen verursacht – in ihren mystischen Zeremonien. Kapitän Bourke war sich der weit verbreiteten Verwendung der Rauten bewusst; das des Kristalls war es nicht.

Für die Irokesen liefert Frau Erminie Smith Informationen über den Kristall. „In einen Wasserkürbis gelegt, könnte es die Erscheinung einer Person sichtbar machen, die eine andere verzaubert hat." Sie schildert den Fall eines Medizinmannes aus europäischer Zeit, der den Lebensraum der Hexe fand, ihr Gesicht aber nur undeutlich sehen konnte. Bei einem zweiten Versuch hatte er Erfolg.[2] Man kann hinzufügen, dass Schatzsucher unter den Huille-che „ernsthaft" nach dem suchen, was sie finden wollen, „in einer glatten schwarzen Steinplatte, bei der es sich vermutlich um Basalt handelt."[3]

Die Freundlichkeit von Monsieur Lefébure ermöglicht es mir, ein weiteres Beispiel aus Madagaskar zu nennen.[4] Flacourt beschreibt die Madagassen und sagt, dass sie „ *squillent* " (ein Wort, das nicht in Littré vorkommt), das heißt durch Kristalle göttlich sind, die „vom Himmel fallen, wenn es donnert". Natürlich bringt der Regen die Kristalle zum Vorschein, wie er die sogenannten Feuersteininstrumente nennt „Gewitter" in vielen Ländern. ' Lorsqu'ils schillernd , ils ont une ces _ Pierres au coing de leurs Tabletten , Disans Was bedeutet, dass es sich um eine Geomance- Figur handeln muss ? Wahrscheinlich nutzten sie die Kristalle ebenso wie die Apachen . Am 15. Juli betrachtete eine madagassische Frau, sei es in ihrem Kristall oder anders, zwei französische Schiffe, die wie die spanische Flotte „nicht in Sicht" waren, außerdem Offiziere, Ärzte und andere an Bord, die sie vor ihrer Rückkehr gesehen hatte nach Frankreich, in Madagaskar. Das erste Schiff traf erst am 11. August ein.

Dr. Callaway erläutert die Zulu-Praxis, bei der der Häuptling „sieht, was passieren wird, indem er in das Gefäß schaut".[5] Die Schamanen Sibiriens und Ostrusslands wenden dieselbe Methode an.[6] Der Fall des Inka Yupanqui ist sehr merkwürdig. „Als er zu einem Brunnen kam, sah er ein Stück Kristall hineinfallen, in dem er eine Indianerfigur in der folgenden Form erblickte … Die Erscheinung verschwand dann, während der Kristall zurückblieb. Der Inka kümmerte sich darum, und man sagt, dass er danach alles darin sah, was er wollte."[7]

Hier finden wir also den Glauben, dass Halluzinationen durch die eine oder andere Form des Betrachtens von Kristallen hervorgerufen werden können, unter anderem im alten Peru, auf der anderen Seite des Kontinents bei den Huille-che, in Fes, in Madagaskar, in Sibirien Apachen , Huronen, Irokesen, australische Schwarze, Maoris und in Polynesien. Dabei handelt es sich sicherlich um ein breites geographisches Verbreitungsgebiet. Wir finden die Praxis auch in Griechenland (Pausanias, VII. xxi. 12), in Rom (Varro), in Ägypten und in Indien.

Obwohl Anthropologen diesem Thema keine Beachtung geschenkt haben, war es dem späteren Europa natürlich vertraut. „ Miss _ Aubrey; der Regent d'Orléans in St. Simon's Memoirs; die modernen Mesmeristen (Gregory, Mayo) und die Spiritualisten aus der Mitte des viktorianischen Zeitalters, die die Phänomene wie üblich auf ihre prähistorische Weise mit „ Geistern[8]" erklärten. Bis diese Dame sich mit dem Thema befasste, hatte niemand daran gedacht, zu bemerken, dass ein so universeller Glaube wahrscheinlich eine Grundlage auf Fakten habe, oder niemand, außer zwei Professoren für Chemie und Physiologie, Dr. Gregory und Mayo. Miss X machte Experimente, die zufällig begannen, wie George Sand, als sie ein Kind war.

Die Halluzinationen, die ihren Augen in Tinte oder Kristall erscheinen, sind:

1. Wiederbelebte Erinnerungen, die „so und nur so aus den unterbewussten Schichten entstehen";

'2. Objektivierung von Ideen oder Bildern – (a) bewusst oder (b) unbewusst – im Kopf des Wahrnehmenden;

'3. Visionen, möglicherweise telepathisch oder hellseherisch, die den Erwerb von Wissen durch übernatürliche Mittel implizieren."[9]

Die Beispiele der letzten Klasse, die für einen Priester oder Medizinmann, der verlorene Dinge entdecken soll, so nützlich wäre, sind von sehr geringem Interesse.[10]

Seitdem Miss Diese Fähigkeit führt Dr. Parish auf „Dissoziation" zurück, praktisch auf Schläfrigkeit. Aber er spricht von Mutmaßungen und ohne Zeuge von Experimenten gewesen zu sein, wie später gezeigt wird. Ich biete nun eine Reihe von Experimenten mit einer Glaskugel an, die ich selbst beobachtet habe und bei denen offenbar auf keine gewöhnliche Weise Wissen erworben wurde. Von der Abwesenheit von Betrug bin ich persönlich überzeugt, nicht nur durch den Charakter aller Beteiligten, sondern auch durch die Art der Umstände. Ich bin mir sicher, dass dieses adaptive Gedächtnis die ursprünglich erzählten Erzählungen später nicht verändert hat, denn sie wurden mir, als ich nicht anwesend war, innerhalb von weniger als einer Woche genau so mitgeteilt, wie sie jetzt wiedergegeben werden, außer in Fällen, auf die besonders hingewiesen wird.

Zu Beginn dieses Jahres (1897) traf ich eine junge Dame, die mir von drei oder vier eigenartigen halluzinatorischen Erlebnissen erzählte, die hinreichend bestätigt wurden. Sie hatte keine Ahnung von psychischen Studien und war und ist bei bester Gesundheit. der blasse Schatten der Gedanken war von ihr entfernt. Ich bekam eine Glaskugel und war dabei, als sie zum ersten Mal hineinschaute. Ich erinnere mich, dass sie das Innere eines Hauses sah, mit einem Ganzkörperporträt einer unbekannten Person. Es gab, glaube ich, noch ein oder zwei weitere schicke Bilder der bekannten Art. Aber bald (so wie sie unter Fremden lebte) entwickelte sie die Fähigkeit, Personen und Orte zu „sehen", die ihr unbekannt, ihnen aber vertraut waren. Diese Erfahrungen scheinen mir gute Beispiele für das zu sein, was man „Gedankenübertragung" nennt; Tatsächlich konnte ich bei diesem Thema noch nie aus einem ausgewogenen Gleichgewicht der Zweifel herauskommen, einem Gleichgewicht, das jetzt deutlich zur positiven Seite tendiert. Es mag zwar eine Fülle besserer Beweise geben, aber da ich die Personen und Umstände kannte und einmal bei einem für mich entscheidenden Beispiel anwesend war, war ich eher geneigt, überzeugt zu sein. Diese Einstellung erscheint mir unlogisch, aber sie ist natürlich und üblich.

Wir können nicht sagen, welche Hinweise zufällig in Experimenten zur Gedankenübertragung gegeben werden. Aber in diesen Fällen des Kristallblicks waren die Einzelheiten zu ausführlich, als dass ein Betrachter sie mit einem Augenzwinkern oder einem Husten vermitteln könnte. Ich möchte nicht sagen, dass der Erfolg unveränderlich war. Ich dachte an Dr. WG Grace und der Seher sah einen alten Mann mit einem Stock entlangkriechen. Aber ich bezweifle, dass Dr. Grace sehr tief in diesem mystischen Wesen, meinem Unterbewusstsein, verwurzelt ist. Die „Wahrsagen", die richtig kamen, waren manchmal, aber nicht immer, diejenigen, an die der „Agent" (oder die Person, nach der er geweissagt hatte) bewusst dachte. Aber die Beispiele werden die verschiedenen Arten von Vorkommnissen veranschaulichen.

Hier sollte man sich zunächst mit den Argumenten befassen, die dagegen sprechen, die Anerkennung lediglich von einer anderen Person beschriebener Objekte zu akzeptieren. Der Kristallbeobachter kennt den Fragenden möglicherweise so gut, dass er den Gegenstand seiner Meditation sehr genau erraten kann. Auch hier denkt ein Mann wahrscheinlich an eine Frau und eine Frau an einen Mann, daher ist das Feld für Vermutungen begrenzt. Als Antwort auf den ersten Einwand kann ich sagen, dass die Kristallbeobachterin sich unter Fremden befand, die sie nun alle, mich eingeschlossen, zum ersten Mal sah. Sie hätte ihre Geschichten auch nicht vorher studieren können, denn wann sie das Haus verließ, konnte sie (normalerweise) nicht wissen, dass ihr eine Glaskugel gezeigt werden würde oder wen sie treffen würde. Dem zweiten Einwand wird durch den Umstand entsprochen, dass Damen üblicherweise *nicht* für Männer und Männer nicht für Frauen ausgewählt wurden. Tatsächlich waren diese Entscheidungen die Ausnahmen und in jedem Fall waren sie durch minutiöse Details gekennzeichnet. Ein dritter Einwand ist, dass Leichtgläubigkeit oder die Liebe zu seltsamen Neuheiten oder der Wunsch, einem Gehorsam zu leisten, die Forscher voreingenommen machen und sie begierig darauf machen, in den Beschreibungen des Sehers etwas Vertrautes zu erkennen . Ebenso wissen wir, wie Menschen Gesichter auf den verschwommensten und verschwommensten spiritistischen Fotos erkennen oder Familienähnlichkeiten bei den rudimentärsten Babys mit Teiggesicht erkennen. Nehmen Sie Beschreibungen von Personen in einem Reisepass oder in einer Proklamation, in der das persönliche Erscheinungsbild eines

Kriminellen skizziert wird. Diese passen zu den beabsichtigten Männern oder Frauen, aber sie passen auch zu einer Gruppe anderer Menschen. Die vom Seher gegebene Beschreibung kann dann durch einen zufälligen Zufall richtig sein oder zu leichtgläubig erkannt werden .

Der Komplex der Zufälle konnte jedoch nicht auf eine zufällige Auswahl aus dem gesamten möglichen Feld der Vermutungen zurückgeführt werden. Wir müssen uns auch daran erinnern, dass eine Reihe solcher Treffer die Wahrscheinlichkeit einer zufälligen Vermutung enorm erhöht. Von solch reinem Glück möchte ich ein Beispiel geben. Ich schrieb eine Geschichte, deren Held George Kelly war, einer der „Sieben Männer von Moidart ". Ein Jahr nachdem ich meine Geschichte verfasst hatte, fand ich die Regierungsbeschreibung von Mr. Kelly (1736). Es stimmte genau mit meiner rein fantasievollen Skizze überein, bis hin zu Augen, Zähnen und Gesicht, außer dass ich meinen Helden „ungefähr sechs Fuß" machte, während die Regierung ihm fünf Fuß zehn gab. Aber ich wusste vorher, dass Mr. Kelly Geistlicher war; Seine merkwürdige Karriere bewies, dass er ein Mensch von großer Aktivität und Genialität war – und er war irischer Abstammung. Selbst ein Dutzend solcher Vermutungen, die gleichermaßen richtig waren, ließen nicht auf eine „Sehkraft" schließen, wenn doch schon so viel über die Person bekannt war, auf die die Vermutung gerichtet war. Ich gebe nun Fälle aus der Erfahrung von Miss Angus, wie man die Kristallbeobachterin nennen könnte. Das erste geschah am Tag, nachdem sie die Glaskugel zum ersten Mal bekommen hatte. Sie schreibt:

„Ich. Eines Tages bat mich eine Dame, einen Freund ausfindig zu machen, an den sie denken würde. Fast sofort rief ich aus: „Hier ist eine alte, alte Dame, die mich mit einem triumphierenden Lächeln im Gesicht ansieht. Sie hat eine hervorstehende Nase und ein Nussknackerkinn. Ihr Gesicht ist sehr faltig, besonders an den Seiten ihrer Augen wenn sie immer lächeln würde. Sie trägt ein kleines weißes Tuch mit einem schwarzen Rand. *Aber!* ... sie *kann nicht* alt sein, denn ihre Haare sind ziemlich braun! Obwohl ihr Gesicht so sehr, sehr alt aussieht." Dann verschwand das Bild und die Dame sagte, ich hätte die *Mutter* ihrer Freundin und nicht ihn selbst genau beschrieben; dass es ein Familienwitz sei, dass die Mutter ihre Haare färben müsse, sie sei so braun und sie sei zweiundachtzig Jahre alt. Die Dame fragte mich, ob die Vision deutlich genug sei, um eine Ähnlichkeit auf dem Foto des Sohnes zu erkennen . Am nächsten Tag legte sie mir mehrere Fotos vor, und im Nu erkannte ich ihn ohne das geringste Zögern aufgrund seiner wunderbaren Ähnlichkeit mit meiner Vision!'

Der Fragesteller bestätigte mir alle Fakten innerhalb einer Woche mündlich, stützte sich jedoch auf eine Theorie der „Elektrizität". Sie hat diesen Bericht gelesen und bestätigt ihn.

II . Eines Nachmittags saß ich neben einer jungen Dame, die ich noch nie zuvor gesehen oder von der ich gehört hatte. Sie fragte, ob sie in meinen Kristall schauen dürfe, und während sie das tat, schaute ich zufällig über ihre Schulter und sah ein Schiff auf einer sehr schweren, unruhigen See hin und her schaukeln, obwohl in der Ferne noch Land zu sehen war. Das verschwand, und plötzlich erschien ein kleines Haus mit fünf oder sechs Stufen (ich habe jetzt die genaue Zahl vergessen, die ich damals gezählt habe) zur Tür. Auf der zweiten Stufe stand ein alter Mann und las eine Zeitung. Vor dem Haus war ein Feld mit dichtem, stoppeligem Gras, auf dem einige *Lämmer waren* , wollte ich sagen, aber es waren eher sehr kleine Schafe. grasten
.

„Als die Szene verschwand, erzählte mir die junge Dame, ich hätte anschaulich einen Ort auf den Shetlandinseln beschrieben, an dem sie und ihre Mutter bald ein paar Wochen verbringen würden."

Ich habe von Miss Angus innerhalb von ein oder zwei Tagen nach seinem Auftreten von diesem Fall gehört und er wurde mir dann von der anderen Dame mündlich bestätigt. Sie bestätigt es erneut (21. Dezember 1897). Die beiden Damen waren einander bisher völlig fremd gewesen. Der alte Mann war offenbar der Schulmeister. In ihrem MS. schreibt Miss Angus „Skye", aber damals sagten sowohl sie als auch die andere Dame Shetland (was ich wiederhergestellt habe). Auf den Shetlandinseln sind die Schafe ebenso wie die Ponys klein. Natürlich kann man sich auf einen zufälligen Zufall berufen. Der nächste Bericht stammt von einer anderen Dame, sagen wir Miss Rose.

' III. — schreibt Miss Rose — meine erste Erfahrung mit dem Betrachten von Kristallen war keine angenehme, wie aus dem Folgenden hervorgeht, das ich jetzt so genau erzähle, wie ich mich erinnern kann. Ich bat meine Freundin, Miss Angus, mir zu erlauben, in ihren Kristall zu schauen, und nachdem ich dies eine kurze Zeit lang getan hatte, gab ich auf und sagte, es sei sehr unbefriedigend, da ich zwar einen Raum mit einem hellen Feuer darin sah und ein Bett voller Vorhänge und Leute, die kamen und gingen, ich konnte nicht erkennen, wer sie waren, also gab ich den Kristall an Miss Angus zurück mit der Bitte, sie möge nach mir suchen. Sie sagte sofort: „Ich sehe ein Bett mit einem Mann darin, der sehr krank aussieht, und einer Dame in Schwarz daneben." Ohne etwas mehr zu sagen, schaute Miss Angus immer noch weiter, und nach einiger Zeit bat ich um einen weiteren Blick, und als sie mir den Ball zurückspielte, war ich ziemlich erschrocken, denn dort, ganz deutlich in einem hellen Licht, Ich sah einen alten Mann ausgestreckt im Bett liegen, der offenbar tot war; Ein paar Minuten lang konnte ich nicht hinsehen, und als ich es noch einmal tat, erschien eine Dame in Schwarz, und aus dichter Dunkelheit wurde ein langer schwarzer Gegenstand getragen, der vor einer dunklen, von Steinen bedeckten Öffnung stehen blieb. Als ich das sah, war ich bei Cousins und Cousinen und es war ein Freitagabend. Am

Sonntag hörten wir vom Tod des Schwiegervaters eines meiner Cousins; Natürlich wusste ich, dass der alte Herr sehr krank war, aber beim Blick in den Kristall waren meine Gedanken überhaupt nicht bei ihm. Ich kann auch sagen, dass ich in den Gesichtszügen des Toten nicht die des alten Herrn erkannte , dessen Tod ich erwähne. Als ich am Sonntag noch einmal hinschaute, sah ich noch einmal das mit Vorhängen versehene Bett und einige Leute.'

Ich gebe nun Miss Angus' Version dieses Falles wieder, wie sie sie ursprünglich erhalten hat (Dezember 1897). Ich hatte zuvor eine mündliche Version von einer Person erhalten, die bei der Wahrsagerei anwesend war. In einer Hinsicht unterschied es sich von dem, was Miss Angus schreibt. Ihre Version wird angeboten, weil sie unabhängig erstellt wurde, ohne Rücksprache oder den Versuch, Erinnerungen in Einklang zu bringen.

„Bei einem kürzlichen Beobachtungserlebnis war ich zum ersten Mal in der Lage, einem anderen Menschen das zu zeigen, was *ich* im Kristall sah." Eines Nachmittags rief Miss Rose an und bat mich, auf dem Ball nach ihr zu suchen. Ich tat es und rief sofort aus: „Oh! Hier ist ein Bett, in dem ein Mann liegt, der sehr krank aussieht [ich sah, dass er tot war, aber ich unterließ es, es zu sagen], und da ist eine schwarz gekleidete Dame, die neben dem Bett sitzt." ." Ich erkannte nicht, dass es sich bei dem Mann um jemanden handelte, den ich kannte, also sagte ich ihr, sie solle nachsehen. In kürzester Zeit rief sie: „Oh! Ich sehe das Bett auch! Aber, oh! Nimm es weg, der Mann ist *tot* !" Sie war ziemlich geschockt und sagte, sie würde nie wieder hineinschauen. Bald jedoch veranlasste sie die Neugier, noch einmal hinzusehen, und die Szene kam sofort wieder zurück, und langsam wurde die Dame in Schwarz aus einem nebligen Gegenstand an der Seite des Bettes deutlich deutlicher. Dann beschrieb sie mehrere Personen im Raum und sagte, dass sie etwas trugen, das ganz in Schwarz gehüllt war. Als sie das sah, legte sie den Ball weg und wollte ihn nicht noch einmal ansehen. Sie rief am Sonntag (das war am Freitag) erneut mit ihrer Cousine an und wir neckten sie, weil sie Angst *vor* dem Kristall hätte, also sagte sie, sie würde einfach noch einmal hineinschauen. Sie nahm den Ball, legte ihn aber sofort wieder hin und sagte: „Nein, ich werde nicht hinsehen, denn das Bett mit dem schrecklichen Mann darin ist wieder da!"

„Als sie nach Hause gingen, hörten sie, dass der Schwiegervater des Cousins an diesem Nachmittag gestorben war,[11] aber um zu zeigen, dass er nie in unseren Gedanken gewesen war, obwohl wir alle wussten, dass es ihm nicht gut gegangen war, schlug *niemand* ihn *vor* ; Sein Name wurde im Zusammenhang mit der Vision nie erwähnt.

„Hellsehen" wird hier natürlich nicht dargestellt, da die Leiche nicht erkannt wird und der Zufall zweifellos zufällig ist.

Der nächste Fall wird von einem Zivilisten bezeugt, einem kleinen Bekannten von Miss Angus, der ihn nun erst zum zweiten Mal sah, aber ihrer Familie besser bekannt war.

' IV. – Am Donnerstag, März –? 1897 aß ich mit meinen Freunden, den Anguses, zu Mittag, und während des Mittagessens drehte sich das Gespräch um Kristallkugeln und die Visionen, die manche Menschen darin sehen können. Das Thema entstand, weil Miss Angus gerade von Herrn Andrew Lang eine Kristallkugel geschenkt bekommen hatte. Ich bat sie, es mir zu zeigen und dann zu versuchen, herauszufinden, ob sie eine Vision von einer Person heraufbeschwören könnte, an die ich denken könnte … Ich richtete meine Gedanken auf einen Freund, einen jungen Soldaten des [genannten Regiments], da ich dachte, dass er aufgrund seiner Uniform eine auffällige und eigenartige Persönlichkeit sein würde, und auch weil ich sicher war, dass Miss Angus unmöglich von ihm wissen konnte Existenz. Ich richtete meine Gedanken fest auf meinen Freund, und plötzlich rief Miss Angus, die bereits zwei verschwommene Visionen von Gesichtern und Menschen gesehen hatte: „Jetzt sehe ich ganz deutlich einen Mann auf einem Pferd; er ist äußerst seltsam gekleidet und glitzert ganz." vorbei – es ist ein Soldat! Ein Soldat in Uniform, aber es ist kein Offizier." Meine Aufregung, als ich das hörte, war so groß, dass ich meine Aufmerksamkeit nicht mehr auf den Gedanken an meinen Freund konzentrierte und die Vision verschwand und ich mich später nicht mehr erinnern konnte. – 2. Dezember 1897.

Der Zeuge nennt den Namen des Polizisten, mit dem er sich während einer schweren Krankheit angefreundet hatte. Es folgt der eigene Bericht von Miss Angus: Sie hatte mir die Geschichte im Juni 1897 erzählt.

„Kurz nachdem ich glücklicher Besitzer eines „Kristalls" geworden war, gelang es mir, mehrere sehr entschiedene „Skeptiker" zu bekehren, und ich werde hier einen kurzen Bericht über meine Erfahrungen mit zwei oder drei von ihnen geben.

„Einer war mit einem Herrn …, der so entschlossen war, mich zu verblüffen, dass er sagte, er würde an einen Freund denken, den ich nicht beschreiben *könnte !"*

„Ich hatte Herrn … erst am Tag zuvor getroffen und wusste so gut wie nichts über ihn oder seine persönlichen Freunde.

„Ich nahm den Ball auf, der sofort neblig wurde, und aus diesem Nebel tauchte nach und nach eine Menschenmenge auf, aber zu undeutlich, als dass ich jemanden erkennen konnte , bis plötzlich ein Mann zu Pferd hergaloppiert kam. Ich erinnere mich, dass ich sagte: „Ich kann nicht beschreiben, wie er ist, aber er ist auf eine sehr seltsame Weise gekleidet – in etwas so Helles, dass mich die Sonne, die auf ihn scheint, völlig blendet und ich ihn nicht erkennen kann!" Als er näher kam , rief ich. „Na ja, es ist ein *Soldat* in glänzender Rüstung , aber es ist kein *Offizier* , sondern nur ein Soldat!" Zwei Freunde, die im Raum waren, sagten, die Aufregung von Herrn … sei enorm gewesen, und meine Aufmerksamkeit wurde vom Ball abgelenkt, als ich ihn rufen hörte: „Es ist wunderbar! Das ist vollkommen wahr! Ich dachte an einen kleinen Jungen, einen Sohn." von einem Kleinbauern, an dem ich großes Interesse habe und der Soldat im – in London ist, was die Menschenmenge auf der Straße um ihn herum erklären würde!"

Der nächste Fall wird zuerst in der Version der Dame dargestellt, nach der unbewusst gesucht wurde, und dann in der von Miss Angus. Die andere Dame schreibt:

„V. – Ich traf Miss A. zum ersten Mal im Haus eines Freundes im Süden Englands, und eines Abends wurde von einer Kristallkugel die Rede, und unsere Gastgeberin bat Miss A., hineinzuschauen, und zwar, wenn möglich Erzähl ihr, was mit einer Freundin von ihr passiert ist. Frau A. nahm den Kristall und unsere Gastgeberin legte ihre Hand auf die Stirn von Frau A., um ihr „zu wünschen". Da ich nicht daran glaubte, nahm ich ein Buch und ging auf die andere Seite des Zimmers. Ich war plötzlich sehr erschrocken, als ich hörte, wie Fräulein A. in ziemlich aufgeregter Weise eine Szene beschrieb, die mir sicherlich sehr oft in den Sinn gekommen war, von der ich aber nie ein Wort erwähnt hatte: Sie beschrieb eine Pferderennbahn treffend Schottland, und ein Unfall, der einer Freundin von mir erst ein oder zwei Wochen zuvor passierte, und sie hatte offensichtlich die gleichen Zweifel und Ängste wie ich damals, ob er tatsächlich getötet wurde oder nur sehr schwer verletzt wurde. Es war wirklich eine wundervolle Offenbarung für mich, da es das allererste Mal war , dass ich einen Kristall sah. Unsere Gastgeberin war natürlich sehr verärgert darüber, dass sie Fräulein A. nicht hatte beeinflussen können, während ich, der so gleichgültig gewirkt hatte, sie hätte beeinflussen sollen . – 28. November 1897.

Miss Angus selbst schreibt:

einer Dame hineinversetzen konnte, während *eine andere* ihr Bestes tat, um mich zu beeinflussen!"

„Miss …, eine Freundin in Brighton, hat seltsame „magnetische" Kräfte und war sich des Erfolgs mit mir und dem Ball ziemlich sicher."

„Eine andere Dame, Fräulein H., die anwesend war, lachte über die ganze Sache, besonders als Fräulein – darauf bestand, meine Hand zu halten und mir mit der anderen Hand die Stirn zu klopfen!" Fräulein H. griff verächtlich nach einem Buch, ging auf die andere Seite des Zimmers und überließ uns unserer Torheit.

„Binnen kürzester Zeit wurde ich aufgeregt, was noch nie zuvor passiert war, als ich in den Kristall schaute. Ich sah eine Menschenmenge, und auf seltsame Weise hatte ich das Gefühl, mittendrin zu sein, und wir schienen alle auf etwas zu warten. Bald kam ein Fahrer vorbei, jung, für den Rennsport gekleidet. Sein Pferd schlenderte vorbei, und er lächelte und nickte denjenigen in der Menge zu, die er kannte, und verschwand dann außer Sichtweite.

„In einem Moment schien es uns allen, als ob etwas passiert wäre, und ich durchlebte große Qualen der Spannung und versuchte zu sehen, was *gerade* außerhalb meines Blickfelds schien. Bald jedoch näherten sich zwei oder drei Männer und trugen ihn vor meinen Augen vorbei, und wieder war meine Sorge groß, herauszufinden, ob er nur sehr schwer verletzt war oder ob das Leben wirklich ausgestorben war. All dies geschah in wenigen Augenblicken, aber lange genug, um mich so aufgeregt zu machen, dass ich nicht erkennen konnte , dass es nur eine Vision in einer Glaskugel gewesen war.

„Inzwischen hatte Fräulein H. ihr Buch beiseite gelegt, kam ziemlich erschrocken hervor und erzählte mir, dass ich eine Szene auf einer Pferderennbahn in Schottland, die sie erst ein oder zwei Wochen zuvor gesehen hatte, genau beschrieben hatte – eine Szene, die …“ war ihr schon oft in den Sinn gekommen, aber da wir einander fremd waren, hatte sie es nie erwähnt. Sie sagte auch, ich hätte ihre damaligen Gefühle genau beschrieben und alles auf äußerst anschauliche Weise zum Ausdruck gebracht.

„Die andere Dame war ziemlich enttäuscht, dass ich mich, nachdem sie ihre Gedanken so konzentriert hatte, stattdessen von jemandem hätte beeinflussen lassen, der sich über die ganze Angelegenheit lustig gemacht hatte.“

[Diese Anekdote wurde mir auch wenige Tage nach dem Vorfall von Miss Angus erzählt. Ihre Version war, dass sie zum ersten Mal einen Gentleman-Reiter sah, der zum Posten ging und seinen Freunden zunickte. Dann sah sie, wie er auf einer Trage durch die Menge getragen wurde. Sie schien, sagte sie, tatsächlich anwesend zu sein und fühlte sich etwas aufgeregt. Die Tatsache des Unfalls wurde mir später in Schottland von einer anderen Dame, die allen Personen fremd war, gegenüber mir erwähnt. – AL]

VI. – Ich möchte kurz ein Experiment vom 21. Dezember 1897 hinzufügen. Ein Herr war kürzlich aus England in die schottische Stadt gekommen, in der Miss Angus lebt. Er speiste mit ihrer Familie, und gegen 22.15 bis 22.30 Uhr schlug sie vor, im Glas nach einer Szene oder Person zu suchen, an die er denken sollte. Er erinnerte sich vor seinem geistigen Auge an einen Ball, auf dem er kürzlich gewesen war, und an eine junge Dame, die ihm dort vorgestellt worden war. Das Gesicht der Dame konnte er sich jedoch nicht klar vorstellen , und Miss Angus berichtete nichts weiter als den Anblick eines leeren Ballsaals mit poliertem Boden und vielen Lichtern. Der Herr machte einen weiteren Versuch und erinnerte sich deutlich an seinen Partner. Miss Angus beschrieb dann ein anderes Zimmer, kein Ballsaal, komfortabel eingerichtet, in dem ein Mädchen mit braunem, aus der Stirn zurückgekämmtem Haar und einer hochgeschlossenen weißen Bluse bei hellem Licht las oder Briefe schrieb in einer unbeschatteten Glaskugel. Die Beschreibung der Gesichtszüge, der Figur und der Größe stimmte mit der Erinnerung von Herrn … überein; aber er hatte diese Geraldine von einer Stunde nie außer in Ballkleidung gesehen. Er und Miss Angus notierten die Zeit an ihren Uhren (es war 10.30 Uhr), und Mr. – sagte, dass er die junge Dame bei der ersten Gelegenheit fragen würde, wie sie am 21. Dezember zu dieser Stunde gekleidet und beschäftigt gewesen sei. Am Dezember 22 Er traf sie bei einem anderen Tanz, und ihre Antwort bestätigte das Kristallbild. Sie hatte Briefe geschrieben, in einer hochgeschlossenen weißen Bluse, unter einer glühenden Gaslampe mit einer nicht abgeschirmten Glaskugel. Sie war Miss Angus völlig unbekannt und hatte Mr. – nur einmal gesehen. Herr —— und die Dame vom Kristallbild haben dies alles schriftlich bestätigt.

Ich schlug Miss Angus nun ein Experiment vor, das schließlich offensichtlich nicht dazu geeignet war, einen „Test" für Skeptiker zu etablieren. Der Fragesteller sollte eine Erklärung seiner Gedanken niederschreiben und in einen Umschlag stecken ; Miss Angus sollte dasselbe mit ihrer Beschreibung des Bildes tun, das sie gesehen hatte; und diese Dokumente sollten mir ohne Kommunikation zwischen dem Fragesteller und dem Kristallbeobachter zugesandt werden. Natürlich konnte dies keineswegs beweisen, dass es keine geheimen Absprachen gab, da die beiden Parteien möglicherweise zuvor privat vereinbarten, wie die Vision aussehen sollte.

Tatsächlich lässt sich niemand überzeugen oder erschüttern, es sei denn, er selbst ist der Forscher und ein Fremder für die Seherin, wie es die Menschen in diesen Experimenten waren. Auf diese Weise können Beweise beschafft werden, die für *sie – und in sekundärer Hinsicht auch für andere, die sie kennen – von Interesse sind;* Aber Fremde werden derselben Wahl des Zweifels überlassen wie in allen Berichten über psychologische Erfahrungen, „chromatisches Vorsprechen", Ansichten über farbige Ziffern und die anderen Themen, die durch Mr. Galtons interessante Forschungen veranschaulicht werden.

In dieser Angelegenheit mit den Umschlägen war der Fragesteller ein Mr. Pembroke, der gerade Miss Angus kennengelernt hatte und nur ein Gast im Land war. Er schrieb, bevor er wusste, was Miss Angus auf dem Ball gesehen hatte:

VII. – Am Sonntag, dem 23. Januar 1898, während Miss Angus in die Kristallkugel schaute, dachte ich an meinen Bruder, der sich, glaube ich, zu dieser Zeit irgendwo zwischen Sabathu (Punjab, Indien) und Ägypten befand . „Ich wollte unbedingt wissen, in welchem Stadium seiner Reise er sich gerade befand."

Miss Angus sah es und schrieb, bevor sie Mr. Pembroke sagte:

„Eine lange und sehr weiße Straße mit hohen Bäumen an einer Seite; auf der anderen Seite ein Fluss oder See mit grauem Wasser. Blauer Himmel mit einem purpurroten Sonnenuntergang. Ein großes schwarzes Schiff liegt in der Nähe vor Anker, und auf dem Deck sehe ich einen Mann liegen, offenbar sehr krank. Er ist ein kraftvoll aussehender Mann, blond und sehr gebräunt. Sieben oder acht Engländer in sehr leichter Kleidung stehen auf der Straße neben dem Boot.

„28. Januar 1898."

„Ein großes schwarzes Schiff", das in „einem Fluss oder See" vor Anker liegt, deutet natürlich auf den Suezkanal hin, wo tatsächlich Mr. Pembrokes Bruder gerade ankam, wie aus einem Brief hervorgeht, den er acht Tage nach dem Experiment erhielt aufgezeichnet, am 31. Januar. Zu diesem Zeitpunkt hatte man Herrn Pembroke noch nichts über die Natur des Kristallbildes von Miss Angus gesagt, und sie hatte auch keine Kenntnis vom Aufenthaltsort seines Bruders.

Im Februar 1898 kam Miss Angus erneut an den Ort, an dem ich wohnte. Wir besuchten gemeinsam den Tatort eines historischen Verbrechens und Miss Angus blickte in die Glaskugel. Es fiel ihr leicht, sich die Vorfälle des Verbrechens (der Ermordung von Kardinal Beaton) vorzustellen , da sie vielen Menschen vertraut genug sind. Was sie auf dem Ball sah, war eine große, blasse Dame, „ungefähr vierzig, sah aber aus wie fünfunddreißig", mit aus den Brauen zurückgekämmtem Haar, die neben einem Hochstuhl stand, gekleidet in ein breites Farthingale aus steifem grauem Brokat, ohne eine Halskrause . Das Kostüm stimmt (wie wir fanden) gut mit dem von 1546 überein, und ich sagte: „Ich nehme an, es ist Mariotte Ogilvy" – auf die sich Miss Angus' historisches Wissen (und vielleicht das der breiten Öffentlichkeit) nicht erstreckte. Laut Knox war Mariotte die Geliebte des Kardinals und war in der Nacht vor dem Mord im Schloss. Sie war in meinem Kopf gewesen, von wo aus sie (nach der Theorie der Gedankenübertragung) möglicherweise in Miss Angus' Geist gelangt ist; aber ich hatte nie über Mariottes Kostüm spekuliert. Bei diesen scheinbar „rückblickenden" Bildern handelt es sich natürlich nur um Vermutungen; Allerdings ereignete sich ein äußerst seltsamer und malerischer Zufall, der in einem ganz anderen Zusammenhang erzählt werden kann.

Das nächste Beispiel wurde in derselben Stadt festgestellt. Die Dame, die es ausstattet, ist mir gut bekannt, und es wurde von Miss Angus mündlich bestätigt, für die die Dame, ihr abwesender Neffe und alles um sie herum völlig fremd waren.

VIII. – Ich war sehr gespannt, ob mein Neffe dieses Jahr nach Indien geschickt werden würde, also sagte ich Miss Angus, dass ich mir etwas überlegt hatte, und bat sie, in die Glaskugel zu schauen. Sie tat es, drehte sich aber fast sofort um, schaute aus dem Fenster auf das Meer und sagte: „Ich sah ein Schiff so deutlich, dass ich dachte, es müsse ein Spiegelbild sein." Sie blickte noch einmal in die Kugel und sagte: „Es ist ein großes Schiff und es fährt an einem riesigen Felsen mit einem Leuchtturm darauf vorbei. Ich kann nicht sehen, wer auf dem Schiff ist, aber der Himmel ist sehr klar und blau." Jetzt sehe ich ein großes Gebäude, so etwas wie einen Club, und davor sitzen und gehen sehr viele Leute. Ich denke, es muss irgendwo im Ausland sein, denn die Leute sind alle in sehr leichte Kleidung gekleidet, und das scheint auch so zu sein Es wird sehr sonnig und warm sein. Ich sehe einen jungen Mann auf einem Stuhl sitzen, die Füße ausgestreckt vor sich. Er redet mit niemandem, scheint aber etwas zu hören. Er ist dunkel und schlank und nicht sehr groß; und seine Augenbrauen sind dunkel und sehr deutlich gezeichnet.

„Ich hatte noch nie das Vergnügen gehabt, Miss Angus kennenzulernen, und sie wusste überhaupt nichts über meinen Neffen; aber der beschriebene junge Mann war genau wie er, sowohl in seinem Aussehen als auch in der Art, wie er saß.'

In diesem Fall kann auf eine Gedankenübertragung zurückgegriffen werden. Die Dame dachte im Zusammenhang mit Indien an ihren Neffen. Es wird natürlich nicht behauptet, dass das Bild prophetischen Charakter hatte.

Die folgenden Beispiele weisen einige merkwürdige und ungewöhnliche Merkmale auf. Am Mittwoch, dem 2. Februar 1897, schaute Miss Angus in den Kristall, um sechs oder sieben Leute zu unterhalten, deren Bekanntschaft sie an diesem Tag gemacht hatte. Ein Herr, Mr. Bissett, fragte sie: „Welcher Brief war in seiner Tasche?" Dann sah sie unter einem hellen Himmel und sozusagen in weiter Ferne ein großes Gebäude, in dem sich viele Männer befanden und verließen kommen und gehen. Ihr Eindruck war, dass der Schauplatz im Ausland sein musste. In der kleinen anwesenden Gesellschaft befand sich, sollte man hinzufügen, eine Dame, Mrs. Cockburn, die allen Grund hatte, an ihre junge, verheiratete Tochter zu denken, die sich damals an einem etwa fünfzig Meilen entfernten Ort befand. Nachdem Miss Angus das große Gebäude und die Menschenmenge beschrieben hatte, fragte jemand : „Ist es ein Austausch?" „Das könnte sein", sagte sie. „Jetzt kommt ein Mann, der es sehr eilig hat." Er hat eine breite Stirn und kurzes, lockiges Haar;[12] Der Hut ist tief in die Augen gedrückt. Das Gesicht ist sehr ernst; aber er hat ein entzückendes Lächeln.' Mr. und Mrs. Bissett erkannten nun beide ihren Freund und Börsenmakler, dessen Brief sich in Mr. Bissetts Tasche befand.

Die Vision, die Miss Angus interessierte, verschwand und wurde durch die einer Krankenhausschwester und einer Dame in einem *Peignoir unterbrochen* , die *barfuß auf einem Sofa lag* .[13] Miss Angus bezeichnete diese Vision als langweilig. Sie interessierte sich mehr für den Börsenmakler, der offenbar das geerbt hat, was einst im Besitz eines anderen Börsenmaklers war – „das Lächeln von Charles Lamb". Mrs. Cockburn, von der keine Bilder erschienen, war ziemlich verärgert und äußerte privat und freimütig eine sehr skeptische Meinung über die ganze Angelegenheit. Aber am Samstag, dem 5. Februar 1897, war Miss Angus wieder bei Mr. und Mrs. Bissett. Als Mrs. Bissett verkündete, dass ihr „etwas eingefallen" sei, sah Miss Angus einen Spaziergang in einem Wald oder Garten, neben einem Fluss, unter einem strahlend blauen Himmel. Hier war eine Dame, sehr gut gekleidet, einen weißen Sonnenschirm auf ihrer Schulter drehend, während sie auf eine merkwürdige „stämmige" Art neben einem Herrn in leichter Kleidung, wie sie in Indien getragen wird, ging. Er war breitschultrig, hatte einen kurzen Hals und eine gerade Nase und schien seinem offensichtlich lebhaften Begleiter lachend, aber gleichgültig zuzuhören. Die Dame hatte ein „gezeichnetes" Gesicht, was auf einen schlechten Gesundheitszustand hindeutete. Dann folgte eine Szene, in der der Mann ohne die Dame einer Reihe Orientalen zusah, die mit dem Fällen von Bäumen beschäftigt waren. Mrs. Bissett erkannte in der Dame ihre Schwester, Mrs. Clifton, in Indien – vor allem, als Miss Angus eine realistische Nachahmung von Mrs. Cliftons Gang vorführte, dessen Besonderheit vor einigen Jahren durch eine Krankheit verursacht wurde. Frau und Herr Bissett erkannten in dem Herrn auf beiden Bildern auch ihren Schwager. Als ihr ein Porträt von Mrs. Clifton als Mädchen gezeigt wurde, sagte Miss Angus, es sei „ähnlich, aber zu hübsch". Ein kürzlich aufgenommenes Foto zeigte ihr jedoch „das gezeichnete Gesicht" des Kristallbildes.[14]

Am nächsten Tag, Sonntag, dem 6. Februar, erhielt Frau Bissett, was ungewöhnlich war, einen Brief von ihrer Schwester in Indien, Frau Clifton, vom 20. Januar. Frau Clifton beschrieb einen Ort in einem Heimatstaat, an dem sie gewesen war eine großartige „Funktion", in bestimmten Gärten an einem Fluss. Sie fügte hinzu, dass sie aus einem bestimmten Grund an einen anderen Ort gehen würden, „und dann gehen wir bis Ende Februar ins Lager." Eine der Aufgaben von Herrn Clifton besteht darin, die Rodung von Holz zur Vorbereitung der Errichtung des Lagers zu leiten, wie auf Miss Angus' Kristallbild.[15] Die skeptische Frau Cockburn hörte von diesen Zufällen und kam auf eine Idee. Sie schrieb an ihre genannte Tochter und fragte, ob sie am Mittwoch, dem 2. Februar, barfuß auf einem Sofa in ihrem Schlafzimmer gelegen habe. Die junge Dame gestand, dass es tatsächlich so sei;[16] und als sie hörte, wie diese Tatsache bekannt wurde, äußerte sie sich mit einiger Wärme über den Missbrauch von Glaskugeln, die dazu neigen, dem Leben seine Privatsphäre zu rauben.

In diesem Fall besteht der *Prima-facie-* Aspekt darin, dass sich ein Gedanke von Mr. Bissett über seinen Börsenmakler, *dulce ridentem* , durch die Glaskugel irgendwie in Miss Angus' Geist widerspiegelte und von einem Gedanken von Mrs. Cockburn unterbrochen wurde zu ihrer Tochter. Aber wie diese Gedanken dazu kamen, die unbekannten Fakten über den Garten am Fluss, das Fällen von Bäumen für ein Lager und die nackten Füße zu offenbaren, ist eine Frage, über die es vergeblich ist, Theorien aufzustellen.[17]

Als die Dschungelszene verschwand, erschien das Bild eines Mannes in dunkler Uniform neben einer großen Bucht, in der sich Kriegsschiffe befanden. Am Ufer standen Holzhütten, wie in einem Pestviertel. Herr Bissett fragte: „Wie ist der Gesichtsausdruck des Mannes?" „Er sieht aus, als hätte er viele letzte Befehle gegeben." Dann erschien „ein Ort wie ein Krankenhaus, mit fünf oder sechs Betten – nein, Kojen: es ist ein Schiff." „Hier ist der Mann wieder." Er wurde genau beschrieben, eine Besonderheit war die Art und Weise, wie seine Haare an seinen Schläfen wuchsen – oder besser gesagt: nicht wuchsen.

Miss Angus fragte nun: „Wo ist meine kleine Dame?" – womit sie die Dame mit dem wirbelnden Sonnenschirm und dem *Stakkato-* Gang meinte. „Oh, ich habe aufgehört, an sie zu denken", sagte Mrs. Bissett, die an ihren Bruder gedacht hatte und ihn in dem Beamten in seiner Ausgehuniform erkannte , den Mann mit den seltsamen Haaren, dessen Gesicht tatsächlich so war wurde durch eine Begegnung mit einem Tiger auf diese Weise gezeichnet. Es wurde erwartet, dass er von Bombay aus in See stechen würde, aber die Nachricht von seiner Abreise ist zum Zeitpunkt des Verfassens dieses Textes noch nicht eingegangen (10. Februar).[18]

In diesen indischen Fällen könnte die „Gedankenübertragung" für die Entsprechung zwischen den von Miss Angus gesehenen Figuren und den Ideen im Kopf von Herrn und Frau Bissett verantwortlich sein. Aber die Hypothese der Gedankenübertragung kann die Szene im Garten am Fluss und die Szene mit den Bäumen kaum erklären, obwohl sie die Holzhütten in Bombay erfassen würde (Mrs. Bissett wusste, dass ihr Bruder diesen Ort verlassen würde). Der Vorfall mit den nackten Füßen kann als zufälliger Zufall angesehen werden, da Miss Angus die junge Dame perspektivisch sah und ihr Gesicht nicht beschreiben konnte.

Im Einleitungskapitel wurde festgestellt, dass die Phänomene, die scheinbar auf eine unerklärliche übernatürliche Fähigkeit zum Erwerb von Wissen hinweisen, „trivial" sind. Diese Anekdoten veranschaulichen die Trivialität; Aber die Fakten hinterließen sicherlich bei einigen Menschen, die mit solchen

Experimenten überhaupt nicht vertraut waren, den Eindruck, dass die Glaskugel von Miss Angus wie Prinz Alis magisches Teleskop in „1001 Nacht" war.[19] Diese Experimente berühren jedoch gelegentlich intimes Persönliches Angelegenheiten und können in solchen Fällen nicht gemeldet werden.

Es wird bemerkt werden, dass die Fähigkeit ungewöhnlich ist und nicht immer auf die bewusste Gedankenanstrengung im Kopf des Forschers reagiert. Somit ist im Fall I. ein Zusammenhang der gedachten Person erkennbar; in einem anderen scheint der Geist eines Fremden gelesen zu werden. In einem anderen Fall (hier nicht aufgeführt) versuchte der Fragesteller, sich eine Karte vorzustellen, damit eine anwesende Person sie erraten konnte, während Miss Angus gebeten wurde, ein Objekt zu beschreiben, das dem Fragesteller bekannt war, den er jedoch aus seinem bewussten Denken verbannte . Das Doppelexperiment war ein doppelter Erfolg.

Es scheint kaum notwendig, darauf hinzuweisen, dass der Zufall diese Fallgruppe nicht abdeckt, wo in jeder „Vermutung" das Feld der Vermutungen grenzenlos ist und nicht einmal durch das Wissen des Kristallbeobachters über die Personen, für deren Ablenkung er sich interessiert, eingeengt wird das Experiment. Da „Muskellesen" nicht in Frage kommt (in dem einen Fall des Kontakts zwischen Fragesteller und Kristallbeobachter waren die Ergebnisse unerwartet) und da keine unbewusst gemachten Zeichen beispielsweise die Vorstellung eines Kavalleriesoldaten in Uniform vermitteln könnten, oder ein Unfall auf einer Rennbahn in zwei *Bildern* , ich sehe derzeit keine plausiblere Erklärung als die der Gedankenübertragung, obwohl ich nicht genau verstehe, wie das einige der genannten Fälle erklären soll.

Jeder , der die Versicherung meines persönlichen Glaubens an den guten Glauben aller Beteiligten akzeptieren kann, wird erkennen, wie nützlich diese Fähigkeit des Kristallschauens für den Apachen, den australischen Medizinmann oder den polynesischen Priester sein muss. So verrückt die Fakultät auch ist, ein paar echte Erfolge, gut ausgenutzt und durch Betrug erkämpft, würden den Ruf eines Zauberers stärken. Dass die Fähigkeit, auf diese Weise beeinflusst zu werden, echt ist, scheint, abgesehen von modernen Beweisen, durch die weltweite Verbreitung des Kristallguckens in der ethnografischen Region bewiesen zu sein. Aber meines Wissens war die Entdeckung dieser Verbreitung erst gemacht worden, als mich moderne Beispiele dazu veranlassten, die Umstände zu bemerken, die sporadisch in Reisebüchern aufgezeichnet sind.

Die Phänomene sind sicherlich geeignet, die wilde Theorie der wandernden Seele zu bestärken. Wie sonst, würden Denker sagen, kann der Seher den entfernten Ort oder die entfernte Person besuchen und Menschen und Szenen korrekt beschreiben, die er im Körper nie gesehen hat? Oder sie würden den polynesischen Glauben fördern, dass der „Geist" der gesuchten Sache oder Person von einem Gott über Wasser, Kristall, Blut, Tinte oder was auch immer schwebt. Daher sollten Anthropologen für die Entdeckung des Kristallguckens als einer weit verbreiteten und immer noch blühenden Sache dankbar sein, wie sehr sie auch meine kindische Leichtgläubigkeit tadeln mögen. Ich möchte hinzufügen, dass ich keinen Grund zu der Annahme habe, dass das Betrachten von Kristallen jemals von praktischem Nutzen für die Polizei oder für Personen sein wird, die tragbare Gegenstände verloren haben. Aber ich habe keine Einwände gegen Experimente, die bei Scotland Yard durchgeführt werden.[20]

[Fußnote 1: Informationen, mit einem Foto der Steine, von einem Korrespondenten in West Maitland, Australien.]

[Fußnote 2: *Bericht Ethnol . Bureau* , 1887–88, S. 460; Bd. ii. P. 69. Captain Bourkes Band über *die Medizinmänner der Apachen* kann ebenfalls konsultiert werden.]

[Fußnote 3: Fitzroy, *Adventure* , Bd. ii. P. 389.]

[Fußnote 4: *L'Histoire de la grand Ile Madagascar*, par le Sieur de Flacourt . Paris, 1661, Kap. 76. Veue de deux Navires de France predite par les Negres , avant que l'on de peust sçavoir des Nouvelles usw.]

[Fußnote 5: *Religion der Amazulu* , S. 341.]

[Fußnote 6: *JAI* ., November 1894, S. 155. Ryckov wird zitiert; *Zhurnal* , S. 86.]

[Fußnote 7: *Riten und Gesetze der Yncas* , Christoval de Molina, S. 12.]

[Fußnote 8: Siehe Artikel von Frau X, SPR *Proceedings* , Vers 486.]

[Fußnote 9: Op. cit. V. 505.]

[Fußnote 10: Wenn ein Leser Experimente durchführen möchte, sollte er oder sie nicht überrascht sein, wenn die erste Kristallfigur „den zugedeckten Toten" oder eine kranke Person im Bett darstellt. Aus irgendeinem Grund oder aus keinem Grund ist dies eher ein übliches Vorspiel, das nichts bedeutet.]

[Fußnote 11: Sonntagnachmittag. Es wird nicht impliziert, dass die Bilder vom Freitag prophetisch waren. Wahrscheinlich hat Miss Rose gesehen, was Miss Angus mithilfe einer „Suggestion" gesehen hatte.]

[Fußnote 12: Miss Angus konnte sich der Haarfarbe nicht sicher sein .]

[Fußnote 13: Die Position war so, dass Miss Angus das Gesicht der Dame nicht sehen konnte.]

[Fußnote 14: Ich habe die Fotos gesehen.]

[Fußnote 15: Mir wurde der Brief vom 20. Januar gezeigt, der die Beweise der Kristallbilder bestätigte. Das Lager wurde zu offiziellen Zwecken gebildet, an denen Herr Clifton beteiligt war. Ein Brief vom 9. Februar bestätigt dies unbewusst.]

[Fußnote 16: Der Zwischenfall mit den Füßen ereignete sich zwischen 16.30 und 19.30 Uhr. Das Kristallbild entstand gegen 22 Uhr.]

[Fußnote 17: Miss Angus hatte erst innerhalb einer Woche die Bekanntschaft von Mrs. Cockburn und den Bissetts gemacht . Von ihren entfernten Beziehungen hatte sie keine Kenntnis.]

[Fußnote 18: Ich habe ein Foto dieses Herrn, Major Hamilton, gesehen, das mit der vollständigen Beschreibung von Miss Angus übereinstimmt, wie von Mrs. Bissett berichtet. Alle Eigennamen sind hier, wie überall, geändert.

Diesen Bericht habe ich auf der Grundlage der mündlichen Aussage von Frau Bissett verfasst. Es wurde dann von ihr selbst, Herrn Bissett, Herrn Cockburn, Frau Cockburn und Miss Angus gelesen und bestätigt, die Daten und Unterschriften hinzufügten.]

[Fußnote 19: Die Briefe, die jedes dieser Experimente belegen, befinden sich in meinem Besitz. Die wirklichen Namen werden in diesem Bericht auf keinen Fall aus eigenem Wunsch genannt, können aber (mit Erlaubnis der betreffenden Person) privat mitgeteilt werden.]

[Fußnote 20: Die Fähigkeit, „ausgefallene Bilder" im Glas zu sehen, ist keineswegs ungewöhnlich. Ich habe außer Miss Angus nur drei weitere Personen getroffen, zwei davon Männer, die im „telepathischen" Kristallschauen Erfolg hatten. Bei der Korrektur von „Überarbeitungen" (16. März) ging ich davon aus, dass der Bruder von Herrn Pembroke (S. 105) am 27. Januar aus Kairo schrieb. Der „Hellblick" vom 23. Januar stellte sein Schiff im Suezkanal dar. Er befand sich, wie aus seinem Brief hervorgeht, vom 25. bis 26. Januar in Suez, bei Moses's Wells, in Quarantäne. Major Hamilton (S. 109, 110) hingegen verließ Bombay zwar, aber nicht auf dem Seeweg im Kristallbild. Siehe Anhang C. Mr. Starr, ein amerikanischer Kritiker, fügt Cherokees, Azteken und Tonkaways zu den Kristallbeobachtern hinzu.]

VI

Anthropologie und Halluzinationen

Wir haben Fälle untersucht, ob wild oder zivilisiert , bei denen angenommen wird, dass Wissen über keinen bekannten Sinneskanal erworben wird. Alle derartigen Vorkommnisse bei Wilden, sei es einfacher Hellseher, sei es mit Hilfe des Blicks in eine glatte Oberfläche, sei es in Träumen, in Trance oder durch das zweite Sehen, würden bestätigen, wenn sie nicht den Glauben an die trennbare Seele hervorbrachten . Um entfernte Orte zu besuchen und Informationen zu sammeln, müsse die Seele den Körper verlassen, so wird argumentiert, und insoweit in der Lage sein, ein unabhängiges Leben zu führen. Vielleicht sollten wir als nächstes Fälle von „Besessenheit" untersuchen, bei denen Wissen von einer fremden Seele, einem fremden Geist, einem fremden Geist oder einem fremden Gott übermittelt werden soll, indem es in einem Menschen seinen Wohnsitz einnimmt und aus seinen Lippen spricht. Aber es scheint besser, zunächst die angeblichen übernatürlichen Phänomene zu betrachten, die den wilden Denker möglicherweise zu der Annahme geführt haben, dass *er* nicht der einzige Besitzer einer trennbaren Seele war: dass andere Menschen ebenso begabt waren.

Das Gefühl der Trennung, das ein wilder Träumer oder Seher nach einem Traum oder einer Vision verspüren würde, in der er abgelegene Orte besuchte, würde ihn davon überzeugen, dass zumindest *seine Seele flüchtig war*. Aber es bedarf einiger Erfahrung darüber, was er als Besuche der Geister anderer ansieht, bevor er erkennt, dass andere Menschen ebenso wie er die Fähigkeit haben, ihre Seelen auf eine Reise zu schicken.

Nun, gewöhnliche Träume, in denen der Träumer Personen zu sehen schien, die wirklich weit entfernt waren; würde dem wilden Denker eine gewisse Menge an positiven Beweisen liefern. Es ist Teil von Mr. Tylors Behauptung, dass Wilde (wie einige Kinder) der Schwierigkeit ausgesetzt sind, die die meisten von uns gelegentlich verspürt haben, als sie entscheiden mussten: „Ist das wirklich passiert, oder habe ich es geträumt?" Somit würden gewöhnliche Träume dem frühen Denker einen Beweis dafür liefern, dass die Seelen anderer Menschen seine Seelen besuchen könnten, da er glaubt, dass seine Seelen sie besuchen können.

Aber wir können annehmen, dass die Menschen auf der angenommenen Stufe des Denkens nicht so besessen waren, dass sie im Großen und Ganzen keinen großen praktischen Unterschied zwischen Schlaf- und Wacherlebnis machten. Wie gezeigt wurde, wird dieser Unterschied von den niedrigsten Wilden unseres Bekanntenkreises gemacht. Eine deutliche Halluzination *im*

Wachzustand hingegen, die auf die Anwesenheit einer wirklich abwesenden Person hinweist, konnte für den frühen Philosophen nicht umhin, mehr zu sagen als ein Dutzend Träume, denn das Wesentliche eines Traums ist es, leicht vergessen zu werden. Seltsamerweise sind in der Tat Wilde auf unsere Theorie „Träume gehen durch Gegensätze" gestoßen. Dr. Callaway veranschaulicht dies für die Zulus und Mr. Scott für die Mang'anza . Sie *unterscheiden* also zwischen Schlafen und Wachen. Wir müssen daher *Wachhalluzinationen* im Bereich der tatsächlichen Erfahrung und auf der Grundlage aktueller, zugänglicher Beweise untersuchen. Wenn diese Halluzinationen in einem bestimmten Verhältnis, das über das hinausgeht, was ein zufälliger Zufall erklären kann, mit realen, aber unbekannten Ereignissen übereinstimmen, dann würden solche Halluzinationen in den Augen eines frühen Denkers die wilde Theorie, dass ein Mensch aus der Ferne freiwillig handeln kann, erheblich stärken oder unfreiwillig seinen Geist auf eine Reise projizieren und dort gesehen werden, wo er nicht anwesend ist.

Als Herr Tylor sein Buch schrieb, steckte das Studium der gelegentlichen Halluzinationen im Wachzustand bei gesunden und gesunden Menschen noch in den Kinderschuhen. Tatsächlich war viel über Halluzinationen geschrieben worden, aber dabei handelte es sich hauptsächlich um die chronischen falschen Wahrnehmungen von Wahnsinnigen, Trunkenbolden und Personen mit schlechter Gesundheit wie Nicolai und Frau A. Die Halluzinationen genialer Personen – Jeanne d' Arc , Luther, Sokrates und Pascal wurden von einigen dem Wahnsinn dieser berühmten Persönlichkeiten zugeschrieben. Kaum ein Schriftsteller vor Herrn Galton hatte das Auftreten von Halluzinationen einmal im Leben erkannt , vielleicht bei gesunden, nüchternen und geistig gesunden Menschen. Wenn diese bekannt waren, wurden sie als Träume eines unbewussten Schlafes abgetan. Dies ist praktisch immer noch die Hypothese von Dr. Parish, wie wir später sehen werden. Aber in den letzten zwanzig Jahren wurden die seltenen Halluzinationen von Geisteskranken von Herrn Galton erkannt und von Professor James, Herrn Gurney, Dr. Parish und vielen anderen Schriftstellern diskutiert.

Es folgten zwei Ergebnisse. Zuerst wird gezeigt, dass „Geister" Halluzinationen sind, wenn es sich nicht um Illusionen handelt, die durch die Verwechslung eines Objekts mit einem anderen entstehen. Da es sich dabei meist um eine lebende Person handelt, die nicht anwesend ist, ist die Erscheinung einer toten Person aus Gründen der Vernunft auf derselben Ebene und kein raumfüllender „Geist", sondern lediglich eine Halluzination . Ein solcher Anschein lässt *auf den ersten Blick* keinen vernünftigen Rückschluss auf die weitere Existenz der Toten zu. Andererseits haben die neuen Studien die vielleicht unlösbare Frage aufgeworfen: „Treffen

Halluzinationen von Gesunden, die die Lebenden repräsentieren, nicht häufiger, als reines Glück erklären kann, mit dem Tod oder einer anderen Krise der scheinbar gesehenen Person?" Wenn dies bewiesen werden könnte, dann gäbe es offenbar einen *Kausalzusammenhang* , eine Ursache-Wirkungs-Beziehung zwischen der Halluzination und der damit einhergehenden Krise. Dieser Zusammenhang lässt sich vorläufig durch eine nicht verstandene Wirkung des Geistes oder Gehirns der Person in der Krise auf die Person erklären, die die Halluzination hat. Das ist keine neue Idee; nur der Name Telepathie ist modern. Wenn all dies akzeptiert würde, wäre der nächste Schritt natürlich die Frage, ob Halluzinationen, die die Toten darstellen, Anzeichen dafür aufweisen, dass sie durch eine Handlung seitens der Verstorbenen verursacht wurden. Das ist ein Thema, zu dem das wenige, was wir zu sagen haben, später gesagt werden muss.

In der Zwischenzeit wird der Leser, der bisher durchgehalten hat, wahrscheinlich nicht weitermachen. Das Vorurteil gegenüber „Gespenstern" und „Gespenstern" ist sehr stark; Aber andererseits sind unsere unschuldigen Phantasmen weder (wie wir ihre Natur verstehen) Geister noch Geister. Kant hat die Grenzen seiner metaphysischen Werkzeuge nicht gegen diese Phantasmen gebrochen, sondern gegen die logisch unvorstellbaren Einheiten, die zugleich materiell und immateriell, zugleich „spirituell" und „raumfüllend" waren. Bei Halluzinationen gibt es keine derartigen Schwierigkeiten, da es sich, was auch immer man sonst über sie sagen mag, um vertraute Tatsachen der Erfahrung handelt. Die einzigen wirklichen Einwände sind die Behauptungen, dass Halluzinationen immer *krankhaft* sind (was nicht mehr die allgemeine Überzeugung von Physiologen und Psychologen ist) und dass die angeblichen Zufälle zwischen einem Phantom einer Person und dem unbekannten Tod dieser Person aus der Ferne „rein" seien Egel.' Das ist die Frage, auf die wir später zurückkommen.

In der Zwischenzeit weisen die Verfechter der Theorie, dass zwischen dem Tod oder einer anderen Krise auf der einen Seite und der Wahrnehmung der von der Krise betroffenen Person auf der anderen Seite ein nicht verstandener Ursache-Wirkungs-Zusammenhang besteht, darauf hin, dass solche Halluzinationen oder andere Wirkungen auf den Wahrnehmenden liegen in einer regelmäßig steigenden Skala von Potenz und Wahrnehmbarkeit vor. Nehmen wir an, dass der Tod von „A" in Yorkshire das Bewusstsein von „B" in Surrey beeinflussen soll, bevor er etwas über die Tatsache weiß (nehmen Sie es nur der Argumentation halber an), dann kann die Wirkung (1) auf die Emotionen von „B" eintreten , was ein unbestimmtes *Unwohlsein* und Trübsinn hervorruft; (2) auf seine motorischen Nerven, die ihn zu einer Handlung drängen; (3) oder kann sich in seine Sinne übertragen, wie eine gefühlte Berührung, eine gehörte Stimme, eine gesehene Figur; oder (4) kann sich als Phrase oder Idee wiedergeben.

Von diesen (1) ist die emotionale Wirkung natürlich die vage. Vielleicht hatten wir alle einen plötzlichen Anfall von Trübsinn, den wir nicht erklären konnten. Menschen reagieren selten auf solche Eindrücke, und wenn sie es tun, liegen sie oft falsch. So wurde ein Freund von mir beim Golf plötzlich so von unerklärlichem Elend überwältigt (obwohl er sein Match gewann), dass er sich bei seinem Gegner entschuldigte und vom neunten Loch nach Hause ging. Zu Hause war alles in Ordnung. Wahrscheinlich war ihm im Dunkeln ein echter Grund zur Besorgnis in den Sinn gekommen, der sich in seinen Gefühlen äußerte.

Aber was wie ein Zufall aussah, lässt sich anhand der Erfahrung desselben Freundes veranschaulichen. Als junger verheirateter Mann bewohnte er eine Wohnung im Haus eines Bekannten. Die Halle war über einen Teil ihrer Ausdehnung mit einer Art Glasdach bedeckt. Er hielt sich mit seiner Frau auf dem Land auf, und als sie nach Hause reisten, überkam die Dame die unwiderstehliche Überzeugung, dass etwas Schreckliches passiert war, *nicht* ihren Kindern. Als sie ihr Haus erreichten, stellten sie fest, dass eine ihrer Dienstmädchen durch das Glasdach gefallen war und sich umgebracht hatte. Sie erfuhren auch, dass die Schwester des Mädchens unmittelbar nach dem Unfall im Haus angekommen war und erklärte, dass sie von dem Gefühl getrieben worden sei, dass etwas Schreckliches passiert sei. Auch der Anwalt, der den Hausbesitzer vertrat, war unvorgeladen erschienen, aus der Überzeugung, der er nicht widerstehen konnte, dass er aus unbekannten Gründen dort gesucht wurde.[1] Hier handelte es sich also nicht um eine Halluzination, sondern um einen emotionalen Effekt, der gleichzeitig das Bewusstsein von drei Personen erreichte und mit einer unbekannten Krise zusammenfiel.[2]

Erfasst werden auch Fälle, in denen sich eine Person zu einer Handlung gedrängt fühlt (2). Tatsächlich ist der Anwalt in unserer Anekdote ein solches Beispiel. Um uns nicht mit „Stimmen" zu beunruhigen (3), sind visuelle Halluzinationen, die mit einer entfernten, unbekannten Krise einhergehen, auf das bloße Gefühl zurückzuführen, dass sich jemand im Raum befindet, gefolgt von einem mentalen oder geistigen *Bild* einer *sterbenden* Person eine Distanz, bis hin zu einer Art „Vision" einer Person oder Szene und so weiter bis hin zu Halluzinationen, die gleichzeitig Berührung, Sehen und Hören ansprechen. Da einige Hundert dieser Berichte über zufällige Halluzinationen unterschiedlichen Ausmaßes von Zeugen aus erster Hand gesammelt wurden, die der Student häufig persönlich kannte und in der Regel persönlich ins Kreuzverhör nahm, ist es schwer zu leugnen, dass es auf den ersten Blick einen Grund für eine *Untersuchung* gibt .[3]

Von „Geistern" mit all ihren physischen und metaphysischen Schwierigkeiten ist hier keine Rede. Es besteht auch kein Wunsch, sich der Tatsache zu entziehen, dass viele „Vorahnungen" und Halluzinationen von

Geisteskranken mit keiner feststellbaren Tatsache übereinstimmen. Wir postulieren nur vorläufig die Möglichkeit eines seiner Natur nach unbekannten Einflusses eines Geistes auf einen anderen aus der Ferne, der sich in einer Halluzination niederschlägt . Eine Untersuchung dieses Themas im ethnografischen und modernen Bereich mag neu sein, beinhaltet jedoch keinen „Aberglauben".

Wir kehren nun zu Herrn Tylor zurück, der unter anderem von Halluzinationen handelt, die frühe wilde Denker dazu veranlassten, an Geister oder trennbare Seelen zu glauben, den Ursprung der Religion.

Zu den Ursachen von Halluzinationen im Allgemeinen hat Herr Tylor etwas zu sagen, aber es ist nichts Systematisches. „Krankheit, Erschöpfung und Aufregung" veranlassen die Wilden, „menschliche Gespenster " zu erblicken, an die „objektive Realität", an die sie glauben. Aber wenn ein gebildeter Moderner, weder krank noch erschöpft noch aufgeregt, die Anwesenheit eines Freundes halluziniert, glaubt auch er, dass es „objektiv" ist, ist sein Freund aus Fleisch und Blut, bis er seinen Fehler herausfindet . durch Prüfung oder Reflexion. Wie Professor William James in seinen „Grundsätzen der Psychologie" anmerkt, sind solche einsamen Halluzinationen geistig gesunder und gesunder Menschen, einmal im Leben, schwer zu erklären und keineswegs selten. „Manchmal", bemerkt Mr. Tylor, „hat das Phantom die charakteristische Eigenschaft, dass es nicht für alle Mitglieder einer versammelten Gruppe sichtbar ist", und er fügt hinzu, „um zu behaupten oder anzudeuten, dass es manchmal und für einige Personen sichtbar ist, aber nicht immer." „, oder für alle, bedeutet, eine Erklärung von Tatsachen zu liefern, die zwar nicht unsere übliche moderne Erklärung ist, aber ein vollkommen rationales und verständliches Produkt der frühen Wissenschaft."

Dies ist in der Tat der Fall, und die spätere Wissenschaft hat auch keine rationale und verständliche Erklärung für kollektive Halluzinationen hervorgebracht, die von mehreren Personen gleichzeitig geteilt und möglicherweise von anderen Anwesenden nicht wahrgenommen wurden. Herr Tylor behauptet zwar, dass „in zivilisierten Ländern das Gerücht , dass jemand ein Phantom gesehen hat, ausreicht, um anderen, deren Geist in einem angemessen empfänglichen Zustand ist, einen Anblick davon zu verschaffen." Aber das ist Streit im Kreis; Was ist „ein richtig empfänglicher Zustand"? Wenn Krankheit, Überlastung, „erwartete Aufmerksamkeit" einen „richtigen Aufnahmezustand" herbeiführen würden, hätte ich in mehreren „Spukhäusern" mehrere Phantome sehen müssen. Aber das Einzige, was ich jemals sah, geschah, als ich an nichts Geringeres dachte, als ich bei guter Gesundheit war und als ich nicht wusste (und es erst lange danach erfuhr), dass es das richtige und übliche Phantom war sehen. Herr Podmore bemerkt, dass verschiedene Mitglieder der Psychical Society sich in verschiedenen „Spukhäusern" aufgehalten haben, „einige von ihnen in einem Zustand der Erwartung und nervösen Erregung", der sie nie dazu veranlasste, Phantome zu sehen, denn sie sahen keine.[4]

Mr. Tylor behandelt Wachhalluzinationen in etwa auf die gleiche Weise wie das „reisende Hellsehen". Er studiert sie nicht „auf dem Gebiet der Erfahrung". Es geht ihm nicht um die Wahrheit der Tatsachen, so wichtig wir sie auch halten, sondern um seine Theorie, dass Halluzinationen neben anderen Ursachen auf natürliche Weise den Glauben an Geister und damit die frühe Philosophie des Animismus hervorbringen würden. Nun würde die Halluzination der Anwesenheit einer Person, beispielsweise im Moment ihres Todes aus der Ferne, einem Wilden sicherlich nahelegen, dass etwas von dem Sterbenden, etwas symbolisiert im Wort „Schatten" oder „Atem" *(spiritus)* Er war gekommen, um Abschied zu nehmen. Die moderne „spiritualistische" Theorie wiederum, dass der „Geist" des Toten tatsächlich für den Wahrnehmenden im Raum präsent ist, entspricht der animistischen Philosophie des Wilden und ist von dieser abgeleitet. Aber wir können an solche „Todesgeister" oder halluzinatorische Erscheinungen Sterbender glauben, ohne Wilde oder Spiritualisten zu sein. Wir können glauben, ohne den Anspruch zu erheben, es zu erklären, oder wir können die Theorie der „Telepathie" vertreten, Hegels „magisches Band", nach der sich der ferne Geist in einer mehr oder weniger perfekten Halluzination irgendwie dem Geist der Person einprägt, die dies tut nimmt den Geist wahr. Wenn dies zutrifft oder selbst keine Erklärung angeboten wird, wird die Wahrheit der Geschichten über zufällige Erscheinungen wichtig, da sie auf einen neuen Bereich der psychischen Forschung hinweisen. Dann werden die Beweise der Wilden hinsichtlich eigener Halluzinationen, die mit dem Tod ihrer abwesenden Freunde zusammenfielen, Quantenvaleat *die* Beweise vieler moderner Beobachter in allen Gesellschaftsschichten und allen Kulturstufen, von Lord Brougham bis hin zu …, bestätigen alte Krankenschwester.[5]

Zu Halluzinationen, die mit dem Tod der offenbar gesehenen Person zusammenfallen, sagt Herr Tylor: „Erzählungen dieser Klasse kann ich hier nur spezifizieren, ohne darüber zu streiten, sie sind reichlich im Umlauf."[6] Nun, die modernen Halluzinationen selbst können dies tun Man kann sie wohl kaum als „Überlebende aus der Grausamkeit" bezeichnen, obwohl die Meinung, dass die Halluzination eines Menschen sein „Geist" sein müsse, in Wirklichkeit ein solches Überleben ist. Es geht Herrn Tylor um diese Meinung, um den Animismus in seinen halluzinatorischen Ursprüngen, nicht um die Halluzinationen selbst oder um die Beweise für ihre wahre Existenz.

Herr Tylor erzählt drei Anekdoten, die ihm in zwei Fällen von den Sehern erzählt wurden, von Phantasmen der Lebenden, die sie (und in einem Fall auch ein Begleiter) sahen, als die reale Person in einiger Entfernung im Sterben lag. Er fügt hinzu: „Meine eigene Ansicht ist, dass nichts als Träume und Visionen den Menschen jemals eine solche Vorstellung in den Sinn gebracht haben könnten, dass Seelen ätherische Abbilder von Körpern seien."[7] Diese Vorstellung könnte völlig falsch sein; Aber wenn sich herausstellen könnte, dass das Auftreten solcher zufälligen Erscheinungen, von denen Mr. Tylor uns erzählt, zu häufig ist, als dass ein bloßer Zufall sie hervorbringen könnte, dann gäbe es eine Vermutung zugunsten einiger unbekannter Fähigkeiten in unserer Natur – ein passendes Thema für die Anthropologie.

Die Halluzinationen, von denen wir am häufigsten hören, sind solche, bei denen eine Person das Phantom einer anderen Person sieht, die sich, ohne dass sie es weiß, in der Todesstunde befindet oder kurz davor steht. Herr Tylor spielt zusätzlich zu seinen drei Fällen im zivilisierten Leben auf einen Fall im Leben der Wilden an und verweist auf andere Fälle.[8] Wir wenden uns seinem wilden Beispiel zu und bieten es in voller Länge aus dem Original an.[9]

„Unter den Maoris" (sagt Mr. Shortland) „ist es immer bedrohlich, die Gestalt einer abwesenden Person zu sehen." Wenn die Gestalt nur sehr schattenhaft ist und ihr Gesicht nicht zu sehen ist, hat der Tod seine Beute nicht ergriffen, auch wenn er bald zu erwarten ist. Wenn das Gesicht der abwesenden Person zu sehen ist, warnt das Omen den Betrachter, dass sie bereits tot ist.

Die folgende Aussage stammt aus dem Mund eines Augenzeugen:

„Eine Gruppe Eingeborener verließ ihr Dorf mit der Absicht, einige Zeit abwesend zu sein und sich auf die Schweinejagd zu begeben. Eines Nachts, als sie im Freien um ein loderndes Feuer saßen, sah man, wie sich die Gestalt eines Verwandten näherte, der krank zu Hause zurückgelassen worden war. Die Erscheinung erschien nur zwei aus der Gruppe und verschwand sofort, nachdem sie einen Ausruf der Überraschung ausgestoßen hatten. Als sie ins Dorf zurückkehrten, erkundigten sie sich nach dem kranken Mann und erfuhren dann, dass er ungefähr zu dem Zeitpunkt gestorben war, als er angeblich gesehen worden war.

Ich gebe jetzt Maori- Fälle an, die mir von Herrn Tregear , FRGS, Autor eines „ Maori Comparative Dictionary", mitgeteilt wurden.

Ein sehr intelligenter Maori- Häuptling sagte zu mir: „Ich habe nur zwei Geister gesehen." Ich war ein Junge in der Schule in Auckland und schlief eines Morgens im Bett, als mich jemand an der Schulter schüttelte. Ich schaute auf und sah die bekannte Gestalt meines Onkels, den ich an der Bay of Islands vermutete, über mich gebeugt. Ich sprach mit ihm, aber die Gestalt wurde dunkel und verschwand. Die nächste Mail brachte mir die Nachricht von seinem Tod. Die Jahre vergingen, und ich sah keinen Geist oder Geist –

nicht einmal, als mein Vater und meine Mutter starben und ich jeweils abwesend war. Dann saß ich eines Tages da und las, als ein dunkler Schatten auf mein Buch fiel. Ich schaute auf und sah einen Mann zwischen mir und dem Fenster stehen. Sein Rücken war mir zugewandt. An seiner Gestalt erkannte ich, dass er ein Maori war , und ich rief ihm zu: „Oh Freund!" Er drehte sich um und ich sah meinen anderen Onkel, Ihaka. Die Form verschwand wie die andere. Ich hatte nicht damit gerechnet, vom Tod meines Onkels zu hören, denn ich hatte ihn ein paar Stunden zuvor gesund und kräftig gesehen. Er war jedoch in das Haus eines Missionars gegangen und wurde (zusammen mit mehreren Weißen) vergiftet, als er eine Pastete aus Dosenfleisch aß, wobei die Dose geöffnet und das Fleisch die ganze Nacht darin gelassen worden war. Das ist alles, was ich selbst von Geistern gesehen habe.

Ein weiteres Maori- Beispiel könnte angeführt werden:[10]

Von Herrn Francis Dart Fenton, ehemals im Native Department der Regierung, Auckland, Neuseeland. Er gab den Bericht schriftlich an seinen Freund, Kapitän JH Crosse aus Monkstown, Cork weiter, von dem wir ihn erhielten. Im Jahr 1852, als sich der Vorfall ereignete, war Herr Fenton „mit der Bildung einer Siedlung am Ufer des Waikato beschäftigt".

„25. März 1860

„Zwei Säger, Frank Philps und Jack Mulholland, waren damit beschäftigt, für Rev. R. Maunsell Holz an der Mündung des Awaroa Creek zu schneiden — ein sehr einsamer Ort, ein riesiger Sumpf, keine Menschen im Umkreis von Meilen. Wie immer hatten sie einen Maori dabei, der beim Baumfällen half. Er kam aus Tihorewam , einem Dorf auf der anderen Seite des Flusses, etwa sechs Meilen entfernt. Als Frank und der Eingeborene einen Baum abschnitten, blieb der Eingeborene plötzlich stehen und sagte: „Warum bist du gekommen?" Blick in Richtung Frank. Frank antwortete: „Was meinst du?" Er sagte: „Ich spreche nicht zu dir; ich spreche zu meinem Bruder." Frank sagte: „Wo ist er?" Der Eingeborene antwortete: „Hinter dir. Was willst du?" (zu den anderen Maori), Frank schaute sich um und sah niemanden. Der Eingeborene sah niemanden mehr, sondern bot die Säge an und sagte: „Ich werde über den Fluss gehen; mein Bruder ist tot."

„Frank lachte ihn aus und erinnerte ihn daran, dass er ihn am Sonntag (fünf Tage zuvor) ganz gesund verlassen hatte und seitdem keine Kommunikation mehr stattgefunden hatte. Der Maori sprach nichts mehr, sondern stieg in sein Kanu und fuhr hinüber. Als er am Landungsplatz ankam, traf er auf Leute, die ihn abholen wollten. Sein Bruder war gerade gestorben. Ich kannte ihn gut.'

Auf Nachfragen nach seiner Autorität für diese Erzählung schreibt Herr Fenton:

„18. Dezember 1883.

„Ich kannte alle beteiligten Parteien gut, und es ist durchaus wahr, *Valeat Quantum* , wie die Anwälte sagen." Vorfälle dieser Art sind bei den Maoris keine Seltenheit .

„FD FENTON, *„ehemaliger Oberster Richter am neuseeländischen Gericht"*

Hier ist ein etwas analoges Beispiel aus Feuerland:

„ Jemmy Button war sehr abergläubisch" (sagt Admiral Fitzroy über einen nach England gebrachten Feuerländer). „Als er auf See an Bord der „Beagle" war, sagte er eines Morgens zu Mr. Bynoe, dass in der Nacht ein Mann an die Seite seiner Hängematte gekommen sei und ihm ins Ohr geflüstert habe, dass sein Vater tot sei. Er war fest davon überzeugt, dass dies der Fall war, und er hatte völlig recht … „Er erinnerte Bennett an den Traum."[11]

Herr Darwin erwähnt auch diesen Fall, eine zufällige akustische Halluzination.

Ich habe keine anderen brutalen Fälle gefunden, die auf den Punkt kamen. Dies ist unbestreitbar „eine dürftige Show für Kirkintilloch", eine dürftige Ansammlung wilder Todesgeister, aber vielleicht ist es so dürftig, weil es an Recherche oder Aufzeichnungen mangelt, und Reisende verarschen normalerweise den düsteren Aberglauben von die Heiden, oder aus Angst, abergläubisch zu wirken, wenn sie Ereignisse aufzeichnen. So selten es auch sein mag, es handelt sich doch unbestreitbar um exakte Parallelen zu denen, die im zivilisierten Leben aufgezeichnet wurden.

Beim Füllen der Lücke in Herrn Tylors anthropologischem Werk und beim Stellen von Fragen nach dem Verhältnis zwischen Phantasmen des Lebendigen, die mit einer Krise in der Erfahrung der gesehenen Person zusammenfallen, und solchen, bei denen dies nicht der Fall ist, ist es offensichtlich notwendig, alles abzulehnen Hinweise auf Menschen, die zum Zeitpunkt der Halluzination krank, ängstlich, überarbeitet oder in großer Trauer waren. Später wird sich zeigen, dass weder Trauer noch Liebesleidenschaft (die die Assoziation unserer Ideen dominiert) viele Phantasmen hervorrufen. Unser Geschäft besteht jedoch aus den falschen Vorstellungen von Personen, die, soweit wir wissen, vertrauenswürdig, vernünftig, gesund, normalerweise nicht visionär und in einem unbeirrten Geisteszustand sind.

Es bleibt eine normale Ursache für subjektive Halluzinationen: Erwartung. Dies scheint eine echte Ursache für Halluzinationen oder zumindest für Illusionen zu sein. Wenn Sie auf das Geräusch einer Kutsche warten, hören

Sie es vielleicht oft, bevor es kommt, und Sie halten andere Geräusche für das, was Sie sich wünschen. In einer Untersuchung, an der 17.000 Personen beteiligt waren, sammelte die SPR erneut dreizehn Fälle, in denen eine Person einer anderen Person, die ihre Ankunft *erwartete* , halluzinatorisch erschien . Auch hier ist es sehr gut vorstellbar, dass eine Kleinigkeit, das versehentliche Öffnen einer Tür, ein Geräusch vertrauter Art an einem unbekannten Ort das Gehirn so berühren kann, dass eine Halluzination einer Person entsteht, die durch die Tür geht, oder des Ortes, an dem sie sich befindet Das Geräusch, das man jetzt hört, war früher einmal vertraut. Erwartung wiederum und Nervosität können zweifellos eine Halluzination bei einer Person hervorrufen, die sich in einem Haus mit einem Namen, das „heimgesucht" werden soll, unwohl fühlt, obwohl, wie wir gesehen haben, die Auswirkung weitaus seltener ist als die Ursache. All diese Ursachen sind zweifellos bei abergläubischen Wilden häufiger anzutreffen als bei gebildeten Europäern. Und es liegt auf der Hand, dass Wilde , bei denen ein Mann „glaubt, etwas zu sehen", eher als wir bereit sind zu glauben, dass sie auch „etwas sehen". Besonders rätselhaft sind jedoch kollektive Halluzinationen, die von mehreren Personen gleichzeitig geteilt werden. Selbst wenn sie auftreten, während sich alle in einer angespannten Erwartungshaltung befinden, ist es seltsam, dass sie alle auf *die gleiche Weise sehen* .[12] Beispiele werden später aufgeführt. Wenn es keine Aufregung gibt, wird das Geheimnis größer. Wir können feststellen, dass unter den erwartungsvollen Menschenmengen, die zusahen, als Bernadette die Heilige Jungfrau in Lourdes betrachtete, nicht eine einzige Person, egal wie abergläubisch oder hysterisch, vorgab, die Vision zu teilen. Auch hier wird behauptet, dass nur eine Person, und zwar aufgrund zweifelhafter Beweise, einmal die Visionen von Jeanne d'Arc geteilt hat . In beiden Fällen waren alle Zustände, die angeblich eine kollektive Halluzination auslösten, in höchstem Maße vorhanden. Dennoch kam es zu keiner kollektiven Halluzination.

Erzählungen über Halluzinationen, die mit einem Tod einhergehen, Erzählungen, die gut bezeugt sind, gibt es in der modernen Zeit in Hülle und Fülle, so reichlich, dass man Neugierige nur auf die beiden großen Bände „Phantasms of the Living" der Herren Gurney und Myers und auf den „Report" der SPR verweisen muss der Volkszählung der Halluzinationen" (1894). Herr Tylor sagt: „Die spiritistische Theorie besteht besonders auf Fällen von Erscheinungen, bei denen der Tod der Person mehr oder weniger nahezu mit dem Zeitpunkt übereinstimmt, zu dem ein Freund sein Phantom wahrnimmt." Aber Visionäre, bemerkt er wahrhaftig, sehen oft Phantome lebender Personen, wenn nichts geschieht. Das ist der Fall, und es stellt sich die Frage, ob mehr solcher Phantome (*nicht* von „Visionären") im Zusammenhang mit dem Tod oder einer anderen Krise der Person gesehen werden, deren halluzinatorische Erscheinung wahrgenommen wird, als dies passieren sollte, wenn kein Zusammenhang besteht eine unbekannte Ursache zwischen Todesfällen und Erscheinungen. Wie Herr Tylor bemerkt: „Der Mensch, der sich noch in einem niedrigen intellektuellen Zustand befand, fing an, in Gedanken Dinge zu assoziieren, von denen er durch Erfahrung herausgefunden hatte, dass sie tatsächlich miteinander verbunden waren."[13] Fand der frühe Mensch also in der Erfahrung, dass Erscheinungen *auftreten* ? seiner Freunde „tatsächlich mit ihrem Tod verbunden" waren? Und wenn ja, war dieser entdeckte Zusammenhang tatsächlich der Ursprung seiner Überzeugung, dass das halluzinatorische Erscheinen einer abwesenden Person manchmal seinen Tod ankündigte?

Dass dieser Glaube in Neuseeland existiert, haben wir gesehen und durch dieses Beispiel bestätigt, eine von „vielen solchen Beziehungen", sagt der Autor. Ein Maori- Häuptling war lange Zeit auf dem Kriegspfad abwesend. Eines Tages betrat er die Hütte seiner Frau und saß stumm am Herd. Sie rannte los, um Zeugen zu holen, aber als sie zurückkam, war das Trugbild nicht mehr sichtbar. Die Frau heiratete bald darauf erneut.

Maori- Verstand scheinbar guten rechtlichen Beweises für seinen Tod gehandelt hatte . Selbst wenn sie eine Fabel erzählte, ist die Geschichte natürlich ein Beweis für die Existenz dieses Glaubens.[14]

Was ist dann der Grund für den Glauben, dass das Phantom eines Menschen ein Zeichen seines Todes sei? Nach der Theorie der wilden Philosophie, wie sie Herr Tylor selbst erklärt hat, kann die Seele eines Menschen seinen Körper verlassen und für andere sichtbar werden, nicht nur beim Tod, sondern bei vielen anderen Gelegenheiten, im Traum, in Trance, in Lethargie. All dies sind im Berufsleben eines jeden Menschen weitaus häufigere Zustände als die Tatsache des Sterbens. Warum soll das Phantasma dann bei den Wilden den Tod ankündigen? Liegt es daran, dass der frühe Mensch in einer ausreichenden Anzahl von Fällen, um Aufsehen zu erregen, festgestellt hat, dass das Erscheinen und der Tod „tatsächlich zusammenhängende Dinge" sind?

Ich nenne ein Beispiel, in dem die Philosophie der Wilden dazu führen würde, dass sie das Phantom eines lebenden Menschen *nicht mit seinem Tod in Verbindung bringen.*

Der Woi Worung , ein australischer Stamm, ist der Ansicht, dass „der Murup [Geist] eines Individuums durch Magie von ihm gesendet werden könnte, wie zum Beispiel, wenn ein Jäger auf der Jagd unvorsichtig einschlief."[15] In diesem Fall der Jäger ist der Magie seiner Feinde ausgesetzt. Aber der Murup , die losgelöste Seele, wäre für Menschen aus der Ferne sichtbar, wenn ihr Besitzer nur schläft – so die wilde Philosophie. Warum glaubt man dann, dass der Besitzer stirbt, wenn man das Gespenst sieht? Sind die Dinge zwangsläufig „tatsächlich miteinander verbunden"?

Bekanntlich hat die Society for Psychical Research eine kleine Volkszählung durchgeführt, um herauszufinden, ob Halluzinationen, die entfernte Personen darstellen, innerhalb von zwölf Stunden in einem größeren Verhältnis mit ihrem Tod zusammenfielen, als es die Gesetze des Zufalls zulassen . Wenn dem so wäre, könnten die Maori einen Grund für seine Theorie haben, dass solche Halluzinationen auf einen Tod hindeuten. Ich glaube nicht, dass eine solche Volkszählung es uns ermöglichen kann, zu einer positiven Schlussfolgerung zu gelangen, die von der Wissenschaft akzeptiert wird. Trotz aller getroffenen Vorsichtsmaßnahmen, aller vorherigen Warnungen und später gemachten „Zugeständnisse" werden Beweissammler bereits bekannte positive Fälle „auswählen" oder (was ebenso fatal ist) in den Verdacht geraten, dies zu tun. Auch hier werden Illusionen der Erinnerung auftreten, die die Nähe des Zufalls erhöhen – oder es wird leicht sein, zu sagen, dass sie aufgetreten sind. „Zulagen" für sie werden nicht akzeptiert.

Auch hier sind 17.000 Fälle, obwohl sie eine größere Zahl als in biologischen Untersuchungen üblich sind, für eine populäre Argumentation über Wahrscheinlichkeiten entschieden nicht ausreichend; Eine Million, so wird man sagen, wäre nicht zu viel. Wenn man schließlich Ehrlichkeit, genaues Gedächtnis und Nichtselektion zulässt (was von Gegnern nicht zugestanden wird), kann man leicht sagen, dass seltsame Dinge passieren müssen *und* dass der große Anteil der positiven Antworten auf zufällige Halluzinationen nur ein Beispiel ist dieser seltsamen Dinge.

Andere Einwände werden von populärwissenschaftlichen Lehrern vorgebracht, die die Ergebnisse der Volkszählung nicht im Detail untersucht haben oder, nachdem sie sie untersucht haben, falsch berichten. Ich kann ein Beispiel für ihre Methode geben.

Herr Edward Clodd ist Autor mehrerer wissenschaftlicher Handbücher – „The Story of Creation", „A Manual of Evolution" und anderer. Nun schrieb Herr Clodd in einer signierten Rezension eines Buches, einer Kritik, die in „The Sketch" (13. Oktober 1897) veröffentlicht wurde, über die Volkszählung: „Tausende von Menschen wurden gefragt, ob sie jemals Erscheinungen gesehen hätten, und zwar von solchen." Einige Hundert, zumeist unintelligente Ausländer, antworteten mit „Ja". Etwa acht oder zehn von ihnen – beneidete Sterbliche – hatten „Engel" gesehen, aber die Mehrheit hatte, wie der Amerikaner in der Mungo-Geschichte, nur „Schlangen" gesehen. … Bei der Abwägung der Beweise müssen wir auch die Kompetenz berücksichtigen als die Integrität der Zeugen.' Mr. Clodd hat die Unrichtigkeit seiner Bemerkung sehr offen und mit viel Humor eingestanden. Andernfalls könnten wir fragen: Zieht es Mr. Clodd vor, als nicht „kompetent" oder als nicht „aufrichtig" angesehen zu werden? Bei dieser Gelegenheit kann er nicht beides sein, da seine unterzeichneten und veröffentlichten Bemerkungen absolut ungenau waren. Erstens wurden Tausende von Menschen *nicht* gefragt, „ob sie Erscheinungen gesehen hatten". Sie wurden gefragt: „Haben Sie jemals, als Sie glaubten, vollkommen wach zu sein, den lebhaften Eindruck gehabt, ein Lebewesen oder einen unbelebten Gegenstand zu sehen oder von ihm berührt zu werden oder eine Stimme zu hören? Welcher Eindruck war, soweit Sie feststellen konnten, nicht auf eine äußere physische Ursache zurückzuführen?' Zweitens ist es nicht die Tatsache, dass „einige Hunderte, *meist unintelligente Ausländer,* die Frage bejahten". Von den englischsprachigen Männern und Frauen antworteten 1.499 mit „Ja". Von den Ausländern (von Natur aus „unintelligent") antworteten 185 positiv. Drittens: Wenn Herr Clodd sagt: „Die Mehrheit hatte nur „Schlangen" gesehen", ist es nicht leicht zu wissen, welche genaue Bedeutung „Schlangen" in der Terminologie der Populärwissenschaft hat. Wenn Mr. Clodd mit „Schlangen" phantastische Tierhalluzinationen meint, so beliefen sich diese auf 25, im Gegensatz zu 830, die menschliche Formen von erkannten , unerkannten , lebenden oder toten Personen darstellen. Aber wenn Mr. Clodd mit „Schlangen" rein subjektive Halluzinationen meint, von denen nicht bekannt ist, dass sie mit irgendeinem Ereignis zusammenfallen – und das *ist* seine Meinung –, stimmt seine Aussage mit der der Volkszählung überein. Seine Beobachtungen waren natürlich rein zufällige Fehler.

Die Zahl der Halluzinationen, die in den eingegangenen Antworten lebende oder sterbende erkannte Personen darstellten, betrug 352. Von Fällen aus erster Hand, in denen ein Zusammentreffen der Halluzination mit dem Tod der offenbar gesehenen Person bestätigt wurde, gab es 80, von denen 26 angegeben sind .

Die nicht zufälligen Halluzinationen wurden mit vier multipliziert, um das Vergessen von „Fehlschlägen" zu ermöglichen. Beim Vergleich der Ergebnisse wurde festgestellt, dass die gesammelten Halluzinationen 440 häufiger mit dem Tod zusammenfielen, als es nach dem Gesetz der Wahrscheinlichkeit der Fall sein sollte. Daher gab es Beweise oder Vermutungen für einen Zusammenhang zwischen Ursache und Wirkung zwischen dem Tod von A und der Halluzination von B.

Wenn wir die Meinung des Ausschusses für Halluzinationen angreifen würden, dass „zwischen Todesfällen und Erscheinungen von Sterbenden ein Zusammenhang besteht, der nicht nur auf Zufall beruht", sollte der Angriff nicht nur auf die Methode, sondern auch auf die Details erfolgen. Die Ereignisse waren nie sehr aktuell und oft erst in weiter Ferne aufgetreten. Die Abgelegenheit war jedoch geringer als es scheint, da die Fragen oft mehrere Jahre vor der Veröffentlichung des Berichts (1894) beantwortet wurden. Zwischen der Halluzination und dem Eintreffen der Todesnachricht gab es kaum dokumentarische Beweise, keine Notiz oder keinen Brief. Solche

Briefe, so heißt es in den Beweisen, hätten in einigen Fällen existiert, seien aber verloren gegangen, verbrannt, von weißen Ameisen gefressen oder auf ein Blatt Löschpapier oder die weiß getünchte Wand eines Barackenraums geschrieben worden. Wenn ich nach meinem eigenen lebenslangen Erfolg beim Verlegen, Verlieren und beiläufigen Vernichten von Papieren urteilen darf, von Schecks bis zu Notizen für literarische Zwecke, von interessanten Briefen von Freunden bis zu den Manuskripten von Romanautoren, oder wenn ich nach Sir Walter Scotts Triumphen urteilen darf Gleichermaßen würde ich nicht viel vom Verschwinden dokumentarischer Beweise für Todesgeister halten. Als diese Notizen geschrieben wurden, ging niemand davon aus, dass die Wissenschaft ihre Erstellung verlangen würde; Und selbst wenn man das geahnt hätte: Es ist menschlich, alte Papiere zu verlieren oder zu zerstören.

Bemerkenswerter ist die Seltenheit der Ereignisse, denn wenn diese Dinge geschehen, warum wurden dann so wenige neuere Fälle entdeckt? Auch hier waren die Seher manchmal besorgt, obwohl solche Fälle von der endgültigen Berechnung ausgeschlossen wurden: Sie wussten häufig, dass sich die gesehene Person in einem schlechten Gesundheitszustand befand, und waren oft mit seinem persönlichen Erscheinungsbild sehr vertraut. Was nun „subjektive Halluzinationen" genannt wird, also nicht zufällige Halluzinationen, stellen normalerweise Personen dar, die uns sehr vertraut sind, Personen, die uns sehr im Gedächtnis haften. Ich kenne sieben Fälle, in denen es zu solchen Halluzinationen kam. 1, 2, von Mann zu Frau; 3, Sohn zur Mutter; 4, Bruder zur Schwester; 5, Schwester zu Schwester; 6, Cousin (wohnt im selben Haus) des Cousins; 7, Freund (wohnt eine Meile entfernt) von zwei Freunden. In keinem Fall kam es zu einem Todesfall. Lediglich im Fall 4 gab es irgendeinen Zufall, denn der Bruder hatte vorgehabt (ohne dass die Schwester wusste), was er tat, nämlich mit einer Dame in einem Hundekarren zu fahren. Aber er war *nicht* gefahren. Wir können natürlich nicht *beweisen* , dass diese sieben Fälle *nicht* telepathisch waren, aber es gibt keinen Beweis dafür, dass dies der Fall war. Nun handelte es sich bei den meisten Zufallsfällen, auf die sich das Komitee als beste Beispiele stützte, um Personen, die den Sehern vertraut waren. Das sieht so aus, als wären sie lässig; aber wenn es Telepathie gibt, ist es natürlich am wahrscheinlichsten (wie Hegel sagt), dass sie zwischen Verwandten und Freunden existiert.[16]

Die Datteln könnten frischer sein!

Im ersten Fall wusste der Betroffene, dass es seiner Tante in England (er befand sich in Australien) nicht sehr gut ging. Keine Angst.

2. Zufällige Bekanntschaft. Keine Angst. Bei Unfall oder Selbstmord.

3. Bekannter, der Angst hatte, im Wochenbett zu sterben, und das auch tat. Der Wahrnehmende war weder sehr interessiert noch überhaupt ängstlich.

4. Vater in England, Sohn in Indien. Keine Angst.

5. Onkel zur Nichte. Plötzlicher Tod. Keine Angst. Keine Krankheitskenntnis.

6. Schwager der Schwägerin und ihre Magd. Es wurde keine Angst gemeldet. *Russisch* .

7. Vom Vater zum Sohn. Es wurde keine Angst gemeldet. *Russisch* .

8. Freund zu Freund. Es wurden keine Kenntnisse über Krankheiten oder Angstzustände gemeldet.

9. Großmutter zum Enkel. Keine Angst. Keine Krankheitskenntnis.

10. Zufällige Bekanntschaft mit sieben Personen und offenbar mit einem Hund. Krankheit bekannt. *Russisch.*

11. Stiefbruder zu Stiefbruder. Keine Angst. Keine Krankheitskenntnis.

12. Freund zu Freund. Keine Angst oder Kenntnis einer Krankheit.

13. Zufällige Bekanntschaft. Keine Angst.

14. Tante des Neffen und seiner Frau. Krankheit bekannt. Keine Angst.

15. Schwester zu Bruder. Krankheit bekannt. Keine Angst.

16. Vater zur Tochter. Keine Krankheitskenntnis. Keine Angst.

17. Vom Vater zum Sohn. Viel Angst. (Ungezählt.)

18. Schwester zu Schwester. Krankheit bekannt. „Keine unmittelbare Gefahr", vermutet.

19. Vater zu Sohn. Viel Angst. *Russisch.* (Ungezählt.)

20. Freund zu Freund. Krankheit bekannt. Der Empfänger war ein Pflegepatient. *Brasilianer.* (Sehr schlimmer Fall!)

21 Freund zu Freund. Krankheit bekannt. Keine Angst.

22. Bruder zu Bruder. Krankheit bekannt. Keine Angst.

23. Großvater zur Enkelin. Krankheit bekannt. Keine drängende Angst.

24. Großvater und Enkel. Krankheit bekannt. Keine Angst.

25. Die Hand des Vaters . Chronische Krankheit. Keine Angst. Erkenne eine Tochter. *Russisch.*

20. Mann zu Frau. Angst in Kriegszeiten.

27. Bruder zu Schwester. Etwas besorgt, weil ich keinen Brief erhalten habe.

28. Freund zu Freund. Keine Angst.

Nur in zwei oder drei Fällen wird von Angst berichtet oder ist zu vermuten. Bei einem Dutzend war das Vorliegen einer Krankheit bekannt.

Man könnte daher ablehnend argumentieren, dass in den ausgewählten zufälligen Halluzinationen die gesehenen Personen zu der Klasse gehörten, die am häufigsten in nicht zufälligen und wahrscheinlich rein subjektiven Halluzinationen gesehen wurde, die reale Personen darstellten; auch das Wissen um ihre Krankheit, selbst wenn keine Angst bestand, hielt sie in manchen Fällen im Gedächtnis fest; auch, dass mehrere Fälle ausländischer Natur seien und dass „die meisten Ausländer Dummköpfe sind". Andererseits hatten Zuneigung, Vertrautheit und das Wissen um die Krankheit selbst bei diesen Wahrnehmenden erst innerhalb von zwölf Stunden (oft viel weniger) nach dem Todesereignis Halluzinationen hervorgerufen .

Es wäre natürlich wünschenswert gewesen, alle *nicht* zufälligen Fälle zu veröffentlichen und zu zeigen, inwieweit es sich bei den erkannten Trugbildern in diesen nicht *wahrheitsgetreuen* Fällen um Verwandte, liebe Freunde, bekanntermaßen kranke und ängstliche Menschen handelte . 17].

Tatsächlich enthält die Volkszählung ein Kapitel über „Geistige und nervöse Zustände im Zusammenhang mit Halluzinationen", wie etwa Angst, Trauer und Überarbeitung. Erzeugen diese viele leere Halluzinationen, die *nicht* mit dem Tod oder einer großen Krise zusammenfallen, oder erzeugen sie dies wahrscheinlich? Wenn ja, dann werden alle Fälle, in denen eine zufällige Halluzination bei einer ängstlichen oder überanstrengten Person auftrat, wahrscheinlich wie die anderen zufällige Zufälle sein. Alle Wahrnehmenden aller Arten von Halluzinationen, Treffern oder Fehlschlägen wurden gefragt, ob sie Trauer oder Angst hatten. Nun wurde von 1.622 Fällen von Halluzinationen aller bekannten Arten (zufällig oder nicht) in 220 Fällen über psychische Belastung berichtet; Davon waren 131 Fälle von Trauer über bekannte Todesfälle oder Angstzustände. Diese psychischen Erkrankungen treten daher nur bei zwölf Prozent auf. der Instanzen. Im Großen und Ganzen erscheint es nicht fair zu behaupten, dass Angst so viele Halluzinationen hervorruft, dass sie allein für diejenigen verantwortlich ist, die wir als zufällig analysiert haben.

Der Eindruck, den die Volkszählung bei mir hinterlassen hat, stimmt ziemlich genau mit dem ihrer Autoren überein. Da ich aus anderen Gründen ziemlich gut von der Möglichkeit der Telepathie überzeugt bin und sogar geneigt bin zu glauben, dass sie tatsächlich zufällige Halluzinationen hervorruft, würden die Beweise der Volkszählung allein weder mich noch ihre Autoren überzeugen. Wir wollen bessere Platten; Wir wollen dokumentarische Beweise, die Fälle dokumentieren, bevor die Nachricht von dem Zufall eintrifft. Erinnerungen sind sehr anpassungsfähig. Die Autoren unternahmen jedoch einen tapferen, arbeitsintensiven Versuch und ließen alle denkbaren Nachteile weitgehend in Kauf.

Ich persönlich bin unlogisch genug, um Kant zuzustimmen, und bin eher von der kumulativen Bedeutung der Hunderten von Fällen in „Phantasmen vom Lebenden", in anderen Quellen, in meinem eigenen Bekanntenkreis und sogar durch den Zufall überzeugt Traditionen europäischer und wilder Völker als durch die Statistiken der Volkszählung. Die gesamte Masse, einschließlich der Volkszählung, ist von sehr großem Gewicht, und es gibt Einzelfälle, die man meiner Meinung nach nicht bestreiten kann. Obwohl ich die halluzinatorische Gestalt eines Freundes, die ich selbst wahrnahm, niemals als Beweis für seinen Tod betrachten würde, würde ich dennoch eine leichte Besorgnis hegen, bis ich von seinem Wohlergehen hörte.

Zu diesem Thema werde ich im kantischen Geist eine Anekdote von der Art anbieten, die, wenn sie in großen Mengen vorkommt, den Geist zu einer Art Glauben verleitet. Es dient nicht als Beweismittel für eine Jury, da ich es nur aus dem Mund eines sehr tapferen und angesehenen Offiziers und VC erhalten habe, dessen eigene Rolle in der Angelegenheit beschrieben wird.

Dieser Herr befehligte eine kleine britische Truppe in einem der entlegensten und am wenigsten zugänglichen unserer Gebiete, das zum Zeitpunkt des Vorfalls nicht telegraphisch mit dem fernen Festland verbunden war. In der Truppe befand sich ein besonders tollkühner junger Kapitän. Eines Nachts ging er zu einem Tanz, und da die Schlafmöglichkeiten erschöpft waren, verbrachte er die Nacht wie ein homerischer Held auf einem Sofa unter der hallenden *Loggia*. Am nächsten Tag war er entgegen seiner Gewohnheit in der schlechtesten Stimmung und bat, nachdem er einige Zeit Trübsal getrunken hatte, um Erlaubnis, eine dreitägige Reise zur nächsten Telegraphenstation antreten zu dürfen. Sein Vorgesetzter, mein Informant, war gutmütig und gab Urlaub. Am Ende einer Woche kehrte Kapitän – in gewohnter Hochstimmung zurück. Er gab nun zu, dass er, als er nach dem Ball wach auf der Veranda lag, einen seiner Lieblingsbruder gesehen hatte, damals, sagen wir, in Peru. Er konnte den Eindruck nicht abschütteln; Er hatte die lange Reise zur nächsten Telegraphenstation unternommen und von dort aus an einen anderen Bruder in, sagen wir, Hongkong telegraphiert: „Ist alles in Ordnung mit John?" Er erhielt die Antwort „Alles klar mit der letzten Post" und kehrte erleichtert zu seinen Pflichten zurück. Doch die nächste Post mit Briefen aus Peru brachte die Nachricht vom Tod seines peruanischen Bruders in der Nacht der Vision auf der Veranda.

Dies wird natürlich nicht als Beweis angeführt. Als Beweismittel benötigen wir den Bericht von Captain —, den Bericht seines Bruders aus Hongkong, das Datum des Tanzes, das offizielle Todesdatum des peruanischen Bruders und so weiter. Aber der Charakter meines Informanten macht mich ungläubig. Die Namen der Orte wurden absichtlich geändert, aber die Orte waren genauso weit voneinander entfernt wie im Text angegeben.

Wir sind in der Lage, die Überlegungen des Meisters von Ravenswood zu verstehen, nachdem er das beste Gespenst der Fiktion gesehen hat:

„Sie starb mit dem Wunsch, mich zu sehen." Kann es also sein – können starke und ernsthafte Wünsche, die während der letzten Qual der Natur entstanden sind, ihre Katastrophe überleben, die schrecklichen Grenzen der spirituellen Welt überwinden und ihre Bewohner in den Farben und Farben des Lebens vor uns stellen ? Und warum wurde das dem Auge offenbart, das dem Ohr seine Geschichte nicht entfalten konnte?' („Ihre verdorrten Lippen bewegten sich schnell, obwohl kein Ton von ihnen kam.") „Und warum sollte ein Bruch in den Naturgesetzen gemacht werden, dessen Zweck aber unbekannt bleibt ?"

Die Überlegungen des Meisters ähneln denen, die Scott eingefallen sein müssen, als er ähnliche Anekdoten hörte. Sie vertreten nicht mehr unsere Ansichten. Der Tod und die Erscheinung waren fast auf die Minute genau zufällig: Es wäre unmöglich zu beweisen, dass das Leben völlig ausgestorben war, als Alice zu sterben schien, „wie die Uhr im fernen Dorf kurz vor Ravenswoods Erlebnis eins schlug". Wir postulieren nicht wie er „einen Bruch der Naturgesetze", sondern lediglich ein mögliches Beispiel eines Gesetzes. Die Geschichte wurde nicht „zum Ohr hin entfaltet", da die telepathische Wirkung nur den Sehsinn betraf.

Hier sollte vielleicht eine Antwort auf bestimmte wissenschaftliche Kritiken an der Theorie folgen, dass Telepathie oder die Wirkung eines entfernten Geistes oder Gehirns auf ein anderes die Ursache für „zufällige Halluzinationen" sein könnte, sei es bei wilden oder zivilisierten Rassen . Um das Argument jedoch nicht durch Kontroversen zu verzögern, wurde die Antwort auf die Einwände in den Anhang verbannt[18].

[Fußnote 1: Die Dame, ihr Mann und der Anwalt, die ich alle kannte, gaben mir die Geschichte schriftlich; die Schwester des Dieners ist aus den Augen verloren.]

[Fußnote 2: Siehe drei weitere Fälle in *Proceedings* , SPR, ii. 122, 123. Zwei weitere werden von Herrn Henry James und Herrn J. Neville Maskelyne von der Egyptian Hall angeboten.]

[Fußnote 3: Siehe „Phantasms of the Living" und „A Theory of Apparitions", *Proceedings* , SPR, vol. ii., von den Herren Gurney und Myers.]

[Fußnote 4: *Studien zur psychischen Forschung,* S. 388.]

[Fußnote 5: Zumindest ist dies meiner Meinung nach ein nicht unlogisches Argument. Herr Leaf argumentierte dagegen, dass „der Darwinismus möglicherweise etwas für den Totemismus getan hat, indem er die Existenz einer großen Affenverwandtschaft bewies." Aber der Totemismus kann kaum als Beweis für den Darwinismus angeführt werden." Stimmt, aber Darwinismus und Totemismus sind Meinungssache und keine Tatsachen persönlicher Erfahrung. Zumindest für einen Anhänger zufälliger Halluzinationen müssen die angeblichen parallelen Erfahrungen von Wilden eine gewisse Bestätigung für seine eigenen liefern. Er glaubt, dass sein Glaube durch menschliche Erfahrung gerechtfertigt ist. Worauf beruht seiner Meinung nach der Glaube des Wilden? Stimmen seine Erfahrung und ihr Glaube rein zufällig überein?]

[Fußnote 6: *Prim. Kult.* ich . 449.]

[Fußnote 7: Ebd. ich . 450.]

[Fußnote 8: *Prim. Kult.* Bd. ich . P. 450.]

[Fußnote 9: Aus Shortland's *Traditions of New Zealand,* S. 140.]

[Fußnote 10: Gurney und Myers, „Phantasms of the Living", Bd. ii. CH. vp 557.]

[Fußnote 11: *Das „Abenteuer" und „Beagle",* iii. 181, vgl. 204.]

[Fußnote 12: Man kann natürlich sagen, dass sie ihre Geschichten in Einklang gebracht haben.]

[Fußnote 13: *Prim. Kult.* ich . 116.]

[Fußnote 14: Polack's *Manners of the New Zealanders* , i . 268.]

[Fußnote 15: Howitt, op. cit. P. 186.]

[Fußnote 16: Bei der Untersuchung der Fälle finden wir im Jahr 1894 diese Daten der gemeldeten Ereignisse in 28 Fällen: 1890, 1882, 1879, 1870, 1863, 1861, 1888, 1885, 1881, 1880, 1878, 1874 , 1869, 1869, 1845, 1887, 1881, 1877, 1874, 1873, 1860 (?), 1864 (?), 1855, 1830 (?!), 1867, 1862, 1888, 1870.]

[Fußnote 17: Siehe hierzu *Bericht* , S. 260. Fünfzig davon traten während Angst oder mutmaßlicher Angst auf. Davon fielen einunddreißig (innerhalb von zwölf Stunden) mit dem Tod der offenbar gesehenen Person zusammen. In den übrigen neunzehn Fällen erholte sich die gesehene Person in acht Fällen.]

[Fußnote 18: Anhang A.]

VII

DÄMONISCHE BESITZUNG

Es gibt eine Art von Halluzinationen – nämlich Phantasmen von den Toten –, über die es an dieser Stelle besser zu sein scheint, nichts zu sagen. Wenn Wilde solche Phantasmen im Wachzustand sehen, werden sie zweifellos den Glauben an die Überlebensfähigkeit der Seele nach dem Tod stark bestätigen, den die frühen Denker durch die Phänomene des Träumens unbestreitbar nahegelegt haben. Aber während es leicht genug ist, Beweise für bekannte Phantasmen von Toten im zivilisierten Leben zu liefern, wäre es in der Tat sehr schwierig, in dem, was wir über Wilde wissen, viele gute Beispiele zu finden. Einige fidschianische Beispiele werden von Herrn Fison in seinem und Herrn Howitts „ Kamilaroi und Kurnai" angeführt . Andere kommen in der Erzählung von John Tanner vor, einem Gefangenen seit seiner Kindheit unter den Indianern. Aber der bereits erwähnte Umstand, dass ein australischer Junge ein Zauberer wurde, weil er ein Phantom seiner toten Mutter gesehen hatte, beweist, dass solche Erfahrungen nicht üblich sind; und australische Schwarze haben zugegeben, dass sie ihrerseits nie einen Geist gesehen, sondern nur von ihren alten Männern von Geistern gehört haben. Herr David Leslie, der zuvor zitiert wurde, liefert einige Zulu-Beweise aus erster Hand über einen verwunschenen Wald, in dem sein einheimischer Informant die *Esemkofu* , oder Geister von Personen, die von einem tyrannischen Häuptling getötet wurden, hörte und spürte; Auch der Wahrnehmende wurde mit Steinen beworfen, wie beim europäischen *Poltergeist* . Der Zulu, der stirbt, wird üblicherweise ein Ihlozi und erhält seinen Anteil an Opfern. Die *Esemkofu* hingegen sind verstörte und eindringliche Geister[1].

Soweit wir wissen, sind es in der Regel nicht die im Wachzustand erkannten Phantome der Toten, die den wilden Glauben an die Beständigkeit des Geistes des Verstorbenen bestätigen. Der wilde Denker stützt seinen Glauben vielmehr auf die angeblichen Phänomene von Geräuschen und physischen Bewegungen scheinbar unberührter Objekte, die dazu führen, dass so viele Häuser in der zivilisierten Gesellschaft verschlossen oder als „Spukhäuser" gemieden werden. Der Wilde schreibt solche Störungen natürlich „Geistern" zu. Unsere Beweise für anerkannte Phantasmen von toten Wilden sind daher sehr dürftig, so dass es unnötig ist, die viel umfangreicheren zivilisierten Beweise zu untersuchen. Die bezeugten Tatsachen können natürlich theoretisch als Ergebnis der Telepathie eines nicht mehr inkarnierten Geistes erklärt werden; Und wären die Beweise für zufällige Halluzinationen von Lebenden oder Sterbenden so zahlreich wie die, wären sie von äußerster Bedeutung. Aber es ist nicht so umfangreich, und selbst wenn man davon ausgeht, dass es korrekt ist, können und wurden verschiedene Erklärungen vorgebracht, die nichts beinhalten, was der Wissenschaft so widerwärtig ist wie die Tätigkeit einer körperlosen Intelligenz.

Wir wenden uns daher von einem Thema ab, bei dem zivilisierte Zeugenaussagen umfangreicher sind als diejenigen, die aus dem Leben der Wilden stammen, zu einem Thema, bei dem die Beweise der Wilden viel ausführlicher sind als moderne zivilisierte Aufzeichnungen. Dieses Thema ist die sogenannte dämonische Besessenheit.

In der Philosophie des Animismus und im Glauben vieler wilder und zivilisierter Völker können Geister der Toten oder Geister im Allgemeinen in den Körpern lebender Menschen ein Zuhause finden. Solche Männer oder Frauen werden als „inspiriert" oder „besessen" bezeichnet. Sie sprechen mit einer Stimme, die nicht ihre eigene ist, sie handeln auf eine Art und Weise, die ihrem natürlichen Charakter fremd ist, man sagt, sie äußern Prophezeiungen und zeigen Wissen an, das sie normalerweise nicht hätten erwerben können und das sie in der Tat nicht bewusst besitzen normale Vorraussetzungen. All diese und ähnliche Phänomene erklärt der Wilde mit der Hypothese, dass ein außerirdischer Geist – vielleicht ein Dämon, vielleicht ein Geist oder ein Gott – von dem Patienten Besitz ergriffen hat. Der Besessene hält voller Geist Predigten, Orakel, Prophezeiungen und das, was die Amerikaner „inspirierende Ansprachen" nennen, bevor er zu seinem normalen Bewusstsein zurückkehrt. Obwohl viele dieser Propheten bewusste Betrüger sind, sind andere aufrichtig. Dr. Mason erwähnt einen Propheten, der zum Christentum konvertierte. „Er konnte seine früheren Übungen nicht erklären, sagte aber, dass es ihm sicherlich so vorkam, als ob ein Geist spräche, und er müsse erzählen, was er mitteilte." Dr. Mason erzählt auch die folgende Anekdote:

„…Eine andere Person hatte einen vertrauten Geist, den sie konsultierte und mit dem sie sich unterhielt; Doch als er das Evangelium hörte, gab er vor, sich bekehrt zu haben und hatte keine Verbindung mehr mit seinem Geist. Es habe ihn verlassen, sagte er; es sprach nicht mehr zu ihm. Nach einer langen Prüfung taufte ich ihn. Ich verfolgte seinen Fall mit Interesse und er führte mehrere Jahre lang ein einwandfreies christliches Leben; Doch als er seinen religiösen Eifer verlor und mit einigen Kirchenmitgliedern nicht einverstanden war, zog er in ein entferntes Dorf, wo er den Gottesdiensten am Sabbat nicht beiwohnen konnte, und es wurde bald darauf berichtet, dass er wieder Kontakt zu seinem vertrauten Geist hatte . Ich schickte einen einheimischen Prediger, um ihn zu besuchen. Der Mann sagte, er habe die Stimme gehört, die zuvor mit ihm gesprochen hatte, aber sie habe ganz anders gesprochen. Seine Sprache war überaus angenehm anzuhören und löste große Kummer im Herzen aus. Darin hieß es: „Liebt einander; handelt gerecht – handelt aufrichtig", zusammen mit anderen Ermahnungen, die er von den Lehrern gehört hatte. Als der Geist ihn wieder verließ, wurde ein Assistent in das Dorf in seiner Nähe gestellt; und seitdem hat er den Charakter eines konsequenten Christen bewahrt."[2]

Diese Anekdote veranschaulicht, was die Spiritisten als „Kontrollwechsel" bezeichnen. Nachdem der Patient die christliche Lehre angenommen und wieder aufgegeben hatte, sprach er wieder unbewusst, aber unter dem Einfluss des Glaubens, den er aufgegeben hatte. Auf die gleiche Weise werden wir feststellen, dass ein modernes amerikanisches „Medium", nachdem es eine Zeit lang ständig in der Gesellschaft gebildeter und psychologischer Beobachter war, neue „Kontrollen" über einen Charakter erlangte, der weltmännischer und zivilisierter war als sein alter „vertrauter Geist". [3]

Es wird zugegeben, dass Besessene manchmal eine Beredsamkeit an den Tag legen, zu der sie in ihrem normalen Zustand nicht fähig sind.[4] In China äußern besessene Frauen, die in ihrem normalen Leben nie eine Gedichtzeile verfasst haben, ihre Gedanken in Versen und sollen hellseherische Kräfte beweisen.[5]

Das Buch „*Demon Possession in China* " von Dr. Nevius , der vierzig Jahre lang Missionar war, wurde von den medizinischen Fachzeitschriften seines Heimatlandes, den Vereinigten Staaten, heftig angegriffen. Der Arzt hatte die Kühnheit zu erklären, dass er keine bessere Erklärung für die Phänomene finden könne als die Theorie der Apostel – nämlich, dass die Patienten besessen seien. Da er die Angst vor dem Menschen nicht vor Augen hatte, bemerkte er auch, dass die aktuellen wissenschaftlichen Erklärungen den Fehler hätten, nichts zu erklären.

Zum Beispiel: „Herr. Tylor weist darauf hin, dass alle Fälle angeblicher dämonischer Besessenheit mit Hysterie, Delirium und Manie sowie ähnlichen körperlichen und geistigen Störungen identisch sind. Dr. Nevius gab jedoch Hinweise auf Besessenheit an und unterschied sie in seiner Diagnose von Hysterie (was auch immer das bedeuten mag), Delirium und Manie. Es lässt sich auch nicht ehrlich leugnen, dass die besonderen Zeichen der Besessenheit, wenn sie tatsächlich existieren, tatsächlich eine ganz bestimmte Art geistiger Zuneigung kennzeichnen. Dr. Nevius bemerkte dann, dass laut Tylor „wissenschaftliche Ärzte die Fakten jetzt nach einem anderen Prinzip erklären", aber, sagt Dr. Nevius , „wir vergeblich danach suchen, herauszufinden, was dieses Prinzip ist."[6] Dr . Nevius , der den Mut hatte, seine Meinung zu vertreten, konsultierte daraufhin ein Werk mit dem Titel „Nervous Derangement" von Dr. Hammond, einem Professor an der medizinischen Fakultät der University of New York.[7] Er fand heraus, dass dieser wissenschaftliche Arzt zugab, dass wir sehr wenig über die

Angelegenheit wissen. Er wusste, was sehr erfreulich ist, dass „der Geist das Ergebnis nervöser Aktivität ist" und dass der sogenannte „Besitz" das Ergebnis „materieller Störungen der Organe oder Funktionen des Systems" ist.

Dr. Nevius war bereit, diese letztere Lehre in Fällen von Idiotie, Wahnsinn, Epilepsie und Hysterie zuzulassen; aber andererseits, sagte er, das nenne ich nicht Besessenheit. Die Chinesen haben Namen für all diese Krankheiten, „die sie auf körperliche Ursachen zurückführen", aber für Besessenheit haben sie einen anderen Namen. Er erwartete, dass Dr. Hammond die abnormalen Zustände bei sogenannter Besessenheit erklären würde, aber „er hat kaum versucht, dies zu tun". Als nächstes studierte Dr. Nevius die Werke von Dr. Griesinger , Dr. Baelz , Professor William James, M. Ribot und allgemein die Literatur über „alternierende Persönlichkeiten". Er fand Herrn James, der seine Überzeugung bekundete, dass die „alternierende Persönlichkeit" (im Volksmund der Dämon oder vertraute Geist) von Frau Piper viel über Dinge wusste, die Frau Piper in ihrem normalen Zustand nicht wusste, und Konnte es nicht wissen. Nach Rücksprache mit vielen Ärzten ging es Dr. Nevius nicht besser und er kehrte zu seinem Glauben an die teuflische Besessenheit zurück. Daher wurde ihm mitgeteilt, dass er „eines der außerordentlich perversesten Bücher der Gegenwart" auf der Grundlage von „durchsichtigen Geistergeschichten" geschrieben habe – die in seinem Buch nicht vorkommen.

Die Haltung von Dr. Nevius kann nicht als streng wissenschaftlich bezeichnet werden. Da Pathologen und Psychologen nicht in der Lage sind , eine Reihe von Phänomenen zu erklären oder deren *Funktionsweise* anzugeben , folgt daraus nicht, dass der Teufel, ein Gott oder ein Geist darin steckt.

Aber das war natürlich genau die natürliche Schlussfolgerung der Wilden.

Dr. Nevius katalogisiert die Symptome der Besessenheit folgendermaßen:

1. Das automatische, beharrliche und konsequente Ausagieren einer neuen Persönlichkeit, die sich selbst *Shieng* (Genie) nennt und den Patienten *Hiang to* (Räuchergefäß, „Medium") nennt.

2. Besitz von Wissen und intellektueller Kraft, die der Patient (in seinem Normalzustand) nicht besitzt und auch nicht durch die pathologische Hypothese erklärbar ist.

3. Vollständige Veränderung des moralischen Charakters des Patienten.

Von diesen Notizen würde natürlich die zweite die wilde Annahme am meisten bestätigen, dass eine neue Intelligenz in den Patienten eingedrungen sei. Wenn er Wissen über die Zukunft oder die Ferne an den Tag legen würde, wäre für den Wilden die Schlussfolgerung unwiderstehlich, dass eine neuartige und weisere Intelligenz vom Körper des Patienten Besitz ergriffen habe. Aber der vorsichtigere Moderne würde, *selbst wenn er die Fakten akzeptieren würde* , nicht zu solch extremen Schlussfolgerungen kommen. Er würde sagen, dass das Wissen über die Ferne im Weltraum oder in der Vergangenheit telepathisch an das Gehirn einer lebenden Person übermittelt werden könnte; während er, um Wissen über die Zukunft zu erlangen, zusammen mit Hartmann fliegen konnte, um Kontakt mit dem Absoluten aufzunehmen.

Aber die Frage nach den Beweisen für die Fakten ist natürlich die einzig wirkliche Frage. Im Buch von Dr. Nevius beruhen diese Beweise nun fast ausschließlich auf den schriftlichen Berichten einheimischer christlicher Lehrer, denn die Chinesen waren streng zurückhaltend, wenn sie von Europäern befragt wurden. „Mein heidnischer Bruder, hast du eine Schwester, die eine Dämonin ist?" fragt der intelligente Europäer. Die Antwort des heidnischen Bruders bleibt am besten im Dunkeln einer bemerkenswert schwierigen und reichhaltigen orientalischen Sprache. Wir sind daher gezwungen, auf die Berichte von Herrn Leng und anderen einheimischen christlichen Lehrern zurückzugreifen . Sie sind vollkommen bescheiden und rational im Stil. Wir erfahren, dass Frau Sen, eine Dame in ihrem normalen Zustand, die zu lyrischen Anstrengungen unfähig war, in ihrer sekundären Persönlichkeit in Scharen lispelte und den Umstand entdeckte, dass Herr Leng auf dem Weg zu ihr war, obwohl sie die Tatsache nicht hätte erfahren können auf normale Weise.[8] „Sie überqueren jetzt den Bach und werden hier sein, wenn die Sonne so hoch steht." was richtig war. Die anderen Zeugen wurden vernommen und bestätigt.[9] Dr. Nevius selbst untersuchte Frau Kwo , als sie besessen war, in Versen sprach und körperlich schlaff war.[10]

Die Erzählungen sind von dieser Art; Als der Patient das Bewusstsein wiedererlangt, weiß er nichts von dem, was passiert ist. Christliche Gebete sind oft wirksam, und es gibt viele Anekdoten über die Bewegung unberührter Gegenstände.[11]

Durch einen glücklichen Zufall veröffentlichte Dr. Pierre Janet, während dieses Kapitel durch die Presse ging, einen wissenschaftlichen Bericht über einen Dämonen und seine Heilung.[12] Dr. Janet hat mit vollem Erfolg alles zum Thema Besitz erklärt, mit Ausnahme der Tatsachen, die nach Ansicht von Dr. Nevius einer Erklärung bedurften. Diese Tatsachen traten im Fall des von Dr. Janet „exorzierten" Dämonen nicht auf. Somit hätte der gelehrte Aufsatz dieser bedeutenden Autorität Dr. Nevius nicht zufrieden gestellt . Die Tatsachen, an denen er interessiert war, kamen bei Dr. Janets Patientin nicht vor, und so erklärt Dr. Janet sie nicht.

Der einfachste Plan besteht hier darin, zu leugnen, dass die Tatsachen, an die Dr. Nevius glaubt, überhaupt jemals vorliegen; aber wenn sie es jemals tun sollten, kann Dr. Janets Erklärung sie nicht erklären.

1. Sein Patient Achille hat *keine* neue Persönlichkeit ausgelebt.

2. Achille zeigte *kein* Wissen oder keine intellektuelle Kraft, die er in seinem normalen Zustand nicht besaß.

3. Sein moralischer Charakter wurde *nicht* völlig verändert; er war nur noch hypochondrischer und hysterischer als sonst.

Achille war ein armer Teufel von einem französischen Kaufmann, der wie Kapitän Booth gegen die Gesetze strenger Keuschheit und Tugend verstoßen hatte. Er grübelte darüber, bis er den Verstand verlor und dachte, dass Satan ihn hatte. Er war verkrampft, betäubt , selbstmörderisch und unfreiwillig blasphemisch. Er wurde nicht durch ein Gebet oder einen Befehl „exorziert", sondern nach einer langen geistigen und körperlichen Behandlung. Seine Heilung erklärt nicht die Heilungen, an die Dr. Nevius glaubte. Sein Fall wies nicht die Merkmale auf, für die Dr. Nevius von der Wissenschaft eine Erklärung verlangte. Dr. Janets Aufsatz ist der *letzte Schrei* der Wissenschaft und lässt Dr. Nevius dort zurück, wo er ihn gefunden hat.

Daher kann die Wissenschaft Dr. Nevius durch die Lippen von Professor W. Romaine Newbold in „Proceedings, SPR", Februar 1898 (S. 602-604) mitteilen, dass seine Beweise für seine Fakten wertlos sind, und tut dies auch. Und die gleiche Nummer derselben Zeitschrift zeigt uns, wie Dr. Hodgson ähnliche Fakten wie Dr. Nevius akzeptiert und sie mit – Besitz! erklärt. (S. 406).

Dr. Nevius decken praktisch den gesamten Bereich der „Besitznahme" bei außereuropäischen Völkern ab. Aber auch andere Beispiele aus anderen Bereichen sind hier enthalten.

Ein ziemlich beeindruckendes Beispiel für Besessenheit kann aus Livingstones „Missionary Travels" (S. 86) ausgewählt werden. Der abenteuerlustige Sebituane wurde von den Matabele in einem neuen Land seiner Wahl bedrängt. Er dachte daran, den Sambesi hinabzusteigen, bis er mit weißen Männern in Kontakt kam; aber Tlapáne , „der Verkehr mit Göttern hatte", wandte sein Gesicht nach Westen. Tlapáne zog sich zurück, „vielleicht in eine Höhle, um in einem hypnotischen oder hypnotischen Zustand zu bleiben", bis der Mond voll war. Dann würde er *zurückkommen Prophet*. „Sie stampfen, springen und schreien in einer besonders heftigen Art und Weise oder schlagen mit einem Knüppel auf den Boden" (um die Menschen unter der Erde herbeizurufen), „verursachen sie eine Art Anfall und tun dabei so, als wären ihnen ihre Äußerungen unbekannt. ' wie sie wahrscheinlich sind, wenn der Zustand echt ist. Nachdem Tlapáne den

„besessenen" Zustand herbeigeführt hatte, zeigte er nach Osten: „Dort, Sebituane , sehe ich ein Feuer; meide es, es könnte dich verbrennen. Die Götter sagen: Geh nicht dorthin!' Dann zeigte er nach Westen und sagte: „Ich sehe eine Stadt und eine Nation schwarzer Männer, Männer des Wassers, ihr Vieh ist rot, dein eigener Stamm geht zugrunde, du wirst schwarze Männer regieren, verschone deinen zukünftigen Stamm."

Bisher nur ein Ratschlag; Dann,

„Du, Ramosinii , dein Dorf wird völlig zugrunde gehen." Wenn Mokari zuerst das Dorf verlässt, wird er zuerst sterben; und du, Ramosinii , wirst der Letzte sein, der stirbt.'

Dann,

„Wie ein kühner Seher in Trance,
der all sein eigenes Unglück sieht."

„Die Götter haben anderen Menschen Wasser zu trinken gegeben, mir aber haben   sie
bitteres Wasser gegeben." Sie rufen mich weg. Ich gehe.'[13]

Tlapáne starb, Mokari starb, Ramosinii starb, ihr Dorf wurde bald darauf zerstört, und so wanderte Sebituane nach Westen, ohne der Stimme ungehorsam zu sein, wurde von den Baloiana angegriffen , erobert und verschont.

Das ist „Besessenheit" unter Wilden. Es ist überflüssig, Beispiele für diesen weltweiten Glauben zu vervielfachen, der im Neuen Testament und in Hexereiprozessen so frei illustriert wird. Die wissenschaftliche Untersuchung der Phänomene sei vor vierzig Jahren „kaum skizziert worden", wie Littré beklagte. In der Zwischenzeit haben Psychologen und Hypnotiseure dem Thema dieser „sekundären Persönlichkeiten", die der Animismus mit der Theorie der Besessenheit erklärt, große Aufmerksamkeit gewidmet. Die Erklärungen moderner Philosophen sind unterschiedlich, und es ist nicht unsere Aufgabe, ihre physiologischen und pathologischen Ideen zu diskutieren.[14] Unsere Aufgabe besteht darin, zu fragen, ob es auf dem Gebiet der Erfahrung irgendwelche Beweise dafür gibt, dass Personen, die auf diese Weise „besessen" wurden, tatsächlich über Wissen verfügen, das sie auf normalem Weg nicht hätten erwerben können. Wenn solche Beweise existieren, würden die Tatsachen natürlich die Überzeugung stärken, dass die besessene Person von einer Intelligenz inspiriert wurde, die nicht ihre eigene war, also von einem Geist. Nun ist es die feste Überzeugung mehrerer Wissenschaftler, dass eine gewisse Mrs. Piper, eine Amerikanerin, in ihrem besessenen Zustand tatsächlich Wissen an den Tag legt, das sie normalerweise nicht erwerben könnte. Der Fall dieser Dame ist genau auf einer Ebene mit dem einiger wilder oder barbarischer Seher. So: „Der fidschianische Priester sitzt inmitten toten Schweigens und blickt fest auf die Zahnverzierung eines Wals." In wenigen Minuten zittert er, es treten leichte Zuckungen im Gesicht und in den Gliedmaßen auf, die sich zu starken Krämpfen steigern.... Jetzt ist der Gott eingetreten.'[15]

In China „sitzt die berufstätige Frau in Kontemplation an einem Tisch, bis die Seele einer verstorbenen Person, von der sie Kommunikation wünscht, in ihren Körper eindringt und durch sie mit den Lebenden spricht ..."[16]

Der letztere Bericht beschreibt Mrs. Piper genau. Wenn sie konsultiert wird, gerät sie unter Krämpfen in Trance, woraufhin sie mit einer neuen Stimme spricht, eine neue Persönlichkeit annimmt und vorgibt, vom Geist eines französischen Arztes (der kein Französisch spricht) besessen zu sein – Dr. Phinuit . Sie zeigt dann ein unterschiedliches Maß an Wissen über tote und lebende Menschen, die mit ihren Klienten in Verbindung stehen, bei denen es sich in der Regel um Fremde handelt, die oft unter falschen Namen vorgestellt werden. Frau Piper und ihr Mann wurden von Kriminalbeamten beobachtet und konnten bei keinem Versuch, Informationen zu beschaffen, entdeckt werden. Sie war einige Monate lang in England unter der Leitung der SPR. Andere Geister, außer Dr. Phinuit , zivilisiertere Geister als er, beeinflussen sie jetzt, und ihre jüngsten Auftritte sollen ihre früheren Bemühungen übertreffen.[17]

Zahlreiche Beweise über Mrs. Piper wurden von Dr. Hodgson veröffentlicht, der Madame Blavatsky und Eusapia Paladino entlarvte.[18] Er war zunächst davon überzeugt, dass Mrs. Piper in ihrem Trancezustand Wissen erlangt, das ihr sonst nicht zugänglich wäre. Es wurde zugegeben, dass ihr vertrauter Geist rätselte, versuchte, Informationen von den Leuten zu erpressen, die bei ihr saßen, und versuchte, seine Fehler mit sophistischen Mitteln zu verbergen. Hier folgen die Aussagen von Professor James von Harvard.

„Die überzeugendsten Dinge, die über meinen unmittelbaren Haushalt gesagt wurden, waren entweder sehr intim oder sehr trivial." Leider können die ersteren Dinge nicht so gut veröffentlicht werden. Von den trivialen Dingen habe ich die meisten vergessen, aber die folgenden, *Rarae Nantes* können als Beispiele ihrer Klasse dienen. Sie sagte, dass wir kürzlich einen Teppich und ich eine Weste verloren hätten. (Sie beschuldigte eine Person fälschlicherweise, den Teppich gestohlen zu haben, der später im Haus gefunden wurde.) Sie erzählte, wie ich eine grau-weiße Katze mit Äther getötet hatte, und beschrieb, wie sie sich „immer wieder im Kreis gedreht" hatte, bevor sie starb. Sie erzählte, wie meine New Yorker Tante einen Brief an meine Frau geschrieben hatte, in dem sie sie vor allen Medien warnte, und dann eine äußerst amüsante Kritik voller *vifs- Charakterzüge* am Charakter der hervorragenden Frau begann. (Natürlich wusste niemand außer meiner Frau und mir, dass der fragliche Brief existierte.) Sie war sehr aufmerksam auf die

Ereignisse in unserem Kinderzimmer und gab bei unserem ersten Besuch bei ihr treffende Ratschläge, wie man mit bestimmten „Wutanfällen" umgehen sollte „ unseres zweiten Kindes – „kleiner Billy-Boy", wie sie ihn nannte und dabei seinen Namen aus der Kinderstube wiedergab. Sie erzählte, wie das Kinderbett nachts knarrte, wie ein bestimmter Schaukelstuhl auf mysteriöse Weise knarrte, wie meine Frau Schritte auf einer Treppe gehört hatte usw. &C. So unbedeutend diese Dinge auch klingen, wenn man sie liest, ihre Anhäufung hat eine unwiderstehliche Wirkung; und ich wiederhole noch einmal, was ich zuvor gesagt habe: Wenn ich alles berücksichtige, was ich über Mrs. Piper weiß, fühle ich mich so absolut sicher wie jede andere persönliche Tatsache auf der Welt, dass sie in ihren Trancen Dinge weiß was sie unmöglich im Wachzustand gehört haben kann und dass die endgültige Philosophie ihrer Trancen noch gefunden werden muss. Die Grenzen ihrer Trance-Informationen, ihre Diskontinuität und Unbeständigkeit und ihre offensichtliche Unfähigkeit, sich über einen bestimmten Punkt hinaus zu entwickeln, sind aus wissenschaftlicher Sicht doch die größten, obwohl sie letztendlich moralische und menschliche Ungeduld gegenüber dem Phänomen hervorrufen interessante Besonderheiten, denn wo es Grenzen gibt, gibt es Bedingungen, und deren Entdeckung ist immer der Beginn einer Erklärung.

„Das ist alles, was ich Ihnen über Mrs. Piper erzählen kann ." Ich wünschte, es wäre „wissenschaftlicher". Aber *valeat Quantum!* Es ist das Beste, was ich tun kann.'

An anderer Stelle schreibt Herr James:

'Herr. Hodgson und andere haben die Trancezustände dieser Dame ausführlich untersucht und sind alle davon überzeugt, dass darin übernatürliche Erkenntniskräfte zum Ausdruck kommen. Sie sind *auf den ersten Blick* auf „geistige Kontrolle" zurückzuführen. Aber die Bedingungen sind so komplex, dass eine dogmatische Entscheidung entweder für oder gegen die Hypothese noch aufgeschoben werden muss."[19]

Wieder-

„In den Trancezuständen dieses Mediums kann ich der Überzeugung nicht widerstehen, dass Wissen zum Vorschein kommt, das sie durch den gewöhnlichen Einsatz ihrer Augen, Ohren und ihres Verstandes im Wachzustand nie erlangt hat."

„Die Trancen haben für meinen eigenen Geist die Grenzen der anerkannten Ordnung der Natur durchbrochen."

M. Paul Bourget (der nicht abergläubisch ist) kommt nach Rücksprache mit Frau Piper zu dem Schluss:

„ Der Geist des Verräterverfahrens ist nicht von unserer Seite . " analysieren .'[20]

In dieser Abhandlung habe ich möglicherweise in ungewöhnlichem Maße „den Willen zum Glauben" gezeigt; aber für mich ist das Interesse von Frau Piper rein anthropologischer Natur. Sie zeigt ein Überleben oder Wiederaufleben wilder, realer oder vorgetäuschter Phänomene, von Erschütterungen und einer sekundären Persönlichkeit und geht von einem Überleben der animistischen Erklärung aus.

Ihre Freunde und Beobachter in England und Amerika bestätigen Mrs. Pipers Ehrlichkeit und ihren hervorragenden Charakter in ihrem normalen Zustand; Ich klage auch nicht ihren normalen Charakter an. Aber „sekundäre Persönlichkeiten" haben in ihren Kompositionen oft mehr von Mr. Hyde als von Dr. Jekyll. Früher wurde zugegeben, dass Mrs. Piper, wenn sie „besessen" war, betrügen würde, wann immer sie konnte – das heißt, sie würde Vermutungen anstellen, versuchen, Informationen aus ihrem Dargestellten herauszukitzeln, einen Freund von ihm, lebend oder tot, beschreiben, als „Ed.", der Edgar, Edmund, Edward, Edith oder irgendjemand sein kann. Sie schlurfte hin und her und wiederholte, was sie bei einer früheren Sitzung mit derselben Person gelernt hatte; und die überwiegende Mehrheit ihrer Antworten begann mit vagen Hinweisen auf wahrscheinliche Tatsachen (z. B. dass ein älterer Mann eine Waise ist) und entwickelte sich so zu präziseren Aussagen. Professor Macalister schrieb:

„Sie ist die ganze Zeit über hellwach genug, um von Vorschlägen zu profitieren. Ich ließ sie einen Tintenklecks auf meinem Finger sehen und sie sagte, ich sei Schriftstellerin…. Außer der Vermutung über meine Schwester Helen, die noch lebt, gab es keine einzige Vermutung, die auch nur annähernd richtig war. Mrs. Piper ist während der sogenannten Trance nicht betäubt , und wenn Sie mich nach meiner persönlichen Meinung fragen, ist die ganze Sache eine Lüge, und zwar eine schlechte."[21]

Herr Barkworth sagte, dass, soweit seine Erfahrung reichte, „Mrs. Pipers Fähigkeiten sind von der gewöhnlichen Art des Gedankenlesens [dh Muskellesen] und hängen davon ab, wie sie die Hand des Besuchers hält. Jeder dieser Herren hatte nur eine „Sitzung". M. Paul Bourget teilte mir im Gespräch auch mit, dass Mrs. Piper seine Hand hielt, während sie die melancholische Geschichte erzählte, die mit einem Schlüssel in seinem Besitz zusammenhängt, und dass sie die Geschichte nicht schnell und fließend, sondern sehr langsam und zögernd erzählte. Dennoch erklärte er, dass er sich nicht in der Lage fühle, ihre Leistung zu verantworten.

Während diese Seiten durch die Presse gingen, wurde Dr. Hodgsons letzter Bericht über Mrs. Piper veröffentlicht.[22] Es ist im Rahmen des vorgegebenen Rahmens völlig unmöglich, dieses Werk zu kritisieren . Es wäre notwendig, Dutzende von Aussagen genau zu prüfen, in denen viele Fakten als zu intim unterdrückt werden, während andere bemerkenswert inkohärent sind. Dr. Hodgson verdient das Lob für seine außerordentliche Geduld und seinen Fleiß, die er bei der äußerst unangenehmen Aufgabe zeigt, eine unglückliche Dame in den Launen der „Trance" zu beobachten. Seine Überlegungen sind vollkommen ruhig, vollkommen leidenschaftslos, und seine Voreingenommenheit schien bisher nicht zur Leichtgläubigkeit geführt zu haben. Wir müssen ihn tatsächlich als einen Experten auf diesem Gebiet der Psychologie betrachten. Er selbst stellt jedoch klar, dass seiner Meinung nach keine schriftlichen Berichte die Eindrücke vermitteln können, die sich aus mehreren Jahren persönlicher Erfahrung ergeben. Die Ergebnisse dieser Erfahrung fasst er in folgenden Worten zusammen:

„Gegenwärtig kann ich nicht behaupten, dass ich daran zweifele, dass die wichtigsten „Kommunikatoren", auf die ich mich auf den vorangegangenen Seiten bezogen habe, tatsächlich die Persönlichkeiten sind, für die sie sich ausgeben, dass sie den Wandel, den wir Tod nennen, überlebt haben und dass Sie haben durch Mrs. Pipers verzauberten Organismus direkt mit uns, die wir Lebendige nennen, kommuniziert."[23]

Dies bedeutet, dass Dr. Hodgson derzeit in diesem Fall die Hypothese des „Besitzes" akzeptiert, wie sie von Maoris und Fidschianern, Chinesen und Karens verstanden wird .

Die veröffentlichten Berichte erwecken bei mir keinen solchen Eindruck. Aus persönlicher Sicht bin ich davon überzeugt, dass diejenigen, die ich in diesem Leben geehrt habe, genauso wenig von Mrs. Pipers „entrücktem Organismus" Gebrauch machen würden (wenn sie die Chance dazu hätten), wie ich mich freiwillig in einem „sitzenden" Zustand wiederfinden würde. mit dieser Dame. Es ist unnötig, über diesen Punkt beredt zu werden; und die Neugierigen können die Schriften von Dr. Hodgson selbst konsultieren. In der Zwischenzeit müssen wir nur feststellen, dass eine amerikanische „besessene" Frau auf eine hochgebildete und skeptische moderne Intelligenz den gleichen Eindruck macht, wie die „besessenen" Zulus auf einige Zulu-Intelligenzen.

Die Zulus geben „Besessenheit" und Wahrsagerei zu, sind aber nicht die leichtgläubigsten Menschen. Der gewöhnliche Besessene wird in der Regel zu der Krankheit eines abwesenden Patienten konsultiert. Die Fragesteller helfen dem Wahrsager nicht, indem sie seine Hand halten, sondern es wird von ihnen erwartet, dass sie heftig auf den Boden schlagen, wenn die Vermutung des Wahrsagers richtig ist; sanft, wenn es falsch ist. Ein skeptischer Zulu namens John, der einen Schilling für die psychische Forschung ausgeben konnte, schlug bei *jeder* Vermutung heftig zu. Der

Wahrsager war hoffnungslos verwirrt; John behielt seinen Schilling und gab ihn für eine viel verdienstvollere Ausstellung animierter Stöcke aus.[24]

Uguise erzählte Dr. Callaway von einer besessenen Frau, mit der Mrs. Piper nicht mithalten konnte. Ihr Geist sprach nicht aus ihrem Mund, sondern hoch oben vom Dach. Es gab eine Art fragende Bemerkungen, die immer richtig waren. Anschließend berichtete es korrekt über eine Reihe einzigartiger Umstände, ordnete einige Heilmittel für ein krankes Kind an und bot an, das Honorar zurückzuerstatten, wenn keine ausreichende Entschädigung geleistet würde.[25]

In China und Zululand, wie im Fall von Mrs. Piper, diagnostizieren und verschreiben die Geister gern abwesende Patienten.

Ein gutes Beispiel für wilde Besessenheit liefert Kapitän Jonathan Carver (1763) auf seinen Reisen.

Carver wartete ungeduldig auf die Ankunft von Händlern mit Proviant in der Nähe der Thousand Lakes. Ein Priester oder Jossakeed bot an, den Großen Geist zu befragen und Informationen einzuholen. Es wurde eine große Loge eingerichtet und die Decke hochgezogen (was ungewöhnlich ist), damit beobachtet werden konnte, was im Inneren vor sich ging. In der Mitte befand sich eine truhenförmige Anordnung von Pfählen, die so weit voneinander entfernt waren, „dass man leicht erkennen konnte, was sich darin befand". Das Zelt wurde „von einer großen Anzahl von Fackeln" beleuchtet. Der Priester kam herein und wurde zuerst in die Haut eines Elchs gehüllt, so wie Seher aus dem Hochland in die Haut eines schwarzen Stiers gehüllt wurden. Dann wurden vierzig Meter Seil aus Elchfell um ihn gewickelt, bis er „wie eine ägyptische Mumie aufgewickelt" war.

Ich habe an anderer Stelle gezeigt[26], dass dieser Brauch, den Seher, der inspiriert werden soll, mit Banden zu binden, im griechisch-ägyptischen Spiritualismus, bei Samojeden, Eskimos, kanadischen Hareskin- Indianern und bei australischen Schwarzen existierte.

„Der Kopf, der Körper und die Gliedmaßen sind mit faserigen Rindenschnüren umwickelt."[27] Dies ist eine außergewöhnliche Bandbreite der Verbreitung einer scheinbar bedeutungslosen Zeremonie. Ist die Idee, dass der Seher durch das Lösen der Fesseln die Wirksamkeit von Geistern demonstriert, nach der *Art* der Davenport Brothers?[28] Aber das griechisch-ägyptische Medium löste *nicht* die Leinentücher , in die er gerollt war *eine Mumie* . Sie mussten für ihn von anderen unbedeckt bleiben.[29] Auch hier wird bei den Australiern eine Leiche festgebunden, sobald ihr der Atem ausgeht, wenn sie begraben werden soll, oder bevor sie auf einer Plattform ausgesetzt wird, wenn das üblich ist.[30] Auch hier wurde in den Highlands das zweite Gesicht auf diese Weise erworben: Der angehende Seher „muss einen Haarwender (eine Leine) aus Haaren, der einen *Leichnam an den Bier fesselte* , von einem Ende zum anderen um seine Mitte führen" und dann zwischen seinen hindurchsehen Beine, bis er eine Beerdigung sieht, überqueren zwei Märsche.[31] Der grönländische Seher wird „mit dem Kopf zwischen den Beinen" gefesselt.[32]

Kann es, wenn man von Australien, Schottland und Ägypten ausgeht, möglich sein, dass die Bindung, wie bei einer Leiche oder einer Mumie, eine symbolische Möglichkeit ist, den Seher mit den Toten auf eine Stufe zu stellen, die dann mit ihm kommunizieren? An drei entfernten Punkten finden wir Seherbindung und Leichenbindung; Aber wir müssen beweisen, dass Leichen an den anderen Stellen, an denen der Seher gefesselt ist, gefesselt sind oder waren – in einem Rentierfell bei den Samojeden, einem Elchfell in Nordamerika, einem Stierfell in den Highlands.

Den Seher zu binden ist kein allgemeiner indianischer Brauch; es scheint in Labrador und anderswo im Süden aufzuhören, wo der Prophet entfesselt eine Zauberhütte betritt. Unter den Narquapees sitzt er im Schneidersitz und die Loge beginnt, Fragen zu beantworten, indem sie herumspringt.[33] Der Eskimo springt, obwohl er gefesselt ist.

Es wäre von entscheidender Bedeutung, wenn wir feststellen könnten, dass dort, wo der Zauberer gebunden ist, auch die Toten gebunden sind. Ich nehme die folgenden Beispiele zur Kenntnis, aber die Creeks binden den Magier meiner Meinung nach nicht.

Unter den Bächen,

„Der Leichnam wird in ein Loch gelegt, mit einer Decke umwickelt, die Beine darunter gebogen *und zusammengebunden* ."[34] Die toten Grönländer wurden „in ihre besten Hirschfelle gewickelt und zugenäht."[35]

Carver konnte nur erfahren, dass bei den Indianern, die er kannte, Leichen „in Häute gewickelt" waren; Dass sie auch mit Schnüren umwickelt waren, behauptet er nicht, aber es war ihm nicht gestattet, alle Zeremonien zu sehen.

Meine Theorie ist zumindest plausibel, denn diese Art, die Toten fest gefesselt und mit dem Kopf zwischen den Beinen zu begraben (wie es bei schottischen und grönländischen Sehern üblich ist), ist sehr alt und weit verbreitet. Ellis sagt über die Tahitianer: „Der Körper des Toten wurde … in eine sitzende Haltung gebracht, mit erhobenen Knien, das Gesicht zwischen die *Knie gedrückt* , … und der ganze Körper wurde mit einer Kordel oder einem Gürtel zusammengebunden und wiederholt umwickelt." '[36]

Möglicherweise war die Bindung ursprünglich dazu gedacht, die Leiche oder den Geist am „Wandern" zu hindern. Ich weiß nicht, dass tahitianische Propheten jemals angebunden waren, um auf Inspiration zu warten. Aber ich behaupte, dass die Häufigkeit der grausamen Form der Bestattung, bei der die Leiche gefesselt oder umhüllt ist, manchmal mit dem Kopf zwischen den Beinen; und die Wiederkehr der grausamen Praxis, den Zauberer auf ähnliche Weise zu fesseln, deutet wahrscheinlich auf den Zweck hin, den Seher in die Gesellschaft der Toten einzuführen. Der auf Propheten angewendete Brauch könnte auch dann fortbestehen, wenn sich der Bestattungsritus geändert hatte oder nicht mehr festgestellt werden kann, und er könnte für Leichen überleben, wo er nicht mehr verwendet wurde, für Seher. Die Schotten rechtfertigten ihre Praxis, den Kopf zwischen die Knie zu stecken, als sie, gefesselt mit dem Haarband einer Leiche, lernten, zweitsichtig zu sein, mit dem, was Elias tat. Der Prophet warf sich auf dem Gipfel des Karmel „auf die Erde nieder und legte sein Gesicht zwischen seine Knie."[37] Aber die Fälle sind nicht analog. Elia hatte am wolkenlosen Himmel ein vorausahnendes „Geräusch von reichlich Regen" gehört. Er beschäftigte sich wahrscheinlich mit dem Gebet, nicht mit der Prophezeiung.

Kirk bemerkt übrigens, dass der schottische Seher in Lebensgefahr schwebt, wenn sich der Wind ändert, während er gefesselt ist. So wird Kindern in Schottland gesagt, dass die Grimasse für immer bestehen bleibt, wenn sich der Wind ändert, während sie Grimassen schneiden. Der Seher wird auf die gleiche Weise zu dem, was er zu sein vorgibt: einer Leiche.

Diese Abkehr von Carvers Geschichte kann man der Kuriosität des Themas verzeihen. Er fährt fort:

„Auf diese Weise gefesselt wie eine ägyptische Mumie" (Carver verdeutlichte unbewusst meinen Standpunkt), „wurde der Seher in die truhenartige Umschließung gehoben." Ich konnte ihn jetzt auch so deutlich erkennen wie nie zuvor, und ich achtete darauf, meine Augen keinen Moment abzuwenden – ein Versuch, der ihm wahrscheinlich nicht gelang.

Der Priester begann nun zu murmeln und sprach schließlich in einem gemischten Jargon aus kaum verständlichen Dialekten. Er schrie nun, betete und hatte Schaum vor dem Mund, bis er nach etwa einer dreiviertel Stunde erschöpft und sprachlos war. „Aber in einem Augenblick sprang er auf die Füße, obwohl es ihm zu dem Zeitpunkt, als er hineingelegt wurde, unmöglich schien, weder seine Beine noch seine Arme zu bewegen, und er schüttelte seine Decke so schnell ab, als ob die Bänder, mit denen sie festgebunden war „ wurden auseinandergerissen", prophezeite er. Der Große Geist sagte nicht, wann die Händler eintreffen würden, aber kurz nach Mittag würde am nächsten Tag ein Kanu ankommen, und die Leute darin würden sagen, wann die Händler erscheinen würden.

Am nächsten Tag, kurz nach Mittag, umrundete ein Kanu eine etwa eine Meile entfernte Landzunge, und die Männer darin, die die Händler getroffen hatten, sagten, sie würden in zwei Tagen kommen, was sie auch taten. Carver, der beteuert, von jeglicher Leichtgläubigkeit frei zu sein, überlässt es uns, „die Schlussfolgerungen zu ziehen, die uns gefallen".

Die natürliche Schlussfolgerung sind „private Informationen", bei denen die einzige Schwierigkeit darin besteht, dass Carver, der die Topographie und die Chancen kannte, dass ein geheimer Bote eintrifft, um die Jossakeed zu veranlassen, nicht auf diese Theorie anspielt.[38] Er scheint zu glauben, dass solche Erfolge keine Seltenheit sind.

All das kann die Psychologie der Anthropologie zu diesem ganzen Thema des „Besitzes" beibringen; ist, dass sekundäre oder alternierende Persönlichkeiten Tatsachen *im rerum natura* sind, dass der Mann oder die Frau in einer Persönlichkeit möglicherweise keine bewusste Erinnerung an das hat, was in der anderen Persönlichkeit getan oder gesagt wurde, und dass es Fälle von Wissen gibt, die angeblich im sekundären Zustand auf übernatürliche Weise erworben wurden Es lohnt sich, nachzufragen, ob eine Chance besteht, gute Beweise zu erhalten.

Einige ziemlich respektable, grausame Beispiele finden sich in Dr. Gibiers „Le Fakirisme Occidental" und in Mr. Mannings „Old New Zealand"; Aber während moderne zivilisierte Parallelen auf dem Einzelfall von Mrs. Piper beruhen (denn kein anderer Fall wurde gut beobachtet), kann aus der Praxis der Chinesen, Maori , Zulu oder Indianer keine positive Schlussfolgerung gezogen werden.

[Fußnote 1: *Unter den Zulus* , S. 120.]

[Fußnote 2: *Burma* , S. 107.]

[Fußnote 3: Hodgson, *Proceedings* , SPE, vol. xiii. pt. xxxiii. Dr. Hodgson stimmt dieser Ansicht des Falles – des Falles von Mrs. Piper – keineswegs zu.]

[Fußnote 4: *Prim. Kult* . ii. 184.]

[Fußnote 5: Nevius *Dämonenbesessenheit in China* , eine merkwürdige Sammlung von Beispielen eines amerikanischen Missionars. Die Berichte katholischer Missionare sind zahlreich.

[Fußnote 6: Op. cit. P. 169.]

[Fußnote 7: Putnam, 1881.]

[Fußnote 8: Nevius , S. 33.]

[Fußnote 9: Ebd. P. 35.]

[Fußnote 10: Op. cit. P. 38.]

[Fußnote 11: Siehe „Fetischismus und Spiritualismus".]

[Fußnote 12: *Nécroses et Idées Fixes* . Alcan, Paris, 1898. Dies ist das erste einer Reihe von Werken im Zusammenhang mit dem Laboratoire de Psychologie in der Salpétritère in Paris.]

[Fußnote 13: „Macleod wird zurückkehren, aber Macrimmon wird niemals!"]

[Fußnote 14: Siehe Ribot , *Les Maladies de la Personnalité* , ; Bourru et Burot , *Variations de la Personnalité* ; Janet, *L'Automatisme Psychologie* ; James, *Prinzipien der Psychologie* ; Myers, in *Proceedings* of SPR, „Der Mechanismus des Genies", „Das unterschwellige Selbst".]

[Fußnote 15: *Prim. Kult* . ii. 133.]

[Fußnote 16: Doolittle's *Chinese* , i . 143; ii. 110, 320.]

[Fußnote 17: *Proceedings* , SPR, pt. xxxiii.]

[Fußnote 18: *Proceedings* , SPR, vi. 436-650; viii. 1-167; xiii. 284-582].

[Fußnote 19: *Der Wille zum Glauben* , S. 814.]

[Fußnote 20: *Figaro* , 14. Januar 1895.]

[Fußnote 21: *Proceedings* , vi. 605, 606.]

[Fußnote 22: *Proceedings* , SPR, Teil xxxiii. Bd. xiii.]

[Fußnote 23: Op. cit. Teil xxxiii. P. 406.]

[Fußnote 24: Siehe „Fetischismus". Vergleiche Callaway, S. 328.]

[Fußnote 25: Callaway, S. 361-374.]

[Fußnote 26: *Cock Lane und Common Sense* , S. 66.]

[Fußnote 27: Brough Smyth, i . 475. Dieser Punkt ist umstritten, aber ich habe ihn nicht erfunden, und ein Fall taucht in Mr. Currs Werk über die Eingeborenen auf.]

[Fußnote 28: *Prim. Kult* . ich . 152.]

[Fußnote 29: Eusebius, *Prap* . *Evang* . Vers 9.]

[Fußnote 30: Brough Smyth, i . 100, 113.]

[Fußnote 31: Kirk, *Secret Commonwealth* 1691.]

[Fußnote 32: Crantz , S. 209.]

[Fußnote 33: Père Arnaud, in Hind's *Labrador* , ii. 102.]

[Fußnote 34: Major Swan, 1791, offizieller Brief über die Creek-Indianer, Schoolcraft, Vers 270.]

[Fußnote 35: Crantz , S. 237.]

[Fußnote 36: *Polynesische Forschungen* , ich . 519.]

[Fußnote 37: 1 Könige xviii. 42.]

[Fußnote 38: Carver, S. 123, 184.]

VIII

Fetischismus und Spiritualismus

Es wurde gezeigt, wie die Seelenlehre nach der anthropologischen Theorie entwickelt wurde. Die Hypothese, wie die Seelen der Toten später in den Rang von Göttern erhoben wurden oder Vorbilder lieferten, nach denen solche Götter erfinderisch gestaltet werden könnten, wird in einem späteren Kapitel kritisiert . An dieser Stelle muss es genügen zu sagen, dass die Vorstellung einer abtrennbaren überlebenden Seele eines Toten nicht nur, wie mir scheint, nicht wesentlich für die Vorstellung des Wilden von seinem höchsten Gott war, sondern mit dieser Vorstellung völlig unvereinbar gewesen wäre. Es gibt jedoch neben dem Glaubensbekenntnis eines Höchsten Wesens zahlreiche Formen wilder Religion, und diese tragen ihre Strömungen zum Ozean des Glaubens bei. Zu den Glaubensrichtungen, die der Entwicklung des Polytheismus dienten, gehörte daher auch der Fetischismus, der selbst eine Adaption und Erweiterung der Idee der trennbaren Seelen darstellte. In dieser Hinsicht unterscheidet es sich, ebenso wie die Ahnenverehrung, vom Glauben an ein höchstes Wesen, der, wie wir zu zeigen versuchen werden, überhaupt nicht aus der Geister- oder Seelentheorie abgeleitet ist.

Fetisch (fétiche) scheint vom portugiesischen feitiço zu stammen , einem Talisman oder Amulett, das von den Portugiesen auf verschiedene materielle Gegenstände angewendet wurde, die von den Negern der Westküste mit mehr oder weniger religiöser Ehrfurcht betrachtet wurden. Diese Gegenstände können aus einer Reihe widersprüchlicher Gründe bis zu einem gewissen Grad als heilig angesehen werden. Es kann sich dabei um Zeichen handeln, sie können in der sympathischen Magie von Wert sein oder einfach nur *seltsam* und daher wahrscheinlich mit unbekannten mystischen Eigenschaften ausgestattet sein. Oder man hat sie in einem Traum erwähnt, oder man hat sie in einer glücklichen Stunde getroffen und mit Glück in Verbindung gebracht, oder sie scheinen (wie ein Baum mit einer unerklärlichen Bewegung in seinen Ästen, wie Kohl berichtet) Lebenszeichen zu zeigen durch spontane Bewegungen; Tatsächlich kann ein Ding aus vielen Gründen das sein, was die Europäer einen Fetisch nennen. Für unseren vorliegenden Zweck erfordert die Einstufung eines Objekts als Fetisch, wie Herr Tylor sagt, die ausdrückliche Aussage, dass ein Geist als in ihm verkörpert betrachtet wird oder durch ihn wirkt oder durch ihn kommuniziert oder zumindest als die Menschen Es gehört dazu, dies gewohnheitsmäßig von solchen Objekten zu denken; oder es muss gezeigt werden, dass das Objekt so behandelt wird, als hätte es ein persönliches Bewusstsein oder eine persönliche Macht, mit ihm wird gesprochen, es wird angebetet …" und so weiter. Der innewohnende Geist kann menschlich sein, wie wenn aus dem Schädel eines Freundes ein Fetisch gemacht wird, dessen Geist sogar um Orakel gebeten werden kann, wie der Kopf von Bran in der walisischen Legende.

Wir haben versucht zu zeigen, dass der Glaube an menschliche Seelen zumindest teilweise auf übernatürlichen Phänomenen beruht, die der Materialismus außer Acht lässt. Wir werden nun versuchen, es wahrscheinlich zu machen, dass der Fetischismus (der Glaube an die Seelen, die unbelebte Objekte bewohnen) auch Quellen haben könnte, die vielleicht nicht normal sind oder die den Wilden auf jeden Fall übernatürlich erschienen. Wir sagen „vielleicht nicht normal", weil die Phänomene, die jetzt besprochen werden sollen, äußerst rätselhafter Natur sind. Wir neigen vielleicht zum Glauben an eine übernatürliche Ursache bestimmter Halluzinationen, aber die angeblichen Bewegungen unbelebter Objekte, die wahrscheinlich einen Ursprung des Fetischismus liefern, einen Hinweis auf die Anwesenheit eines Geistes in toten Dingen, lassen den forschenden Geist ratlos zurück. Um Herrn Tylors Diskussion des Themas zu verfolgen, ist es notwendig, das zu kombinieren, was er in seinem vierten Kapitel über den Spiritualismus sagt, mit dem, was er in seinem vierzehnten und späteren Kapitel über den Fetischismus sagt. Aus irgendeinem Grund ist sein Buch so angelegt, dass er den „Spiritualismus" kritisiert , lange bevor er seine Lehre vom Ursprung und der Entwicklung des Glaubens an Geister vorbringt.

Wir haben einen triftigen Grund für die Annahme gesehen, dass menschliche Geister in bestimmten leblosen Dingen wie Schädeln und anderen Reliquien von Toten leben. Aber wie kam es zu der Annahme, dass ein Geist in einem leblosen und regungslosen Stück Stein oder Stock wohnte? Mr. Tylor führt uns vielleicht zu einer plausiblen Vermutung, indem er schreibt: „Mr. Darwin sah zwei malaiische Frauen auf Keeling Island, die einen hölzernen Löffel hielten, der wie eine Puppe gekleidet war: Dieser Löffel war zum Grab eines toten Mannes getragen worden, und als er bei Vollmond inspiriert wurde, tatsächlich wahnsinnig wurde, tanzte er krampfhaft umher. wie ein Tisch oder ein Hut bei einer modernen Geistersitzung."[1] Nun hat M. Lefébure (in „ Mélusine ") darauf hingewiesen , dass laut De Brosses die afrikanischen Zauberer kleinen Objekten den Anschein einer unabhängigen Bewegung verliehen haben, die wurden dann als Fetische akzeptiert und waren sichtbar belebt. M. Lefébure vergleicht als nächstes, wie Herr Tylor, die angeblichen physischen Phänomene des Spiritualismus, die Flüge und Bewegungen unbelebter Objekte, die scheinbar unberührt bleiben.

Es stellt sich also die Frage: Gibt es irgendeine Wahrheit an diesen weltweiten und weltalten Geschichten über unbelebte Objekte, die sich wie belebte Dinge verhalten? Hat der Fetischismus einen seiner Ursprünge im tatsächlichen Bereich der übernatürlichen Erfahrung in der X-Region? Wir wollen diese Frage nicht beantworten, da die Beweise zwar praktisch universell sind, aber man könnte sagen, dass sie auf Betrug und Illusion beruhen. Aber wir können zumindest einen Überblick über die Art der Beweise geben, beginnend mit den scheinbar *willkürlichen* Bewegungen von Objekten, die *nicht* unberührt blieben. Herr Tylor zitiert aus John Bells „Journey in Asia" (1719), einem Bericht über einen mongolischen Lama, der bestimmte gestohlene Damaststücke entdecken wollte. Seine Methode bestand darin, auf einer Bank zu sitzen und sie „zum Zelt des Diebes zu tragen", oder, wie allgemein angenommen wurde, „von ihr getragen zu werden". Hier wird arglos angenommen, dass sich die Bank selbst bewegt. Wieder erzählt Mr. Rowley, wie in Manganjah der Zauberer, um einen Verbrecher ausfindig zu machen, mit magischen Zeremonien einigen jungen Männern zwei Stäbe aus Holz in die Hände legte. „Die Stöcke wirbelten herum und rissen die Männer wie verrückt herum" und entkamen schließlich und rollten vor die Füße der Frau eines Häuptlings, die dann als Schuldige angezeigt wurde.[2]

Herr Duff Macdonald beschreibt die gleiche Praxis unter den Yaos :[3]

„Gelegentlich lässt der Zauberer Männer einen Stock ergreifen, der sich nach einiger Zeit zu bewegen beginnt, als ob er mit Leben ausgestattet wäre, und sie schließlich körperlich und mit großer Geschwindigkeit zum Haus des Diebes entführt."

Der Vorgang ist genau der von Jacques Aymard in der berühmten Geschichte der Entdeckung des Mörders von Lyon.[4]

Geistern bewegt werden .[5] Der Zauberer und ein Freund halten an jedem Ende einen Bambusstock und fragen, was Der Geist eines Menschen plagt einen Patienten. Bei der Erwähnung des rechten Geistes „gerät der Stock heftig in Bewegung." Auf die gleiche Weise „lief" der Bambus herum, während ein Mann ihn nur auf den Handflächen hielt. Auch hier wird eine Hütte mit einer Trennwand in der Mitte gebaut. Dort sitzen Männer mit ihren Händen *unter* einem Ende des Bambus, während das andere Ende in die leere Hälfte der Hütte hineinragt. Dann rufen sie die Namen der kürzlich Verstorbenen an, bis sie spüren, wie sich der Bambus in ihren Händen bewegt. Ein Bambus, der auf einem heiligen Baum platziert ist, „bewegt sich, wenn der Name eines Geistes gerufen wird, von selbst und wird Menschen hochheben und herumziehen." In einen Baum gesteckt, würde es sie vom Boden heben. In anderen Fällen führt das Halten der Stöcke zu Krämpfen und Trance.[6] Auch die Wünschelruten der Maori werden „von Geistern geführt"[7] und die der Zulu-Zauberer heben, senken und springen umher.[8]

Diese Zulu-Auftritte müssen wirklich sehr kurios sein. Im letzten Kapitel erzählten wir, wie ein Zulu namens John, der einen Schilling für die psychische Forschung ausgeben wollte, es ablehnte, einen verwirrten Wahrsager zu bezahlen, und sein Kapital einer weitaus verdienstvolleren Leistung vorbehalten wollte . Er versuchte es mit einem Medium namens Unomantshintshi , das Umabakula oder tanzende Stöcke erahnte.

„Wenn sie „Nein" sagen, fallen sie plötzlich; Wenn sie „Ja" sagen, stehen sie auf, springen heftig umher und stürzen sich auf die Person, die gekommen ist, um sich zu erkundigen. Sie „fixieren sich an der Stelle, an der der Kranke betroffen ist; … wenn der Kopf ist, springen sie auf seinen Kopf … Viele glauben mehr an Umabakula als an den Wahrsager. Aber es gibt nicht viele, die Umabakula haben ."

Dr. Callaways Informant kannte nur zwei Umabakulisten , John war ganz zufrieden, zahlte seinen Schilling und ging nach Hause.[9]

Die Stöcke sind etwa einen Fuß lang. Es wird nicht berichtet, dass sie von Geistern bewegt werden, und sie scheinen auch nicht als Fetische angesehen zu werden.

Herr Tylor zitiert auch eine Form des bekannten Pendelexperiments. Bei den Karens hängt ein Ring an einem Faden über einem Metallbecken. Die Angehörigen der Toten schlagen auf das Becken, und wenn derjenige, der dem Geist am liebsten war, es berührt , dreht der Geist den Faden, bis er reißt, und der Ring fällt in das Becken. Bei uns wird ein Ring an einem Faden über einem Becher gehalten, und unsere unbewussten Bewegungen schwingen ihn, bis er die Stunde schlägt. Wie die Karens das schaffen, ist weniger offensichtlich. Diese wilden Geräte mit animierten Stöcken entsprechen eindeutig dem moderneren „Tischdrehen". Wenn die Spieler ehrlich sind, ist das Drängen hier sicherlich *unbewusst* .

Ich habe dies auf zwei Arten getestet: Erstens, indem ich versucht habe, das Minimum an *bewusster* Muskelaktion auszuprobieren, das einen Tisch bewegen würde, an dem ich allein war, und indem ich die absolute Unbewusstheit der Muskelaktivität verglichen habe, als sich der Tisch als Reaktion auf keinen freiwilligen Druck zu bewegen *begann* . Ich versuchte es noch einmal mit einem Freund, der sagte: „Du schiebst", als ich meine Hände vorsichtig ganz wegnahm, obwohl sie auf dem Tisch zu liegen schienen, der sich immer noch drehte. Mein Freund selbst drängte unbewusst. Es lässt sich nicht leugnen, dass der Tisch für einen einsamen Experimentator auf merkwürdige Weise aus eigenem Antrieb kleine Pfeile zu erzeugen *scheint* . Die Unbewusstheit der Muskeltätigkeit seitens der Wilden, die an dem Experiment mit Stöcken beteiligt waren, würde sie daher zu der Annahme verleiten, dass Geister den Wald belebten. Derselbe Irrtum betraf auch die Tischumkehrer von 1855–65 und wurde bis zu einem gewissen Grad von Faraday entlarvt. Natürlich würden Wilde durch den Tanzlöffel aus Mr. Darwins Erzählung, durch die Tanzstäbe der Zulus und alles andere noch mehr überzeugt werden, unabhängig davon, ob die Phänomene übernatürlich waren oder nur durch unsichtbare Fäden hervorgerufen wurden. Die gleiche Bemerkung trifft auf moderne Experimentatoren zu, wenn, wie sie behaupten, verschiedene Objekte sich unberührt, ohne physischen Kontakt, bewegen.

Noch ähnlicher als das Umdrehen des Spießs und die wilde Verwendung inspirierter Stöcke, um den Forscher zu einem verlorenen Gegenstand oder einem Verbrecher zu führen, ist die moderne Verwendung der Wünschelrute – eines gegabelten Zweigs, der, an den Enden gehalten, in den Händen rotiert des Darstellers, wenn er das Ziel seiner Suche erreicht. Er ist, wie der erwähnte Wilde, gelegentlich in krampfhafter Weise aufgeregt; und es werden Fälle angeführt, in denen sich der Zweig windet, wenn er in einer Zange gehalten wird! Die bekannteste moderne Abhandlung über die Wünschelrute ist die von M. Chevreul , „La Baguette Divinatoire " (1854). Wir haben auch „ L'Histoire du Merveilleux dans les Temps Modernes " von M. Figuier (1860). 1781 veröffentlichte Thouvenel seine 600 Experimente mit Bleton und anderen; und Hegel verweist auf Amorettis Sammlung von Hunderten von Fällen. Bekannt ist der Fall von Jacques Aymard , der im 17. Jahrhundert auf wahrhaft brutale Weise einen Mörder entdeckte, indem er die Rute einsetzte. Im modernen England wird die Rute im Interesse von Privatpersonen und öffentlichen Einrichtungen (wie dem Trinity College, Cambridge) zur Entdeckung von Wasser eingesetzt.

Professor Barrett hat kürzlich ein Buch mit 280 Seiten veröffentlicht, in dem Beweise für Misserfolge und Erfolge gesammelt werden.[10] Professor Barrett nennt etwa 150 Fälle, in denen er aufgrund guter Autorität nur zwölf Fehlschläge feststellen konnte. Er führt verschiedene Tests durch, um Betrug und zufällige Zufälle zu überprüfen, und veröffentlicht feindselige oder agnostische Meinungen von Geologen. In der Regel handelt es sich bei den Beweisen um das, was bei anderen Untersuchungen aus erster Hand genannt wird. Die anwesenden Zuschauer und oft auch die Grundstückseigentümer oder die Personen, in deren Interesse Wasser benötigt wurde, geben ihre Zeugenaussage; und es ist sicher, dass der „Wahrsager" von vernünftigen und gebildeten Menschen hinzugezogen wird, die häufig zu praktisch sind, um eine Theorie zu haben, und sich damit zufrieden geben, das zu bekommen, was sie wollen, insbesondere dort, wo wissenschaftliche Experten versagt haben.[11]

Nach Ansicht von Herrn Barrett erzeugt die unbewusste Wahrnehmung von Anzeichen für das Vorhandensein von Wasser einen ebenso unbewussten Muskelkrampf, der den Stab dreht, bis er oft bricht. Dennoch „ist es fast unmöglich, seine charakteristische Bewegung durch freiwillige Anstrengung nachzuahmen." Ich selbst habe die Hände eines Amateurkünstlers gehalten, als sich der Zweig bewegte, und weder durch Sehen noch durch Fühlen konnte ich irgendeine Muskelbewegung seinerseits erkennen, geschweige denn einen Krampf. Die Person war Gerichtsvollzieher auf einem großen Anwesen und nachdem er zufällig herausgefunden hatte, dass er die Schenkung besaß, nutzte sie sie, um Brunnen für die Pächter auf dem Grundstück graben zu lassen.

Das ganze Thema ist unklar; Ich beschäftige mich hier auch nicht mit den Erfolgen oder Misserfolgen der Wünschelrute. Aber die Bewegungen des Zweigs wurden meines Wissens von modernen englischen Künstlern nie auf die Wirkung von Geistern zurückgeführt. Sie sagen „Elektrizität". Herr Tylor schreibt lediglich:

„Die Wirkungsweise der berühmten Wünschelrute mit ihrer merkwürdig vielseitigen Sensibilität für Wasser, Erz, Schätze und Diebe scheint teils auf Tricks und teils auf mehr oder weniger bewusste Führung durch ehrlichere Bediener zurückzuführen zu sein . "

Da die Wünschelrute das einzige Beispiel ist, in dem der Automatismus, welcher Art und Ursachen er auch immer sein mag, von praktischen Menschen als praktisch befunden wurde, und da er offensichtlich mit einer Reihe analoger Phänomene sowohl im zivilisierten als auch im wilden Leben in Verbindung gebracht wird, ist er verdient sicherlich die Aufmerksamkeit der Wissenschaft. Aber es wird kein Fortschritt erzielt, bis wissenschaftlich geschulte Forscher selbst eine große Anzahl von Experimenten organisieren und testen. Das Wissen um die geologische Unwissenheit der Wünschelrutengänger, Beispiele für Betrug ihrerseits und Fälle von Misserfolgen oder gemeldeten Misserfolgen mit einer allgemeinen feindseligen Voreingenommenheit kann verhindern, dass solche Experimente von wissenschaftlichen Experten in angemessenem Umfang durchgeführt werden. Solche Experten sollten natürlich vermeiden, die Wünschelrutengänger in einen Zustand der Verärgerung zu versetzen.

Es lohnt sich, die Fälle zu beachten, in denen die Rute wie bei den Melanesiern, Afrikanern und anderen Wilden wirkt. Ein Herr Thomas Welton veröffentlichte eine englische Übersetzung von „La Verge de Jacob" (Lyon, 1693). 1651 bat er seinen Diener, einen Stock, der hinter der Salontür stand, in den Garten zu bringen . In großer Angst brachte sie es in den Garten, ihre Hand hielt es fest umklammert und sie konnte es nicht loslassen. Als Frau Welton den Stock nahm, „zog er sie mit sehr beträchtlicher Geschwindigkeit fast in die Mitte des Gartens", wo ein Brunnen gefunden wurde. Herr Welton dürfte von den kürzlich veröffentlichten grausamen Beispielen nichts gewusst haben. Die Übereinstimmung mit den afrikanischen und melanesischen Fällen ist daher wahrscheinlich unbeabsichtigt.

Auch im Jahr 1694 wurde der Stab von Le Père Menestrier und anderen ebenso wie von Wilden benutzt, um durch seine Bewegungen Antworten auf alle möglichen Fragen anzuzeigen. Experimente dieser Art wurden von Professor Barrett und anderen modernen Forschern, außer von M. Richet, nicht als Methode zum Nachweis automatischer Handlungen durchgeführt. Aber es wäre genauso sinnvoll, den Zweig zu verwenden wie die Planchette oder ein anderes „autoskopisches" Gerät. Wenn diese Kenntnisse hervorrufen, die dem Geist unbewusst gegenwärtig sind, sollte das bloße Auffinden von Wasser nicht die einzige Aufgabe der Rute sein. Zur gleichen Klasse wie diese Stäbe gehört der gegabelte Zweig, der in China an jedem Ende von zwei Personen gehalten wird und dazu dient, in den Sand zu schreiben. Der kleine Apparat namens *Planchette* oder auch *Ouija genannt*, wird natürlich bewusst oder unbewusst von den Darstellern betätigt. Im Fall des Zweigs, wie er von Wassersuchenden gehalten wird, ist die Schwierigkeit, ihn bewusst zu bewegen, um einer genauen Beobachtung zu entgehen, beträchtlich.

Im Fall der *Ouija* (einem kleinen Stativ, das unter den Händen des Bedieners um einen Tisch herumläuft, auf den Buchstaben geschrieben sind und auf den es zeigt), habe ich merkwürdige Erfolge erlebt, die von Amateuren erzielt wurden. So schrieb die *Ouija*, *die* von zwei mir bekannten Damen betrieben wurde, im Haus einer Dame, die ein altes *Schloss in einer anderen Grafschaft besaß, eine Reihe von Einzelheiten über einen Besuch, den Maria Stuart dem Schloss* zu einem bestimmten Zweck abstattete. Dieser Besuch und sein rein persönlicher Zweck sind der Geschichte unbekannt, und das *Schloss* wird in Mr. Hay Flemings sorgfältigem, aber unvermeidlich unvollständigem Reiseplan der Residenz der Königin in Schottland nicht erwähnt. Nach erfolgter Mitteilung erklärte die Besitzerin des *Schlosses*, dass ihr die geschilderten Umstände bereits bekannt seien, da sie diese kürzlich in Dokumenten in ihrer Chartertruhe gelesen habe, wo sie sich noch befinden.

Natürlich hängt der Glaube, den wir solchen Erzählungen entgegenbringen, ausschließlich von unserem Wissen über den persönlichen Charakter der Darsteller ab. Hier geht es lediglich um die zivilisierte und wilde Praxis des *Automatismus*, das scheinbare Hervorrufen von Wissen, das sonst nicht zugänglich wäre, durch die Bewegungen eines Stocks oder eines Stücks Holz. Für die wilde Philosophie scheinen diese Bewegungen, die ohne bewusste Anstrengung oder Anweisung ausgeführt werden, von innewohnenden Geistern, den Quellen des Fetischismus, verursacht zu werden.

Diese Beispiele, die die unbewusste Bewegung von Objekten durch die Bediener demonstrieren, machen deutlich, dass Bewegungen selbst berührter Objekte von einigen zivilisierten und wilden Amateuren „Geistern" zugeschrieben werden können. Die so bewegten Objekte könnten von Wilden in manchen Fällen als Fetische angesehen werden, und ihre

Bewegungen könnten dazu beigetragen haben, den Glauben zu entfachen, dass Geister unbelebte Objekte bewohnen können. Wenn scheinbar völlig unberührte Objekte flüchtig werden, liegt das Geheimnis tiefer. Über diese scheinbare Belebtheit und das ausgelassene Verhalten unbelebter Objekte wird in der gesamten Geschichte berichtet und durch unzählige Beweise jeglichen Ausmaßes bestätigt. Es wäre mühsam, einen vollständigen Bericht über das Alter und die Verbreitung von Berichten über solche Ereignisse zu geben. Wir finden sie bei Neuplatonikern, im englischen und kontinentalen Mittelalter, bei Eskimos, Huronen, Algonkinen , Tataren, Zulus, Malaien, Nasquapees , Maoris , in Hexenprozessen, im alten Peru (unmittelbar nach der spanischen Eroberung) und in China , im modernen Russland, in Neuengland (1680), während der gesamten Karriere des modernen Spiritualismus, in Hayti (wo sie „Obeah" zugeschrieben werden) und sporadisch überall.[12]

Unter all diesen Fällen müssen wir alles außer Acht lassen, was das moderne bezahlte Medium im Dunkeln tut. Das Einzige, was man mit den ethnografischen und modernen Berichten über solche Wunder tun kann, ist, sie „als Referenz einzureichen". Wenn ein spontanes Beispiel auftritt, können wir bei genauer Betrachtung unsere alten Geschichten vergleichen. Professor James sagt: „Ihre gegenseitigen Ähnlichkeiten deuten auf einen natürlichen Typus hin, und ich gestehe, dass ich (trotz so großer Mengen an aufgedeckten Betrügereien) nicht das Gefühl haben kann, dass es sich bei diesen Aufzeichnungen oder ähnlichen Aufzeichnungen um eine eindeutige Erklärung handelt." Die physische Medialität selbst als eine Laune der Natur war definitiv geschlossen…. Solange sich die Geschichten in verschiedenen Ländern vermehren und so wenige eindeutig wegerklärt werden, ist es eine schlechte Methode, sie zu ignorieren.'[13] Hier werden sie nicht ignoriert, denn was auch immer die Ursache oder die Ursachen der Phänomene sein mögen, sie würden sie untermauern , wenn sie nicht ihren Ursprung haben, der wilde Glaube an Geister, die unbelebte Materie bewohnen, woher der Fetischismus kam. Was die Fakten betrifft, können wir Ereignisse dieser Art, die wir nur aus Berichten kennen, natürlich nicht „wegerklären". Ein Zauberer kann einen Trick nicht allein anhand einer Beschreibung erklären, insbesondere nicht anhand der Beschreibung eines Nicht-Zauberers. Aber in der Regel führt nichts so sehr zu Zweifeln an diesem Thema wie die gegebene „Erklärung" – außer natürlich im Fall von „dunklen Séancen", die von bezahlten Medien ins Leben gerufen und vorbereitet wurden. Wir wissen manchmal, wie die „Erklärung" zustande kam.

So wurde das Haus eines gewissen M. Zoller, eines Anwalts und Mitglieds des Schweizer Bundesrates, ein Haus in Stans in Unterwalden , in den Jahren 1860-1862 einfach unbewohnbar gemacht. Die Störungen, einschließlich der Bewegungen von Objekten, waren wirklich abscheulich und ereigneten sich bei vollem Tageslicht. M. Zoller, der seiner Heimat sehr verbunden war und viele interessante Verbindungen zur Rolle seiner Familie im Kampf gegen das revolutionäre Frankreich hatte, war gezwungen, den Ort zu verlassen. Er hatte jede nur erdenkliche Art von Nachforschungen angestellt und die örtliche Polizei und *Gelehrte* eingeschaltet , ohne Erfolg.

Aber die Angelegenheit wurde so weggeklärt: Während die Phänomene noch vor der öffentlichen Neugier geheim gehalten werden konnten, rief ein Mandant bei Herrn Zoller an, der nicht anwesend war. Der Kunde blieb daher im Salon. Laute und schwere Schläge hallten durch den Raum. Der Klient hatte zufällig einmal die Auswirkungen einer elektrischen Batterie gespürt, offenbar aus medizinischen Gründen. M. Zoller schreibt: „Mein ältester Sohn war damals anwesend, und als mein Mandant fragte, ob es im Haus so etwas wie eine elektrische Maschine gäbe (die Familie war angewiesen worden, die Störungen so geheim wie möglich zu halten), Er ließ S. glauben, dass es so war.' Folglich wurden die Phänomene auf M. Zollers einzigartige Idee zurückgeführt, sein Haus mit einer „elektrischen Maschine" – die er nicht besaß – unbewohnbar zu machen.[14] Eine Reihe der angesehensten Bürger, darunter der Superintendent der Polizei und der Oberrichter für Justiz, veröffentlichten eine Erklärung, dass weder Zoller noch einer seiner Familienangehörigen noch irgendjemand von ihnen selbst die von ihnen beobachteten Phänomene verursacht haben oder hätten verursachen können August 1862. Diese Erklärung gaben sie in der „ Schwytzer Zeitung" vom 5. Oktober 1863 ab. [15] Keine den Sterblichen bekannte elektrische Maschine hätte die große Vielfalt der angeblichen Wirkungen hervorrufen können, es wurde auch nie etwas gefunden; und da Herr Zoller seine Diener wechselte, ohne seinen Schwierigkeiten zu entkommen, kann man ihnen kaum die Schuld dafür geben, was sie *auf den ersten Blick* unmöglich tun konnten. Allerdings ist „Elektrizität" wie Mesopotamien „ein gesegnetes Wort".[16]

Meine eigene Position in dieser Angelegenheit „physikalischer Phänomene" ist, so hoffe ich, klar. Sie interessieren mich für meinen gegenwärtigen Zweck, weil sie, was auch immer ihre wahre Natur und Herkunft sein mag, Dinge sind, die einem Wilden seine Theorie des Fetischismus nahelegen würden. „Ein unbelebtes Objekt kann von einem Geist bewohnt werden, wie seine außergewöhnlichen Bewegungen beweisen." So könnte der frühe Denker argumentieren und das Objekt verehren. Es wäre zu wünschen, dass kompetente Beobachter solch grausamen Praktiken wie dem Blick auf Kristalle und dem Automatismus, wie sie an den Stöcken der Melanesier, Zulus und Yaos veranschaulicht werden, mehr Aufmerksamkeit schenken würden . Wir sammeln unsere dürftigen Informationen aus verirrten Anspielungen, aber sie haben den Vorteil, dass sie nicht durch Theorien verunreinigt sind, da der europäische Betrachter die große Bandbreite solcher Praktiken und ihren Wert in der experimentellen Psychologie nicht kennt.

Wir haben nun unsere Untersuchung der weniger normalen und gewöhnlichen Phänomene abgeschlossen, die zum Glauben an trennbare, aus sich selbst existierende, bewusste und mächtige Seelen führten. Wir haben gezeigt, dass die übernatürlichen Faktoren, die, wenn man darüber nachdenkt, diesen Glauben wahrscheinlich stützten, sowohl im zivilisierten als auch im wilden Leben vertreten sind , während wir über ihre Existenz unter den Religionsstiftern historisch überhaupt nichts wissen können. Wenn wir aus bestimmten Überlegungen schließen dürfen, waren die übernatürlichen Erfahrungen möglicherweise häufiger bei den entfernten Vorfahren bekannter wilder Rassen als bei ihren modernen Nachkommen. Wir haben darauf hingewiesen, dass Hellsehen, Gedankenübertragung und Telepathie von einem vorsichtigen Forscher nicht als bloße Fabeln abgetan werden können, während selbst die weitaus obskureren Geschichten über „physische Manifestationen" von denen, die sie nicht erklären können, nur schlecht erklärt werden können.[17] Wiederum haben diese Fähigkeiten – durch den Erwerb von ansonsten unerreichbarem Wissen, durch zufällige Halluzinationen und auf andere Weise – genau die Art von Fakten präsentiert, auf denen die wilde Seelenlehre basieren oder durch die sie untermauert werden könnte. Während also die Realität der übernatürlichen Tatsachen und Fähigkeiten zumindest eine offene Frage bleibt, kann die vorherrschende Theorie des Materialismus in ihrer gegenwärtigen Form nicht als dogmatisch sicher anerkannt werden. Genauso wenig wie jede andere Theorie, ja sogar weniger als einige andere Theorien, kann sie die psychischen Tatsachen erklären, die wir ehrlich gesagt nicht aus der Abrechnung außer Acht lassen dürfen.

Über die übernatürlichen Aspekte der Entstehung der Religion haben wir daher nichts mehr zu sagen. Wir befassen uns fortan mit Fragen nachprüfbarer Überzeugung und Praxis. Wir müssen uns fragen, ob die Seelenlehre, als sie einmal von den frühen Menschen erdacht wurde, genau den Entwicklungsverlauf verlief, den die anthropologische Wissenschaft normalerweise angibt.

[Fußnote 1: Darwin, *Journal*, S. 458; Tylor, *Prim. Kult*. ii. 152. Der Löffel blieb nicht unberührt.]

[Fußnote 2: Rowley, *Universities' Mission* , S. 217.]

[Fußnote 3: *Africana* , Bd. ich . P. 161.]

„*Custom and Myth* " des Autors , „Die Wünschelrute".]

[Fußnote 5: Codrington's *Melanesia* , S. 210.]

[Fußnote 6: Op. cit. S. 229-325.]

[Fußnote 7: *Prim. Kult* . Bd. ich . P. 125.]

[Fußnote 8: Callaway, *Amazulu* , S. 330.]

[Fußnote 9: Callaway, *Amazulu* , S. 368.]

[Fußnote 10: *Die sogenannte Wünschelrute* , SPR 1897.]

[Fußnote 11: Siehe insbesondere *The Waterford Experiments* , S. 106.]

„*Cock
Lane*" und „*Common Sense*" des Autors gesammelt .]

[Fußnote 13: *Proceedings* , xii. 7, 8.]

[Fußnote 14: *Persönliche Erzählung* , von M. Zoller. Hanke, Zürich, 1863.]

[Fußnote 15: Daumer , *Reich des Wundersamen* , Regensburg, 1872, S. 265, 266.]

[Fußnote 16: Eine Kritik an modernen Erklärungen der hier angesprochenen
Phänomene finden Sie in Anhang B.]

[Fußnote 17: Siehe Anhang B.]

IX

ENTWICKLUNG DER GOTTESIDEE

An den anthropologischen Philosophen würde „ein einfacher Mann" natürlich die Frage stellen: „Wenn Sie Ihre Vorstellung von Geist oder Seele – Ihre Theorie des Animismus – aus der Vorstellung von Geistern abgeleitet haben und Ihre Vorstellung von Geistern aus Träumen und Visionen abgeleitet haben, Wie kommt man zur Idee von Gott? Mit „Gott" meint der sprichwörtliche „einfache Mann" der Kontroversen nun ein ursprüngliches ewiges Wesen, den Urheber aller Dinge, den Vater und Freund des Menschen, den unsichtbaren, allwissenden Hüter der Moral.

Die übliche, wenn auch nicht ausnahmslose Antwort des Anthropologen könnte mit den Worten von Herrn Im Thurn, dem Autor eines äußerst interessanten Werks über die Indianer Britisch-Guayanas, gegeben werden:

„Aus der Vorstellung von Geistern", sagt Herr Im Thurn, „ist, aber sehr allmählich, ein Glaube an höhere Geister und schließlich an einen Höchsten Geist entstanden, und, mit dem Wachstum dieser Überzeugungen Schritt haltend, eine Gewohnheit der Ehrfurcht." für und Anbetung der Geister.... Die Indianer von Guayana kennen keinen Gott.'[1]

Als weiteres Beispiel für Herrn Im Thurns Hypothese, dass Gott eine späte Weiterentwicklung der Idee des Geistes sei, sei Herrn Paynes gelehrte „Geschichte der Neuen Welt" angeführt, ein Werk intensiver Forschung:[2]

erkennen nicht einmal die niederen Wesen an, die gewöhnlich Geister genannt werden und deren Vorstellung im menschlichen Geist stets der Vorstellung von Göttern vorausgegangen ist."

Mr. Payne unterscheidet sich hier *in etwa* von Mr. Tylor, der keine ausreichenden Beweise für völlig unreligiöse Wilde findet, und von Roskoff , der die Argumente von Sir John Lubbock entkräftet hat. Für ethnologische Zwecke definiert Herr Payne einen Gott als „einen gütigen Geist, der dauerhaft in einem greifbaren Objekt, normalerweise einem Bild, verkörpert ist und dem zu diesem Zweck regelmäßig Essen, Trinken usw. angeboten wird." Sicherstellung von Hilfe in den Angelegenheiten des Lebens.

Nach dieser Theorie haben „die niedrigsten Wilden" keine Vorstellung von Gott oder Geist. Später entwickeln sie die Idee des Geistes, und wenn sie den Geist sozusagen in einem greifbaren Gegenstand festgehalten und ihn im Bordlohn behalten haben, dann hat der Geist die Würde und das Wilde die Vorstellung eines Gottes erlangt. Aber während ein Gott dieser Art nach Mr. Paynes Meinung eine relativ späte Blüte der Kultur ist, da die Jägerrassen im

Allgemeinen (mit einigen Ausnahmen) keine Götter haben, ist „die Vorstellung eines Schöpfers oder Erbauers aller Dinge … offensichtlich." „Ein großer Geist" ist „eine der frühesten Bemühungen der primitiven Logik."[3]

Die eigene Logik von Herrn Payne ist nicht ganz klar. Die „primitive Logik" des Wilden führt ihn dazu, nach einer Ursache oder einem Schöpfer der Dinge zu suchen, die er in einem großen kreativen Geist findet. Doch die niedrigsten Wilden haben nicht einmal eine Ahnung von Geist, und die Jägerrassen haben in der Regel keinen Gott. Meint Herr Payne, dass ein großer kreativer Geist *kein* Gott ist, während ein Geist, der in einem greifbaren Objekt seinen Lohn behält, ein Gott ist? Wir sind aufgrund später vorzulegender Beweise nicht in der Lage, Mr. Paynes Sicht auf die Tatsachen zuzustimmen, während seine Argumentation etwas widersprüchlich erscheint, da die niedrigsten Wilden seiner Meinung nach keine Vorstellung von Geist hatten, obwohl die Idee von a Dennoch ist der schöpferische Geist eine der frühesten Bemühungen der primitiven Logik.

Nach solchen Theorien ist der Glaube an ein moralisches Höchstes Wesen ein sehr spätes (oder ein sehr frühes?) Ergebnis der Evolution, bedingt durch die Einwirkung fortschreitender Gedanken auf die ursprüngliche Vorstellung von Geistern. Diese Meinung von Herrn Im Thurn ist grob gesagt die übliche Theorie der Anthropologen. Andererseits möchten wir zeigen, dass die Vorstellung von Gott, wie er sich unser forschender, einfacher Mensch vorstellt, (zwischen widersprüchlichen Fabeln) in den untersten bekannten Graden der Wildheit verborgen ist und daher nicht daraus hervorgehen kann spätere Spekulationen vergleichsweise zivilisierter und fortgeschrittener Menschen über das ursprüngliche Datum der Geister. Wir werden im Gegensatz zur Meinung von Mr. Spencer, Mr. Huxley und sogar Mr. Tylor zeigen, dass das Höchste Wesen und in einem Fall zumindest die zufälligen Geister des wilden Glaubens aktive moralische Einflüsse sind. Was noch wichtiger ist: Wir werden es unbestreitbar machen, dass die Anthropologie ihr Problem vereinfacht hat, indem sie ihre Fakten vernachlässigte oder ignorierte. Während das eigentliche Problem darin besteht, die Entwicklung des ewigen, kreativen moralischen Gottes des „einfachen Menschen" aus Geistern zu erklären, wird der Keim eines solchen Gottes oder seiner Existenz in den Glaubensbekenntnissen der niedrigsten Wilden von Anthropologen geleugnet oder weggelassen oder durch Theorien erklärt werden, denen Tatsachen widersprechen, oder bestenfalls durch europäische oder islamistische Einflüsse wegerklärt werden. Da das Problem nun darin besteht, die Entwicklung der höchsten Vorstellung von Gott zu erklären, kann das Problem, sofern diese Vorstellung unter den rückständigsten Rassen existiert, niemals gelöst werden, solange diese höchste Vorstellung von Gott praktisch ignoriert wird.

Daher sind Anthropologen in der Regel, anstatt sich ihrem Problem zu stellen und es zu lösen, ihm lediglich aus dem Weg gegangen – zweifellos unwissentlich. Dies ist natürlich nicht die Praxis von Herrn Tylor, obwohl selbst sein großes Werk sich angeblich viel mehr mit der Entwicklung der Idee des Geistes und den niederen Formen des Animismus befasst als mit dem eigentlichen Kernpunkt – der Entwicklung der Idee (immer von der Mythologie verdeckt) eines moralischen, ungeschaffenen, unsterblichen Gottes unter den niedrigsten Wilden. Diese Nachlässigkeit der Anthropologen ist auf einen einzigen Umstand zurückzuführen. Sie halten es für selbstverständlich, dass Gott immer (außer dort, wo das Wort „Gott" auf einen lebenden Menschen angewendet wird) als Geist betrachtet wird. Nachdem sie die Entwicklung der Idee des Geistes erklärt haben, betrachten sie Gott als diese Idee, die zu ihrer höchsten Macht gelangt ist, und als den letzten Schritt in ihrer Entwicklung. Wenn wir jedoch zeigen können, dass die frühe Idee eines unsterblichen, moralischen, kreativen Wesens nicht notwendigerweise oder logisch die Lehre vom Geist (oder Gespenst) impliziert, dann könnte diese Idee eines ewigen, moralischen, kreativen Wesens bereits vor dem existiert haben Die Lehre vom Geist wurde entwickelt.

Wir können zugeben, dass Mr. Tylors Bericht über den Prozess, durch den sich Götter aus Geistern entwickelten, ein wenig *touffu ist* – eher in Fakten versunken. Wir können den Wald vor lauter Bäumen kaum sehen. Wir wollen wissen, wie Götter, Schöpfer der Dinge (oder der meisten Dinge), Väter im Himmel und Freunde, Hüter der Moral, die sehen, was in den Herzen der Menschen gut oder schlecht ist, wie angenommen aus Geistern entstanden sind oder überlebende Seelen der Toten. Dass solche moralischen, praktisch allwissenden Götter den allauntersten Wilden – Buschmännern, Feuerländern, Australiern – bekannt sind, werden wir zeigen.

Hier muss der Forscher aufpassen, dass er sich nicht der allgemeinen Meinung anschließt, dass Götter sich moralisch und anderweitig in direktem Verhältnis zu den steigenden Stufen in der Entwicklung von Kultur und Zivilisation verbessern . Das ist nicht unbedingt der Fall; Normalerweise geschieht das Gegenteil. Noch weniger müssen wir im Sinne von Herrn Tylor und Herrn Huxley davon ausgehen, dass die „Allianz [von Religion und Moral] fast oder vollständig den Religionen oberhalb der Stufe der Wilden angehört – nicht den früheren und niederen Glaubensrichtungen"; oder dass „bei den australischen Wilden" und „in ihrer einfachsten Form" „die Theologie völlig unabhängig von der Ethik ist".[4] Diese Aussagen können (durch solche Beweise, auf die sich die Anthropologie stützen muss) als falsch bewiesen werden. Und gerade weil diese Aussagen gemacht werden, hat die Anthropologie eine leichtere Aufgabe, den Ursprung der Religion zu erklären; während ihre Schlussfolgerung, die aus bisher falschen Prämissen abgeleitet wurde, nur weil diese Aussagen falsch sind, ungültig ist.

Aus gegebenen Seelen, die er durch Denken in der bereits beschriebenen Weise erworben hat, entwickelt Mr. Tylor Götter aus ihnen. Aber er gehört nicht zu den Schriftstellern, die sich über jedes Detail im Klaren sind. Er „versucht kaum, den Dunst zu beseitigen, der weite Teile des Themas bedeckt."[5]

Die menschliche Seele, sagt er, sei das Vorbild gewesen, nach dem der Mensch „seine Vorstellungen von spirituellen Wesen im Allgemeinen formulierte, vom kleinsten Elf, der im Gras herumtollt, bis zum himmlischen Schöpfer und Herrscher der Welt, dem Großen Geist". Dabei wird davon ausgegangen, dass der himmlische Herrscher von Anfang an als „ *geistiges* Wesen" gedacht war – und darin liegt gerade die Schwierigkeit. War Er?[6]

Der Prozess der Formulierung dieser Ideen ist eher unklar. Der Wilde „lebt in Angst vor den Seelen der Toten als schädlichen Geistern." Dies könnte einen Teufel hervorbringen; es würde keinen Gott hervorbringen, der „für Gerechtigkeit sorgt". Glücklicherweise gelten „vergöttlichte Vorfahren im Großen und Ganzen als gütige Geister". Der tote Vorfahre wird „nun in eine Gottheit überführt".[7] Es folgen Beispiele für die Ahnenverehrung. Aber wir sind unserem Zuhause nicht näher. Denn unter den Zulus sind viele Amatongo (Ahnengeister) heilig. „Dennoch ist ihr Vater [dh der Vater jeder tatsächlichen Familie] allen anderen weit voraus, wenn sie den Amatongo verehren …. " Sie kennen weder die Alten, die tot sind, noch ihre lobenden Namen, noch ihre Namen."[8] Somit muss jede neue Generation von Zulus ein neues erstes Anbetungsobjekt haben – den Itongo ihres eigenen Vaters . Dieser Vater und sein Name sind in ein oder zwei Generationen vergessen. Der Name eines solchen Menschen kann daher nicht von Zeitalter zu Zeitalter als der des Gottes oder des höchsten Wesens fortbestehen; Und offensichtlich ist solch ein echter toter Mann, obwohl er überhaupt bekannt ist, viel zu bekannt, als dass man ihn für den Schöpfer und Herrscher der Welt halten könnte, trotz einiger schmeichelhafter afrikanischer Titel und des Aberglaubens über Könige, die das Wetter kontrollieren. Die Zulus, ein möglichst „gottloses" Volk, haben einen mythischen ersten Vorfahren, Unkulunkulu , aber er liegt „außerhalb der Reichweite von Riten" und ist eher ein Zentrum von Mythen als von Anbetung oder moralischen Ideen.[9]

Nach anderen Beispielen der Ahnenverehrung verzweigt Herr Tylor zu einer langen Diskussion der Theorie des „Besitzes" oder der Inspiration[10], die der Argumentation an dieser Stelle nicht weiterhilft. Von dort geht er zum Fetischismus über (von uns bereits besprochen) und den Übergängen vom Fetisch (1) zum Idol; (2) an den Schutzengel („unterschwelliges Selbst"); (3) an Baum- und Flussgeister sowie lokale Geister, die Vulkane verursachen;

und (4) zum Polytheismus. Ein Fetisch kann einen Baum bewohnen; Bäume werden verallgemeinert , der Fetisch einer Eiche wird zum Gott des Waldes. Oder wiederum: Fetische erheben sich zu „Artgöttern"; Die Götter aller *Bienen* , Eulen oder Kaninchen haben sich auf diese Weise entwickelt.

Als nächstes[11]

„Wie Häuptlinge und Könige unter den Menschen sind, so sind auch die großen Götter unter den geringeren Geistern ..." Mit wenigen Ausnahmen treten überall dort, wo ein wildes oder barbarisches Religionssystem ausführlich beschrieben wird, große Götter in der spirituellen Welt ebenso deutlich in Erscheinung wie Häuptlinge im menschlichen Stamm.

Sehr gut; Aber woher kommt der große Gott unter den Stämmen, die weder einen Häuptling noch einen König haben und wahrscheinlich auch nie hatten, wie bei den Feuerländern, Buschmännern und Australiern? Der Schöpfer und Herrscher der Welt, den *diese* Rassen kennen, kann nicht der Schatten eines Königs oder Häuptlings sein, der im Nebel der Gedanken reflektiert und verherrlicht wird; Für einen Häuptling oder König haben diese Völker keinen. Diese Theorie (Humes) wird nicht funktionieren, wenn die Menschen einen großen Gott, aber keinen König oder Häuptling haben; noch dort, wo sie einen König haben, aber keinen Zeus oder einen anderen höchsten Königsgott , wie (ich vermute) bei den Azteken.

In Mr. Tylors Theorie erreichen wir nun große Fetischgottheiten wie Himmel und Erde, Sonne und Mond sowie „Abteilungsgottheiten", Götter der Landwirtschaft, des Krieges usw., die den niederen Wilden unbekannt sind.

Als nächstes stellt Herr Tylor eine wichtige Persönlichkeit vor. „Die Theorie der Familienmähnen, zurückgeführt auf Stammesgötter, führt zur Anerkennung überlegener Gottheiten der Natur des göttlichen Vorfahren oder Ersten Menschen", der manchmal als Herr der Toten gilt. Als Beispiel nennt Herr Tylor die Maori Maui, die wie die indische Yama als erste der Menschen den Weg des Todes beschritten. Aber ob Maui und Yama die Sonne sind oder nicht, sowohl die Maori- als auch die Sanskrit-Religion betrachten diese Helden als viel später als die ursprünglichen Götter. In Kamschatka ist der Erste Mensch der „Sohn" des Schöpfers, und wir fragen nach dem Ursprung der Idee des Schöpfers, nicht nach dem Ersten Menschen. Adam wird in einer biblischen Genealogie „der Sohn Gottes" genannt, aber natürlich wurde Adam geschaffen und nicht gezeugt. Der Fall des Zulu-Glaubens wird später analysiert . Im Großen und Ganzen können wir die Vorstellung vom Schöpfer nicht als eine Form der Vorstellung eines idealisierten göttlichen Ersten Vorfahren wegerklären, weil die Vorstellung eines Schöpfers dort auftritt, wo keine Ahnenverehrung stattfindet; und wiederum, weil, angenommen, dass die Idee eines Schöpfers zuerst kam und dass die Ahnenverehrung später populärer wurde, die populäre Idee des

Ahnen möglicherweise auf die schwindende Idee des Schöpfers übertragen werden könnte. Der Schöpfer könnte *nach dem Coup* als erster Vorfahre erkannt werden .

Als nächstes nähert sich Herr Tylor dem Dualismus, der Idee feindseliger guter und böser Wesen. Wir müssen, wie er sagt, vorsichtig sein, die europäische Lehre außer Acht zu lassen, dennoch, so gibt er zu, haben die Wilden diesen dualistischen Glauben in einer „primitiven" Form. Aber die wilde Vorstellung ist nicht nur die von „gut = freundlich zu mir", „schlecht = feindselig zu mir". Die Ethik spielt, wie wir noch zeigen werden, bereits in seiner Theologie eine Rolle.

Mr. Tylor erreicht endlich das höchste Wesen der wilden Glaubensbekenntnisse. Seine wohlüberlegten Worte müssen im Text zitiert werden:

„Um die Lehren des Monotheismus abzugrenzen, ist eine genauere Definition erforderlich [als die bloße Idee eines höchsten Schöpfers], wobei die besonderen Eigenschaften der Gottheit niemandem außer dem allmächtigen Schöpfer zugeschrieben werden." Man kann sagen, dass in diesem strengen Sinne noch nie ein wilder Stamm von Monotheisten bekannt war.[12] Auch keine gerechten Vertreter der unteren Kultur im engeren Sinne sind Pantheisten . Die Lehre, die sie weithin vertreten und die ihnen einen Weg eröffnet, der in die eine oder andere dieser Richtungen tendiert, ist der Polytheismus, der in der Herrschaft einer höchsten Gottheit gipfelt. Hoch über der Lehre der Seelen, der göttlichen Mähnen, der lokalen Naturgötter, der großen Götter der Klasse und des Elements sind in der barbarischen Theologie von nun an Schatten , malerisch oder majestätisch, der Vorstellung einer höchsten Gottheit zu erkennen in wachsender Macht und erhellendem Ruhm entlang der Geschichte der Religion verfolgt werden. Es ist keine unwichtige Aufgabe, so teilweise sie auch ist, die typischen Daten auszuwählen und zu gruppieren, die die Natur und Position der Doktrin der Vorherrschaft zeigen, wie sie in der unteren Kultur sichtbar wird.[13]

Wir werden zeigen, dass bestimmte niedere Wilde ebenso monotheistisch sind wie einige Christen. Sie haben ein höchstes Wesen, und die „charakteristischen Eigenschaften der Gottheit" werden von ihnen nicht anderen Wesen zugeschrieben, als das Christentum sie Engeln, Heiligen, dem Teufel und, so seltsam es scheint, bei Wilden, vermittelnden „Söhnen" zuschreibt .'

Es ist nicht bekannt, dass diese letzte Vorstellung bei den Andamanesen und anderen Stämmen auf missionarischen Einfluss zurückzuführen ist. Aber im Hinblick auf das gesamte Kapitel der wilden Höchsten Wesen müssen wir, wie Herr Tylor rät, weiterhin auf christliche und islamistische Kontamination achten. Die wilden Vorstellungen können, wie Herr Tylor sagt, selbst wenn sie auf diese Weise kontaminiert sind, „bis zu einem gewissen Grad ein einheimisches Substrat" haben. Wir werden solche grausamen Beispiele für die Idee eines höchsten Wesens auswählen, die in alten einheimischen Hymnen bezeugt werden oder in den heiligsten und geheimsten wilden Institutionen, den religiösen Mysterien (offensichtlich die letzten Dinge, die vom missionarischen Einfluss berührt werden) eingeprägt sind Man findet sie unter niedrigen Inselrassen, die durch die eifersüchtige Wildheit und die giftigen Dschungel der Menschen und des Bodens vor europäischem Kontakt geschützt werden. Wir bemerken auch Fälle, in denen Missionare einheimische Namen wie „Vater", „Alter des Himmels", „Schöpfer von allem" direkt in ihren Händen vorfanden.

Es ist anzumerken, dass Herr Spencer diesen Teil der Untersuchung zwar praktisch auslässt, Herr Tylor jedoch nur etwa zwanzig Seiten seines umfangreichen Werks dafür entbehren kann. Er ordnet die wahrscheinlichen Keime der wilden Idee eines höchsten Wesens folgendermaßen: Ein Gott der polytheistischen Menge wird einfach zum Primat erhoben, was natürlich nicht vorkommen kann, wenn es keinen Polytheismus gibt. Oder das Prinzip der Manes-Verehrung könnte aus einem „ursprünglichen Vorfahren" eine höchste Gottheit machen Unkulunkulu , der so weit davon entfernt ist, überragend zu sein, dass er erniedrigt ist. Oder wiederum wird ein großes Phänomen oder eine große Kraft in der Naturverehrung, etwa die Sonne oder der Himmel, zur Vorherrschaft erhoben. Oder die spekulative Philosophie steigt vom Vielen zum Einen auf, indem sie versucht, durch das Universum und darüber hinaus eine Erste Ursache zu erkennen. Animistische Vorstellungen erreichen somit in der Vorstellung der Anima Mundi ihre äußerste Grenze. Er kann alle Kräfte aller polytheistischen Götter ansammeln, oder er mag „riesig, schattenhaft und ruhig auftauchen … zu wohlwollend, um menschliche Anbetung zu brauchen … zu bloß existent, um sich mit der kleinen Rasse der Menschen zu befassen."[14] Aber das ist er immer animistisch.

Wie können wir nun, zusätzlich zu den bereits am Rande erwähnten Einwänden, sagen, dass das Höchste Wesen der niederen Wilden seiner ursprünglichen Auffassung nach überhaupt *animistisch war? Wie können wir wissen, dass er ursprünglich als Geist* vorgesehen war ? Wir werden zeigen, dass dies wahrscheinlich nicht der Fall war, dass die Frage „Geist oder nicht Geist" überhaupt nicht gestellt wurde, dass der Schöpfer und Vater im Himmel vor dem Tod lediglich als unsterbliches Wesen betrachtet wurde, keine Frage nach „ *Geist* " erzogen werden. Wenn ja, war der Animismus für die früheste Idee eines moralischen Ewigen nicht erforderlich. Es wird sich herausstellen, dass diese Hypothese zu einigen sehr einzigartigen Schlussfolgerungen führt.

Es wird gleich ausführlicher dargelegt und erläutert, aber ich finde, dass es Dr. Brinton bereits in den Sinn gekommen war.[15] Er spricht insbesondere von einem Himmelsgott ; Er sagt: „Es begab sich, dass die Vorstellung von Gott mit den Himmeln verbunden war, *lange bevor sich der Mensch fragte: Sind die Himmel materiell und Gott spirituell ?*" Dr. Brinton entwickelt seine Idee jedoch nicht weiter, und mir ist auch nicht bekannt, dass sie bereits früher entwickelt wurde.

Die Vorstellung eines Gottes, nach dessen Spiritualität niemand gefragt hat, ist für uns neu. Für uns selbst und zweifellos oder wahrscheinlich für Barbaren auf einer bestimmten Kulturebene *muss ein solches göttliches Wesen* animistisch sein, *muss* ein „Geist" sein. Um nur einen Fall zu nennen, auf den wir zurückkommen werden: Die Bewohner der Banks Island (Melanesien) glauben an Geister und an die Existenz von Wesen, die keine Menschen waren und es auch nie waren. „Alle könnten gleichermaßen Geister genannt werden", sagt Dr. Codrington, aber *ex hypothesis* werden die Wesen, „die nie Menschen waren", von uns nur „Geister" genannt, weil unsere Denkgewohnheiten es uns nicht ermöglichen, sie uns anders vorzustellen *als* als solche 'Spirituosen.' Sie waren nie Menschen, „die Eingeborenen werden immer behaupten, dass er (der *Vui*) *etwas anderes war* , und ihm den fleischlichen Körper eines Menschen absprechen", während sie fest davon überzeugt sind, dass er kein Geist war.[16]

Dieser Punkt wird später ausführlich erläutert, wenn wir dieses seltsamerweise vernachlässigte Kapitel, dieses wesentliche Kapitel, die höheren Überzeugungen der niedrigsten Wilden, studieren. Für die Existenz eines Glaubens an ein höchstes Wesen gibt es in der ethnografischen Region so viele gute Beweise wie für jede andere Tatsache, die wir besitzen.

Es ist sicher, dass Wilde, wenn sie zum ersten Mal von neugierigen Reisenden und Missionaren angesprochen wurden, immer wieder unseren Gott in ihrem erkannten .

Die mythischen Details und Fabeln über den wilden Gott sind tatsächlich anders; Die ethischen, wohlwollenden, ermahnenden, belohnenden und kreativen Aspekte der Götter sind wahrscheinlich dieselben.[17]

„Es besteht keine Notwendigkeit, selbst den am meisten erniedrigten dieser Menschen von der Existenz Gottes oder einem zukünftigen Staat zu erzählen, ,wobei die Tatsachen allgemein anerkannt sind'."[18]

„Intelligente Männer unter den Bakwains haben die Idee erkundet, dass einer von ihnen jemals eine einigermaßen klare Vorstellung von Gut und Böse, Gott und dem zukünftigen Staat gehabt haben könnte; „Nichts, was wir als Sünde bezeichnen, erschien ihnen jemals anders", außer der Polygamie, sagt Livingstone.

Nun können wir Herrn Tylor zustimmen, dass moderne Theologen, die mit wilden Glaubensbekenntnissen vertraut sind, kaum argumentieren werden, dass „sie direkte oder nahezu direkte Produkte der Offenbarung sind" (Bd. II, S. 356). Aber wir können argumentieren, dass angesichts ihrer aufkeimenden Ethik (die von vielen Anthropologen geleugnet oder minimiert wird) und der Distanz, die die hohen Götter der Wildheit von den Geistern trennt, aus denen sie angeblich hervorgegangen sind; Wenn man auch bedenkt, dass das relativ reine und erhabene Element, das der *Hypothese nach* das jüngste in der Evolution ist, auch *nicht* das am meisten geehrte ist , sondern oft genau das Gegenteil; Wenn wir uns vor allem daran erinnern, dass wir historisch gesehen nichts über den Geisteszustand der Religionsgründer wissen, könnten wir zögern, die anthropologische Hypothese *en masse zu akzeptieren* . Bestenfalls handelt es sich dabei um Mutmaßungen, und die Tatsachen belegen, dass Gegner mehr Rechtfertigung haben, als gemeinhin zugegeben wird, den Großteil der Religion der Wilden als von ihren eigenen höchsten Elementen entartet oder korrumpiert zu betrachten. Ich bin noch keineswegs ein positiver Befürworter dieser Hypothese, aber ich verstehe, was ihre Befürworter meinen oder meinen sollten und welche Stärke ihre Position hat. Herr Tylor sagt mit seiner einzigartigen Fairness: „Die Degenerationstheorie kann, zweifellos in einigen Fällen mit Recht, solche Überzeugungen als verstümmelte und pervertierte Überreste einer höheren Religion bezeichnen" (Bd. II, S. 336).

Ich behaupte nicht zu wissen, wie die niedrigsten Wilden die Theorie eines Gottes entwickelt haben, der ins Herz liest und „für Gerechtigkeit sorgt". Es ist für mich fast genauso einfach zu glauben, dass sie „nicht ohne Zeugen zurückgelassen wurden" wie zu glauben, dass dieser Gott aus dem bösartigen Geist eines schmutzigen, schelmischen Medizinmanns hervorgegangen sei.

Hier kann man wiederholen, dass Mr. Tylor die „wunderlichen oder majestätischen Vorahnungen " eines höchsten Wesens unter sehr niederen Wilden nur oberflächlich skizziert hat; im System von Herrn Herbert Spencer scheinen sie fast weggelassen zu werden. In seinen „Grundsätzen der Soziologie" und „Kirchlichen Institutionen" sucht man vergeblich nach einer angemessenen Notiz; vergeblich auf diesen Teil seines Themas aufmerksam gemacht. Der Beobachter des Verhaltens, das freundliche, kreative Wesen mit niedrigem, wildem Glauben, woher wurde er entwickelt? Die Umstände seiner Existenz, soweit ich sehen kann; Die Keuschheit, die Selbstlosigkeit, das Mitleid, die Loyalität gegenüber gefälligen Worten, das Verbot selbst außerstammesfremder Tötungsdelikte, die an verschiedenen Stellen seinen Anbetern auferlegt werden, sind Probleme, die Mr. Spencers Aufmerksamkeit irgendwie entgangen zu sein scheinen. Wir sind verwirrt über die endlosen Schwierigkeiten in seinem System: zum Beispiel darüber, wie Wilde die Namen ihrer Urgroßväter vergessen und sich dennoch an „traditionelle Personen von Generation zu Generation" erinnern können, so dass „im Laufe der Zeit jede noch so große Erweiterung und Idealisierung dazu in der Lage ist ". erreicht werden'[19]

Herr Spencer wird wiederum argumentieren, dass es eine seltsame Sache sei, wenn „primitive Menschen, wie manche denken, das Bewusstsein einer universellen Macht hatten, aus der sie und alle anderen Dinge hervorgingen", und dennoch „spontan eine solche Handlung gegenüber dieser Macht vollzogen". von ihnen am toten Körper eines anderen Wilden vollzogen" – durch Opfergaben von Speisen.[20]

Nun, erstens wäre die Sache nichts Seltsames, wenn die grobe Idee der „universellen Macht" *am frühesten aufkäme* und teilweise durch eine spätere Versöhnung der Toten und Geister ersetzt würde. Die neue religiöse Idee würde bald auf die ältere Konzeption zurückgreifen und diese durch ihr Ritual beeinflussen. Und zweitens ist es genau diese „universelle Macht", die *nicht* durch Nahrungsangebote besänftigt wird, zum Beispiel in Tonga, (trotz Mr. Huxley), Australien und Afrika. Wir können der Schwierigkeit nicht entgehen, indem wir sagen, dass dort der alte Geist der universellen Macht als tot, altersschwach oder als ein *roi -fainéant angesehen wird, der es* nicht wert ist, versöhnt zu werden, denn das trifft nicht auf den Bestrafer der Sünde, den Lehrer der Großzügigkeit und die anderen zu einsame Sanktion des Glaubens zwischen Menschen und Völkern.

Im Großen und Ganzen scheint es also, dass die Frage des einfachen Mannes an den Anthropologen: „Wenn der Wilde Ihre Vorstellung von Geist in den Geist gebracht hat, wie entwickelt er sich daraus zu dem, was ich Gott nenne?" wurde nicht beantwortet. Gott kann kein Spiegelbild menschlicher Könige sein, wo es keine Könige gab; noch ein Präsident, der aus einer polytheistischen Göttergesellschaft gewählt wird, in der es noch keinen Polytheismus gibt; noch ein idealer erster Vorfahre, bei dem die Menschen ihre Vorfahren nicht verehren; während wiederum der Geist eines verstorbenen Menschen, sei er real oder ideal, nicht einer verbreiteten wilden Vorstellung vom Schöpfer entspricht. All dies wird viel offensichtlicher, wenn wir die höchsten Götter der niedrigsten Rassen im Detail studieren.

Unsere Studie erhebt natürlich nicht den Anspruch, die Religion aller Wilden auf der Welt zu berücksichtigen. Wir begnügen uns mit typischen und in der Regel gut beobachteten Beispielen. Wir reichen von den Glaubensbekenntnissen der rückständigsten und am schlechtesten ausgerüsteten Nomadenrassen über die Glaubensbekenntnisse von Völkern mit Aristokratie, Erbkönigen, Häusern und Landwirtschaft bis hin zum Höchsten Wesen der hochzivilisierten Inkas und dem Jehova der Hebräer.

[Fußnote 1: *Journal Anthrop. Inst.* xi. 874. Wir werden auf diese Passage zurückkommen.]

[Fußnote 2: Bd. ich . P. 389, 1892.]

[Fußnote 3: Payne, ich . 458.]

[Fußnote 4: *Prim. Kult.* Bd. ii. P. 381; *Wissenschaft und hebräische Tradition* , S. 346, 372.]

[Fußnote 5: *Prim. Kult* . Bd. ii. P. 109.]

[Fußnote 6: Ebd. Bd. ii. P. 110.]

[Fußnote 7: Ebd. Bd. ii. P. 113.]

[Fußnote 8: *Prim. Kult* . Bd. ii. S. 115, 116, unter Berufung auf Callaway und andere.]

[Fußnote 9: Die Zulu-Religion wird später analysiert .]

[Fußnote 10: *Prim. Kult* . Bd. ii. S. 130-144.]

[Fußnote 11: Ebd. Bd. ii. P. 248.]

[Fußnote 12: Und wenn überhaupt, sind nur sehr wenige zivilisierte Bevölkerungsgruppen in diesem Sinne monotheistisch.]

[Fußnote 13: *Prim. Kult* . Bd. ii. S. 332, 333.]

[Fußnote 14: *Prim. Kult* . Bd. ii. S. 335, 336.]

[Fußnote 15: *Mythen der Neuen Welt* , 1868, S. 47.]

[Fußnote 16: Ich habe diesen Punkt in *Myth, Ritual und Religion beobachtet* , obwohl
ich die Implikation nicht erkannte, dass die Idee des „Geistes" in der wilden Vorstellung von den ursprünglichen Wesen, Schöpfern oder Machern nicht unbedingt vorhanden war.]

[Fußnote 17: Siehe ein oder zwei Fälle in *Prim. Kult* . Bd. ii. P. 340.]

[Fußnote 18: Livingstone spricht über die Bakwain , *Missionary Travels* , S. 168.]

[Fußnote 19: *Principles of Sociology* , vol. ich . P. 450.]

[Fußnote 20: Op. cit. Bd. ich . P. 302.]

X

HOHE GÖTTER NIEDRIGER RASSEN

Um Missverständnisse zu vermeiden , müssen wir die notwendigen Vorsichtsmaßnahmen bezüglich der Annahme von Beweisen für hohe Götter niedriger Rassen wiederholen. Der Missionar, der nicht in jedem fremden Gott einen Teufel sieht, neigt dazu, Spuren einer ursprünglichen übernatürlichen Offenbarung zu begrüßen, die von allen Völkern außer den Juden verdunkelt wird. Wir werden uns jedoch nicht viel auf missionarische Beweise verlassen, und wenn wir das tun, müssen wir uns jetzt gleichermaßen vor der anthropologischen Voreingenommenheit des Missionars selbst hüten. Nachdem er Mr. Spencer und Mr. Tylor gelesen hat und sich unter Ahnenverehrern befindet (was er manchmal tut), ist er geneigt zu glauben, dass die Ahnenverehrung alle Spuren eines Glaubens an das Höchste Wesen erklärt. Gegen jede Voreingenommenheit von Beobachtern müssen wir wachsam sein.

Es ist möglicherweise auch notwendig, noch einmal auf einen weiteren Schwachpunkt aller Überlegungen zur Religion der Wilden hinzuweisen, nämlich dass wir nicht immer sagen können, was von den Europäern übernommen wurde. So waren die Feuerländer in den Jahren 1830-1840 weit vom Weg entfernt, aber ein Stamm in der Nähe der Magellanstraße verehrte ein Bildnis namens Cristo. Fitzroy führt diese offensichtliche Spur des Katholizismus auf einen Kapitän Pelippa zurück , der den Bezirk einige Zeit vor seiner eigenen Expedition besuchte. Es ist weniger wahrscheinlich, dass Spanier in Regionen, in denen sie keine materiellen Spuren ihres Glaubens hinterlassen haben, den Glauben an eine moralische Gottheit etabliert haben. Die Feuerländer lassen sich nicht leicht missionieren . „Wenn eine Familie aus Feuerland von Fremden entdeckt wird, ist sie sofort bestrebt, in den Wald zu fliehen." Gelegentlich tauchen sie auf, um zu tauschen, aber „manchmal bringt auch nichts ein einzelnes Mitglied der Familie dazu, zu erscheinen." Fitzroy glaubte, sie hätten keine Ahnung von einem zukünftigen Staat, denn neben anderen Gründen, die nicht genannt wurden, „quält der böse Geist sie in *dieser* Welt, wenn sie Unrecht tun, durch Stürme, Hagel, Schnee usw." Warum der böse Geist böse Taten bestrafen sollte, ist nicht klar. „Ein großer schwarzer Mann soll ständig durch die Wälder und Berge wandern, der sicher ist, jedes Wort und jede Handlung zu kennen, dem man nicht entkommen kann und der das Wetter entsprechend dem Verhalten der Menschen beeinflusst."[1]

Es gibt keine Spuren von Versöhnung durch Essen, Opfer oder irgendetwas anderes als Verhalten. Die Gottheit als „einen vergrößerten, nichtnatürlichen Menschen" zu betrachten, ist nichts Besonderes für feugianische Theologen und impliziert nicht den Animismus, sondern das Gegenteil. Aber der Punkt ist, dass dieser ethische Richter der vielleicht niedrigsten Wilden „auf Gerechtigkeit achtet" und das Herz erforscht. Seine Moral liegt so weit über dem gewöhnlichen wilden Standard, dass er die Tötung eines Fremden und Feindes, der auf frischer Tat bei einem Raubüberfall ertappt wurde, als Sünde ansieht. Yorks Bruder (York war ein von Fitzroy nach England gebrachter Feuerländer) tötete einen „wilden Mann", der seine Vögel stahl. „Regen fiel, Schnee fiel, Hagel fiel, Wind wehte, wehte, sehr starker Wind. Es ist sehr schlimm, einen Menschen zu töten. „Der große Mann im Wald mag das nicht, er ist sehr wütend." Hier ist Ethik in der wilden Religion. Das sechste Gebot gilt. Das Wesen verbietet auch das Töten von Flappern, bevor sie fliegen können. „Es ist sehr schlecht, kleine Enten zu schießen, wenn Wind kommt, Regen kommt, weht, sehr viel Wind."[2]

Nun ist dieser große Mann kein vergöttlichter Häuptling, denn die Feuerländer „sind untereinander nicht überlegen … aber der Arzt-Zauberer jeder Partei hat großen Einfluss." Herr Spencer bezeichnet diesen moralischen „großen Mann" der Feuerländer als „offensichtlich einen verstorbenen Wetterarzt".[3] Aber erstens gibt es keinen Beweis dafür, dass das Wesen als jemals gestorben angesehen wird. Auch hier wird nicht nachgewiesen, dass Feuerländer Ahnenanbeter sind. Als nächstes glaubte Fitzroy nicht, dass die Feuerländer an ein zukünftiges Leben glaubten. Und schließlich: Wann waren Medizinmänner solch bemerkenswerte Moralisten? Die schlimmsten Geister unter den benachbarten Patagoniern sind die toten Medizinmänner. Überall gilt die Regel , dass der Geist eines „Zauberarztes", eines Schamanen oder wie auch immer er genannt werden mag, der schlimmste und böseste aller Geister ist. Wie also die Feuerländer, die nicht nachweislich Ahnenverehrer waren, aus dem bösartigen Geist eines Vorfahren ein Wesen entwickelten, dessen Stärke die Moral ist, ist nicht leicht zu begreifen. Die benachbarten Chonos „haben großes Vertrauen in einen guten Geist, den sie Yerri nennen." Yuppon , und betrachten wir ihn als den Urheber alles Guten; Ihn rufen sie in Not und Gefahr an.' Wie ausgehungert sie auch sein mögen, sie rühren das Essen nicht an, bis über jede Portion ein kurzes Gebet gemurmelt wurde: „Der betende Mann schaut nach oben."[4] Sie haben Zauberer, aber es werden keine Einzelheiten über Geister oder Geister genannt. Wenn sich die Feuerland- und Chono-Religion auf dieser Ebene befindet, und wenn dies die früheste ist, dann ist die Theologie vieler anderer höherer Wilder (wie der Zulus) entschieden degeneriert. „Das Bantu vermittelt einem, der an den Neger gewöhnt ist, den Eindruck, dass er einst die gleichen Ideen hatte, *aber die Hälfte davon vergessen hat* ", sagt Miss Kingsley.[5]

Von allen heute existierenden Rassen haben die Australier wahrscheinlich die niedrigste Kultur und sind, wie die Fauna des Kontinents, dem primitiven Vorbild am nächsten. Sie haben weder Metalle, Bögen, Töpferwaren, Landwirtschaft noch feste Wohnstätten; und nirgends wurden Spuren höherer Kultur über oder im Boden des Kontinents gefunden. Das ist wichtig, denn in mancher Hinsicht sind ihre religiösen Vorstellungen so erhaben, dass es naheliegend wäre, sie entweder als Ergebnis europäischen Einflusses oder als Relikte einer höheren Zivilisation in der Vergangenheit zu erklären. Die erstere Vorstellung wird durch die Tatsache diskreditiert, dass ihre besten religiösen Ideen im Zusammenhang mit ihren alten und geheimen Geheimnissen vermittelt werden, während es für die zweite Vorstellung, dass sie von einer höheren Zivilisation entartet sind, absolut keine Beweise gibt .

Mr. Spencer hat in der Tat die Vermutung geäußert, dass die außergewöhnlich komplexen Heiratsbräuche der australischen Schwarzen auf einen höflicheren Zustand in ihrer Vergangenheit hinweisen. Von diesem Stadium wurden, wie gesagt, noch nie materielle Spuren entdeckt, und die Degeneration kann auch nicht neueren Datums sein. Unser frühester Bericht über die Australier stammt von Dampier, der New Holland im unglücklichen Jahr 1688 besuchte. Er fand die Eingeborenen „das elendste Volk der Welt". Die Hodmadods aus Mononamatapa sind zwar ein übles Volk, aber in puncto Reichtum sind sie Herren, die keine Häuser, Schafe, Geflügel und Früchte der Erde haben ... Sie haben keine Häuser, sondern liegen im Freien.' Kurioserweise bestätigt Dampier ihre *Selbstlosigkeit* : das wichtigste ethische Merkmal ihrer religiösen Lehre. „Ob wenig oder viel sie bekommen, jeder hat seinen Teil, sowohl die Jungen und Zärtlichen als auch die Alten und Schwachen, die nicht ins Ausland gehen können, wie die Starken und Kräftigen." Dampier sah weder Metalle noch Bögen, sondern lediglich Bumerangs („hölzerne Entermesser") und Lanzen mit im Feuer gehärteten Spitzen. „Ihr Wohnort war nur ein Feuer mit ein paar Zweigen davor" (das *gunyeh*).

Diese Beschreibung bleibt für die meisten einfachen australischen Stämme zutreffend, aber Dampier scheint nur ichthyophage Küstenschwarze gesehen zu haben.

Es gibt noch einen wichtigen Punkt. In den *Bora* , den australischen Mysterien, in denen Wissen über „den Schöpfer" und seine Gebote vermittelt wird, werden den Eingeweihten noch immer die Vorderzähne ausgeschlagen. Nun stellte Dampier fest, dass „bei allen, Männern und Frauen, alten und jungen, die beiden Vorderzähne ihres Oberkiefers fehlen." Wenn man das ganz wörtlich nehmen will, muss der Bora-Ritus im Jahr 1688 zumindest lokal die Frauen einbezogen haben. Dampier lag an der Nordwestküste auf dem 16. Breitengrad und 122-1/4 Grad östlicher Länge

(Dampier Land, Westaustralien). Die Eingeborenen hatten weder Boote, Kanus noch Baumstämme; aber es scheint, dass sie vor zweihundert Jahren ihre religiösen Geheimnisse und ihre Selbstlosigkeit hatten.[6]

Die Australier wurden von vielen Beobachtern sehr sorgfältig untersucht, und die Ergebnisse widerlegen Herrn Huxleys kühne Aussage völlig, dass „Theologie in ihrer einfachsten Form, wie sie bei den australischen Wilden anzutreffen ist, ein bloßer Glaube an die Existenz, Kräfte, und (normalerweise bösartige) Dispositionen geisterhafter Wesenheiten, die besänftigt oder verscheucht werden können; aber von der Existenz eines Kultes kann man eigentlich nicht sprechen. Und in diesem Stadium ist die Theologie völlig unabhängig von der Ethik."

Gröbere Bemerkungen entgegen den bekannten Tatsachen konnten nicht gemacht werden. Die Australier glauben sicherlich an „Geister", die oft bösartig sind und wahrscheinlich in den meisten Fällen als Geister von Menschen angesehen werden. Diese helfen dem Zauberer und inspirieren ihn gelegentlich. Dass diese Geister *verehrt werden* , erscheint nicht und wird von Waitz geleugnet . Auch in Bezug auf den Kult gibt es keine Möglichkeit, höheren Göttern *Opfer zu bringen, wie es der Fall sein sollte, wenn diese Götter hungrige Geister wären*. Der Kult unter den Australiern besteht in der Einhaltung bestimmter „Gesetze", die in moralischen Lehren zum Ausdruck kommen und im Einklang mit den Lehren ihres Gottes stehen sollen. Die Anbetung nimmt, wie in Eleusis, die Form von Stammesgeheimnissen an, die ursprünglich, wie in Eleusis, von Gott eingeführt wurden. Die Einweihung der jungen Männer erfolgt mit vielen Zeremonien, von denen einige grausam und absurd sind, aber die Einweihung beinhaltet ethische Unterweisungen, in Übereinstimmung mit den angeblichen Geboten eines Gottes, der über ihr Verhalten wacht. Wie bei uns selbst steht das ethische Ideal mit seiner theologischen Sanktion wahrscheinlich eher über dem moralischen Standard der gewöhnlichen Praxis. Welche Schlussfolgerung wir aus diesen Tatsachen ziehen sollten, ist ungewiss, aber die Tatsachen können zumindest nicht bestritten werden und widersprechen genau der Aussage von Herrn Huxley. Er hatte völlig Unrecht, als er sagte: „Der Moralkodex, wie er von der öffentlichen Meinung impliziert wird, erhält keine Sanktion aus theologischen Dogmen."[7] Er beruht für seinen Ursprung und seine Sanktion auf solchen Dogmen.

Die Belege für die australische Religion sind zahlreich und werden jedes Jahr ergänzt. Ich werde mich hier mit den Berichten von Herrn Howitt begnügen.[8]

Was die mögliche Entwicklung des australischen Gottes aus der Ahnenverehrung betrifft, muss beachtet werden, dass Herr Howitt den Gruppen zuschreibt, dass sie „Häuptlinge", eine Art Häuptlinge, besaßen, während einige Forscher in Brough Smyths Sammlung nicht an reguläre Häuptlinge glauben. Herr Howitt schreibt: –

„Der Höchste Geist, an den alle Stämme, auf die ich mich hier beziehe [im Südosten Australiens], entweder als gütiges oder häufiger als böswilliges Wesen glauben, scheint mir den verstorbenen Häuptling darzustellen."

Nun sind die Spuren der „ Häuptlingsführung " unter den Stämmen äußerst schwach; Kein solcher Häuptling regiert weite Teile des Landes, niemand ist bekannt, der nach dem Tod verehrt wird, und die Böswilligkeit des Höchsten Geistes wird nicht durch die Einzelheiten von Mr. Howitts eigener Aussage veranschaulicht, sondern im Gegenteil. In der Tat bemerkt er sofort weiter: „ *Darumulun* wurde, wie mir scheint, nicht überall für ein bösartiges Wesen gehalten, aber er wurde als jemand gefürchtet, der die Übertretungen dieser Stammesverordnungen und -bräuche, deren erste Einrichtung zugeschrieben wird, hart bestrafen konnte." zu ihm.'

Übertretungen seines Gesetzes zu bestrafen ist nicht das Wesen eines böswilligen Wesens. Darumulun „beobachtete die Jugendlichen vom Himmel aus, bereit, den Verstoß gegen seine moralischen oder rituellen Gebote mit Krankheit oder Tod zu bestrafen." Sein Name ist zu heilig, um außer im Flüsterton ausgesprochen zu werden, und der Anthropologe wird feststellen, dass auch die Namen der menschlichen Toten oft tabuisiert werden. Aber der göttliche Name ist nicht so tabuisiert und heilig, wenn nur die Folklore über ihn erzählt wird. Die Informanten von Herrn Howitt unterschieden instinktiv zwischen der Mythologie und der Religion von Darumulun .[9] Diese Unterscheidung – die Geheimhaltung der Religion, die Offenheit der Mythologie – ist wesentlich und erklärt unsere Unwissenheit über die inneren religiösen Überzeugungen der Frühzeit Rennen. Herr Howitt selbst wusste bis zu seiner Einweihung wenig. *Bevor die weißen Männer nach Melbourne kamen , nahm* der Großvater von Mr. Howitts Freund ihn nachts mit auf einen Ausflug und sagte, indem er auf einen Stern zeigte: „Du wirst bald ein Mann sein; Du siehst *Bunjil* [höchstes Wesen bestimmter Stämme] dort oben, und er kann dich sehen und alles, was du hier unten tust.' Herr Palmer erwähnt die Natur der moralischen Unterweisung , wenn er von den Mysterien der Nordaustralier spricht (Mysterien unter göttlicher Genehmigung) . Jedem Jungen wird „von einem der Ältesten ein so freundlicher, väterlicher und beeindruckender Rat gegeben, dass er oft das Herz erweicht und den Jugendlichen Tränen entlockt." Er soll Ehebruch vermeiden, eine Frau nicht ausnutzen, wenn er sie alleine vorfindet, er soll nicht streitsüchtig sein.[10]

Bei den Mysterien kann Darumuluns richtiger Name genannt werden, zu anderen Zeiten ist er „Meister" (*Biamban*) oder „Vater" (*Papang*), genau wie wir „Herr" und „Vater" sagen.

Bora vermittelt würden , oder auf Stammesmysterien, die wiederum teilweise bereits 1798 von Collins beschrieben wurden und 1688 praktiziert worden sein müssen. Herr Howitt erwähnt unter den moralischen Lehren, die göttlich sanktioniert wurden, den Respekt vor dem Alter, den Verzicht auf gesetzlose Liebe und die Vermeidung der Sünden, die im klassischen Griechenland so beliebt, poetisch und durch das Beispiel der Götter sanktioniert wurden.[11] Es erfolgt eine Darstellung des Meisters Biamban ; und die Herstellung solcher Götzen, außer in den Mysterien, ist „bei Todesstrafe" verboten. Diejenigen, die hergestellt wurden, werden zerstört, sobald die Riten beendet sind.[12] Das zukünftige Leben wird dann (anscheinend) durch die Beerdigung eines lebenden Ältesten veranschaulicht, der aus einem Grab aufersteht. Dies könnte jedoch das „neue Leben" der Mystae symbolisieren : „Schlimmer noch bin ich geflohen; Besser habe ich gefunden", wie es in einem athenischen Ritus gesungen wurde. Das gesamte Ergebnis besteht darin, durch das, was Herr Howitt „ein quasi-religiöses Element" nennt, „dem Geist der Jugend auf unauslöschliche Weise jene Verhaltensregeln einzuprägen, die das moralische Gesetz des Stammes bilden."[13]]

Für die religiöse Sanktion der Moral in Australien könnten viele andere Autoritäten angeführt werden. Ein wachsames Wesen beobachtet und belohnt das Verhalten der Menschen; er wird mit Ehrfurcht genannt, wenn überhaupt; seine Wohnstätte ist der Himmel; er ist der Meister und Herr der Dinge; seine Lektionen „erweichen das Herz"[14]

„Was   will   dieser   Schurke
, den ein *Gott* haben sollte?"

vom   australischen   Höchsten   Wesen geförderte und in seinen Mysterien eingeprägte Religion tatsächlich dazu verwendet wird, dem unmoralischen Charakter entgegenzuwirken, den Eingeborene durch den Umgang mit angelsächsischen Christen annehmen.[15]

Herr Howitt[16] gibt einen Bericht über die Jeraeil oder Mysterien der Kurnai. Die alten Männer waren der Meinung, dass die Jungen durch den Verkehr mit Weißen „egoistisch geworden waren und nicht mehr geneigt waren, das, was sie durch eigene Anstrengungen erlangt oder ihnen gegeben hatten, mit ihren Freunden zu teilen". Man muss nicht sagen, dass Selbstlosigkeit das Wesen des Guten und die zentrale Morallehre des Christentums ist. So ist es in den religiösen Mysterien der afrikanischen Yao; Wir werden sehen, dass ein selbstsüchtiger Mann als „Uneingeweihter" bezeichnet wird. So ist es auch mit dem australischen Kurnai, dessen Mysterien und ethische Lehren unter der Sanktion ihres höchsten Wesens stehen. Soviel zum anthropologischen Dogma, dass die frühe Theologie keine Ethik habe.

Der Kurnai begann damit, die Mägen der Jungen zu kneten, die kurz vor der Einweihung standen (das heißt, wenn sie mit Christen Umgang hatten), um Selbstsucht und Gier auszutreiben. Der Hauptritus besteht später darin, jedem Jungen die Augen zu verbinden und eine Decke eng über den Kopf zu ziehen, um mit dem *Tundun* oder den griechischen *Rhomben surrende Geräusche zu machen* , dann die Decken abzureißen und den Eingeweihten aufzufordern, ihre Gesichter zum Himmel zu heben . Der Initiator zeigt darauf und ruft: „Schau da, schau da, schau da!" Sie haben auf diese feierliche Weise die Heimat des Höchsten Wesens gesehen, „Vater unser", Mungan-ngaur (Mungan = „Vater", ngaur = „unser"), dessen Lehre dann vom alten Initiator („Häuptling") entfaltet wird. „auf beeindruckende Weise."[17] „Vor langer Zeit gab es ein großes Wesen, Mungan-ngaur , das auf der Erde lebte." Sein Sohn Tundun ist *direkter Vorfahre* der Kurnai. Mungan initiierte die Rituale und zerstörte die Erde durch Wasser, als sie gottlos offenbart wurden. „ Mungan verließ die Erde und stieg in den Himmel auf, wo er noch immer lebt."

Hier ist Mungan-ngaur , ein Wesen, das nicht als Geist definiert, sondern unsterblich ist und im Himmel wohnt, Vater oder vielmehr Großvater, nicht Schöpfer, der Kurnai. Dies *könnte* als Ahnenverehrung interpretiert werden, aber der entgegengesetzte Mythos, nämlich das Machen oder Erschaffen, kommt in vielen weit abgegrenzten australischen Distrikten häufig vor und existiert neben Evolutionsmythen. Die Gebote von Mungan-ngaur sind:

1. *Den alten Männern zuhören und ihnen gehorchen . 2. Alles, was sie haben, mit ihren Freunden zu teilen . 3. Mit ihren Freunden friedlich zusammenleben .*

4. *Sich nicht in Mädchen oder verheiratete Frauen einzumischen .*

5. *Die Lebensmittelbeschränkungen einzuhalten, bis sie von den alten Männern von ihnen befreit werden .*

Herr Howitt kommt zu dem Schluss: „Ich wage zu behaupten, dass nicht länger behauptet werden kann, dass die Australier keinen Glauben haben, den man religiös nennen kann, das heißt im Sinne von Glaubenssätzen, die die Stammes- und individuelle Moral unter einer übernatürlichen Sanktion regeln." Zu diesem Thema wurde Herr Hewitts Meinung umso positiver, je tiefer er eingeweiht wurde.[18]

Die Australier sind die niedrigsten und primitivsten Wilden, doch ihrem moralischen Herrscher im Himmel, als wäre er ein Geist, wird keine Versöhnung durch Essen zuteil.

Die Gesetze dieser australischen göttlichen Wesen gelten, wie natürlich zu erwarten ist, sowohl für Rituale als auch für Ethik. Aber das moralische Element ist auffällig, die Ehrfurcht ist auffällig: Wir haben hier keinen bloßen Geist, der durch Essen oder Opfer oder durch rein magische Riten besänftigt wird. Sein Abbild selbst (im großen Maßstab auf der Erde modelliert) ist kein vulgäres Idol: So etwas anzufertigen, außer bei den seltenen heiligen Anlässen, ist ein Kapitalverbrechen. Mittlerweile hat die Mythologie des Gottes, sei es innerhalb oder außerhalb der Riten, oft nichts Rationales an sich.

Im Großen und Ganzen ist es offensichtlich, dass beispielsweise Herr Herbert Spencer die Natur der australischen Religion unterschätzt. Er führt einen Fall an, in dem er sich an den Geist eines kürzlich verstorbenen Mannes wandte, der gebeten wurde, keine Krankheit mitzubringen oder „in der Nacht laute Geräusche zu machen", und sagt: „Hier können wir die wesentlichen Elemente eines Kults erkennen . " Aber Mr. Spencer spielt nicht auf die wesentlich wesentlich religiöseren Elemente an, die er in der Autorität, die er zitiert, Mr. Brough Smyth, hätte finden können.[19] Soweit ich das beurteilen kann, scheint dies Mr. Spencers einziger Hinweis auf Australien in der Arbeit über „Ecclesiastical Institutions" zu sein. Doch die Tatsachen, die er und Herr Huxley ignorieren, werfen ein ganz anderes Licht als sie auf das, was sie für den „einfachsten Zustand der Theologie" halten.

Als eine der Ursachen für Verwirrung im Denken über Religion nennt Herr Tylor „die teilweise und einseitige Anwendung der historischen Methode zur Untersuchung theologischer Lehren".[20] Hier haben wir vielleicht Beispiele. In ihrer höchsten Hinsicht ist die „einfachste Theologie" Australiens frei von den Fehlern der populären Theologie in Griechenland. Der Gott entmutigt die Sünde, obwohl er im Mythos alles andere als tadellos ist. Er wird fast zu sehr verehrt, um namentlich genannt zu werden (außer in der Mythologie) und darf nicht durch Idole dargestellt werden. Er lässt sich nicht durch Opfer bewegen; er hat keine Chance; Wie der Tod in Griechenland „liebt er von allen Göttern nur Geschenke, nicht." Daher entspricht der Status der Theologie nicht dem, was wir in einer sehr niedrigen Kultur erwarten. Es wäre kaum ein Paradoxon zu sagen, dass der beliebte Zeus oder Ares von Mungan-ngaur , dem Feuerland-Wesen, degeneriert ist, das das Töten eines Feindes verbietet und fast wörtlich „den Fall des Spatzen markiert".

Wenn wir die gesamte Mythologie von Darumulun kennen würden , würden wir sie (wie viele der Mythen von Pundjel oder Bunjil) wahrscheinlich auf einer ganz anderen Ebene als die Theologie finden. Es gibt zwei Strömungen, die religiöse und die mythische, die in der Religion zusammenfließen. Die frühere Strömung, religiös, selbst unter sehr niederen Wilden, ist frei von der magischen, geisterbeschwichtigenden Gewohnheit. Die letztgenannte mythologische Strömung ist voller Magie, Mumien und skandalöser

Legenden. Manchmal verschmutzt der letztere Strom den ersteren völlig, manchmal fließen sie Seite an Seite und sind völlig unterscheidbar, wie in der ethischen Frömmigkeit der Azteken, verglichen mit dem blutigen Ritualismus der Azteken. Die Anthropologie hat ihren Blick hauptsächlich auf den unreinen Strom, die Begierden, Mumien, Beschwörungen und Betrügereien des Priestertums gerichtet, während sie (wie wir gezeigt haben) relativ oder ganz vernachlässigt, was ehrlich und von gutem Ruf ist.

Die schlechteste Seite der Religion ist die weniger heilige und daher auffälligere. Beide Elemente kommen bei fast allen Rassen nebeneinander vor, und in unserem völligen Mangel an historischen Informationen über die Anfänge kann niemand sagen, welches Element, wenn überhaupt, das frühere ist oder welches, wenn eines davon, vom anderen abgeleitet ist. Die Annahme, dass zuerst die Versöhnung von Leichen und dann von Geistern kam, ist für einige Schriftsteller, die nicht ohne Voreingenommenheit gegen jegliche Religion als unwissenschaftlichen Aberglauben sind, akzeptabel und erscheint logisch. Aber wir wissen so wenig! Die ersten Missionare in Grönland gingen davon aus, dass es dort keine Spur von Glauben an ein göttliches Wesen gab. „Aber als sie ihre Sprache besser verstanden, stellten sie fest, dass genau das Gegenteil der Fall war ... und nicht nur das, sondern sie konnten es auch deutlich aus einem freien Dialog herauslesen, den sie mit einigen völlig wilden Grönländern führten (wobei sie damals jede direkte Anwendung vermieden hatten). ihre Herzen), dass ihre Vorfahren an ein höchstes Wesen geglaubt haben müssen und ihm einen Dienst erwiesen haben, den ihre Nachkommen nach und nach vernachlässigten ...“[21] Mr. Tylor bezeichnet dies nicht als eine Spur christlich-skandinavischen Einflusses auf die Eskimo.[22]

Diese Linie kann natürlich übernommen werden. Aber ein Eskimo sagte zu einem Missionar: „Du darfst nicht glauben, dass kein Grönländer über diese Dinge nachdenkt“ (Theologie). Anschließend brachte er das Argument aus dem Design vor. „ Sicherlich muss es ein Wesen geben, das all diese Dinge geschaffen hat. Er muss auch sehr gut sein ... Ah, hätte ich ihn nur gekannt, wie sehr ich ihn lieben und ehren würde .' Wie der heilige Paulus schreibt: „Das, was von Gott erkannt werden kann, ist in ihnen offenbar, denn Gott hat es ihnen gezeigt ... durch die Dinge verstanden, die gemacht werden ... aber sie wurden eitel in ihren Vorstellungen, und ihr törichtes Herz wurde verfinstert.“ .'[23] Tatsächlich überschwemmte die Mythologie die Religion. Die Theorie des heiligen Paulus über den Ursprung der Religion ist weder die einer „angeborenen Idee“ noch eine direkte Offenbarung. Die Menschen, sagt er, gelangten über das Argument für Design zum Glauben an einen Gott. Die Wissenschaft meint, sie habe vernichtete teleologische Ideen. Aber sie gehören zu den wahrscheinlichen Ursprüngen der Religion und würden zum Glauben an einen Schöpfer führen, den der Grönländer für wohltätig hielt und nach dem er sich sehnte. Dies ist ein ganz anderer Anfangsschritt in der religiösen Entwicklung, wenn es überhaupt ein Anfang war, als die Speisung einer Leiche oder eines Geistes.

Aus all diesen Beweisen geht nicht hervor, wie nicht-polytheistische, nicht-monarchische, nicht Manes-verehrende Wilde die Idee eines relativ höchsten, moralischen und gütigen Schöpfers entwickelten, der ungeboren, unsterblich ist und das Leben der Menschen beobachtet. „Er kann überall hingehen und alles tun."[24]

[Fußnote 1: Fitzroy, ii. 180. Darwin. *Abstammung des Menschen* , S. 67.]

[Fußnote 2: Ebd. Wir scheinen weder vor noch nach der Kreuzfahrt der *Beagle wenig Informationen über die Feuerland-Religion zu haben* .]

[Fußnote 3: *Prinzipien der Soziologie* , ich . 422.]

[Fußnote 4: Fitzroy, ii. 190, 191]

[Fußnote 5: *Reisen in Westafrika* , S. 442.]

[Fußnote 6: *Early Voyages to Australia* , 102-111 (Hakluyt Society).]

[Fußnote 7: *Wissenschaft und hebräische Tradition* , S. 846.]

[Fußnote 8: *Journal of the Anthrop. Institute* , 1884. Siehe für weniger würdevolle Darstellungen op. cit. xxiv. xxv.]

[Fußnote 9: *Journal* , xiii. 193.]

[Fußnote 10: *Journal* , xiii. 296.]

[Fußnote 11: Op. cit. P. 450.]

[Fußnote 12: S. 453.]

[Fußnote 13: S. 457.]

[Fußnote 14: Siehe Brough Smyth, *Aborigines* , i . 426; Taplin, *Ureinwohner Australiens* . Laut Taplin war Nurrumdere ein vergöttlichter Schwarzer, der auf der Erde starb. Dies ist bei Baiame nicht der Fall , es wird aber eher vage gesagt, dass es bei Daramulun zutrifft . *JAI* , xiii. 194, xxv. 297.]

[Fußnote 15: Aus einem kurzen Bericht über die Feuerzeremonie oder *Engwurra* bestimmter Stämme in Zentralaustralien geht hervor, dass religiöse Zeremonien im Zusammenhang mit Totems die bemerkenswertesten Darbietungen sind. Auch „bestimmte mythische Vorfahren" der „ *Alcheringa* " oder Traumzeiten wurden gefeiert; Diese realen oder idealen Menschen scheinen „ihre Identität in der des Objekts zu versenken, mit dem sie verbunden sind und aus dem sie entstanden sein sollen". Es scheint auch Orte zu geben, die von „Geisterindividuen" heimgesucht werden, die in gewisser Weise mit Totems verwechselt werden, von Opfern für diese Mähnen wird jedoch nichts erwähnt. Der kurze Bericht stammt von Professor Baldwin Spencer und Herrn FJ Gillen, *Proc. Royal Soc. Victoria*, Juli 1897. Diese Feuerzeremonie ist nicht für Jungs – keine Art Konfirmation in der wilden Kirche –, sondern für Erwachsene.]

[Fußnote 16: *J. Anthrop. Inst*. 1886, S. 310.]

[Fußnote 17: *J. Anthrop. Inst*. 1885, S. 313.]

[Fußnote 18: *J. Anthrop. Inst*. xiii. P. 459.]

[Fußnote 19: *Kirchliche Institutionen*, S. 674.]

[Fußnote 20: *Prim. Kult*. ii. 450.]

[Fußnote 21: Cranz, S. 198, 199.]

[Fußnote 22: *Journal Anthrop. Inst*. xiii. 348-356.]

[Fußnote 23: Röm. ich. 19. Cranz, ich. 199.]

[Fußnote 24: In Mr. Carrs Werk „ *The Australian Race*"werden Berichte über „gottlose" Eingeborene beispielsweise im Mary-River-Land und in Gippsland gegeben. Diese Berichte sind meist das Ergebnis der Unwissenheit oder Verachtung weißer Beobachter, vgl. Tylor, ich. 419. Für weitere Informationen über australische Überzeugungen und Antworten auf Einwände wird der Leser auf die Einleitung verwiesen.]

XI

Höchste Götter haben sich nicht unbedingt aus „Geistern" entwickelt

Bevor ich dazu übergehe, die hohen Götter anderer niederer Wilder zu untersuchen, muss ich hier erneut auf der für uns nicht leicht zu begreifenden Theorie beharren und sie weiterentwickeln, dass das Höchste Wesen der Wilden einem anderen Zweig des Glaubens angehört als Geister oder Geistergötter. oder Fetische oder Totems und müssen nicht – wahrscheinlich auch nicht – im Wesentlichen von diesen abgeleitet sein. Wir müssen versuchen, unsere Theorie loszuwerden, dass ein mächtiges, moralisches, ewiges Wesen von Anfang an *von Amts wegen* als „Geist" konzipiert wurde; und wurde daher zwangsläufig von einem Geist abgeleitet.

Erstens: Wie war der Entwicklungsprozess?

Wir haben die Theorie von Herrn Tylor untersucht. Aber um einen praktischen Fall zu nehmen: Hier sind die Australier, die in kleinen Gruppen umherstreifen, ohne mehr formelle Herrscher als höchstens „Häuptlinge"; keine Ahnenverehrer; keine Polytheisten; ohne Abteilungsgottheiten, die ausgewählt und hervorgehoben werden könnten ; nicht geneigt, über die *Anima Mundi zu spekulieren* . Wie überbrückten sie dann die Kluft zwischen dem Geist eines bald vergessenen Kämpfers und der Vorstellung eines Vaters über uns, „allsehend", moralisch, der unter verschiedenen Namen auf einem riesigen Kontinent zu finden ist? Ich kann nicht erkennen, dass dieses Problem gelöst oder offen angegangen wurde.

Der Unterschied zwischen der australischen Gottheit in ihrer höchsten Macht, die nicht durch Opfer versöhnt wird, und dem gewöhnlichen, schwindenden, leicht vergessenen, billig versöhnten Geist eines Stammesangehörigen ist wesentlich. Es ist nicht leicht zu zeigen, wie in der „dunklen Rückständigkeit" des australischen Lebens die Vorstellung von Mungan-ngaur aus der Idee des Geistes eines Kriegers entstand. Es gibt jedoch keine logische Notwendigkeit für den Glauben an die Entwicklung dieses Gottes aus diesem Geist. Diese beiden Faktoren in der Religion – Geist und Gott – scheinen völlig unterschiedliche Ursachen zu haben, und es erscheint erstaunlich, dass Anthropologen (soweit mir bekannt ist) diesen Umstand noch nie zuvor beobachtet haben.

Herr Spencer spricht tatsächlich häufig von lebenden Menschen, die als Götter verehrt werden. Ich weiß nicht, dass diese auf den untersten Ebenen der Grausamkeit zu finden sind, und Herr Jevons hat darauf hingewiesen, dass man eine Vorstellung von Gott haben muss, bevor man einen Menschen als Gott feiern kann. Der Mord an Captain Cook war bekanntermaßen das Ergebnis eines wissenschaftlichen Experiments in der Theologie. „Wenn er ein Gott ist, kann er nicht getötet werden." Also versuchten sie es mit einem Dolch und stellten fest, dass der ehrliche Kapitän nur ein sterblicher britischer Seemann war – überhaupt kein Gott. „Es gibt Abschlüsse." Mr. Spencers Männergötter werden zu echten Göttern – nach dem Tod.[1]

Nun ist das Höchste Wesen des wilden Glaubens in der Regel überhaupt nie gestorben. Er gehörte einer Welt an, die den Tod nicht kannte.

Eine Ursache für unsere Blindheit scheint folgende zu sein: Uns wurde von Kindheit an beigebracht, dass „Gott ein Geist ist". Wir können uns ein ewiges Wesen jetzt nur als „Geist" vorstellen. Wir wissen, dass Legionen wilder Götter heute als Geister angesehen werden. Und deshalb haben wir nie bemerkt, dass es keinen Grund gibt, warum wir davon ausgehen sollten, dass die frühesten Gottheiten der frühesten Menschen von ihnen überhaupt als „Geister" angesehen wurden. Diese Götter könnten am vernünftigsten nicht als „Geister", sondern als „undefinierte ewige Wesen" bezeichnet werden. Für uns ist ein solches Wesen notwendigerweise ein Geist, aber für einen frühen Denker, der möglicherweise noch nicht zur Vorstellung eines Geistes gelangt ist, war er es keineswegs unbedingt.

Anthropologen sagen, ein Geist habe sich zu einem Gott entwickelt. Die bloße Vorstellung eines Geistes (außer einem Geist oder einem Geist) impliziert den früheren *Tod* seines Besitzers. Ein Geist ist das Phantom eines *toten* Mannes. Aber Anthropologen sagen uns immer wieder mit Wahrheit, dass die Vorstellung vom Tod als einer universellen Verordnung den Wilden unbekannt ist. Krankheiten und Tod sind Dinge, die es einst nicht gab und die normalerweise nicht passieren sollten, denkt der Wilde. Sie werden seiner Meinung nach auf übernatürliche Weise durch Zauberer und Geister verursacht. Der Tod kam durch einen Fehler, einen Unfall, einen Fehler im Ritual, eine Entscheidung eines Gottes, der vor dem Tod war, auf die Welt. Überall werden zu diesem Thema unzählige Mythen erzählt.[2]

Das höchste Wesen des Wilden, mit zusätzlicher Macht, Allwissenheit und Moral, ist die Idealisierung des Wilden, wie er es sich selbst vorgestellt hat, *ohne* fleischlichen Körper (in der Regel) und *ohne* Tod. Er ist nicht unbedingt ein „Geist", obwohl dieser Begriff jetzt auf ihn angewendet werden könnte. Ursprünglich wurde er nicht als „Geist" oder „Nicht-Geist" unterschieden. Er ist ein Wesen, das man sich vorstellt, ohne dass die Frage nach „Geist" oder „kein Geist" aufgeworfen wird; Vielleicht wurde er ursprünglich gezeugt, bevor diese Frage von Menschen gestellt werden konnte. Wenn wir das höchste Wesen der Wilden einen „Geist" nennen, führen wir unsere eigenen animistischen Ideen in eine Vorstellung ein, in der sie ursprünglich möglicherweise nicht existierte. Wenn der Gott „der zur x-ten Macht erhobene Wilde selbst" ist, ist er umso weniger ein Geist . Herr Matthew Arnold hätte genauso gut sagen können: „Der britische Philister hat keine Kenntnis von Gott." Er glaubt, dass der Schöpfer ein vergrößerter, nicht natürlicher Mensch ist, der im Himmel lebt. Das Gippsland- oder Fuegian- oder Blackfoot-Höchste Wesen ist nur ein anthropomorphes *Wesen* , *kein Mrart* oder „Geist". Das Höchste Wesen ist ein *Wesen* , Wesen, *Vui* ; Wir haben kaum einen Begriff für eine unsterbliche Existenz, der so undefiniert ist. Wenn das Wesen ein idealisierter erster Vorfahre ist (wie bei den Kurnai), ist es aus diesem Grund weder ein Mensch noch ein Geist eines Menschen. In der ursprünglichen Vorstellung handelt es sich um einen mächtigen Intellektuellen, der schon lange aktiv war, bevor durch einen Verstoß gegen seine Gesetze, einen Fehler bei der Übermittlung einer Botschaft, einen Verstoß gegen das Ritual oder was auch immer, der Tod eintrat Welt. Er war vom Eintritt des Todes nicht betroffen, er existiert noch.

Der moderne Geist muss sich mit dieser unbestimmten Vorstellung vom wilden Höchsten Wesen vertraut machen, die logischerweise vor der Entwicklung der Vorstellung von Geist oder Geist existierte.

Aber wie trifft es zu, wenn, wie bei den Kurnai, das Höchste Wesen als Vorfahr gilt?

Es kann sehr leicht gezeigt werden, dass das Höchste Wesen eines wilden Volkes, wenn es der idealisierte Erste Vorfahre ist, von seinen Anbetern niemals als *Geist angesehen werden konnte* ; oder zumindest kann man sich das logischerweise nicht so vorstellen, wenn der fast universelle Glaube verbreitet ist, dass der Tod zufällig oder unnötig auf die Welt gekommen sei.

Adam ist der mythische erste Vorfahre der Hebräer, aber er starb [griechisch: uper moron] und wurde nicht angebetet. Yama, der erste der arischen Männer, der starb, wurde von vedischen Ariern verehrt, allerdings *angeblich* als Geistergott . Herr Tylor gibt eine Liste der ersten vergöttlichten Vorfahren. Der Vorfahre der Maudans ist nicht gestorben, daher ist er kein Geist; *emigravit* , er „zog nach Westen". Wo der erste Vorfahre auch der Schöpfer ist (Hunderippen-Indianer), kann er kaum als Sterblicher angesehen werden und wird es auch nicht. Tamoi von den Guaranis war „der Älteste des Himmels", eindeutig kein sterblicher Mensch. Der Maori Maui war der erste, der starb, aber er gehört nicht zu den ursprünglichen Maori- Göttern. Haetsh , unter den Kamtschadalen , antwortet genau auf Yama. Unkulunkulu wird später beschrieben.[3]

Dies ist die Liste: Wo der erste Vorfahr dem Schöpfer gleichkommt und der Höchste ist, ist er von Anfang an todlos und unsterblich. Wenn er stirbt, ist er ein bekennender Geistergott.

Nun sind Geisterverehrung und Verehrung toter Vorfahren unmöglich, bevor der Vorfahre tot und ein Geist ist. Aber die wesentliche Idee von Mungan-ngaur , Baiame und den meisten hohen Göttern Australiens und anderen niederen Rassen ist, dass *sie überhaupt nie gestorben sind* . Sie gehören der Zeit an, bevor der Tod in die Welt kam, wie Qat bei den Melanesiern. Sie entstehen in einem Zeitalter, das den Tod nicht kannte und weder über Phantasmen nachdachte noch Geister hervorbrachte. Sie könnten in der Natur der Sache von einer Rasse von Unsterblichen erdacht worden sein, die nie von so etwas wie einem Geist geträumt haben. Für diese Götter ist die Geistertheorie nicht erforderlich und überflüssig, ja sogar widersprüchlich. Die frühen Denker, die diese Wesen entwickelten, mussten nicht wissen, dass Menschen sterben (obwohl sie es natürlich in der Praxis wussten), noch weniger mussten sie die Hypothese von Geistern durch abstrakte Spekulation erdacht haben. Baiame , Cagn , Bunjil waren nach dem Glauben ihrer Anbeter *dort* ; Der Tod drang später unter die Menschen ein, hatte aber keinerlei Auswirkungen auf diese göttlichen Wesen.

Die Geistertheorie ist daher nach den Beweisen der Anthropologie selbst für die Entwicklung der hohen Götter der Wilden nicht erforderlich. Es wird nur für die Entwicklung der Versöhnung von Geistern und der echten Anbetung toter Vorfahren benötigt. Daher waren die beschriebenen hohen Götter nicht unbedingt einst Geister – sie wurden nicht idealisiert *sterbliche* Vorfahren. Sie waren natürlich von Anfang an, schon vor dem Eintritt des Todes, unsterbliche Väter, die jetzt in der Höhe wohnen. Zwischen ihnen und den vergöttlichten sterblichen Vorfahren besteht eine große Kluft – der Fluss des Todes.

Die ausdrückliche Unterscheidung, dass die hohen schöpferischen Götter niemals sterbliche Menschen waren, während andere Götter Geister sterblicher Menschen sind, wird überall gemacht. „Vorfahren, *von denen bekannt* war, dass sie Menschen waren, wurden *nicht* als [ursprüngliche] Götter verehrt, und es wurde nicht angenommen, dass Vorfahren, die als [ursprüngliche] Götter verehrt wurden, Menschen waren."[4]

Beide Arten können einen generischen Namen haben, wie z. B. *Kalou* oder *Wakan* , aber die spezifische Unterscheidung wird allgemein von niederen Wilden vorgenommen. Einerseits ursprüngliche Götter; auf der anderen Seite nicht-ursprüngliche Götter, die einst Geister waren. Nun wird dieser Unterschied oft ruhig ignoriert; Wenn dagegen eine Rasse (wie die späten Skandinavier) die euhemeristische Hypothese entwickelt hat („Alle Götter waren einst Menschen"), wird diese Hypothese von einigen Autoren als historische Tatsachenfeststellung akzeptiert.

Es ist Teil meiner Theorie, dass die populärere Geisterverehrung der Seelen von Menschen, die Menschen geliebt haben, in die möglicherweise ältere

Religion des Höchsten Vaters eingedrungen ist. Mächtige Wesen, ob ursprünglich als „Geister" betrachtet oder nicht, wurden später im Rahmen der animistischen Theorie als Geister gezählt. Sogar sie (aber nicht zu den niedrigsten Wilden) ließen sich durch Essen und Opfer besänftigen. Die Alternative für ein höchstes Wesen, als einst der Animismus vorherrschte, war Opfer (im Hinblick auf populärere Geistergottheiten) oder Vernachlässigung. Wir werden Beispiele für beide Alternativen finden. Aber das Opfer beweist nicht, dass ein Gott seiner ursprünglichen Vorstellung nach ein Geist oder gar ein Geist war. „Die allgemeine Lehre des Alten Testaments ist nicht, dass Gott Geist ist, sondern dass der Geist [*rúah* = ‚Wind', ‚lebendiger Atem'] Jehovas, der von ihm ausgeht, in der Welt und unter den Menschen wirkt."[5]

Wieder aufzunehmen. Die hohen Götter der Wildheit – moralische, allsehende Herrscher der Dinge und der Menschen – werden von ihren Anbetern überhaupt nicht ausdrücklich als Geister betrachtet. Die Vorstellung von Seele oder Geist ist hier fehl am Platz. Wir können Pirnmeheal , Nápi und Baiame am besten als „vergrößerte, nicht-natürliche Menschen" oder undefinierte Wesen beschreiben , die von Anfang an existierten und unsterblich sind. Sie sind, wie die einfachen epikureischen Götter, *nihil indiga Nostri* . Da sie keine Geister sind, sehnen sie sich nicht nach Nahrung von Menschen und erhalten keine Opfer, wie es Geister oder aus Geistern entwickelte Götter oder Götter tun, auf die das Geisterritual übertragen wurde. Aus genau diesem Grund scheint Mr. Grant Allen sie offenbar als „Götter zum Reden und nicht als Götter zum Anbeten" zu bezeichnen; mythologische Vorstellungen statt religiöse Wesen."[6] All dies ist für die niedrigsten Wilden ziemlich hart. Wenn sie einem Gott opfern, dann ist der Gott ein hungriger Geist; Wenn das nicht der Fall ist, dann ist der Gott „ein Gott, über den man spricht und nicht, den man anbetet". Glücklicherweise beweisen die Tatsachen des Bora-Rituals und die dort gegebenen Anweisungen, dass Mungan- nganr und andere Namen aus ethischer Sicht Götter *sind* , die man anbeten muss Konformität mit ihrem Willen und durch feierliche Zeremonien, nicht nur Götter, über die man reden kann.

Somit scheint das höchste Element in der Religion der niedrigsten Wilden nicht aus ihrer Geistertheorie abzuleiten. Soweit wir sagen können, hat man in Ermangelung historischer Beweise möglicherweise an die höchsten Götter der Wilden als Schöpfer, Väter und Herren unbestimmter Natur geglaubt, bevor die Wilden die Idee von Seelen aus Träumen entwickelt hatten Phantasmen. Es ist logisch vorstellbar, dass Wilde Gottheiten wie Baiame und Darumulun verehrt haben, bevor sie die Vorstellung entwickelt hatten, dass Tom, Dick oder Harry eine trennbare Seele hätten, die in der Lage sei, seinen körperlichen Tod zu überleben. Gottheiten der höheren Art sind aufgrund der Natur wilder Reflexionen über den Tod und über seinen nicht-ursprünglichen zufälligen Charakter der Geistertheorie – dem angeblichen Ursprung von – Vorrang, oder können vor ihr stehen, oder es kann nicht nachgewiesen werden, dass sie nicht vor ihr stehen Religion. Für ihre Entwicklung ist die Geistertheorie logischerweise nicht erforderlich; sie können darauf verzichten. Doch *sie* und nicht die Geister, Bogles, Mrarts , *Brewin* usw. sind die hohen Götter, die Götter, die die meisten Analogien haben – als Schöpfer, moralische Führer, Belohner und Bestrafer des Verhaltens (obwohl diese Pflicht gelegentlich auch übernommen wird). durch Ahnengeister) – mit unserer zivilisierten Vorstellung vom Göttlichen. Unsere Vorstellung von Gott geht nicht auf Geister zurück, sondern auf die höchsten Wesen von Völkern, die keine Ahnen verehren.

Es scheint unmöglich, irgendeine Methode aufzuzeigen, mit der niedrige, führerlose , nicht-polytheistische, nicht-metaphysische Wilde (falls es solche gibt) aus Geistern die ewigen Wesen entwickelten, die die Welt erschaffen haben und über die Moral wachen: als das Volk Obwohl sie selbst solche Wesen einhellig von Geistergöttern unterscheiden, gehe ich davon aus, dass solche Wesen niemals Geister waren. In diesem Fall scheint mir die animistische Theorie völlig zusammenzubrechen. Doch diese hohen Götter niederer Wilder bewahren aus den düstersten Zeiten der gemeinsten Kultur die Skizze eines Gottes, den unser höchstes religiöses Denken nur bis zu seinem Ideal erfüllen kann. Von welchem Keim auch immer er kommen mag, weder Jehova noch Allah kommen von einem Geist.

Man könnte entgegnen, dass dies keinen wirklichen Unterschied macht. Auch wenn die Wilden ihre Götter nicht aufgrund eines trügerischen Glaubens an Geist und Seele erfanden, so folgten sie dennoch auf andere, ebenso unlogische Weise der Hypothese, dass sie einen Richter und Vater im Himmel hätten. Aber wenn die Geistertheorie der hohen Götter falsch ist, weil sie auffällig überflüssig ist, macht das schon *einen* Unterschied. Es beweist, dass eine weithin gepredigte wissenschaftliche Schlussfolgerung ebenso gespenstisch sein kann wie Bathybius. In anderen, wichtigeren Punkten können wir daher ohne allzu große Besorgnis von der neuesten wissenschaftlichen Meinung abweichen.

[Fußnote 1: *Prinzipien der Soziologie* , ich . 417, 421. „Die Medizinmänner werden wie Götter behandelt....“ Der Medizinmann wird nach dem Tod ein Gott.']

der modernen Mythologie veröffentlicht .]

[Fußnote 3: *Prim. Kult* . ii. 311-316.]

[Fußnote 4: Jevons, *Einleitung* , S. 197.]

[Fußnote 5: Robertson Smith. *Die Propheten Israels* , S. 61.]

[Fußnote 6: *Evolution der Gottesidee*, S. 170.]

XII

WILDE HÖCHSTE WESEN

Unter den „niedrigsten Wilden" gelten die höchsten Wesen am meisten als ewig, moralisch (wie es in der Moral des Stammes heißt oder höher als seine übliche Praxis) und *mächtig*. Ich habe an anderer Stelle den Buschmann-Gott Cagn beschrieben, wie er Herrn Orpen von Qing dargestellt wurde , der „noch nie zuvor einen weißen Mann gesehen hatte, außer im Kampf." Herr Orpen erhielt die Fakten von Qing, indem er ihn dazu veranlasste, die Bilder der Eingeborenen an den Höhlenwänden zu erklären. „ Cagn hat alles geschaffen, und wir beten zu ihm", also: „O Cagn , oh Cagn , sind wir nicht deine Kinder?" Siehst du uns nicht hungrig? Gib uns Essen.' Was die Ethik betrifft: „Zuerst war Cagn sehr gut, aber er wurde durch so viele Kämpfe verwöhnt." „Wie kam er auf die Welt?" „Vielleicht mit denen, die die Sonne gebracht haben: Nur die Eingeweihten wissen diese Dinge." Es scheint, dass Qing noch nicht in den Tanz eingeweiht war (der einem hohen Ritus des australischen *Bora entsprach*), in dem sich die esoterischsten Mythen entfalteten.[1]

In Mr. Spencers „Descriptive Sociology" wird die Religion der Buschmänner somit abgeschafft. „Beten Sie zu einem Insekt der Art Raupe, damit es bei der Jagd Erfolg hat." Das ist eher dürftig. Sie stellen Pfeilgift aus Raupen her,[2] obwohl Dr. Bleek , vielleicht richtig, Cagn mit i-kaggen , dem Insekt, identifiziert .

Der Fall der Andamanen-Insulaner kann besonders Anhängern der anthropologischen Religionswissenschaft empfohlen werden. Lange Zeit waren diese Eingeborenen als „gottlose Andamanesen" die Freude emanzipierter Forscher. Sie versorgen Mr. Spencers „Ecclesiastical Institutions" nur mit einigen Beispielen des Geisterglaubens.[3] Doch wenn die Andamanesen *vor Ort* von einem gebildeten Engländer wissenschaftlich untersucht werden, Mr. Man, der ihre Sprache kennt, seit elf Jahren mit ihnen zusammenlebt und unsere wohlwollenden Bemühungen leitet, „sie aus ihrem wilden Zustand zurückzugewinnen", sind die Andamanesen an der Reihe erweist sich als ziemlich peinlich reich an den höheren Elementen des Glaubens. Sie haben nicht nur eine zutiefst philosophische *Religion* , sondern auch eine übermäßig absurde *Mythologie* , wie die australischen Schwarzen, die Griechen und andere Völker. Wenn der Andamanesen-Forscher im Großen und Ganzen an der Möglichkeit einer ethnologischen Religionstheorie verzweifelt, kann man ihm kaum einen Vorwurf machen.

Bei den Menschen handelt es sich wahrscheinlich um Negritos und wahrscheinlich um „die Ureinwohner, deren Beschäftigung auf prähistorische Zeiten zurückgeht".[4] Sie benutzen den Bogen, stellen Töpfe her und liegen deutlich über dem australischen Niveau. Sie haben zweitsichtige Männer, die Status erlangen, „indem sie einen außergewöhnlichen Traum erzählen, dessen Einzelheiten später durch ein unvorhergesehenes Ereignis, wie zum Beispiel einen plötzlichen Tod oder Unfall, bestätigt wurden". Sie müssen von Zeit zu Zeit neue beweiskräftige Träume hervorbringen. Sie sehen Phantasmen von Toten und zufällige Halluzinationen.[5] Das alles ist so, wie wir es erwarten sollten.

Ihre Religion geht wahrscheinlich nicht auf Missionare zurück, da sie immer alle Ausländer erschossen haben und es keine Überlieferungen über die Anwesenheit von Außerirdischen auf den Inseln vor unserer jüngsten Ankunft gibt.[6] Ihr Gott, Puluga , ist „wie Feuer", aber unsichtbar. Er wurde nie geboren und ist unsterblich. Durch ihn wurden alle Dinge erschaffen, außer den Mächten des Bösen. Er kennt sogar die Gedanken des Herzens. Er ist verärgert über *Yubda* = Sünde oder Fehlverhalten, das heißt Falschheit, Diebstahl, schwere Körperverletzung, Mord, Ehebruch, schlechtes Zerlegen von Fleisch und (als Verbrechen der Hexerei) über das Verbrennen von Wachs.[7] „Zu denen, die Schmerzen oder Kummer haben, ist er mitleidig und lässt sich manchmal herab, ihnen Erleichterung zu verschaffen." Er ist der Richter der Seelen, und die Angst vor künftiger Bestrafung soll „bis zu *einem gewissen* Grad ihre Handlungsweise im gegenwärtigen Leben beeinflussen".[8]

Dieses Wesen konnte nicht aus dem gewöhnlichen Geist eines zweitsichtigen Mannes hervorgegangen sein, denn ich finde weder, dass Ahnengeister verehrt werden, noch gibt es eine Spur von frühem missionarischem Einfluss, während Herr Man ältere Menschen und einheimische Religionen befragte , gut unterrichteter Andamanese für seine Fakten.

Dennoch lebt Puluga in einem großen Steinhaus (das eindeutig von unserem in Port Blair abgeleitet ist), isst und trinkt, geht auf Nahrungssuche und ist mit einer grünen Garnele verheiratet.[9] Es gibt die übliche Geschichte einer Sintflut, die durch den moralischen Zorn von Puluga verursacht wurde . Die gesamte Theologie wurde sorgfältig von Eingeborenen zusammengetragen, die mit anderen Rassen nicht vertraut waren.

Der Bericht über die andamanische Religion stimmt nicht mit der anthropologischen Hypothese überein. Ausländische Einflüsse scheinen durch die Insellage und die Eifersucht der „Ureinwohner" mehr als gewöhnlich ausgeschlossen zu sein. Die Beweise sollten uns dazu veranlassen, über die extreme Dunkelheit des gesamten Problems nachzudenken.

Die anthropologische Religionswissenschaft hat bisher die Geheimnisse der verschiedenen Rassen fast völlig außer Acht gelassen, außer insoweit, als sie den Eintritt der jungen Menschen in die Reihen der Erwachsenen bestätigen. Ihre esoterischen moralischen und religiösen Lehren sind uns bis auf wenige Ausnahmen nahezu unbekannt. Es ist sicher, dass die Mysterien Griechenlands Überbleibsel wilder Zeremonien waren, denn wir wissen, dass sie bestimmte grausame Riten beinhalteten, wie die Verwendung der Rauten, *um* ein surrendes Geräusch zu erzeugen, und den Brauch des rituellen Beschmierens mit Erde; und die heiligen *Aktionsballette*, in denen, wie Lucian und Qing sagen, mystische Tatsachen „ausgetanzt" werden.[10] Aber während Griechenland diese Relikte der Wildheit behielt, wurde in Eleusis etwas gelehrt, das Geister wie Platon und andere *erfüllte* Pindar ist voller freudiger religiöser Ehrfurcht. Eine ähnliche „Erweichung des Herzens" war nun das Ergebnis der Lehre im australischen *Bora*: Die Yao-Mysterien prägen den Sieg über sich selbst; und solange wir nicht in die Geheimnisse aller anderen grausamen Mysterien auf der ganzen Welt eingeweiht sind, können wir nicht sagen, ob neben Mumien, Frivolitäten und sogar Zügellosigkeit nicht auch hohe ethische Lehren unter der Sanktion der Religion präsentiert werden . Das neue Leben und vielleicht das zukünftige Leben werden in den australischen Mysterien unbestreitbar durch die simulierte Auferstehung angedeutet.

Ich würde daher nicht mehr wie 1887 sagen, dass das hellenische Genie einem „alten Medizintanz" alles hinzugefügt haben muss, was die eleusinischen Mysterien an Schönheit, Rat und Trost besaßen[11]. Diese Elemente sowie die barbarischen Faktoren in den Riten könnten aus solch brutalen Lehren entwickelt worden sein, dass sie die Herzen der Australier und Yaos erweichen . Dass diese Art von Lehre religiöse Anerkennung findet, ist sicher, da wir das Geheimnis grausamer Mysterien kennen. Es ist daher völlig falsch und seltsam anmaßend, wie fast alle Anthropologen die Verbindung von Ethik und Religion bei den rückständigsten Rassen zu leugnen. Wir müssen uns immer an ihre Verschwiegenheit über ihre innere Religion und ihre Offenheit über ihre mythologischen Geschichten erinnern. Diese kennen wir: Die innere Religion , die wir nicht kennen, sollten wir erkennen .

Der Fall der Andamanesen hat uns gezeigt, wie vage unser Wissen bis heute und wie unklar unser Problem ist. Das Beispiel der Melanesier bestätigt diese Lehren. Es ist schwierig, die Melanesier in irgendeine Theorie einzubeziehen. Dr. Codrington hat sie zum Gegenstand einer sorgfältigen Untersuchung gemacht und berichtet, dass der europäische Forscher zwar ziemlich frei über allgemeine Themen kommunizieren kann, „das Vokabular des gewöhnlichen Lebens jedoch fast nutzlos ist, wenn man sich dem Bereich der Mysterien und des Aberglaubens nähert."[12] Die Banks-Insulaner sind am stärksten von einem asiatischen Bevölkerungselement auf der einen Seite und einem polynesischen Element auf der anderen Seite betroffen.

Die Banks Islander „glauben an zwei Ordnungen intelligenter Wesen, die sich von lebenden Menschen unterscheiden". (1) Geister der Toten, (2) „Wesen, die keine Menschen waren und es auch nie waren." Dies ist, wie wir gezeigt haben und weiterhin zeigen werden, die übliche brutale Doktrin. Auf der einen Seite stehen die trennbaren Seelen der Menschen, die den Tod des Körpers überleben. Auf der anderen Seite stehen Wesen, Schöpfer, die es gab, bevor es Menschen gab und bevor der Tod in die Welt kam. Es ist logischerweise unmöglich zu argumentieren, dass diese Wesen nur Geister echter entfernter Vorfahren oder idealer Vorfahren seien. Diese höheren Wesen können nicht mit Sicherheit als „Geister" definiert werden, ihr Wesen ist vage, und wir wiederholen, die Idee ihrer Existenz könnte sich entwickelt haben, *bevor die Menschen zur Geistertheorie gelangten* . Dr. Codrington sagt: „Die Vorstellung kann kaum die eines rein spirituellen Wesens sein, doch wie auch immer die Eingeborenen sie nennen, sie sind solche, die im Englischen als Geister bezeichnet werden müssen."

Das ist unser Punkt. „Gott ist ein Geist", diese Wesen sind Götter, also „diese sind Geister". Aber ihrer ursprünglichen Vorstellung nach fehlt unsere Vorstellung von „Geist". Sie sind Wesen, die vor dem Tod existierten und immer noch existieren.

Die Wesen, die niemals Menschen waren und niemals starben, sind *Vui* , die Geister sind *Tamate* . Dr. Codrington verwendet „Geister" für *Tamate* , „Geister" für *Vui* . Da es aber darum geht, *Vui* als „Geister" zu bezeichnen, um den wesentlichen Punkt darzulegen, nennen wir *Vui* „Wesen" oder einfach *Vui* . Ein Vui ist kein Geist, der ein Geist war; Die Geschichte mag ihn als einen Mann darstellen, „aber der Eingeborene wird immer behaupten, dass er etwas anderes war, und ihm den fleischlichen Körper eines Mannes verweigern."[13]

Diese Unterscheidung, Geist auf der einen Seite – ursprüngliches Wesen, kein Mensch, kein Geist eines Menschen, auf der anderen Seite – ist radikal und in der wilden Religion nahezu universell. Die Anthropologie vernachlässigt die wesentliche Unterscheidung, auf der in diesem Fall Dr. Codrington bestand, und verwechselt beide Arten unter dem Begriff „Geister" und leitet beide von Geistern der Toten ab. Es sollte gesagt werden, dass Dr. Codrington nicht verallgemeinert , sondern sich auf die Wilden beschränkt, die er speziell untersucht hat. Aber aufgrund der anderen Beispiele der gleichen Unterscheidung, die wir angeboten haben, und des Rests, den wir anbieten werden, halten wir uns für berechtigt, die Unterscheidung zwischen einem urzeitlichen, ewigen Wesen oder Wesen einerseits und Geistern oder erhabenen Geistern zu beurteilen aus dem Nachlass des Geistes, andererseits als üblich, wenn nicht universell.

Es gibt körperliche und unkörperliche Vuis , aber der Körper des körperlichen Vui ist „ *kein* menschlicher Körper".[14] Der Chef ist Qat, „immer noch zur Hand, um zu helfen und in Gebeten angerufen zu werden". „Qat, Marawa , schau auf mich herab, glätte das Meer für uns beide, damit ich sicher über das Meer gehen kann!" Qat „erschuf Menschen und Tiere", obwohl er in einem bestimmten Bezirk als *Vorfahre bezeichnet wird* (S. 268). Hier wurden zwei Glaubensschichten verwechselt.

Der Mythos von Qat ist ein Dschungel aus Facetten und Ausgelassenheit, mit ein oder zwei schwerwiegenden Ereignissen, wie dem Beginn des Todes und dem Anbruch der Nacht. Seine Mutter war oder wurde ein Stein; Steine spielen im Aberglauben eine große Rolle.

Die unkörperlichen Vuis „haben nichts wie ein menschliches Leben und nehmen im religiösen System einen viel höheren Platz ein als Qat und seine Brüder." Sie haben weder Namen, noch Formen, noch Legenden, sie werden geopfert und sind auf eine ungewisse Weise mit Steinen verbunden; Diese Steine weisen meist eine fantasievolle Ähnlichkeit mit Früchten oder Tieren auf (S. 275). Das einzige Opfer auf den Bankinseln ist das Muschelgeld. Die schelmischen Geister sind Tamate , Geister der Menschen. Es besteht der Glaube an *Mana* (magische *Verbindung*). Dr. Codrington kann den Zusammenhang dieses Glaubens mit dem Geisterglauben nicht feststellen. Mana ist das Unheimliche, X ist das Unbekannte. Ein wiederbelebter Sinneseindruck ist *Nunuai* , etwa wenn ein müder Fischer nachts im Halbschlaf den „Anzug" eines Lachses spürt und automatisch zuschlägt.[15] Der gewöhnliche Geist ist eine Tüte *Nunuai* , so wie der lebende Mensch nach Ansicht einiger Philosophen eine Tüte voller „Empfindungen" ist. Geister werden nur als spirituelle Lichter angesehen, die unter Zivilisierten so häufig bei Halluzinationen auftreten . Außer in den Gebeten an Qat und Marawa werden im Gebet nur die Toten angerufen (S. 285). „Auf den westlichen Inseln werden die Opfergaben Geistern dargebracht und durch Feuer verzehrt; Auf den östlichen Inseln (Banks) werden sie zu Geistern (Wesen, *Vui*) gemacht , und es gibt kein Opferfeuer. Nun geht die Geisterverehrung auf diesen Inseln mit der höheren Kultur „einen beträchtlicheren Fortschritt in den Künsten des Lebens" ein; Die Verehrung von Nicht-Geistern, *Vui* , geht mit der niederen materiellen Kultur einher.[16] Dies ist eher das Gegenteil von dem, was wir gemäß der anthropologischen Theorie erwarten sollten. Unserer Theorie zufolge könnten Animismus und Geisterverehrung jedoch eine spätere Entwicklung sein und einer höheren Kulturstufe angehören als die Verehrung eines oder mehrerer Wesen, die nie Geister waren. Auf der Insel der Leprakranken „scheinen Geistern keine Gebete oder Opfer dargebracht zu werden", sondern verursachen Krankheiten und wirken Magie.[17]

Der Glaube an die Seele scheint in Melanesien *nicht* „aus ihren Träumen oder Visionen hervorzugehen, in denen ihnen verstorbene oder abwesende Personen vorgestellt werden, denn sie scheinen nicht zu glauben, dass die Seele vom Träumer ausgeht oder sich ihm präsentiert." als Objekt in seinen Träumen", noch scheint der Glaube an andere Geister auf „dem Erscheinen von Leben oder Bewegung in unbelebten Dingen" zu beruhen.[18]

Für mich sieht es eher so aus, als hätten alle Eindrücke ihre *nunuai* , reale, körperlose, anhaltende Nachbilder; dass die Seele der Komplex all dieser *Nunuai ist* ; dass es im Universum eine Art magisches Anderes gibt, genannt *Mana* , das in unterschiedlichen Anteilen von verschiedenen Menschen, *Vui* , *Tamate* und materiellen Objekten, besessen wird, und dass das *Atai* oder *Ataro* eines toten Mannes, sein Geist, sein Altes behält und erwirbt neues *Mana* .[19] Es ist eine seltsame Art von Metaphysik, die man bei sehr rückständigen und isolierten Wilden findet. Aber die Lektion aus Melanesien lehrt uns, wie wenig wir wirklich über die Religion niedriger Rassen wissen, wie komplex sie ist, wie schwer sie in unsere Theorien eingezwängt werden kann, wenn wir sie als gegeben in unserem Wissen annehmen, unsere Unwissenheit berücksichtigen, und geben sich nicht damit zufrieden, Tatsachen auszuwählen, die zu unserer Hypothese passen, während wir den Rest ignorieren. Auf einer höheren Ebene der materiellen Kultur als die Melanesier stehen die Fidschianer.

Soweit wir wissen, ähnelt die fidschianische Religion den anderen darin, dass sie eine unüberwindbare Grenze zwischen Geistern und ewigen Göttern zieht. Das Wort *Kalou* wird auf alle übernatürlichen Wesen angewendet, ebenso auf mystische oder magische Dinge. Es scheint auf *mana* in Neuseeland und Melanesien, auf *wakan* in Nordamerika und auf *fée* im Altfranzösischen zu antworten, wie wenn Perrault über Blaubarts Schlüssel sagt: „Jetzt war der Schlüssel *fée* ." Alle Götter sind *Kalou* , aber alle Dinge, die *Kalou sind* , sind keine Götter. Götter sind *Kalou vu* ; Vergöttlichte Geister sind *Kalou Yalo* . Erstere sind ewig, ohne Anfang von Tagen oder Ende von Jahren; Letztere unterliegen Gebrechen und sogar dem Tod.[20]

Das Höchste Wesen, wenn wir den Begriff auf es anwenden können, ist Ndengei oder Degei , „der eine Verkörperung der abstrakten Idee der ewigen Existenz zu sein scheint". Diese Idee lässt sich nicht leicht aus der Vorstellung einer menschlichen Seele entwickeln, die zu einem Geist gestorben ist und erneut sterben könnte. Sein Mythos stellt ihn als Schlange, Sinnbild der Ewigkeit, oder als steinernen Körper mit Schlangenkopf dar. Seine einzige Manifestation ist das Essen. Er wird so vernachlässigt, dass es ein Lied über seinen Mangel an Anbetern und Gaben gibt. „Wir haben die Menschen erschaffen", sagt Ndengei , „sie auf die Erde gebracht , und doch teilen sie mit uns nur die untere Hülle."[21] Hier ist ein extremer Fall des aus sich selbst existierenden schöpferischen Ewigen, der mythisch im Körper einer Schlange untergebracht ist. und auf einen Scherz reduziert.

Es ist nicht einfach, eine Erklärung dafür zu finden, wenn wir die Hypothese zurückweisen, dass es sich hierbei um eine alte, gefallene Form des Glaubens „ohne Tempel" handelt. Die anderen ungeborenen Unsterblichen sind mythische Krieger und Ehebrecher, wie die Volksgottheiten Griechenlands. Doch Ndengei erhält Gebete durch zwei seiner Söhne, vermittelnde Gottheiten. Die Priester sind von Geistern und Göttern besessen oder inspiriert. Es ist nicht ganz klar, ob Ndengei ein inspirierender Gott ist oder nicht; aber dass zu ihm gebetet wird, steht im Widerspruch zum Glauben an seine ewige Untätigkeit. Es wird dargestellt, dass ein Priester, wahrscheinlich durch Inspiration, für Ndengei spricht . „Mein eigener Geist verlässt mich, und wenn er dann wirklich verschwunden ist, spricht mein Gott durch mich", so der Bericht eines Priesters über diese „wechselnde Persönlichkeit".[22]

Nachdem er uns mitgeteilt hat, dass Ndengei verhungert ist, erzählt Herr Williams als Nächstes , wie ihm in früheren Tagen Hunderte von Schweinen geopfert wurden.[23] Er schickt Regen auf die Erde. Tiere, Menschen, Steine, alles könnte *Kalou sein* . Es gibt einen so fantastischen Hades wie im ägyptischen „Buch der Toten", und das zweite Gesicht blüht auf.

Zu den Mysterien gehört die Scheinerweckung der Toten und sie scheinen sich eher an versöhnende Geister als an Ndengei zu richten . Es gibt Szenen der Zügellosigkeit; „Einzelheiten von nahezu unglaublicher Unanständigkeit wurden privat an Dr. Tylor weitergeleitet."[24]

Angenommen, ein religiöser Reformator würde in einem der vielen wilden Stämme auftauchen, die, wie wir zeigen werden, einen ewigen Schöpfer besitzen, ihn aber vernachlässigen. Er würde tun, was im säkularen Bereich der Mikado Japans tat. Der Mikado war ein politischer Dendid oder Ndengei – ein schrecklicher, zurückgezogener, machtloser Potentat. Die Macht wurde vom Tycoon ausgeübt. Ein genialer Mikado setzte sich durch; daraus entstand das moderne Japan. Ebenso ein religiöser Reformator wie Khuen Ahten in Ägypten predigte über kleinere Götter, Geister und heilige Tiere und proklamierte den Urschöpfer Ndengei , Dendid und Mtanga . „Der König soll wieder seine Macht haben ." Ohne die Propheten hätte Israel zu der Zeit, als Griechenland und Rom Israel kannten, eine Horde kleiner Götter und sogar Tiere und Geister verehrt, während der Ewige zu einem bloßen Namen geworden wäre – vielleicht wie Ndengei und Atahocan und Unkulunkulu , ein Scherz. Das Alte Testament ist die Geschichte der langwierigen Bemühungen, Jehova an seiner höchsten Stelle zu bewahren. Diese Anstrengung zu unternehmen und erfolgreich zu sein, war die *Differenzierung* Israels. Andere Völker, selbst die niedrigsten, hatten, wie wir beweisen, die ursprüngliche Vorstellung von einem Gott – sicherlich nicht erwiesenermaßen aus der Geistertheorie abgeleitet, logischerweise ohne Notwendigkeit der Geistertheorie, überall ausdrücklich im Gegensatz zur Geistertheorie. „Aber ihr törichtes Herz war verfinstert."

Es ist historisch unmöglich zu beweisen, welches der beiden Hauptelemente des Glaubens – die Idee eines ewigen Wesens oder ewiger Wesen oder die Idee überlebender Geister – den Menschen zuerst in den Sinn kam. Die Vorstellung von urzeitlichen ewigen Wesen, wie sie von den Wilden verstanden wird, hängt nicht von der Geistertheorie ab und erfordert auch keine solche. Aber da wir unter den niedrigsten Wilden fast immer Geister und ein höchstes Wesen zusammen finden, wo wir beides finden, haben wir keinen historischen Grund für die Behauptung, dass das eine dem anderen vorausgeht. Wenn wir keine Beweise für den Glauben an den Schöpfer haben, dürfen wir nicht zu dem Schluss kommen, dass ein solcher Glaube nicht existiert. Unser Wissen ist verwirrt und dürftig; Oft wird es von Männern abgeleitet, die die Muttersprache oder die heilige Muttersprache nicht kennen oder denen nicht anvertraut wurde, was der Wilde als sein Geheimnis schätzt. Wenn darüber hinaus irgendwo Geister ohne Götter gefunden werden, ist dies eine Schlussfolgerung aus dem Argument, dass eine Idee, die sehr niederen wilden Stämmen wie den Australiern vertraut ist und andernorts immer mehr in den Hintergrund gerät, obwohl sie immer noch vorhanden und nachvollziehbar ist, in… In bestimmten Fällen gehen sie verloren und werden ganz vergessen.

Um ein Beispiel einer halb vergessenen Gottheit zu nehmen. Herr Im Thurn, ein guter Beobachter, hat über „Der Animismus der Indianer Britisch-Guayanas" geschrieben. Herr Im Thurn sagt zu Recht: „Der Mann, der diese Studie vor allem möglich gemacht hat, ist Herr Tylor." Aber es ist nicht unfair zu bemerken, dass Herr Im Thurn natürlich am deutlichsten das sieht, was Herr Tylor ihm beigebracht hat – nämlich den Animismus. Er wurde auch von Herrn Dorman davon überzeugt, dass der Große Geist der nordamerikanischen Stämme „mit ziemlicher Sicherheit nichts anderes als eine Figur europäischen Ursprungs ist, die im Spiegel des indianischen Geistes fast bis zur Unkenntlichkeit reflektiert und übertragen wird". Das ist nicht der Fall Meine Meinung: Ich vermute, dass die Indianer ihre Heimat Ewig hatten, wie die Australier, Fidschianer, Andamanesen, Dinkas , Yao usw., wie später gezeigt wird.

Herr Im Thurn geht jedoch ausführlicher auf den Traumursprung der Geistertheorie ein und führt Beispiele aus seinem eigenen Wissen für die Schwierigkeit an, mit der Guayana-Indianer die Halluzinationen von Träumen von den Fakten des Wachlebens unterscheiden können. Auch ihre Halluzinationen im Wachzustand sind so lebhaft, dass sie für Realitäten gehalten werden könnten.[25] Herr Im Thurn vertritt die Hypothese, dass aus Geistern „ein Glaube entstanden ist, aber sehr allmählich, an höhere Geister und schließlich an einen höchsten Geist; und, um mit dem Wachstum dieser Überzeugungen Schritt zu halten, eine Gewohnheit der Verehrung und Verehrung von Geistern. Nach dieser Hypothese sollte der zuletzt entwickelte und am meisten verehrte Geist natürlich der „Höchste Geist" sein. Aber das Gegenteil ist wie üblich der Fall. Die Guayana-Indianer glauben an die fortgesetzte, aber nicht an die ewige Existenz eines menschlichen Geistes.[26] Sie glauben an keine Geister, die nicht einmal Bewohner materieller Körper waren.[27]

Der Glaube an einen höchsten Geist wird nur „in der höchsten Form der Religion" erreicht – zum Beispiel in der andamanischen Religion –, da Herr Im Thurn „Geist" verwendet, wo wir „Sein" sagen sollten. „Die Indianer von Guayana kennen keinen Gott."[28]

Wesens, Gottes, eines großen Geistes seien, in dem Sinne, den diese Ausdrücke in der Sprache haben der höheren Religionen.'

In der Interpretation bedeuten diese Guayana-Namen:

Der Alte,
Der Alte im Himmelsland, Ourk- Schöpfer,
Unser Vater, Unser Großer Vater.

„Nichts davon weist in irgendeiner Weise die Eigenschaften eines Gottes auf."

Der Älteste der Tage, unser Vater im Himmelsland, unser Schöpfer, vermitteln einem europäischen Geist eher das Gefühl von Gott. Herr Im Thurn kommt jedoch zu dem Schluss, dass es sich bei den so bezeichneten Wesen um angebliche Vorfahren handelte, die aus einem anderen Land nach Guayana kamen, „von dem manchmal gesagt wird, dass es sich um das völlig natürliche Land (?) handelte, das von Guayana durch den Ozean der Luft getrennt ist." '[29]

Herr Im Thurn bemerkte beiläufig (ohne etwas über Moral im Einklang mit dem Animismus zu sagen):

„Die Angst, die unzähligen sichtbaren und unsichtbaren Wesen unwissentlich zu beleidigen … hielt die Indianer strengstens davon ab, ihre eigenen Rechte zu wahren und die Rechte anderer zu verletzen."

Im Thurn weg und zeigte deutlich, dass selbst ein sehr niedriges Glaubensbekenntnis „zu Gerechtigkeit führt".[30]

Im Thurn zustimmen, dass „unser Schöpfer", „unser Vater", „der Älteste des Himmels", lediglich ein idealisierter menschlicher Vorfahre ist. Er passt ganz natürlich zu den anderen hohen Göttern der niederen Wilden. Aber wir brauchen viel mehr Informationen zu diesem Thema, als Herr Im Thurn geben konnte.

Seine Beweise sind umso besser, als er ein treuer Anhänger von Mr. Tylor ist. Und Herr Tylor sagt: „Der wilde Animismus ist fast frei von jenem ethischen Element, das für den gebildeten modernen Geist die eigentliche Triebfeder praktischer Religion ist."[31] „Dennoch hält er die Indianer sehr strikt innerhalb ihrer eigenen Rechte und davon ab, sie zu verletzen." Rechte anderer.' Unsere eigene Religion ist selten so erfolgreich.[32]

Bei den Indianern von Guayana haben wir den angeblichen Fall eines Volkes, das noch tief in der Animierung oder Geisteranbetung steckt und der Hypothese zufolge noch überhaupt keine Vorstellung von einem Gott entwickelt hat.

Wenn in der indischen Sprache die bekannten Namen für Gott wie „Schöpfer", „Vater", „Alter der Tage" vorkommen, erklärt Herr Im Thurn das vernachlässigte Wesen, das diese Titel trägt, als einen entfernten vergöttlichten Vorfahren. Wenn ein Wesen mit ähnlichen Titeln dort auftritt, wo Vorfahren nicht verehrt werden, wie in Australien und auf den Andamanen, wird die von Herrn Im Thurn vorgeschlagene Erklärung für das Religionsproblem in Guayana natürlich nicht den Tatsachen entsprechen.

Es ist klar, dass *a priori* eine andere Erklärung denkbar ist. Wenn ein Volk wie die Andamanesen oder die australischen Stämme, die wir untersucht haben, eine Vorstellung wie die von Puluga , Baiame oder Mungan-ngaur hatte und dann *später* die Ahnenverehrung mit seinen versöhnenden Opfern und Zeremonien entwickelte, Der Gottesdienst als die neueste Entwicklung und unendlich praktischste Form des Kultes würde den Glauben an einen Puluga , Mungan-ngaur oder Cagn allmählich in den Schatten stellen. Der Ahnengeist lässt sich, um es ganz klar auszudrücken, durch die Menschen „quadrieren", an denen er aus familiären Gründen ein besonderes Interesse hegt. Der gleichberechtigte Vater aller Menschen kann nicht „ausgeglichen" werden und lehnt es ab (bis er durch das schlechte Beispiel der Ahnengeister korrumpiert wird), sich eher für einen Menschen als für einen anderen nützlich zu machen. Aus diesen sehr verständlichen, einfachen und praktischen Gründen würde der Geisterkult den Gotteskult unweigerlich verdrängen, wenn der Glaube an einen Mungan-Ngaur in der Evolution an erster Stelle stünde und der Glaube an einen praktikablen, bestechlichen Familiengeist an zweiter Stelle. 33] Der Name des Vaters und Schöpfers würde zu einem bloßen Überleben, *nominis umbra* , Anbetung und Opfer für den Geist der Vorfahren werden. Diese Erklärung würde zu dem Zustand der Religion passen, den Herr Im Thurn zu Recht oder zu Unrecht in Britisch-Guayana vorgefunden hat.

Aber wenn die Idee eines universellen Vaters und Schöpfers als Verfeinerung an letzter Stelle in der Evolution stand, dann sollte es sich natürlich um den neuesten und daher modischsten und mächtigsten Kult in Guayana handeln. Genau das Gegenteil soll der Fall sein. Auch der Glaube an Namen wie „Vater" und „Schöpfer" kann nicht zufriedenstellend als eine Verfeinerung der Ahnenverehrung erklärt werden, da er, wie wir wiederholen, dort auftritt, wo Vorfahren nicht verehrt werden.

Diese Überlegungen, so unangenehm sie den Anhängern des Animismus oder der Geistertheorie auch sein mögen, sind an sich weder unlogisch noch im Widerspruch zur Evolutionstheorie, die andererseits perfekt zu ihnen passt. Derjenige Gott gedeiht am besten, der am besten zu seiner Umgebung passt. Ob ein gelassener, hungriger Geistergott mit Vorliebe für seine Familie oder ein moralischer Schöpfer, der sich nicht bestechen lässt, besser zu einer Umgebung nicht besonders gewissenhafter Wilder passt, kann jeder entscheiden. Ob eine Gruppe nicht besonders gewissenhafter Wilder bereitwillig einen moralisch unbestechlichen Schöpfer entwickeln wird, wenn sie einen brauchbaren Familiengeistgott haben, der bereit ist, ihnen zu gehorchen, ist eine ebenso leicht zu lösende Frage.

Es steht außer Zweifel, dass Wilde, die sich unter dem wachsamen Auge einer moralischen Gottheit befinden, die sie nicht „auf die Probe stellen" können, ihn verlassen werden, sobald sie einen praktikablen Geistergott entwickelt haben, der für Familienzwecke nützlich ist und mit dem sie fertig werden können . Nicht weniger offensichtlich ist, dass Wilde, die bereits über eine Schar nützlicher Geistergötter verfügen, nicht enthusiastisch ein moralisches Wesen entwickeln werden, das Gaben verachtet und nur auf Gehorsam Wert legt. „Es steckt viel menschliche Natur im Menschen", und wenn Mr. Im Thurns Beschreibung der Guyanas korrekt ist, versichert uns alles, was wir über die menschliche Natur und die Evolution wissen, dass der Vater oder Schöpfer oder Uralter von Die Tage kamen zuerst; die Geistergötter zuletzt. Was hier über die Indianer von Guayana gesagt wurde (nämlich, dass sie jetzt mehr Geister- und Geisteranbeter sind und nur ein Name überlebt hat, der das Wissen um einen Vater und Schöpfer im Himmel bezeugt), trifft gleichermaßen auf die Zulus zu. Die Zulus sind der große Stammtyp einer animistischen oder Geister verehrenden Rasse ohne Gott. Aber hatten sie einen Gott (nach australischem Vorbild), den sie vergessen hatten, oder haben sie aus dem Animismus noch keinen Gott entwickelt?

Die von Dr. Callaway gesammelten Beweise sind ehrlich, aber verwirrend. Einer der Einheimischen stellte unter anderem genau die hier von uns vorgeschlagene Theorie als Alternative zu der von Herrn Im Thurn vor. „ Unkulunkulu " (der idealisierte, aber verachtete Erste Vorfahre) „wurde [von Männern] nicht verehrt. Denn es ist keine Anbetung, wenn Menschen Dinge wie Regen, Nahrung oder Mais sehen und sagen: „Ja, diese Dinge wurden von Unkulunkulu gemacht … Danach hatten sie [die Menschen] die Macht, diese Dinge zu ändern, damit sie zu den Dingen werden könnten." Amatongos " [könnte zu den Ahnengeistern gehören]. Sie haben sie aus *Unkulunkulu mitgenommen* .'[34]

Der Animismus verdrängte den Theismus. Nichts könnte expliziter sein. Doch obwohl wir einen authentischen Zulu-Text gefunden haben, der unserer vorläufigen Theorie entspricht, darf uns das bedeutendste philosophische Beispiel nicht zu der Annahme verleiten, dass dieser Text die Frage klärt. Dr. Callaway sammelte große Mengen von Zulu-Antworten auf seine Anfragen, und es ist klar, dass ein Befragter wie der einheimische Theologe, den wir zitiert haben, seine Antwort möglicherweise an das angepasst hat, was er über die christliche Lehre gelernt hat. Nachdem der Eingeborene nun die christliche Vorstellung von einem göttlichen Schöpfer hatte und auch wusste, dass der unverehrte Unkulunkulu „Dinge erschaffen" haben soll, während nur die Geister seiner Vorfahren verehrt wurden, könnte er daraus geschlossen haben, dass die Verehrung (von Christen) dem Schöpfer gewidmet wurde) wurde irgendwann von den Zulus von Unkulunkulu nach Amatongo verlegt . Die Wahrheit ist, dass sowohl die anthropologische Theorie (die Geister zuerst, die Götter zuletzt) als auch unsere Theorie (das höchste Wesen zuerst, die Geister dann) in den wertvollen Sammlungen von Dr. Callaway ihre Berechtigung finden können. Aus diesem Grund muss das Problem nach einer Untersuchung des gesamten Bereichs der wilden und barbarischen Religion gelöst werden; Es kann nicht allein durch den unklaren Fall der Zulus gelöst werden.

Unkulunkulu wird als „der erste Mann, der am Anfang abbrach" dargestellt. „Sie sind Ahnenverehrer", sagt Dr. Callaway, „und glauben, dass ihr erster Vorfahre, der Erste Mensch, der Schöpfer war."[35] Aber sie könnten, wie viele andere Völker auch, eine andere ursprüngliche Tradition gehabt haben, und haben es geändert, nur weil sie jetzt so glühende Ahnenverehrer sind. Unkulunkulu war vor dem Tod, der auf übliche mythische Weise unter den Menschen kam.[36] Ob Unkulunkulu noch existiert, ist eher eine strittige Frage: Dr. Callaway glaubt, dass dies nicht der Fall ist.[37] Wenn nicht, ist er eine Ausnahme von der Regel in Australien, den Andamanen, bei den Buschmännern, den Feuerländern und den Wilden im Allgemeinen, die in ihrer Kultur weniger fortgeschritten sind als die Zulus. Die Idee eines Schöpfers von Dingen, der nicht mehr existiert, kommt also, wenn überhaupt, nicht in einer relativ primitiven, sondern in einer relativ späten Religion vor. In Analogie zu Töpferei, Landwirtschaft, der Verwendung von Eisen, Dörfern, erblichen Königen usw. ist die Vorstellung eines toten Schöpfers spät und nicht früh. Es geschieht dort, wo Menschen Eisen, Vieh, Landwirtschaft, Könige, Häuser, eine disziplinierte Armee haben, *nicht* dort, wo Menschen nichts davon haben. Die Verehrung gottloser Vorfahren der

Zulu ist also aus gleicher Sicht ebenso wie ihre materielle Kultur keine frühe, sondern eine späte Entwicklung. Die Zulus „hören von einem König, der oben ist" – „dem himmlischen König".[38] „Wir haben nicht zuerst von weißen Männern von ihm gehört …" Aber er ist nicht wie Unkulunkulu , der, wie wir sagen, alle Dinge erschaffen hat.'

Hier können die Vorstellungen eines Gottes und eines untergeordneten Demiurgen undeutlich beschrieben werden. „Der König ist oben, Unkulunkulu ist unten." Der König oben bestraft die Sünde, indem er den Sünder mit einem Blitz trifft. Auch wissen die Zulus nicht, wie sie gesündigt haben. „Es blieb nur das Wort über den Himmel übrig", „was", sagt Dr. Callaway, „darauf schließen lässt, dass es möglicherweise andere Wörter gegeben hat, die jetzt verloren sind." Es herrscht große Gedankenverwirrung. Unkulunkulu machte den Himmel, in dem der unbekannte König regiert, zu einer schwierigen Aufgabe für einen Ersten Mann.[39]

„Im Laufe der Zeit verehren wir nur noch die Amadhlozi (Geister), weil wir nicht wissen, was wir über Unkulunkulu sagen sollen ."[40] „Aus diesem Grund suchen wir für uns selbst die Amadhlozi (Geister) .), dass wir vielleicht nicht immer an Unkulunkulu denken .'

All dies zeugt von einem schwachen, noch verbliebenen Schatten eines Glaubens, der zu ätherisch und zu weit entfernt ist für eine praktisch erobernde Rasse, die verständliche, brauchbare Geister mit besonderer Rücksichtnahme auf ihre eigenen Familien bevorzugt.

Ukoto , ein sehr alter Zulu, sagte: „Als wir Kinder waren, hieß es: „Der Herr ist im Himmel." … Sie pflegten auf den Herrn in der Höhe hinzuweisen; Wir haben seinen Namen nicht gehört.' Unter Unkulunkulu bezog sich dieser Patriarch auf unmittelbare Vorfahren, deren Pantomimen und Genealogie er angab.[41] „Wir haben gehört, dass der Schöpfer der Welt der Herr war, der oben ist; „Als ich aufwuchs, pflegten die Menschen immer, in Richtung Himmel zu zeigen."

Unkulunkulu zu sprechen ; Schließlich sagte sie: „Ah, er ist es tatsächlich, der der Schöpfer ist, der im Himmel ist, von dem die Alten sprachen. " Dann begann die alte Frau humorvoll darüber zu plappern, wie die weißen Männer alle Dinge herstellten. Auch hier soll Unkulunkulu von Utilexo erstellt worden sein . Utilexo war unsichtbar, Unkulunkulu war sichtbar und erhielt daher Anerkennung, die ihm nicht wirklich gebührte.[42] Wenn gesagt wird, der Himmel gehöre dem Häuptling (der Häuptling ist ein lebender Zulu), „glauben sie nicht, was sie sagen", ist die Formulierung lediglich ein übertriebenes Kompliment.[43]

Bei dieser Prüfung der Beweise erscheint es sicherlich ebenso logisch zu vermuten, dass die Zulus einst eine solche Vorstellung von einem höchsten Wesen hatten, wie sie niedrigere Rassen hegen, und sie dann fast verloren hätten; um zu sagen, dass die Zulus, obwohl eine monarchische Rasse, noch keinen König-Gott aus der Menge der Geister (Amatongo) entwickelt haben. Die Zulus, sozusagen die Nordmänner des Südens, sind eine äußerst praktische Militärrasse. Eine überhaupt abstrakte Gottheit gefiel ihnen nicht. Die hilfsbereiten Familiengeister, die immer wieder einen Vorwand für ein Abendessen mit Roastbeef lieferten, gefielen ihnen. Die weniger entwickelten Rassen töten ihre Herden nicht häufig, um sich zu ernähren. Als Vorwand bedarf es eines Opfers. Den Göttern der Andamanesen, Buschmänner und Australier werden keine Opfer dargebracht. Dem höchsten Wesen der meisten afrikanischen Völker wird kein Opfer dargebracht. Bei der Verehrung dieser Höchsten Wesen gibt es auf keinen Fall ein Fest, kein Festessen. Sie dürfen nicht durch Geschenke oder Opfer „erlangt" werden. Die Amatongo sind „ergreifbar", bestechlich, liefern einen Vorwand für ein gutes Abendessen, und so werden die praktischen Amatongo geehrt , während in der gegenwärtigen Zulu-Generation Unkulunkulu ein Witz ist und der Herr im Himmel der Herr im Himmel ist Schatten eines Namens. Offensichtlich deutet dies nicht auf die neuere, sondern auf die entfernte Entwicklung der höheren Ideen hin, die jetzt durch die Anbetung von Geistern ersetzt werden.

Als nächstes werden wir sehen, wie diese Ansicht, das Gegenteil der anthropologischen Theorie, funktioniert, wenn sie auf andere Rassen angewendet wird, insbesondere auf andere afrikanische Rassen.

[Fußnote 1: Als ich *Myth, Ritual und Religion* (ii. 11-13) schrieb, betrachtete ich Cagn als „nur einen erfolgreichen und idealisierten Medizinmann". Aber ich glaube jetzt, dass ich in meinem Kopf die religiösen und mythologischen Aspekte von Cagn verwechselt habe . Einer unbekannter Herkunft, der vor der Sonne existierte, ein Schöpfer aller Dinge, zu dem gebetet wurde, der aber kein Opfer erhielt, ist kein Medizinmann, außer in seinem Mythos.]

[Fußnote 2: Die Auslassungen in Mr. Spencers System lassen sich möglicherweise durch den Umstand erklären, dass er, wie er uns erzählt, seine Fakten „durch Stellvertreter" gesammelt hat. Während wir feststellen, dass Waitz sich sehr für das wohlwollende Höchste Wesen vieler afrikanischer Stämme interessiert und von ihm begeistert ist, wird diese Persönlichkeit in Mr. Spencers Descriptive Sociology nur als „angeblich wohlwollendes Höchstes Wesen" erwähnt *und in seinen Prinzipien* meist völlig außer Acht gelassen *für Soziologie* und *kirchliche Institutionen* . Dennoch haben wir genau die gleichen Beobachterbeweise für dieses „angeblich" wohlwollende Höchste Wesen wie für die *Canaille* der Geister und Fetische. Wenn er eine Gottheit mit einer ziemlich hohen moralischen Vorstellung ist, muss er natürlich nicht durch Menschenopfer oder kalte Hühner besänftigt werden. *Ein* solcher materieller Beweis für den Glauben an ihn muss aufgrund der Natur des Falles fehlen; aber die übereinstimmenden Aussagen von Reisenden zum Glauben an ein höchstes Wesen können nicht als „angeblich" abgetan werden.]

[Fußnote 3: S. 676, 677.]

[Fußnote 4: Mann, *JAI*. xii. 70.]

[Fußnote 5: Mann, *JAI*. xii. 96-98.]

[Fußnote 6: xii. 156, 157.]

[Fußnote 7: xii. 112.]

[Fußnote 8: xii. 158.]

[Fußnote 9: xii. 158.]

[Fußnote 10: *Mythos, Ritual und Religion*, ich . 281-288.]

[Fußnote 11: Lobeck , *Aglaophamus* , 133.]

[Fußnote 12: *JAI*. X. 263.]

[Fußnote 13: *JAI*. 267.]

[Fußnote 14: *JAI*. X. 267.]

[Fußnote 15: S. 281. Dies ist ein *Nunuai,* mit dem ich vertraut bin. Fliegende Fische übernehmen auf Banks Island die *Rolle* des Lachses. Die Eingeborenen halten es für real, aber ohne Form oder Substanz.]

[Fußnote 16: Codrington, *Melanesien* , S. 122.]

[Fußnote 17: *JAI*. X. 294.]

[Fußnote 18: Op. cit. X. 313.]

[Fußnote 19: *JAI*. X. 300.]

[Fußnote 20: Williams's *Fiji* , S. 218. Siehe die später zitierten Bemerkungen von Herrn Thomson.]

[Fußnote 21: *Fidschi* , S. 217.]

[Fußnote 22: Ebd. P. 228.]

[Fußnote 23: Ebd. P. 230.]

[Fußnote 24: *JAI* . xiv. 30.]

[Fußnote 25: *JAI*. xi. 361-366.]

[Fußnote 26: Ebd. xi. 374.]

[Fußnote 27: Ebd. xi. 376.]

[Fußnote 28: Ebd. xi. 376]

[Fußnote 29: *JAI* . xi. 378.]

[Fußnote 30: Ebd. 382.]

[Fußnote 31: *Prim. Kult* . ii. 360.]

[Fußnote 32: Es ist jedoch denkbar, dass die Guayana-Geister, die so viel moralischen Einfluss haben, diesen durch magischen Zauber ausüben. „Der Glaube an die Macht von Zaubersprüchen zum Guten oder Bösen führt nicht nur zu Ehrlichkeit, sondern auch zu einem großen Maß an sanftem Umgang", sagt Livingstone über die Afrikaner. Wie auch immer sie arbeiten, die Geister arbeiten für Gerechtigkeit.]

[Fußnote 33: Offensichtlich konnte es keinen Familiengott geben, bevor es die Institution der Familie gab.]

[Fußnote 34: Callaway, *Rel. von Amazulu* , S. 17.]

[Fußnote 35: Callaway, S. 1.]

[Fußnote 36: Op. cit. P. 8.]

[Fußnote 37: Op. cit. P. 7.]

[Fußnote 38: Op. cit. P. 19.]

[Fußnote 39: Callaway, S. 20, 21.]

[Fußnote 40: S. 26, 27.]

[Fußnote 41: S. 49, 50.]

[Fußnote 42: S. 67.]

[Fußnote 43: S. 122.]

XIII

Noch mehr wilde, höchste Wesen

Wenn viele der niedrigsten Wilden, die wir kennen, Vorstellungen von einem höchsten Wesen hegen, wie wir sie unter Feuerland, Australiern, Buschmännern und Andamanesen finden, gibt es neben den Zulus Beispiele für Stämme mit höherer materieller Kultur, die offenbar solche Vorstellungen hatten , aber sie teilweise vergessen oder vernachlässigt zu haben? Miss Kingsley, eine lebhafte, aufmerksame und unvoreingenommene, wenn auch weitschweifige Schriftstellerin, gibt genau diesen Bericht über die Bantu-Rassen. Vergessenheit oder Vernachlässigung wird sich dadurch zeigen, dass man das Höchste Wesen in Ruhe lässt, da es keiner Versöhnung bedarf, während es Fetischen und Geistern Opfer und Rituale widmet. Dass dies getan werden sollte, wäre vollkommen natürlich, wenn das Höchste Wesen (das kein Opfer will) das erste war, das sich in Gedanken entwickelte, während käufliche Fetische und Geister als Ergebnis der Geistertheorie Einzug hielten. Wenn jedoch aufgrund der Geistertheorie das Höchste Wesen an letzter Stelle in der Evolution stand, sollte es das modischste Objekt der Verehrung sein, das am neuesten entwickelte, das mächtigste und am meisten zu versöhnende Wesen. Er ist das Gegenteil.

Um ein Beispiel zu nennen: Die Dinkas des Oberen Nils („gottlos", sagt Sir Samuel Baker) „huldigen dem allmächtigen Wesen auf sehr theoretische Weise, das im Himmel wohnt und von dort aus alle Dinge sieht." Er wird „ Dendid " (großer Regen, das heißt allgemeiner Segen?) genannt. Er ist allmächtig, kann aber, da er gänzlich gütig ist, nichts Böses tun; Da er also keine Angst hat, wird er nicht im Gebet angesprochen. Der böse Geist hingegen erhält Opfer. Die Dinkas haben einen seltsamen alten Gesang:

„Am Anfang, als Dendid alle Dinge erschuf,
erschuf Er die Sonne, und die Sonne wird geboren, stirbt und kommt
wieder!" Er hat die Sterne erschaffen, und die Sterne werden geboren,
sterben und kommen wieder! Er erschuf den Menschen, und der Mensch
wird geboren und stirbt und kehrt nicht mehr zurück!'

Es ist wie die Klage des Moschus.[1]

Russegger vergleicht die Dinkas und alle benachbarten Völker, die denselben Glauben vertreten, mit modernen Deisten.[2] Sie sind vom Atheismus und vom Kult entfernt! Es werden Vermutungen über einen altägyptischen Einfluss geäußert, aber die populäre ägyptische Religion war nicht monotheistisch, und das priesterliche Denken konnte die Vorfahren der Dinkas kaum beeinflussen . M. Lejean sagt, diese Völker seien so praktisch und utilitaristisch, dass die Missionsreligion keinen Einfluss auf sie habe. Herr Spencer gibt nicht die Ideen der Dinkas wieder , aber es ist nicht leicht zu erkennen, wie der allzu wohltätige Dendid aus der Geisterversöhnung, dem „Ursprung aller Religionen", entstanden sein könnte. Vielmehr scheinen die Dinkas , ein praktisches Volk, einfach vergessen zu haben, ihrem Schöpfer dankbar zu sein; oder sie haben, mehr aufgrund der Klarheit ihres Kopfes als wegen der Wärme ihres Herzens, entschieden, dass er keine Dankbarkeit will. Wie der französische Philosoph pflegen sie *die „Indépendance du Coeur"* und unterscheiden sich in dieser Hinsicht deutlich von den Pawnees.

Nehmen wir nun einen Fall, in dem die Ahnenverehrung und keine andere Form der Religion (außer dem bloßen Aberglauben) zur Praxis eines afrikanischen Volkes erklärt wurde. Herr Spencer nennt das Beispiel der Eingeborenen im südöstlichen Teil Zentralafrikas, das Herr Macdonald in „Africana"[3] beschreibt. Der Verstorbene wird zu einem Geistergott, empfängt Gebete und Opfer und wird Mulungu (= großer Vorfahre oder = Himmel?), wird älteren Geistern vorgezogen, die heute vergessen sind; Solche alten Geister mögen jedoch einen Berggipfel als Heimat haben, da ein großer Häuptling besser in Erinnerung bleibt; zum Berggott wird um Regen gebetet; Höhere Götter waren wahrscheinlich ähnliche lokale Götter in einem älteren Lebensraum der Yao.[4]

die Zusammenfassung des Berichts von Herrn Duff Macdonald durch Herrn Spencer . Er lässt alles aus, was Herr Macdonald über ein Wesen unter den Yaos sagt , analog zum Dendid der Dinkas , oder zum Darumulun Australiens oder zum Huron Ahone . Dennoch entdeckt die Analyse in Herrn Macdonalds Bericht zahlreiche Spuren eines solchen Wesens, obwohl Herr Macdonald selbst an die Ahnenverehrung als Quelle der örtlichen Religion glaubt. So soll Mulungu , oder Mlungu, als Eigenname verwendet, „der große Geist, *Msimu* , aller Menschen sein, ein Geist, der durch die Addition aller verstorbenen Geister entsteht."[5] Dies ist ein einzigartiger Abschnitt der wilden Philosophie und deutet (sagt Mr. Macdonald) auf „ein Greifen nach einem Wesen, das die Gesamtheit aller individuellen Existenz ist …". Wenn es von den Lippen zivilisierter Menschen statt von Wilden käme, würde es als Philosophie betrachtet werden. Ausdrucksformen dieser Art sind bei den Einheimischen teils traditionell, teils von den großen Gedanken des Augenblicks diktiert. Philosophie ist es, aber eine Philosophie, die von der Geistertheorie abhängt.

Ich zeige weiter, dass die Wayao , obwohl Mr. Spencer ihn weglässt, ein Wesen haben, das Darumulun genau entspricht , wenn es (vielleicht) seines ethischen Aspekts beraubt wird. In diesem Punkt bleiben wir im Ungewissen, nur weil Herr Macdonald die Geheimnisse seiner Geheimnisse nicht ergründen konnte, die in Australien einigen Europäern offenbart wurden.

Wenn Mulungu als Eigenname verwendet wird, deutet dies „sicherlich auf ein persönliches Wesen hin, von dem die Wayao manchmal sagen, es sei dasselbe wie Mtanga ". Zu anderen Zeiten ist er ein Wesen, das viele mächtige Diener besitzt, aber selbst weit außerhalb der irdischen Angelegenheiten gehalten wird, wie die Götter von Epikur.

Das ist natürlich genau das Merkmal der afrikanischen Theologie, das uns interessiert. Das Höchste Wesen wird trotz der Macht, die ihm sein vermeintlicher Platz als zuletzt aus der Geisterwelt Entstandener natürlicherweise verleihen sollte, vernachlässigt, entweder weil es halb vergessen ist oder aus philosophischen Gründen. Aus diesen Gründen machen Epikur und Lucretius ihre Götter *zu otiosi* , unbekümmert, und die Wayao sind mit ihrem universellen kollektiven Geist keine schlechten Philosophen.

„Dieser Mulungu " oder Mtanga , „in der Welt jenseits des Grabes, wird so dargestellt, dass er den Geistern ihren richtigen Platz zuweist", ob aus ethischen Gründen oder nicht, wissen wir nicht.[6] Santos (1586) sagt: „Sie erkennen einen Gott an, der sowohl in dieser als auch in der nächsten Welt die Vergeltung für das Gute oder Böse misst, das in dieser Welt getan wird."

„In der einheimischen Hypothese über die Schöpfung spielen „die Menschen von Mulungu " eine sehr wichtige Rolle." Diese seine Diener, die sein Vergnügen tun, werden daher, wie auch Mulungu selbst, als vor der existierenden Welt angesehen. Daher können sie nach Wayaos Meinung überhaupt keine Geister der Toten sein; wir können sie auch nicht richtig „Geister" nennen. Sie sind *Wesen* , originell, kreativ, aber undefiniert. Das Wort Mulungu wird heute jedoch auf Geister von Individuen angewendet, aber ob es „Himmel" (Salt) oder „Vorfahr" (Bleek) bedeutet , kann nicht als Beweis dafür herangezogen werden, dass Mulungu selbst ursprünglich als „Geist" gedacht war .' Nehmen wir nämlich an, dass die Vorstellung von mächtigen, undefinierten Wesen zuerst in der Evolution auftauchte und von der Geisteridee gefolgt wurde, dann könnte diese Idee dann zur Erklärung der bereits existierenden schöpferischen Kräfte angewendet werden.

Mtanga wird von „einigen" als Gott von Mangochi lokalisiert , einem Olymp, den die Yao auf ihren Wanderungen zurückgelassen haben. Hier halten einige fest, seine Stimme ist immer noch hörbar. „Andere sagen, dass Mtanga nie ein Mann war … er war an der ersten Einführung von Männern in die Welt beteiligt." Ihm wird zugeschrieben, dass er … Berge und Flüsse geschaffen hat. Er ist eng mit einem Jahr des Überflusses verbunden. Er heißt Mchimwene juene , „ein sehr Häuptling." Er hat eine Art böses Gegenteil, *Chitowe* , aber dieses Wesen, der Satan des Glaubensbekenntnisses, „ist ein Kind oder Untertan von Mtanga ", in der Tat ein böser Engel.[7]

Der Donnergott Mpambe , in Yao Njasi (Blitz), ist ebenfalls ein Diener des Höchsten Wesens. „Er wird von Mtanga mit Regen geschickt ." Europäer sind klüger als Einheimische, weil wir „länger beim Volk Gottes (Mulungu) geblieben sind".

Mtanga oder Mulungu Opfer oder Versöhnung erfahren , obwohl sie mit guten Ernten verbunden sind . „Der Häuptling wendet sich an seinen eigenen Gott."[8] Der Häuptling „wird sich nicht um seinen Ururgroßvater kümmern; Er wird seine Opfergabe seinem unmittelbaren Vorgänger überreichen und sagen: „O Vater, ich kenne nicht alle deine Verwandten; Du kennst sie alle: Lade sie ein, mit dir zu schlemmen.'[9]

„Alle Opfergaben sollen auf einen Mangel an Geist hinweisen", Mtanga hingegen ist *Nihil Indiga Nostri* .

Einem Dorfgott wird Bier zu trinken gegeben, so wie Indra Soma bekam. Ein toter Häuptling wird durch Menschenopfer versöhnt. Ich finde keine Spur einer Schenkung an Mtanga . Seine Geheimnisse sind Mr. Macdonald wirklich unbekannt: Sie wurden von einem gereisten und „emanzipierten" Yao ausgelacht.[10]

„Diese Riten sollen von den Eingeweihten unantastbar geheim gehalten werden, die oft sagen, dass sie sterben würden, wenn sie sie preisgeben würden."[11]

Wie können wir vorgeben, eine Religion zu verstehen, wenn wir ihr Geheimnis nicht kennen? Dieses Geheimnis gibt in Australien die Gewissheit über den ethischen Charakter des Höchsten Wesens. Herr Macdonald sagt über den Initiator (eine groteske Figur): –

„Er hält Vorträge und soll viele gute Ratschläge geben … Die Vorträge verurteilen den Egoismus, und ein selbstsüchtiger Mensch wird *Mwisichana genannt* , das heißt „Uneingeweihter"."

Es könnte keinen besseren Beweis für das Vorhandensein des ethischen Elements in den religiösen Mysterien geben. Bei den Yao wie auch bei den australischen Kurnai ist die zentrale geheime Lehre der Religion die Lehre der Selbstlosigkeit.

Es wird nicht gesagt, dass Mtanga die Mysterien ins Leben gerufen hat oder ihnen vorsteht. Aus der Analogie von Eleusis, den Bora, den Initiationen der Indianer usw. können wir erwarten, dass dies der Glaube ist; aber Mr. Macdonald weiß sehr wenig über die Angelegenheit.

In den legendären Geschichten heißt es: „Alle Dinge auf dieser Welt wurden von „Gott" geschaffen." „Zuerst gab es keine Menschen, sondern „Gott" und Tiere." „Gott" ist hier Mlungu. Die andere Aussage leitet sich offenbar von der bestehenden Ahnenverehrung ab, Verstorbene wurden zu „Gott"

(Mlungu). Aber Gott ist vor dem Tod, denn die Yao haben eine Form des üblichen Mythos über den Ursprung des Todes, auch des Schlafes: „Tod und Schlaf sind ein Wort, sie gehören zu einer Familie." Gott wohnt in der Höhe, während ein böswilliger „Großer", der die Geheimnisse störte und die Eingeweihten tötete, in einen Berg verwandelt wurde.[12]

Trotz eingestandenermaßen mangelhafter Informationen habe ich Mr. Spencers gewählter Autorität eine Menge Fakten entnommen, die auf den Yao-Glauben an ein Urwesen hinweisen, das Berge und Flüsse erschuf; existierten, bevor es Menschen gab; nicht dem Tode unterworfen – was bei ihnen zu spät kam – wohltätig; nicht durch Opfer besänftigt (soweit es Beweise gibt); moralisch (wenn wir nach der Analogie der Mysterien urteilen dürfen) und doch den religiösen Hintergrund einnehmen, während die jüngsten Geister den Vordergrund einnehmen. Um Mr. Spencers Theorie zu beweisen, hätte er einen vollständigen Bericht über dieses Wesen geben und zeigen müssen, wie es sich aus Geistern entwickelt hat, die im umgekehrten Verhältnis zu ihrer Entfernung von der tatsächlichen Generation vergessen werden. Ich stelle mir vor, dass Mr. Spencer einen Mittelpunkt zwischen einem gewöhnlichen Geist und Mtanga finden würde , in einem Geist eines Häuptlings, der an einem Berg befestigt ist, wobei der Ort und der Ortsname den Namen und die Erinnerung des Geistes bewahren. Aber ich denke, es ist weit entfernt vom Geist eines solchen Häuptlings bis zum vormenschlichen, von Engeln bedienten Mtanga .

Für Ahnenverehrung und Geisterverehrung liegen uns zahlreiche Beweise vor. Aber die Position von Mtanga wirft eine dieser heiklen und entscheidenden Fragen auf, die nicht gelöst werden kann, indem man ihre Existenz ignoriert. Hat sich Mtanga aus einem Ahnengeist entwickelt? Wenn ja, warum wird er als größtes göttliches Wesen, „Allerhöchster" und mit mächtigen Ministern unter ihm, nicht versöhnt, es sei denn durch moralische Diskurse in den Mysterien? Da es sich um eine viel fortgeschrittenere Vorstellung als die eines echten Vatergeistes handelt, sollte er viel später in der Entwicklung, frischer in der Empfängnis und verehrter sein. Wie erklären wir seinen Mangel an Anbetung? War er ursprünglich überhaupt als Geist vorgesehen, und wenn ja, welch merkwürdige, aber eintönige Laune wilder Logik hält ihn für vor den Menschen und, obwohl ein Geist, vor dem Tod? Ist es nicht sicher, dass ein solches Wesen von Menschen erdacht werden konnte, die nie von Geistern geträumt hatten? Gibt es einen logischen Grund, warum Mtanga aus praktischen oder philosophischen Gründen nicht als ursprünglich mit Munganngaur gleichgestellt angesehen werden sollte , das nun aber zur Hälfte vergessen und vernachlässigt wurde?

Auf diese Probleme wirft ein Nachfolger von Herrn Spencers Autorität, Herr Duff Macdonald, in der Blantyre-Mission Licht. Dieser Herr, Rev. David Clement Scott, hat „Ein zyklopädisches Wörterbuch der Mang'anja- Sprache in Britisch-Zentralafrika" veröffentlicht.[13] Wenn wir uns zunächst die Geister der Vorfahren ansehen, finden wir *Mzimu* , „Geister der Verstorbenen", die angeblich kommen In Träumen.' Obwohl sie sich in der Geisterwelt aufhalten, spuken sie auch im Dickicht herum, sie inspirieren Mlauli , Propheten, und lassen sie schwärmen und Vorhersagen äußern. Ihnen werden Opfer dargebracht. Hier ist ein Gebet: „Wache über mich, meinen Vorfahren, der vor langer Zeit gestorben ist; Sag dem großen Geist an der Spitze meiner Rasse, von wem meine Mutter stammt.' Es gibt kleine Hüttentempel, und der Häuptling leitet die Opferung von Nahrungsmitteln oder Tieren. Es gibt religiöse Pilgerfahrten mit Opfergaben in die Berge. Gott hat, wie die Menschen in dieser Region, verschiedene Namen, wie Chiuta , „Gott im Raum und das Regenbogenzeichen quer"; Mpambe , „Gott, der Allmächtige" (oder vielmehr „vorausgezeichnet"); Mlezi , „Gott, der Erhalter", und Mulungu , „Gott, der Geist ist". Mulungu = Gott, „keine Geister oder Fetisch". „Man kann nicht den Plural verwenden, da Gott einer ist", sagen die Eingeborenen. „Es gibt keine Götzen, die Götter genannt werden, und Geister sind Geister von Menschen, die gestorben sind, keine Götter." Idole sind *Zitunzi-zitunzi* . „Geister sollen bei Mulungu sein ." Gott hat die Welt und den Menschen geschaffen. Unser Autor sagt: „Wenn der Häuptling oder das Volk opfert, geschieht es Gott", aber er sagt auch, dass sie den Geistern der Vorfahren opfern. Hier herrscht eine gewisse Verwirrung der Ideen: Mr. Macdonald sagt nichts über Opfer für Mtanga .

Herr Scott scheint nicht mehr über die Mysterien zu wissen als Herr Macdonald, und sein Artikel über Mulungu erhellt uns nicht viel. Empfängt Mulungu als schöpferischer Gott ein Opfer oder nicht?[14] Mr. Scott gibt hierfür kein Beispiel unter *Nsembe* (Opfer), wo Vorfahren oder in Hügeln wohnende Geister von Häuptlingen Nahrung angeboten werden; doch wie wir gesehen haben, behauptet er unter *Mulungu* , dass die Häuptlinge und das Volk Gott opfern würden. Er scheint den Schöpfer mit Geistern zu verwechseln, und auf diesen Teil seiner Beweise kann man sich nicht verlassen. „Hinter all dem" (Opfer für Geister) „steht Gott." Wenn ich Mr. Scott verstehe, werden Opfer eigentlich nur den Geistern gebracht, aber er versucht zu argumentieren, dass die theistische Konzeption schließlich hinter der animistischen Praxis steht, und importiert so seine Theorie in seine Fakten. Seine Theorie wäre tatsächlich besser, wenn dem Schöpfer *kein Opfer dargebracht würde, aber das war Mr. Scott nicht in den Sinn gekommen.*

Es ist auf jeden Fall klar, dass die Religion der Afrikaner in der Region Blantyre ein Element aufweist, das sich nicht leicht aus der Geisterverehrung der Vorfahren ableiten lässt, ein Element, das Mr. Spencer nicht bemerkt hat.

Niemand, der den bereits angeführten Beispielen gefolgt ist, wird über das, was Waitz das „überraschende Ergebnis" der jüngsten Untersuchungen unter der großen Negerrasse nennt, erstaunt sein. Unter den Zweigen, in denen ein ausländischer Einfluss am wenigsten zu vermuten ist, entdecken wir hinter ihren auffälligeren Fetischismen und Aberglauben etwas, das wir nicht unbedingt Monotheismus nennen können, das jedoch in diese Richtung tendiert.[15] Waitz zitiert Wilson für die Tatsache, dass sie, abgesehen von ihrem Fetischismus, ein höchstes Wesen als den Schöpfer verehren und ihn nicht mit Opfern ehren .

Die Ausführungen von Waitz können vollständig zitiert werden:

„Die Religion des Negers mag von manchen als eine besonders grobe Form des Polytheismus angesehen werden und mit dem besonderen Namen Fetischismus gebrandmarkt werden." Bei näherer Betrachtung würde man daraus schließen, dass dies – abgesehen von den extravaganten und phantastischen Zügen, die im Charakter des Negers verwurzelt sind und von ihm aus über alle seine Schöpfungen strahlen – im Vergleich zu den Religionen anderer Wilder der Fall ist weder besonders differenziert noch besonders grob in der Form.

„Aber diese Meinung kann nur dann als ganz wahr angesehen werden, wenn wir die Religion des Negers von *außen betrachten oder ihre Bedeutung anhand willkürlicher Voraussetzungen abschätzen, wie dies insbesondere bei Ad der Fall ist.*" Wuttke .

„Durch eine tiefere Einsicht, zu der es in letzter Zeit mehreren wissenschaftlichen Forschern gelungen ist, gelangen wir vielmehr zu der überraschenden Schlussfolgerung, dass mehrere der Negerrassen – bei denen wir den Einfluss einer größeren Rasse noch nicht nachweisen und auch kaum vermuten können." Zivilisierte Menschen sind in der Verkörperung ihrer religiösen Vorstellungen weiter fortgeschritten als fast alle anderen Wilden, so weit, dass wir sie, auch wenn wir sie nicht Monotheisten nennen, immer noch als an der Grenze des Monotheismus stehend betrachten können, da sie ihre Religion sind ist auch mit einer großen Masse rohen Aberglaubens vermischt, der wiederum bei anderen Völkern die reineren religiösen Vorstellungen völlig zu überfordern scheint.

Diese Schlussfolgerung hinsichtlich eines Elements des reinen Glaubens in der Negerreligion hätte Waitz nicht überrascht , wenn ihm während seiner Arbeit aktuelle Beweise für denselben Glauben unter niederen Wilden vorgelegen hätten.

Dieser Band seines Buches wurde 1860 verfasst. Im Jahr 1872 war er sich des Glaubens an einen guten Schöpfer unter den australischen Ureinwohnern und des Fehlens der Ahnenverehrung bei ihnen bewusst geworden.[16]

Waitz' Bemerkungen über das Höchste Wesen des Negers sind angesichts seines unverhohlenen Erstaunens über die Entdeckung durchaus erwähnenswert.

Wilsons Beobachtungen zur Religion Nord- und Südguineas wurden 1856 veröffentlicht. Nachdem er die heikle Aufgabe, herauszufinden, was eine wilde Religion wirklich ist, kommentiert hat, schreibt er: „Der Glaube an ein großes höchstes Wesen, das alle Dinge erschaffen und aufrechterhält, ist universell." .'[17] Die Namen des Wesens werden mit „Schöpfer", „Erhalter", „Wohltäter", „Großer Freund" übersetzt. Obwohl das Wesen über alle guten Eigenschaften verfügt, hat es zugelassen, dass die Welt „unter die Kontrolle böser Geister" gerät, die allein religiöse Anbetung erhalten. Obwohl er die Dinge unkontrolliert lässt, ratifiziert das Hauptwesen (wie bei Homer) den Eid in einem Vertrag und wird angerufen, um Verbrecher zu bestrafen, wenn Torturwasser getrunken werden soll. Bisher hat er also einen ethischen Einfluss. „Größt böse Menschen" werden außerhalb des regulären Ortes begraben. Fetischismus herrscht vor, gefolgt von Spiritualismus, und Wilson glaubt, dass Medien in Guinea einige gute Tricks lernen könnten. Er nennt keine Beispiele. Ihre inspirierten Männer tun durch den Einsatz von Betäubungsmitteln Dinge, „die nicht erklärt werden können".

Der Schöpfer Südguineas, Anyambia (= guter Geist?), ist gut, aber launisch. Er hat einen guten Stellvertreter, Ombwiri (von Miss Kingsley „ Mbuiri " geschrieben); *er allein hat keine Priester*, sondern kommuniziert direkt mit den Menschen. Der Nachbar Shekuni haben Geheimnisse des Großen Geistes. Es werden keine Einzelheiten angegeben. Dieses große Wesen, Mwetyi , ist Zeuge von Bündnissen und bestraft Meineid. Dieses Volk ist ein Ahnenanbeter, aber es wird nicht gesagt, dass sein Höchstes Wesen Opfer annimmt, wie es Geister tun, während es so weit davon entfernt ist, machtlos zu sein wie Unkulunkulu, dass „ihre nationalen Verträge ohne Angst vor seinem Zorn wenig hätten . " oder keine Kraft."[18] Da wir über die Mysterien keine Informationen haben, wissen wir natürlich nichts über andere moralische Einflüsse, die von diesen großen, mächtigen und nicht völlig trägen Wesen ausgeübt werden oder ausgeübt werden könnten.

Der berühmte Reisende Mungo Park, der 1805 Afrika besuchte, hatte gute Gelegenheiten, die Eingeborenen kennenzulernen. Er eilte nicht mit einer großen Streitmacht durch das Land, sondern bezahlte seinen Lebensunterhalt allein oder fast allein mit seinen Messingknöpfen. „Ich habe mit allen Rängen und Schichten über das Thema ihres Glaubens gesprochen", sagt er, „und kann ohne den geringsten Zweifel sagen, dass der Glaube an einen Gott und an einen zukünftigen Zustand von Belohnung und Bestrafung vollkommen und sicher ist." universell unter ihnen.' Dies kann nicht unbedingt als Monotheismus bezeichnet werden, da es viele untergeordnete Geister gibt, die durch „magische Zeremonien" beeinflusst werden können. Aber wenn Monotheismus den Glauben an einen einzigen Geist oder die religiöse Achtung eines einzigen Geistes bedeutet, gibt es ihn nirgendwo – nein, nicht im Islam.

Park findet es bemerkenswert, dass „der Allmächtige" nur bei Neumond Gebete erhält (über Opfer für den Allmächtigen sagt er nichts) und dass er als Schöpfer und Bewahrer aller Dinge „von so erhabener Natur" ist Ich wäre müßig, mir vorzustellen, dass die schwachen Bitten elender Sterblicher die Entscheidungen umkehren und den Zweck der unfehlbaren Weisheit ändern können. Die Neumondgebete sind reine Traditionssache; „Unsere Väter haben es vor uns getan." „Das ist die Blindheit der Natur ohne Hilfe", sagt Park, der die Gebete der Presbyterianer zu Hause auf Yarrow nicht im Stil von Swift persifliert .

Somit wird das afrikanische Höchste Wesen nicht versöhnt, während minderwertige Geister durch Magie eingeschränkt oder mit Nahrung versöhnt werden.

Wir stoßen auf unser altes Problem: Wie hat sich aus diesen hungrigen Geistern dieser Gott entwickelt, in dessen Vorstellung so viel Philosophie steckt? Der Einfluss des Islam ist kaum zu erahnen, da Allah natürlich in endlosen Gebeten angesprochen wird, während der afrikanische Gott keine erhält. Tatsächlich wäre es plausibler zu sagen, dass Mohammed Allah aus dem weitverbreiteten Glauben entlehnt hat, den wir studieren, als dass das Höchste Wesen des Negers von Allah entlehnt wurde.

Park hatte, wie wir sahen, viele Gelegenheiten zu vertraulichen Gesprächen mit den Menschen, deren Gnade er sich auslieferte.

„Aber es kommt nicht oft vor, dass die Neger ihre religiösen Ansichten zum Gesprächsthema machen; Wenn sie insbesondere nach ihren Vorstellungen von einem künftigen Staat befragt werden, äußern sie sich mit großer Ehrfurcht, bemühen sich aber , die Diskussion abzukürzen, indem sie sagen: „*Mo o mo.* " *inta allo* " ("Kein Mensch weiß etwas darüber").'[19]

Park selbst, in größter Not und fast verzweifelt, erblickte zufällig die zarte Schönheit einer kleinen Moospflanze, und als ihm klar wurde, dass der Schöpfer eines so zerbrechlichen Dings keinem seiner Geschöpfe gleichgültig sein konnte, fasste er Mut und in Sicherheit gebracht.[20] Er gehörte nicht zur Negerphilosophie, und es ist weniger wahrscheinlich, dass er sie erfunden hat. Das flüsternd gesprochene Neumondgebet wurde Park „von vielen verschiedenen Menschen" mitgeteilt, um „Gott für seine Güte während der Existenz des vergangenen Mondes zu danken und um eine Fortsetzung seiner Gunst während des neuen Mondes zu bitten . " eins.' Dies kann natürlich ein Beweis für islamistischen Einfluss sein und steht im Widerspruch zur allgemeinen Tendenz der beschriebenen Religionsphilosophie.

Wir kommen nun zu einer Theorie des Höchsten Wesens unter einer bestimmten afrikanischen Rasse, die für meine gesamte Hypothese zu diesem

Thema völlig verhängnisvoll wäre, wenn sie tatsächlich als richtig erwiesen werden könnte und wenn sie so ausgeweitet werden könnte, dass sie auf die Australier anwendbar wäre , Feuerländer, Andamanesen und andere sehr rückständige Völker. Es handelt sich um die von den Europäern übernommene Hypothese, dass das Höchste Wesen ein „Leihgott" ist.

Die Theorie wird sehr anschaulich in Major Ellis' „Tshi-Speaking Peoples of the Gold Coast" dargelegt.[21] Die Meinung von Major Ellis stimmt mit der von Waitz in seiner „Einführung in die Anthropologie" überein (eine Meinung, der Waitz nicht gegenüber bigott zu sein scheint). – nämlich, dass „die ursprüngliche Form aller Religion ein roher, unsystematischer Polytheismus ist", wobei die Natur von feindlichen Mächten oder Geistern bevölkert ist und jeder das verehrt, was er für am gefährlichsten oder nützlichsten hält. Es gibt nur wenige allgemeine, viele lokale oder persönliche Gegenstände der Verehrung.[22] Major Ellis begegnete dieser Passage erst, als er sich durch Beobachtung der Tshi-Rasse seine eigenen Ideen gebildet hatte. Wir geben nicht vor, zu erraten, was „die ursprüngliche Form aller Religion" gewesen sein könnte; Aber wir haben reichlich Beweise für die Existenz eines höheren Glaubens als diesen geliefert und werden dies auch tun, und zwar unter Völkern, die in der materiellen Kultur viel niedriger sind als die Tshi-Rassen, die über Metalle und eine organisierte Priesterschaft verfügen . Sie bewohnen in kleinen Dörfern (außer Coomassie und Djuabin) die Wälder der Goldküste. Die bloße Erwähnung von Coomassie zeigt, wie weit zivilisiert die Tshis (Ashantis und Fantis) den nackten, obdachlosen Australiern überlegen sind. Ihre Binnengemeinschaften seien jedoch „bloße Flecken in einem riesigen Gebiet undurchdringlichen Waldes". Die Küstenvölker stehen seit Jahrhunderten in Kontakt mit den Europäern, aber die „Tshi-sprechenden Rassen befinden sich heute sowohl sozial als auch moralisch weitgehend in der gleichen Verfassung wie zur Zeit der portugiesischen Entdeckung."[23]

Dennoch erklärt Major Ellis ihr höchstes Wesen als Ergebnis europäischen Einflusses! *A priori* erscheint dies höchst unwahrscheinlich. Dass ein Glaube von den Küstenstämmen, die mit Europäern in Kontakt standen, über all diese Flecken im undurchdringlichen Wald hinwegfegen sollte und dass dieser Glaube, obwohl der jüngste, bei weitem der schwächste sein sollte, kann nicht als plausible Hypothese angesehen werden. Darüber hinaus müssen nach der Theorie von Major Ellis die höchsten Wesen der Rassen, die erst vor Kurzem zum ersten Mal mit Europäern in Berührung kamen, die höchsten Wesen, die sich eifersüchtig von der europäischen Wahrnehmung fernhielten und in der Geheimhaltung antiker Mysterien verehrt wurden, aus gleicher Vernunft auch das Ergebnis europäischen Einflusses sein. Leider liefert Major Ellis keine Beweise für seine Aussagen über die Vergangenheit der Tshi-Religion. Autoritäten muss er haben, Referenzen wären willkommen.

„Da sich die Menschen in der Lage befinden, in der sich die Eingeborenen der Goldküste jetzt befinden, ist Religion in keiner Weise mit moralischen Vorstellungen verbunden."[24] Wir haben zahlreiche Beweise dafür geliefert, dass bei viel rückständigeren Stämmen die Moral auf einer religiösen Sanktion beruht. Wenn dies an der Goldküste nicht der Fall wäre, können wir diese relativ fortgeschrittenen Fantis und Ashantis nicht als Vertreter des „ursprünglichen" Standes der Ethik und Religion akzeptieren, ebenso wenig wie jene Menschen mit Städten, einem König, einem Priestertum, Eisen und Gold der „ursprüngliche" materielle Zustand der Gesellschaft. Major Ellis zeigt auch, dass die Götter Keuschheit von den Priesteramtskandidaten verlangen.[25] Der gegenwärtige Glaube an der Goldküste wird von organisierten Priesterschaften als „lukratives Geschäft" aufrechterhalten.[26] Wo es keinen Gewinn und keine Priesterschaft gibt, wie bei rückständigeren Rassen, ist diese Art von Geschäft nicht möglich. An der Goldküste können sich Menschen den Göttern nur über Priester nähern.[27] Das ist Degeneration.

Wenn die Religion in einer relativ reinen und moralischen Form begann, *muss sie offensichtlich mit dem Fortschreiten* der Zivilisation unter Priestern degenerieren , die das Lukrative „ausbeuten" und in den reinen Elementen des Glaubens und der Praxis kein Geld sehen können. Dass die lukrativen Elemente des Christentums vom Klerus unter Vernachlässigung der Ethik ausgenutzt wurden, war genau die Beschwerde der Reformatoren. Von diesen lukrativen Elementen war das Glaubensbekenntnis der Apostel frei, und eine ähnliche Freiheit kennzeichnet die Religion Australiens oder der Pawnees. Wir können daher unmöglich erwarten, den „ursprünglichen" Zustand der Religion bei einem Volk zu finden, das wie die Tshi-Rassen einer geldgierigen Priesterschaft unterworfen ist. Möge die Religion so rein wie Schnee beginnen, sie würde durch den Handel mit Priestern in ihrem lukrativen animistischen Aspekt korrumpiert werden. Und Priester werden relativ spät ausgebildet.

Major Ellis diskriminiert Tshi-Götter als –

1. General, von einem ganzen Stamm oder mehreren Stämmen verehrt.
2. Lokale Gottheiten von Flüssen, Hügeln, Wäldern oder Meeren. 3. Gottheiten von Familien oder Unternehmen. 4. Schutzgottheiten von Einzelpersonen.

Die zweite Klasse wurde den Eingeborenen zufolge von der ersten Klasse ernannt, die „zu distanziert oder gleichgültig ist, um sich normalerweise in menschliche Angelegenheiten einzumischen". Somit bestraft der Huronengott Ahone niemanden. Er ist ganz süß und leicht, hat aber einen

Stellvertretergott namens Okeus . Nach unserer Hypothese deutet diese Gleichgültigkeit gegenüber hohen Göttern darauf hin, dass der große, desinteressierte Gott durch käufliche animistische Konkurrenz verdrängt wird. Alle der Klasse II. „ scheint ursprünglich bösartig gewesen zu sein." Obwohl nach einheimischem Glauben die Klasse I vor der Klasse II stand und zur „Klasse II" ernannt wurde, glaubt Major Ellis, dass bösartige Geister der Klasse II. wurden wie in den Adelsstand in die Klasse I erhoben, während die Klassen III. und IV. „ sind eindeutig das Produkt des Priestertums" – also spät.

Tando , und einen Gott des Südens, Bobowissi , gefunden hatten, der immer noch verehrt wird. Bobowissi macht Donner und Regen, lebt auf einem Hügel und empfängt oder empfing Menschenopfer. Aber „nach einem mehrjährigen Verkehr mit Europäern" fügten die Dorfbewohner in der Nähe europäischer Festungen „ihrem System eine neue Gottheit hinzu, die sie Nana Nyankupon nannten ." Dies war der Gott der Christen, der von ihnen entlehnt und unter einer neuen Bezeichnung angepasst wurde, die „Herr des Himmels" bedeutet. (Dies ist eine Vermutung. *Nyankum* = Regen. *Nyansa* hat eine spätere Bedeutung: „Handwerk".)[28]

Nun muss Major Ellis später Bosmans Darstellung des Fetischismus (1700) seinen eigenen Beobachtungen gegenüberstellen. Laut Bosmans einheimischer Informationsquelle wählten die Männer dann ihre eigenen Fetische aus. Diese werden *nun* von Priestern ausgewählt. Bosmans Autorität war falsch – oder das Priestertum hat sein Geschäftsfeld erweitert. Major Ellis argumentiert, dass die Revolution von der Amateur- zur Priesterselektion von Fetischen nicht in 190 Jahren stattfinden konnte, „in einem riesigen Landstrich, unter Völkern, die in halb isolierten Gemeinschaften inmitten wegloser Wälder leben, wo es nur wenig Möglichkeiten gibt." für den Austausch von Ideen, *und wo wir wissen, dass sie von keiner höheren Rasse beeinflusst wurden .'*

Doch die Theorie von Major Ellis besagt, dass dieses isolierte Volk von einer höheren Rasse beeinflusst wurde, und zwar so weit, dass es von den Europäern ein völlig neues höchstes Wesen adoptierte, ein Wesen, das es in keiner Weise zu besänftigen suchte und das keinen praktischen Nutzen hatte . Und dies taten sie, sagt er, nicht unter priesterlichem Einfluss, sondern angesichts des Widerstands der Priester.[29]

Die Logik von Major Ellis scheint nicht konsistent zu sein. Auf jeden Fall fragen wir nach Beweisen, wie in den „undurchdringlichen Wäldern" eine neue höchste Gottheit allgemein bekannt wurde? Sind wir sicher, dass Reisende (nicht zitiert) nicht später als sie den blutbefleckten, auffälligen und lukrativen Bobowissi entdeckten, eine Gottheit ohne Priester, ohne Ritual oder „Geld im Unternehmen" entdeckten ? Warum blieb Nyankupon , der vermeintliche neue Gott einer neuen mächtigen Gruppe von Fremden, völlig ungesühnt? Das Gegenteil war zu erwarten.

Major Ellis schreibt: „Mit ziemlicher Sicherheit stieß die Priesterschaft auf heftigen Widerstand gegen die Hinzufügung eines weiteren zu einer bereits zahlreichen Götterfamilie", die zugegebenermaßen jeden Tag jetzt noch niedrigere Götter hinzufügt! Dennoch ist Nyankupon trotz des Widerstands der Priester allgemein bekannt. Nyankupon , ich nehme an = Anzambi , Anyambi , Nyambi , Nzambi , Anzam , Nyam, der Nzam der Fans, 'und aller Bantu-Küstenrassen, der Schöpfer von Mensch, Pflanzen, Tieren und der Erde; er interessiert sich nicht weiter für die Angelegenheit.'[30] Die Menge der *Geister* interessiert sich nur zu sehr; und sind daher das lukrative Element der Religion.

Es ist nicht leicht zu glauben, dass Nyam unter all seinen Namen von den Portugiesen übernommen und offenbar von Negern an Bantu in ganz Westafrika weitergegeben wurde, trotz der Isolation der Gruppen und des Widerstands der Priesterschaft unter den Stämmen. unbeeinflusst von irgendeiner höheren Rasse.'

Nyam ernennt, wie Major Ellis' Klasse I., einen untergeordneten Gott, um seine Arbeit zu erledigen: Er ist wirklich gut und regiert die böswilligen Geister.[31]

Die Ausbreitung von Nyankupon , wie sie von Major Ellis beschrieben wird, ist umso bemerkenswerter, als „fünf oder sechs Meilen vom Meer entfernt, oder noch weniger, das Land für die Europäer eine *Terra incognita war".[32]* Nyankupon war angeblich angenommen, weil unsere Überlegenheit bewies, dass die Europäer „von einer Gottheit mit größerer Macht beschützt wurden als alle, denen sie selbst" (die Tshi-Rassen) „Opfer darbrachten".

Nyankupon als mächtigste Gottheit natürlich die besten Opfer von allen erhalten? Im Gegenteil, Nyankupon erhielt kein Opfer und hatte keine Priester. Kein Priester hätte eine traditionelle Art, ihm zu dienen. Wie der unglückliche Mann in Voltaire zu seinem Schutzengel sagt: „Es lohnt sich, ein Genie an der Spitze zu haben", so könnten die Tshis und Bantu ironisch sagen: „Eine nützliche Sache, ein neues höchstes Wesen!" Etwa ein Viertel eines Kontinents adoptiert einen neuen fremden Gott und lässt ihn *planté zurück là* ; unversehrt, ungeehrt und unbesungen. Deshalb hielt man ihn für zu distanziert oder zu gleichgültig, „um sich direkt in die Angelegenheiten der Welt einzumischen". „Diese Idee entstand wahrscheinlich dadurch, dass die Eingeborenen keine wesentliche Verbesserung ihres Zustands erfahren hatten … obwohl sie auch Anhänger des Gottes der Weißen geworden waren."[33]

Aber genau das hatten sie nicht getan! Sogar an der Magellanstraße orientierten sich die Feuerländer an einem gelegentlichen spanischen Kapitän und vergötterten ein Bild von Cristo. Name und Bildnis akzeptierten sie. Das Tshi-Volk übernahm weder das Bildnis noch den Namen einer Gottheit von den unter ihnen ansässigen Portugiesen. Sie imitierten weder katholische Riten noch passten sie ihre eigenen an; Sie beteten nicht und opferten auch nicht für den „neuen" Nyankupon . Lediglich sein Name und die Vorstellung von seinem Wesen sind im westafrikanischen Glauben allgemein verbreitet. Er lebt in keinem bestimmten Zuhause oder Hügel, sondern „in Nyankupons Land". Nyankupon wird heute „eher ignoriert als verehrt", während es in Bobowissi Priester und Opfergaben gibt.

Es ist klar, dass Major Ellis versucht , mit einer einzigartigen Lösung (nämlich der Entlehnung eines Gottes von den Europäern) und dieser unwahrscheinlichen und unzulänglichen Lösung ein sehr weit verbreitetes Phänomen zu erklären. Nyankupon kann nicht erklärt werden, abgesehen von Taaroa , Puluga , Ahone , Ndengei , Dendid und Ta-li-y- Tochoo , Göttern, die später beschrieben werden und die mit keiner Wahrscheinlichkeit als europäischen Ursprungs angesehen werden können. Sie alle stellen das urzeitliche Höchste Wesen dar, das unter fortschreitenden kulturellen Bedingungen mehr oder weniger oder ganz seines ethischen Einflusses beraubt und von der Horde nützlicher gieriger Geister oder Geistergötter verdrängt wird, deren Geschäft lukrativ ist. Nyankupon erhebt keinen Anspruch darauf, ein „Geist" zu sein oder gewesen zu sein.[34]

Die Theorie von Major Ellis ist ein natürliches Ergebnis seines Glaubens an einen Polytheismus als „den ursprünglichen Zustand der Religion". Wenn ja, gab es nicht viel Raum für die natürliche Entwicklung von Nyankupon , in dem „die Missionare eine Parallele zum Jahwe der Juden finden".[35] Nach unserer Theorie nimmt Nyankupon seinen Platz im regulären Prozess der Korruption des Theismus ein durch Animismus.

Der Parallelfall von Nzambi Mpungu , der Schöpfer unter den Fiorts (ein Bantu-Stamm), wird von Miss Kingsley folgendermaßen erklärt:

„Ich zögere nicht zu sagen, dass ich Nzambi voll und ganz glaube." Mpungu soll ein rein einheimischer Gott sein und dass er ein großer Gott über alle Dinge ist, aber sein Studium ist noch schwieriger als das Studium von Nzambi , weil die jesuitischen Missionare im 16. Jahrhundert einen so großen Einfluss auf die Fiorts erlangten Jahrhundert identifizierte ihn mit Jehova und wirkte von diesem Standpunkt aus auf den Geist der Eingeborenen ein. Folglich finden sich auch heute noch halbmythische Spuren jesuitischer Lehren in den religiösen Vorstellungen der Fiorts .'[36]

Nzambi Mpungu lebt „hinter dem Firmament". „Er interessiert sich so gut wie nicht für menschliche Angelegenheiten." Das ist keine jesuitische Vorstellung von Gott.

Bei allen missionarischen Berichten über wilde Religion müssen wir uns vor zwei Arten von Voreingenommenheit hüten. Eine davon ist die Voreingenommenheit, die den Beobachter dazu bringt, der einheimischen Rasse jede Religion zu verweigern, mit Ausnahme der Teufelsanbetung. Das andere ist die Voreingenommenheit, die ihn dazu bringt, nach Spuren einer rein primitiven religiösen Tradition zu suchen. Dennoch können wir nicht umhin, dieses wechselseitige Phänomen zu beobachten: Missionare finden oft einen einheimischen Namen und eine einheimische Idee, die ihrer Vorstellung von Gott so nahe kommen, dass sie die Idee und den Namen in der Lehre übernehmen. Auf der anderen Seite wiederum erkennen die Wilden, wenn sie zum ersten Mal den Bericht der Missionare über Gott hören, ihn ebenso wie die Huronen und Bakwain als etwas, das ihnen schon immer vertraut war. Dies wird auf sehr frühen prämissionarischen Reisen dokumentiert, beispielsweise im Buch von William Strachey über Virginia (1612), dem wir uns nun zuwenden. Der Gott, den Strachey in Virginia gefunden hat, kann bei jeder Vermutung nicht als Ergebnis des Kontakts mit Europäern angesehen werden. Dennoch entspricht er fast genau dem afrikanischen Nyankupon , der als „Kreditgott" hingestellt wird. Denn der Glaube an relativ reine schöpferische Wesen, ob sie moralisch verehrt, ohne Opfer gebracht oder einfach nur vernachlässigt werden, ist so weit verbreitet, dass die Anthropologie sie ignorieren oder als „Leihgötter" betrachten muss – oder ihre Theorie aufgeben muss!

[Fußnote 1: Lejean , *Rev. des Deux Mondes* , April 1862, S. 760. Zitieren für den Gesang: Beltrame , *Dictionario della lingua denka* , MS.]

[Fußnote 2: Waitz , ii. 74.]

[Fußnote 3: 1882.]

[Fußnote 4: *Kirchliche Institutionen* , 681.]

[Fußnote 5: *Africana* , ich . 66.]

[Fußnote 6: *Africana* , ich . 67.]

[Fußnote 7: *Africana* , ich . 71, 72_]

[Fußnote 8: i 88.]

[Fußnote 9: i . 68.]

[Fußnote 10: i . 130.]

[Fußnote 11: Ebd.]

[Fußnote 12: *Africana* , i 279-301.]

[Fußnote 13: Edinburgh, 1892.]

[Fußnote 14: Übrigens zeigt Mr. Macdonald, dass diese Wilden im Gegensatz zu Mr. Spencers Meinung Worte für Träume und Träumen haben. Sie interpretieren Träume anhand eines Systems von Symbolen: „Ein Kanu bedeutet Unglück" und „Träume gehen von Gegensätzen aus."]

[Fußnote 15: Waitz , *Anthropologie* , ii. 167.]

[Fußnote 16: Waitz und Gerland , *Anthropologie* , vi. 796-799 und 809. Im Jahr 1874 wurden die Beweise von Herrn Howitt zum moralischen Element in den Mysterien nicht veröffentlicht. Waitz erkundet die Idee, dass die höheren australischen Überzeugungen europäischen Ursprungs sind. „ Wir schen Nein uralte Trümmer ähnlicher „Mythologenie in ihnen " (vi. 798) Treibgut aus Ideen der unvordenklichen Antike.]
[Fußnote 17: Wilson, S. 209.]
[Fußnote 18: Wilson, S. 392.]
[Fußnote 19: Park's *Journey* , i . 274, 275, 1815.]
[Fußnote 20: S. 245.]
[Fußnote 21: London, 1887.]
[Fußnote 22: Ellis, S. 20, 21.]
[Fußnote 23: S. 4.]
[Fußnote 24: Ellis, S. 10.]
[Fußnote 25: S. 120.]
[Fußnote 26: S. 15.]
[Fußnote 27: S. 125.]
[Fußnote 28: Ellis, S. 24, 25.]
[Fußnote 29: Ellis, S. 189.]
[Fußnote 30: Miss Kingsley, S. 442.]
[Fußnote 31: Ellis, S. 229.]
[Fußnote 32: Ebd. P. 25.]
[Fußnote 33: Op. cit. P. 27.]
[Fußnote 34: Ellis, S. 29.]
[Fußnote 35: Op. cit. P. 28.]

[Fußnote 36: „African Religion and Law", *National Review* , September 1897, S. 132.]

XIV

AHONE. TI-RA-WÁ. NÀ-PI. PACHACAMAC. TUI LAGA. TAA-ROA

In diesem Kapitel ist es mein Ziel, bestimmte amerikanische Schöpfer neben die afrikanischen Wesen zu stellen, die wir untersucht haben. Wir werden von Huronen über Pawnees und Blackfeet reichen und mit Pachacamac , dem höchsten Wesen der alten Inka- Zivilisation , mit Tui Laga und Taa-roa enden . Es ist ersichtlich, dass die Huronen durch einen bibliographischen Zufall versehentlich ihres gütigen Schöpfers beraubt wurden, während dieser Schöpfer sehr gut mit dem peruanischen Pachucamac übereinstimmt , das oft als bloße philosophische Abstraktion angesehen wird. Die Pawnees werden uns einen Schöpfer zeigen, der an einem Opferritual beteiligt ist, was nicht üblich ist, während die Blackfeet einen Schöpfer präsentieren, der überhaupt nicht als Geist gedacht ist und unserer Theorie nach ein sehr frühes Stadium der theistischen Konzeption darstellt.

Um das analoge Argument gegen Major Ellis' Theorie über den europäischen Ursprung Nyankupons fortzusetzen , erscheint es wünschenswert, zunächst eine Parallele zu seinem Fall und dem seiner blutbefleckten Untergottheit Bobowissi aus einer Gegend zu ziehen, in der europäischer Einfluss absolut vorhanden ist Außer Frage. Virginia wurde erstmals 1607 dauerhaft von Engländern kolonisiert , und die „ Historie of Travaile into Virginia" von William Strachey, Gent., dem ersten Sekretär der Kolonie, stammt aus den frühesten Jahren (1612-1616). Es lässt sich daher kaum vermuten, dass die Eingeborenen *unser Höchstes Wesen* bereits angenommen hatten , zumal Strachey sagt, dass die einheimischen Priester den christlichen Gott energisch bekämpften. Strachey fand eine hausbewohnende, landwirtschaftliche und sesshafte Bevölkerung unter Häuptlingen vor, von denen einer, Powhattan, eine Art Bretwalda war. In den Tempeln befanden sich die getrockneten Körper der *Weroancen* oder Aristokratie, daneben befand sich ihr Okeus oder Oki, ein „unschön geschnitztes", ganz schwarz gekleidetes Bild , „das ihnen allen Schaden zufügt, den sie erleiden". Er lässt sich durch Opfer ihrer eigenen Kinder (wahrscheinlich ein Fehler) und von Fremden besänftigen.

Herr Tylor zitiert eine Beschreibung dieses Oki oder Okeus mit seinem Idol und seinen blutigen Ritualen aus Smiths „History of Virginia" (1632)[1]. Die beiden Bücher Stracheys und Smiths sind hier leicht unterschiedliche Kopien eines Originals. Aber nachdem er Smiths (und Stracheys) voreilige Theorie, dass Okeus „nichts anderes als ein Teufel" sei, tadelte, fand Herr Tylor bei Smith nicht das, was bei Strachey folgt. Okeus bringt Menschenopfer dar, wie Bobowissi , „während der große Gott (die Priester sagen es ihnen), der die ganze Welt regiert und den Sohn zum Leuchten bringt, den Mond erschafft und seine Gefährten in den Sternen wirft … sie nennen (*sic*) Ahone ." Der gute und friedfertige Gott verlangt keine solchen Pflichten und muss ihnen auch nicht geopfert werden, denn er will ihnen alles Gute," Okeus hingegen „schaut in die Entscheidungen aller Menschen und prüft sie nach dem strengen Schema der Gerechtigkeit." , bestraft sie…. Das ist das Elend und die Knechtschaft , unter die Sathan diese elenden Schurken gebunden hat."

Als ob, in Mr. Stracheys eigenem Glaubensbekenntnis, Satan die Vergehen der Menschen gegen Gott nicht in der Hölle bestraft!

Hier finden wir also zusätzlich zu einem Teufel (oder besser gesagt einem göttlichen Polizeibeamten) und allgemeinem Fetischismus und Naturverehrung, dass der ungebildete Virginianer mit einem barmherzigen Schöpfer ausgestattet ist, ohne Götzen, Tempel oder Opfer, der nichts davon braucht unsere. Es ist nur ein Zufall, dass Herr Tylor sich dieser wesentlichen Tatsachen nicht bewusst ist, nämlich durch die Verwendung von Smiths Buch (1632) anstelle von Stracheys Buch (1612). [2]

Dr. Brinton zitiert wie Mr. Tylor Smith für den schändlichen oder strengen Okeus und lässt jede Erwähnung von Ahone , dem gütigen Schöpfer, aus.[3] Nun, Stracheys Zeugnis ist früh (1612), es handelt sich um einen gut gebildeten Mann, der gerne Griechisch spricht und keine Vorurteile gegenüber diesen „ Sathan "-Anbetern hegt. In Virginia fand er das unversöhnlich liebende Höchste Wesen neben einem Untergebenen, wie Nyankupon neben Bobowissi in Afrika.

Jede höchste Gottheit, in Virginia oder an der Goldküste, wird durch den aufkeimenden Polytheismus und die Naturverehrung mehr oder weniger in der öffentlichen Wertschätzung in den Schatten gestellt. Das ist genau das, was wir erwarten würden, wenn Ahone , der Schöpfer, früher in der Evolution stünde, während Okeus und der Rest zur üblichen gierigen Klasse animistischer, verderblicher Gottheiten gehörten, die für Priester nützlich waren. Dies konnte nicht verstanden werden, solange Ahone in der Stellungnahme nicht erwähnt wurde.[4]

Wahrscheinlich rechtfertigt Mr. Stracheys Erzählung analog unseren Verdacht gegenüber der Theorie von Major Ellis, dass das höchste afrikanische Wesen europäischen Ursprungs sei. Der Zweck des Ahone-Okeus- Glaubensbekenntnisses ist klar. Gott (Ahone) ist allmächtig und gut, doch die Menschheit wird von Katastrophen heimgesucht. Wie sind diese zu erklären? Offensichtlich als Strafe für die Sünden der Menschen, die nicht von Ahone , sondern von seinem Stellvertreter Okeus begangen wurden . Aber dieser Magistrat kann und wird durch Opfer besänftigt, die es gottlos oder auf jeden Fall nutzlos wäre, dem Höchsten Wesen Ahone anzubieten . Es ist ein logisches Glaubensbekenntnis, aber wie hat sich das Höchste Wesen aus dem Geist eines „menschenverschlingenden Königs" wie Powhattan entwickelt? Die sehr gut belegten Tatsachen passen nicht zur anthropologischen Theorie. Es ist anzumerken, dass Stracheys Ahone eine viel weniger mythologische Vorstellung ist als die, die er nach sehr guten Beweisen den Indianern des Patowemeck River zuschreibt. Ihr Schöpfer wird als „göttlicher Hase" bezeichnet, der ihre Seelen ins Paradies aufnimmt, von wo aus sie auf der Erde wiedergeboren werden, wie in Platons Mythos. Sie betrachten die vier Winde auch als vier Götter. Wie der Gott die mythologische Gestalt eines Hasen annahm, wird unterschiedlich erklärt.[5]

Mittlerweile entspricht das Ahone-Okeus- Glaubensbekenntnis dem Nyankupon-Bobowissi- Glaubensbekenntnis. Der amerikanische Glaube ist sicherlich nicht aus Europa entlehnt, daher ist es weniger wahrscheinlich, dass das afrikanische Glaubensbekenntnis entlehnt ist.

Zur Veranschaulichung der hier vorgestellten allgemeinen Theorie können wir nun zwei Stammesreligionen unter den nordamerikanischen Indianern heranziehen. Das erste ist das der Reiter-Pawnees, die vor dreißig Jahren am Loup Fork in Nebraska lebten. Seitdem wurden die Büffel vernichtet, das Land beschlagnahmt und die Pawnees in ein „Reservat" getrieben, wo sie auf die übliche Weise betrogen und unterdrückt werden (oder in letzter Zeit wurden). Sie waren den Europäern ursprünglich in vier Horden bekannt, die vierte waren die Skidi oder Wolf Pawnees. Sie scheinen relativ weit von Mexiko entfernt nach Kansas und Nebraska gekommen zu sein und sind mit den Lipans und Tonkaways dieser Region verbündet. Die Tonkaways sind ein Stamm, der in einem heiligen Geheimnis dazu ermahnt wird, „wie die Wölfe zu leben", genau wie die Hirpi (Wolfsstamm) vom Mount Soracte , die das Kunststück praktizierten , unverletzt durch Feuer zu gehen. [6] Die Tonkaways betrachten die Pawnees, die ebenfalls einen Wolfsstamm haben, als einen seit langem getrennten Zweig ihrer Rasse. Wenn sie also mexikanischen Ursprungs sind, können wir erwarten, bei den Pawnees Spuren aztekischer Rituale zu finden.

Lange nachdem sie bessere Waffen erhalten hatten, benutzten sie Pfeile mit Feuersteinspitzen, um die einzigen beiden Tiere zu töten, deren Opferung erlaubt war, den Hirsch und den Büffel. Sie sind seit langem ein Jäger- und auch ein Ackerbauvolk. Der Mais wurde ihnen ursprünglich vom Herrscher gegeben: ihrem Gott *Ti-ra-wá* , „dem Geistvater". Sie bringen das Opfer eines Hirsches mit besonderer Feierlichkeit dar und sind ein sehr betendes Volk. Der Priester „hatte eine Beziehung zu den Pawnees und ihrer Gottheit, die nicht unähnlich der war, die Moses zu Jehova und den Israeliten hatte." Ein Merkmal des Rituals sind die heiligen Bündel mit unbekanntem Inhalt, die aus der ursprünglichen Heimat Mexiko mitgebracht werden. Die Pawnees wurden von Ti-ra-wá geschaffen . Sie glauben an ein glückliches zukünftiges

Leben, während die Bösen sterben und ihr Ende bevorsteht. Sie führen ihre Totenträume als Argument für ein Leben jenseits des Grabes an. „Wir sehen uns mit Ti-ra-wá zusammenleben !" Eine böse frühere Rasse, die Ti-ra-wá nicht kannte , wurde von ihm in der Sintflut zerstört; Beweise finden sich in großen fossilen Knochen, und es wäre eine interessante Untersuchung, ob solche Fossilien immer dort gefunden werden, wo die Geschichte einer „Sündenflut" vorkommt. Wenn ja, müssen Fossilien überall verbreitet sein.

Wie üblich wird das zukünftige Leben nicht nur durch Träume bezeugt, sondern auch durch die Erfahrung von Männern, die „gestorben" sind und wieder zum Leben erweckt werden, wie zum Beispiel Secret Pipe Chief, der Mr. Grinnell die Geschichte erzählte. Diese Visionen im Zustand des scheinbaren Todes sind nichts Besonderes für Wilde und hatten zweifellos großen Einfluss auf den Glauben an die nächste Welt.[7] Geister sind selten zu sehen, aber akustische Halluzinationen, etwa die Stimme einer Stimme, die in Zeiten der Gefahr gute Ratschläge erteilt, werden als die Sprache von Geistern angesehen. Die Tiere sind auch freundlich, da sie Mitkinder der Menschen von Ti-ra-wá sind . Dem Morgenstern boten die Skidi oder Wolf Pawnees in seltenen Fällen einen gefangenen Mann an. Die Zeremonie war der der Azteken nicht unähnlich, wenn auch weniger grausam. Merkwürdigerweise musste der Jäger des Gefangenen sofort einen Scheinflug machen, wie in der attischen *Bouphonia* . Dies war jedoch ein Ritus, der dem Morgenstern gewidmet wurde, nicht Ti-ra-wá , „der Macht oben, die das Universum bewegt und alle Dinge kontrolliert". Ti-ra-wá wurde zu seltenen und feierlichen Anlässen aus seinen beiden Hauptgeschenken, Hirschen und Büffeln, geopfert . „Durch Mais, Hirsche, Büffel und die heiligen Bündel verehren wir *Ti-ra-wá* ."

Das Fleisch wurde im Feuer verbrannt, während mit großem Ernst gebetet wurde. Im alten Skidi-Ritus teilten die Frauen dem gemästeten Gefangenen mit, was sie vom Herrscher erlangen wollten. Gelegentlich wird gesagt, dass das Menschenopfer *Ti-ra-wá* selbst gebracht wurde. Der Opfernde floh nicht nur, sondern fastete und trauerte. Es ist möglich, dass das Opfer wie bei den Azteken auch als Verkörperung Gottes angesehen wurde, aber das ist nicht sicher, da der Ritus schon lange nicht mehr angewendet wird. Mr. Grinnell erhielt die Beschreibung von einem sehr alten Skidi. Es gab auch ein Dankfest an Ti-ra-wá für Mais. Während eines heiligen Tanzes und einer Hymne wird dem Herrscher von einer Frau der Mais entgegengehalten. Mais wird rituell „Die Mutter" genannt, wie in Peru.[8] „Wir sind wie Samen, und wir beten durch das Korn an."

Krankheiten werden durch böse Geister verursacht, und viele amerikanische Soldaten wurden von Pawnee-Ärzten geheilt, obwohl ihre Verletzungen der Behandlung durch die Chirurgen der US-Armee nicht nachgegeben hatten.[9]

Die Wunder, die Pawnee-Medizinmänner unter den Augen von Major North vollbrachten, übertreffen bei weitem das, was über indianische Gaukerei erzählt wird. Aber das ist vierzig Jahre her und es ist wahrscheinlich zu spät, etwas über diese erstaunlichen Darbietungen nackter Männer auf dem harten Boden einer Lodge zu erfahren. „Major North erzählte mir" (Mr. Grinnell), „dass er mit eigenen Augen sah, wie die Ärzte den Mais wachsen ließen", wobei der Arzt die Pflanze nicht wie beim Mango-Trick manipulierte, sondern abseits stand und sang. Herr Grinnell sagt: „Ich habe noch nie jemanden gefunden, der auch nur eine Erklärung vorschlagen könnte."

Diese Kunst legt große Macht in die Hände der Ärzte, die viele andere Wunder zeigen. Bemerkenswert ist, dass wir in dieser Religion nichts von Ahnenverehrung hören; Alles, was über Geister gesagt wird, wurde berichtet. Wir finden den Kult eines allmächtigen Wesens, dessen rituelle Opferung das einzige Merkmal ist, das auf eine Geisteranbetung schließen lässt. Die populären Erzählungen und historischen Erinnerungen der letzten Generation bestätigen durch ihre Anspielungen voll und ganz Mr. Grinnells Bericht über den Pawnee-Glauben, in dem das ethische Element hauptsächlich in einem Gefühl der Abhängigkeit von und rührender Dankbarkeit gegenüber Ti-ra-wá besteht, wie gezeigt im innigen Gebet. Diebstahl verabscheut er, er lobt Tapferkeit , er bestraft die Bösen durch Vernichtung, die Guten wohnen bei ihm in seiner himmlischen Heimat. Er wird mit A- ti -us t- akaw -a angesprochen, „Unser Vater an allen Orten".

Es ist nicht so leicht zu erkennen, wie sich dieses Wesen aus der Ahnenverehrung entwickelt hat, von der wir bei Pawnees keine Spuren finden. Für die Ahnenverehrung unter den Sioux ist es üblich, eine Bemerkung eines gewissen Prescott, eines Dolmetschers, zu zitieren: „Manchmal sagt ein Inder: „Wah negh on she wan da", was bedeutet: „Die Geister der Toten haben Erbarmen mit mir." ." Dann werden sie hinzufügen, was sie wollen. Das entspricht in etwa dem Betrag, den ein Inder beten muss."[10] Offensichtlich, wenn wir Mr. Grinnells Bericht über die Pawnee-Religion, basierend auf seinen eigenen Beobachtungen, mit denen von Major North und Mr. Dunbar vergleichen, der über die Sprache geschrieben hat Als Stammesmitglied sind wir auf viel sichererem Boden, als wenn wir einem verächtlichen, halbgebildeten Europäer folgen.

Die Religion der Blackfoot-Indianer scheint eine rohere Form des Pawnee-Glaubens zu sein. Ob die Unterschiede auf den Stammescharakter oder auf die Dekadenz zurückzuführen sind oder darauf, dass der Blackfoot-Glaube in einem früheren und rückständigeren Zustand ist als der der Pawnees, lässt sich nicht leicht mit Sicherheit sagen. Wie in China besteht eine Schwierigkeit bei der Entscheidung, ob das höchste Wesen mit dem großen Naturgott identisch ist ; in China der Himmel, unter den Schwarzfüßen die Sonne; oder ihm in der Empfängnis vorausgeht, oder später an seine Stelle gesetzt oder neben ihn gestellt wurde. Die Blackfoot-Mythologie ist niedrig, grob und, außer in den Schöpfungsgeschichten, spöttisch. Wie in Australien gibt es einen spezifischen Tonunterschied zwischen Mythologie und Religion.

Das Blackfoot-Land verläuft östlich vom Gipfel der Rocky Mountains bis zur Mündung des Yellowstone River in den Missouri, dann nach Westen bis zu den Yellowstone-Quellen, über die Rocky Mountains bis zum Beaverhead und von dort bis zu ihrem Gipfel.

Was die Geister betrifft, so glauben die Blackfeet an Geister oder erzählen zumindest Geschichten über sie, die sich ähnlich wie in unseren altmodischen Geistergeschichten verhalten. Sie verfolgen die Menschen auf eher sportliche und verantwortungslose Weise. Die Seelen oder Schatten angesehener Personen gehen in das trostlose Land namens Sand Hills, wo sie in einer langweiligen, eintönigen Art von Scheol leben . Die Schatten der Bösen sind „erdgebunden" und boshaft, insbesondere die Geister von Männern, die im Kampf gefallen sind. Sie verursachen Lähmungen und Wahnsinn, fürchten aber die Innenräume von Logen; sie „klopfen nur auf die Hüttenhäute". Wie viele Indianerstämme haben die Blackfeet die Eurydike-Legende. Ein Mann, der um seine tote Frau trauert, findet seinen Weg in den Hades, wird von den Toten bemitleidet und darf die Frau aufgrund bestimmter ritueller Verbote, gegen die er unglücklicherweise verstößt, mit sich zurücknehmen. Der Umfang dieser zutiefst berührenden Geschichte der Roten Männer und ihre große Ähnlichkeit mit der Geschichte von Orpheus sind eine der merkwürdigsten Tatsachen in der Mythologie. Mr. Grinnells Freund Young Bear hörte, als er sich mit seiner Frau im Nebel verirrte, eine Stimme: „Es ist gut." Mach weiter, du bist auf dem richtigen Weg.' „Mein Kopf schien sich zu heben. Es schien, als würden viele Nadeln hineinfahren.... Das muss ein Geist gewesen sein.' Da die Frau die Stimme auch hörte, war es wahrscheinlich menschlich und nicht halluzinatorisch.

Den Tieren wird von den Blackfeet der übliche Maß an freundlichem Respekt   entgegengebracht.
Sie haben auch einen unentwickelten Polytheismus: „Über-Personen, Boden-Personen und Unterwasser-Personen". Von den ersten ist der Donner am wichtigsten und wird verehrt. Es gibt den Kältemacher, eine weiße Figur auf einem weißen Pferd, den Wind und so weiter.

Der Schöpfer ist Nà -pi, der alte Mann; Dr. Brinton glaubt, er sei eine Personifikation des Lichts, aber Mr. Grinnell hält es für absurd, den Blackfeet eine so abstrakte Vorstellung zuzuschreiben. Nà -pi ist einfach ein Urwesen, ein unsterblicher Mensch,[11] der existierte, bevor der Tod in die Welt kam, worüber eine der üblichen Geschichten über den Ursprung des Todes erzählt wird. „Alle Dinge, die er geschaffen hatte, verstanden ihn, als er zu ihnen sprach – Vögel, Tiere und Menschen", wie in den ersten Kapiteln der

Genesis. Mit Nà -pi arbeitete die Schöpfung an der Anpassung an die Umwelt. Er stellte das Dickhorn in die Prärie. Dort war es schwierig, also stellte er es auf felsige Stellen, wo es mühelos hin und her hüpfte. Die Antilope fiel auf die Felsen und er brachte sie in die ebene Prärie. Nà -pi erschuf Mann und Frau aus Ton, aber die Torheit der Frau führte zum Tod. Nà -pi schenkte als Prometheus das Feuer und lehrte die Waldkünste. Er prägte die Gebetspflicht ein; Sein Wille sollte durch Abgesandte in Form von Tieren geschehen. Dann ging er zu anderen Völkern. Das Unglück der Indianer entsteht aus dem Ungehorsam gegenüber seinen Gesetzen.

Häuptlinge wurden aufgrund ihres Verhaltens, ihres Mutes und ihrer Nächstenliebe gewählt.

Obwohl Waffen und Utensilien zusammen mit den Toten begraben oder auf Plattformen ausgelegt wurden und große Männer in ihren Logen schliefen und von nun an nie mehr von den Lebenden betreten wurden, ist mir keine Spur einer fortgesetzten Ahnenverehrung bekannt. Da viele Schwarzfüße jedes Jahr ihren Namen ändern, ist es unwahrscheinlich, dass die Namen der Vorfahren zu denen von Göttern werden.

Nà -pi in der Religion eingenommen hat ; oder vielleicht *ist* Nà -pi die Sonne. Allerdings wird er im Gebet immer noch gesondert angesprochen. Die Sonne erhält als Geschenke Pelze usw.; Ihm wurde ein Finger angeboten, wenn es um das Leben geht. Fetischismus zeigt sich wahrscheinlich in Geschenken an einen großen Stein. Es gibt tägliche Gebete, sowohl zur Sonne als auch zu Nà -pi. Frauen gründen Medizinlogen und beten: „Hab Mitleid mit mir, Sun." Du hast mein Leben gesehen. Du weißt, dass ich rein bin.' „Wir betrachten die Medizinloge-Frau genauso wie ihr Weißen die römisch-katholischen Schwestern." Da die Frau der Medizinischen Loge „tugendhaft in der Tat, ernsthaft und reingesinnt" ist, steht sie in spiritueller *Verbindung* mit Nà -pi und der Sonne. Zumindest insofern ist die Blackfoot-Religion ein ethischer Einfluss.

Das Glaubensbekenntnis scheint ein entstehender Polytheismus zu sein, der Nà -pi als höchstem Schöpfer und der personifizierten Sonne untergeordnet ist. Da Blackfoot-Geister für immer „dampfend und wirkungslos" sind, scheint es nichts Besseres als die Ahnenverehrung zu geben.

Diese beiden Kulte und Glaubensrichtungen, Pawnee und Blackfoot, können als ziemlich gut authentifizierte Beispiele einer nichtchristianisierten amerikanischen Religion unter Rassen im Grenzgebiet von Landwirtschaft und Jagd angesehen werden . Es wäre schwierig zu behaupten, dass Geister- oder Ahnenverehrung ein wichtiger Faktor in der Entwicklung des unsterblichen Ti-ra-wá oder des unsterblichen Schöpfers Nà -pi ist, der nichts Geistiges an sich hat, besonders wie es bei Geistern der Fall ist nicht angebetet.[12]

Schauen wir uns nun das höchste Wesen eines zivilisierten amerikanischen Volkes an. Es gibt kaum interessantere Berichte über Religion als Garcilasso de la Vegas Beschreibung des Glaubens in Peru. Garcilasso war auf der Spindelseite Inka-Abstammung; Er wurde 1540 geboren und sein Buch, das aus den Überlieferungen eines Onkels stammt und von den fragmentarischen Sammlungen von Pater Blas Valera unterstützt wurde, wurde 1609 veröffentlicht. In Garcilassos Theorie handelt es sich um das ursprüngliche Volk Perus, Totemisten und Anbeter von Hügeln und Bächen , Erde und Meer, wurden vom ersten Inka, einem Kind der Sonne, zum Sonnenkult konvertiert. Sogar die neue Religion beinhaltete Ahnenkult und anderen Aberglauben. Aber hinter der Sonnenanbetung stand der Glaube an ein Wesen, das „die Sonne so weit über alle Sterne des Himmels emporhob".[13] Dieses Wesen war Pachacamac , „der Erhalter der Welt". Dann stellt sich die Frage: Ist Pachacamac eine Form desselben schöpferischen Wesens, das wir unter den niedrigsten Wilden finden? Oder ist er das Ergebnis philosophischer Reflexion? Letzteres war die Meinung von Garcilasso . „Die Inkas und ihre Amautas " (gelehrte Klasse) „waren Philosophen."[14]

„Pacha", sagt er, = Universum, und „ cama " = Seele. Pachacamac ist also *Anima Mundi* . „Sie nahmen nicht einmal den Namen Pachacamac in den Mund", oder aber selten und ehrfürchtig, da die Australier Darumulun in religiösen Angelegenheiten nicht erwähnen würden . Pachacamac hatte keinen Tempel, „aber sie verehrten ihn in ihren Herzen." Dass er der Schöpfer war, geht aus einem früheren Autor hervor, der von Garcilasso zitiert wird : Agustin de Zarate (ii. Kap. 5). Nachdem Garcilasso die Existenz von Tempeln für Pachacamac geleugnet hat , erwähnt er einen, aber nur einen. Er besteht ausführlich und mit viel Logik darauf, dass der, den er als Christ verehrt, ein Pachacamac im Quichua-Stil ist . Darüber hinaus wurde der eine Tempel für Pachacamac nicht von einem Inka erbaut, sondern von einer Rasse, die, nachdem sie vom Inka-Gott gehört hatte, seinen Namen entlehnte, ohne seine Natur zu verstehen, nämlich den eines Wesens, das nicht in Tempeln wohnt, die mit Händen gebaut wurden (ii . 186). Im Tempel brachte dieses Volk, die Yuncas , sogar Menschenopfer dar. Die Inkas brachten Pachacamac kein Opfer dar (ii. 189). Diesen negativen Brauch zwangen sie auch den Yuncas auf , und sie entfernten Götzenbilder aus dem Yunca- Tempel von Pachacamac (ii. 190). Der Aberglaube der Yunca befiel jedoch den Tempel, und eine Stimme gab darin Orakel.[15] Die Yuncas hatten auch ein sprechendes Idol, das die Inka gemäß einem religiösen Vertrag gelegentlich konsultierten.

Während Pachacamac ohne Tempel oder Riten als der Schöpfer galt, müssen wir verstehen, dass Sonnenanbetung und Ahnenverehrung die praktischen Elemente des Inka-Kultes waren. Dies schien dem Inka Huayna Ccapac zuwider gewesen zu sein, denn bei einem Sonnenfest blickte er scharf auf die

Sonne, wurde von einem Priester zurechtgewiesen und antwortete, dass die ruhelose Sonne „einen anderen Herrn haben muss, der mächtiger ist als er selbst."[16]]

Diese Bemerkung hätte nicht nötig sein können, wenn Pachacamac wirklich ein lebendiger und universeller Glaubensgegenstand wäre. Vielleicht müssen wir verstehen, dass dieser Inka ebenso wie sein Vater, der offenbar der ursprüngliche Autor des Sprichworts war, die aufwändige Verehrung der Sonne verspotten wollte, während Pachacamac in Bezug auf Rituale vernachlässigt wurde .

In Garcilassos Buch müssen wir seinem Wunsch Rechnung tragen, das Glaubensbekenntnis seiner mütterlichen Vorfahren zu rechtfertigen. Seine Kritik an spanischen Versionen ist scharf und er beruft sich oft auf seine Kenntnisse von Quichua und auf die direkten Überlieferungen, die er von seinem Onkel erhalten hat. Gegen seine Theorie von Pachacamac als Ergebnis philosophischen Denkens könnte man einwenden, dass ähnliche oder nahezu ähnliche Vorstellungen bei Rassen existieren, die nicht wie die Inkas zivilisiert sind und nicht über Schulen gelehrter Priester verfügen. Tatsächlich ist die Position von Pachacamac und der Sonne sehr ähnlich der des Blackfoot-Schöpfers Nà -pi und der Sonne oder von Shangti und dem Himmel in China. Wir haben das schöpferische Wesen, dessen Glaubensbekenntnis von dem eines verehrten Aspekts der Natur durchdrungen ist und dessen Kult logischerweise gleich *Null* oder nahezu *Null ist* . Außerdem gibt es in verschiedenen Schichten des Inka-Reiches Ahnen- oder Mumienverehrung, Totemismus und Polytheismus mit einer vagen Masse von *Huaca = Elohim, Kalou , Wakan.*

Vielleicht wäre es nicht zu voreilig zu vermuten, dass Pachacamac nicht nur eine philosophische Abstraktion ist, sondern das Überbleibsel eines Wesens wie Nà -pi oder Ahone . Cieza de Leon nennt Pachacamac „einen Teufel", dessen Name „Schöpfer der Welt" bedeutet![17] Als der Name ausgesprochen *wurde , wurde er mit* Kniebeugen und Zeichen der Ehrfurcht ausgesprochen . Pachacamac ähnelte der christlichen Gottheit so sehr , dass Cieza de Leon erklärt, der Teufel habe die Ähnlichkeit gefälscht und darauf beharrt![18] Spanischen Missionaren stand es frei, Pachacamac zu verwenden , während die Jesuiten unter den Bantu Mpungu as verwendeten ein Dreh- und Angelpunkt für die Einführung des Christentums. Sie betrachteten Pachacamac lieber als einen betrügerischen Unhold. Jetzt Nzambi Mpungu ist bei den Bantu sicherlich keine Schöpfung einer gelehrten Priesterschaft, denn die Bantu haben keine gelehrten Priester, und Mpungu wäre für die gierigen Zauberer, die sie konsultieren, nutzlos, da er nicht besänftigt ist. Aus Gründen der Analogie kann man also sagen , dass Pachacamac einem wilden höchsten Wesen ähnelt, das entweder von Garcilasso oder den Amautas , der gelehrten Klasse unter den Untertanen der Inkas, etwas veräthert wurde . Dennoch scheint er dem Ahone der Virginians nicht viel überlegen zu sein.

Wir besitzen jedoch einen anderen Bericht über die Inka-Religion, von dem Garcilasso entschieden abweicht. Die beste Version ist die von Christoval de Molina, der Kaplan des Krankenhauses für Eingeborene war und zwischen 1570 und 1584 schrieb.[19] Christoval versammelte eine Reihe alter Priester und anderer Eingeborener, die an den antiken Gottesdiensten teilgenommen hatten, und sammelte ihre Beweise. Er nennt den Schöpfer („nicht von einer Frau geboren, unveränderlich und ewig") mit dem Namen Pachayachachi . „Lehrer der Welt" und „ Tecsiviracocha ", die Garcilasso als bedeutungslos abtut.[20] Er erzählt auch die Geschichte des Inka Yupanqui und des Herrn der Sonne, sagt aber, dass die Inkas bereits Kenntnis vom Schöpfer hatten. Yupanqui schreibt er die Errichtung eines goldenen Bildes des Schöpfers zu, was von Garcilasso völlig bestritten wurde . [21] Christoval erklärt, was wiederum von Garcilasso widerlegt wurde , dass dem Schöpfer Opfer dargebracht wurden. Anders als die Sonne, sagt Christoval , sei dem Schöpfer keine Frau zugewiesen worden, „denn als er sie erschuf, gehörten sie alle ihm" (S. 26), was natürlich eine Idee ist, die Opfer ebenfalls überflüssig machen würde .

Christoval betet in Quichua, wobei der Schöpfer als *Uiracocha angesprochen wird*
.

Christoval ordnet dem Schöpfer Uiracocha Bilder, Opfer und sogar Menschenopfer zu . Garcilasso bestreitet, dass der Schöpfer Pachacamac eines dieser Dinge hatte, er bestreitet, dass Uiracocha der Name des Schöpfers war, und er bestreitet es, obwohl er weiß, dass die Spanier diese Behauptung aufgestellt haben.[22] Wer hat Recht? Uiracocha , sagt Garcilasso , sei mit seinen Opfern eine Sache; Der Schöpfer, Pachacamac , ohne Opfer, ist ein anderer, ist GOTT.

Herr Markham meint, dass Garcilasso , der zwar schrieb, als er schrieb und nicht bewusst übertrieb, dennoch weniger vertrauenswürdig (wenn auch „wunderbar genau") war als Christoval . Garcilasso ist jedoch „gewissenhaft wahrhaftig".[23] „Die Exzellenz seines Gedächtnisses zeigt sich vielleicht am besten in seinen topografischen Details ..." Er macht keinen einzigen Fehler, in der Topographie von dreihundertzwanzig Orten! Ein äußerst wahrhaftiger Herr, der über ein erstaunliches Gedächtnis verfügt und seine Muttersprache beherrscht, widerspricht völlig der Version eines spanischen Priesters, der ebenfalls vorsichtig und ehrenhaft gewesen zu sein scheint .

Ich werde nun zeigen, dass Christoval und Garcilasso unterschiedliche Versionen derselben historischen Ereignisse haben und dass Garcilasso seine Widerlegung der spanischen Theorie des Inka-Schöpfers auf seine Form dieser historischen Tradition stützt, die folgt:

Der Inka Yahuarhuaccac war wie Georg II. mit seinem Prinzen von Wales uneins. Deshalb verbannte er den Prinzen nach Chita und ließ ihn als Hirte der Lamas der Sonne dienen. Drei Jahre später kam der in Ungnade gefallene Prinz an den Hof, mit etwas, das die Inka als eine verrückte Geschichte einer Erscheinung von der Art betrachteten, die technisch als „Grenzland" bezeichnet wurde. Schlafend oder wach, er wusste es nicht, er sah einen bärtigen Mann in einer Robe, der ein seltsames Tier hielt. Die Erscheinung erklärte sich selbst als Uiracocha (Christovals Name für den Schöpfer), ein Kind der Sonne; keineswegs so wie Pachacamac , der Schöpfer der Sonne. Er kündigte einen fernen Aufstand an und versprach dem Prinzen seine Hilfe . Als der Inka diese Erzählung hörte, antwortete er im Tonfall Karls II., als er über Monmouth sagte: „Sag James, er soll zur Hölle fahren!"[24] Der vorhergesagte Aufstand brach jedoch aus, der Inka floh, der Prinz rettete die Stadt, entthronte seinen Vater und schickte ihn aufs Land. Dann nahm er von der Erscheinung den Thronnamen *Uiracocha an* , ließ sich einen Bart wachsen und kleidete sich wie die Erscheinung, für die er einen Tempel ohne Dach und in seiner Bauweise einzigartig errichtete. Darin hatte er ein Bild des Gottes, für das er selbst häufig Sitzungen abhielt. Als die Spanier ankamen, bärtige Männer, nannten die Indianer sie Uiracochas (wie alle spanischen Historiker sagen) und erklärten, um ihnen zu schmeicheln, fälschlicherweise, dass Uiracocha ihr Wort für den Schöpfer sei. Garcilasso sprengt die spanische Etymologie des Namens in der Sprache von Cuzco, die er „mit der Milch seiner Mutter aufgesaugt" hat. „Die Indianer sagten, die führenden Spanier seien Kinder der Sonne, um sie zu Göttern zu machen, genauso wie sie sagten, sie seien Kinder der Erscheinung Uiracocha ."[25] Darüber hinaus stimmen Garcilasso und Cieza de Leon in ihren Beschreibungen überein Bild von Uiracocha , das, wie beide behaupten, die Spanier als Darstellung eines christlichen frühen Missionars, vielleicht des heiligen Bartholomäus, betrachteten.[26] Garcilasso hatte die Mumie des Inka Uiracocha gesehen und erzählt die ganze Geschichte aus der mündlichen Version seines Onkels, wobei er viele einheimische Kommentare zur beschriebenen Hofrevolution hinzufügt.

Für Garcilasso sind die Anrufungen von Uiracocha in Christovals Gebetssammlung eine einheimische Anpassung an spanische Vorurteile: Auch in ihnen kommt Pachacamac vor.[27]

Jetzt hat Christoval eine Variante von Garcilassos Erzählung in die Hände bekommen , die in Garcilasso viel Humor und menschliche Natur besitzt. Laut Christoval war es nicht der Prinz , der spätere Inka Uiracocha , der die Erscheinung sah, sondern der Inka Uiracocha *Sohn,* sozusagen Prinz von Wales, der damaligen Zeit, später des Inka Yupanqui .

Garcilasso korrigiert Christoval . Uiracocha sah die Erscheinung, wie Père Acosta zu Recht sagt, und Yupanqui war *nicht* der Sohn, sondern der Enkel dieses Inka Uiracocha .[28] Uiracochas eigener Sohn war Pachacutec , was einfach „Revolution" bedeutet, heißt es nebenbei. Wort *Pachamcutin* , was „die Welt verändert" bedeutet.

Christovals Form der Geschichte ist in gewisser Weise besonders erfreulich. Yupanqui sah die Erscheinung *in einem Stück Kristall* : „Die Erscheinung verschwand, während das Stück Kristall blieb." Der Inka kümmerte sich darum, und es heißt, er habe danach darin alles gesehen, was er wollte.' Die Erscheinung gab sich in menschlicher Gestalt und in Inka-Kleidung der Sonne hin; und als Yupanqui den Thron bestieg, „befahl er, eine Sonnenstatue anzufertigen, die der Figur, die er im Kristall gesehen hatte, möglichst ähnlich war." Er forderte seine Untertanen auf, „die neue Gottheit zu verehren, so wie sie zuvor den Schöpfer verehrt hatten",[29] der daher vor Uiracocha stand .

Christoval ist als Beweis für das Betrachten von Inka-Kristallen interessant, kann aber als Beweis nicht mit Acosta und Garcilasso mithalten . Der Leser muss jedoch entscheiden, ob er Garcilassos unversöhnlichen Pachacamac oder den von Christoval bevorzugt Uiracocha , Menschenopfer und alles.[30]

Herr Tylor bevorzugt die Version von Christoval und macht Pachacamac zu einem Titel von Uiracocha .[31] Er glaubt, dass wir in der Inka-Religion ein Beispiel für „einen untergeordneten Gott" (die Sonne) haben, der „den Platz der höchsten Gottheit usurpiert". ' 'die Rivalität zwischen dem Schöpfer und der göttlichen Sonne.' Wie wir sehen werden, glaubt Herr Tylor in China hingegen, dass der Himmel der ältere Gott ist und dass Shangti , das höchste Wesen, der Usurpator ist.

Die Wahrheit in der Uiracocha *gegen* Die Pachacamac- Kontroverse ist schwer festzustellen. Ich gestehe, dass ich eher zu Garcilasso tendiere , der so wahrhaftig und so wunderbar genau ist, als zum spanischen Priester. Es sei darauf hingewiesen, dass Christoval sagt, dass Chanca - Uiracocha ein Huaca (*heiliger* Ort) in Chuqui- chaca war „sein Onkel, die Erscheinung."[33] Uiracocha , die Gottheit, die Menschenopfer empfängt, wäre also ein später, königlich eingeführter Ahnengott, kein wirklicher Rivale des Schöpfers, der überhaupt kein Opfer erhält, und wie er Da er bärtig war, ließe sich sein Name leicht auf die bärtigen Spanier übertragen, deren Ankunft der Inka Uiracocha vorhergesagt haben soll. Aber mehrere oder alle Spanier mit dem Namen zu bezeichnen, der dem Schöpfer gegeben wurde, wäre absurd. Herr Tylor und Herr Markham beziehen sich nicht auf die Passage, in der Christoval offensichtlich eine falsche Version der Erscheinungsgeschichte erhält.

Es gibt noch eine weitere Version dieser historischen Legende, die vierzig Jahre nach Christovals Datum von Don Juan de Santa Cruz Pachacuti- yamqui geschrieben wurde Salcamayhua . Er rangiert nach Garcilasso und

Christoval , aber vor früheren *spanischen* Schriftstellern wie Acosta, die Quichua nicht kannten. Laut Salcamayhuia war der Inka Uiracocha wie James III. architekturbegeistert und dem Krieg abgeneigt. Er gab das Reich seinem Bastard Urca , der von den Chancas besiegt und getötet wurde . Uiracocha wollte den Wettbewerb aufgeben, doch sein ehelicher Sohn Yupanqui sah einen schönen Jüngling auf einem Felsen, der ihm im Namen des Schöpfers Erfolg versprach, und verschwand dann. Der Prinz siegte und der Inka Uiracocha zog sich ins Privatleben zurück. Dies scheint eine Mischung aus den Geschichten von Garcilasso und Christoval zu sein .[34]

An sich ist es nicht von großer Bedeutung, ob der Schöpfer Uiracocha genannt wurde (was, wenn es überhaupt etwas bedeutet, „Fettmeer!" bedeutet), oder ob er Pachacamac , Schöpfer der Welt, oder beides genannt wurde Namen. Die wichtige Frage ist, ob der Schöpfer überhaupt Menschenopfer (Christoval) oder überhaupt keine (Garcilasso) erhalten hat. Was Pachacamac betrifft , müssen wir Herrn Payne konsultieren, der den Vorteil hat, ein Quichua-Gelehrter zu sein. Er ist der Ansicht, dass Pachacamac die Vorstellung eines allgemeinen Geistes aller Lebewesen mit der eines Schöpfers oder Schöpfers aller Dinge verbindet. „ Pachacamac und der Schöpfer sind ein und dasselbe", aber die Vorstellung von Pachayachacic , „Herrscher der Welt", „gehört der späteren Zeit der Inkas."[35] Herr Payne scheint Christovals Inka-Legende zu bevorzugen Kristallgucker, zur rivalisierenden Version von Garcilasso . Die Yunca- Form der Pachacamac-Verehrung betrachtet Herr Payne als Beispiel für Erniedrigung.[36] Er glaubt nicht an Garcilassos Aussage, dass der Sonne keine Menschenopfer gebracht wurden. Garcilasso muss, wenn Mr. Payne Recht hat, ein bewusster Lügner gewesen sein, es sei denn, er wurde tatsächlich von seinen Inka-Verwandten getäuscht. Der Leser kann nun selbst einschätzen, wie schwierig es ist, viel über die peruanische Religion oder überhaupt über jede andere Religion zu wissen. Denn wenn Mr. Payne Recht hat, dass die niedrigsten Wilden keine Vorstellung von Gott oder auch nur vom Geist haben, obwohl die Idee eines großen Schöpfers, eines Geistes, eine der frühesten Bemühungen der „primitiven Logik" ist, dann natürlich wir , haben die ganze Zeit nur gefackelt.

Garcilassos Beweise scheinen jedoch nicht durch christliche Versuche, eine primitive göttliche Tradition zu finden, beeinträchtigt zu sein. Garcilasso verfeinert möglicherweise die Fakten, verlangt aber keine Theorie der göttlichen Urtradition im Fall von Pachacamac , den er der philosophischen Reflexion zuschreibt.

Im folgenden Kapitel diskutieren wir „die alte Degenerationstheorie" und stellen sie dem in diesem Buch vorläufig angebotenen Schema gegenüber. Wir haben bereits beobachtet, dass die Degenerationstheorie die Berichte einiger Missionare verzerrt, die offensichtlich darauf bedacht sind, Spuren einer primitiven Tradition zu finden, die ursprünglich allen Menschen offenbart, aber nur von den Juden in reiner Form bewahrt wurde . Um eine Täuschung durch diese Voreingenommenheit zu vermeiden, haben wir Beispiele wilder kreativer Wesen aus weiten Gebieten, aus verschiedenen Zeiten, aus nicht missionarischen Aussagen, von den am wenigsten kontaminierten rückständigen Völkern und aus ihren geheimen Mysterien und Hymnen ausgewählt.

Wenn wir uns also immer noch auf den amerikanischen Kontinent beschränken, haben wir die alten Hymnen der Zuñis , die in keiner Weise christianisiert wurden und nie in der Gegenwart der mexikanischen Spanier gesungen wurden. Diese Hymnen lauten wie folgt: „Vor dem Beginn des Neuen Schaffens, Awonawilona ." , der Schöpfer und Behälter von allem, der Allvater, hatte nur Sein.' Dann entwickelte er alle Dinge weiter, „indem er sich selbst äußerlich im Raum dachte". Hegelianisch! Aber das gilt auch für die zeitlosen Hymnen der Maoris , trotz der wilden Mythologie, die in beide Traditionen eindringt. Die alte Fabel von Ouranos und Gaia taucht in Zuñi wie in Maori wieder auf .[37]

Ich kann mir nicht vorstellen, wie sich Awonawilona aus dem Geist eines Häuptlings oder Zauberers entwickeln könnte. Das, in dem alle Dinge potenziell existierten, der aber mehr als alles war, ist nicht der Geist eines Zauberers oder Häuptlings. Er ist sicherlich nicht auf missionarischen Einfluss zurückzuführen. Keine Autorität kann größer sein als die traditioneller heiliger Gesänge, die man bei einer Bevölkerung findet, die sie nicht vor einem ihrer mexikanischen Meister singen würde.

Wir haben versucht, der Voreingenommenheit des Glaubens an eine primitive göttliche Tradition zu entkommen, aber Voreingenommenheit jeglicher Art existiert und muss existieren. Gegenwärtig berührt die anthropologische Hypothese der Ahnenverehrung als Grundlage, vielleicht (wie in Mr. Spencers Theorie) der einzigen Grundlage der Religion, Beobachter.

Bevor wir uns mit der Degenerationstheorie befassen, wollen wir einen Fall der anthropologischen Voreingenommenheit untersuchen. Die Fidschianer haben, wie wir von Williams erfahren haben, Ahnengötter und auch eine einzigartige Form des kreativen Wesens, Ndengei , oder, wie Herr Basil Thomson ihn nennt, Degei . Herr Thomson schreibt: „Es ist klar, dass die Fidschianer ihre Götter vermenschlichten , weil sie einst in menschlicher Form auf der Erde existierten ..." Wie andere Naturvölker vergötterten die Fidschianer ihre Vorfahren." Dennoch „haben die Fidschianer möglicherweise die Namen ihrer Vorfahren vor drei Generationen vergessen"! Wie in aller Welt kann man eine Person vergöttern, an die man sich nicht erinnert? Darüber hinaus wurden nur böswillige Häuptlinge vergöttert, sodass ein fidschianischer Gott offenbar in Wirklichkeit ein wohlgeborener menschlicher Schurke ist, so bedeutend, dass *er* jedenfalls nicht vergessen wird – ganz so, als würden wir den bösen Lord Lyttelton verehren ! Natürlich könnte ein Gott wie Ahone nicht aus solchen Materialien wie diesen erschaffen werden, und tatsächlich erfahren wir von Herrn Thomson, dass es andere fidschianische Götter anderen Ursprungs gibt.

„Es ist wahrscheinlich, dass es hier und da *Götter gab, die die Schöpfung der Priester waren, die ihnen dienten, und nicht die Geister toter Häuptlinge* . Dies war der Gott des Bure-Stammes an der Küste von Ra, der Tui Laga oder „Herr des Himmels" genannt wurde. Als die Missionare zum ersten Mal diese Stadt bekehrten, fanden sie den heidnischen Priester als ihren treuen Verbündeten. Er erklärte, dass sie gekommen seien, um denselben Gott zu predigen, den er gepredigt hatte, den Tui Laga , und dass ihnen mehr als ihm von den Geheimnissen des Gottes offenbart worden sei.

Herr Thomson wird an den heiligen Paulus in Athen erinnert, „den ihr dann in Unwissenheit anbetet, den verkünde ich euch."[38]

Herr Thomson hat offensichtlich keine Voreingenommenheit gegenüber einem Gott wie unserem, der den Wilden bekannt ist und *nicht* aus der Geisteranbetung stammt. Er leitet diesen Gott, Tui Laga , aus priesterlichen Überlegungen und Spekulationen ab. Aber wir finden einen solchen Gott dort, wo wir keine Priester finden, wo kein Priestertum entwickelt wurde. Ein solcher Gott, der normalerweise nicht durch Opfer und lukrative Privatpraktiken gesühnt wird, ist genau die Art von Gottheit, die nicht für eine Priesterschaft geeignet ist. Aus diesen Gründen – dass ein Priestertum „kein Geld in einem Gott dieser Art sieht" und dass Götter dieser Art, ethisch und kreativ, dort zu finden sind, wo es keine Priestertümer gibt – können wir die Konzeption nicht als eine späte Idee des Priestertums betrachten Herkunft, wie Herr Thomson es tut, obwohl eine gelehrte Kaste wie die peruanischen Amantas die Idee möglicherweise verfeinern wird. Am allerwenigsten kann ein solcher Gott „die Schöpfung der Priester sein, die ihm dienen", wenn diesem Gott wie in Peru, auf den Andamanen und in weiten Teilen Afrikas keine Priester dienen. Schließlich können wir das Fehlen von Opfern für das schöpferische Wesen auch nicht als bloßen Beweis dafür betrachten, dass es sich um einen Ahnengeist handelt, der „zu einer zu fernen Zeit auf der Erde gelebt hat"; denn dieser Mangel an Opfern tritt dort auf, wo Geister gefürchtet werden, aber nicht durch Nahrungsgaben besänftigt werden (wie bei Australiern, Andamanesen und Blackfoot-Indianern), während das schöpferische Wesen laut seinen Anbetern kein Geist ist und nie war.

An dieser Stelle mag die Kritik natürlich anmerken, ob das wilde Höchste Wesen gefeiert wird, wie bei den Comanchen, die Rauchwolken anbieten, oder ob es scheinbar halb vergessen wird, wie bei den Algonquins und Zulus: ob es durch Opfer besänftigt wird (was sehr wichtig ist). (in der Tat selten) oder nur aufgrund seines Verhaltens behaupte ich gleichermaßen, dass er der wahrscheinliche Nachkomme in der Evolution des primitiven, undifferenzierten, nicht unbedingt „spirituellen" Wesens von Glaubensrichtungen wie dem Australier ist.

Man muss entgegnen, dass dieser Stammbaum tatsächlich nicht historisch nachvollziehbar ist, dass er jedoch keine der logischen Schwierigkeiten aufweist, die dem animistischen Stammbaum innewohnen – nämlich, dass das wilde Höchste Wesen das letzte und höchste Ergebnis der Evolution auf animistischen Linien aus Geistern ist . Es steht nicht im Widerspruch zu den von Wilden allgemein vorgebrachten Beweisen, dass ihr höchstes Wesen nie ein sterblicher Mensch war. Sie steht im Einklang mit der universellen, wilden Theorie des Todes, während die animistische Hypothese in diesem Fall unvereinbar ist. Wenn ich schließlich, wie bereits gesagt, meine Meinung berücksichtige, dass es zwei Strömungen religiösen Denkens gibt, von denen die eine in der Vorstellung eines undifferenzierten Wesens, ewig, moralisch und kreativ, und die andere in der Geisterlehre entspringt, liegt es auf der Hand dass letztere, wenn sie den alltäglichen Bedürfnissen und Erfahrungen, ob normal oder übernatürlich, am besten angepasst sind, erstere verunreinigen und Opfer und Versöhnung mit Nahrungsmitteln in das Ritual von Wesen einführen können, die nach der ursprünglichen Vorstellung „nichts von uns brauchen". Gleichzeitig würde die Vorstellung von „Geist", sobald sie erlangt wurde, unweigerlich mit der Idee des höchsten Wesens verbunden werden, auch wenn man es sich zunächst nicht als Geist vorstellte. Aus eigener Erfahrung wissen wir, wie schwierig es für uns geworden ist, an ein ewiges, mächtiges und unsterbliches Wesen zu denken, außer als Geist. Dennoch muss es diese Art gegeben haben, das Höchste Wesen lediglich als *Wesen und* nicht als Geist zu betrachten, vorausgesetzt, dass die Idee des Geistes als ersten Ausdruck einen Geist hat, da die hohen Götter der Wilden ihrer Definition nach keine Geister sind und waren nie Geister, sondern sind vor dem Tod.

Lassen Sie mich hier als Beispiel ein höchstes Wesen vorstellen, das *nicht* der niedrigsten Stufe der Wildheit angehört. Metaphysisch ist seine Aussage verbessert, moralisch ist er mit den schlimmsten Verbrechen des hungrigen Geistergottes oder eines Gottes befleckt, der nach dem Vorbild des Animismus dargestellt wird. Dieses sehr interessante höchste Wesen einer mittelbarbarischen Rasse ist der polynesische Taa-roa , wie er von Ellis in dem faszinierenden Buch „Polynesian Researches" beschrieben wird.[39] „Mehrere ihrer *Taa-paari* oder weisen Männer behaupten, dass Anderen

Überlieferungen zufolge war Taa-roa nur ein Mann, der nach dem Tod vergöttert wurde. Der Euhemerismus ist in der Tat eine natürliche Theorie von Männern, die mit der Ahnenverehrung vertraut sind, aber eine euhemeristische Hypothese eines polynesischen Denkers ist keine Aussage über den nationalen Glauben. Taa-roa war „ungeschaffen, existierte von Anfang an oder von dem Zeitpunkt an, als er aus dem *Po* oder der Welt der Dunkelheit auftauchte". Auf den Inseln unter dem Winde war Taa-roa *Toivi* , vater- und mutterlos seit Ewigkeit. In den höchsten Himmeln wohnt er allein. Er schuf die Götter des Polytheismus, die Götter des Krieges, des Friedens und so weiter. In einer einheimischen Hymne heißt es: „Er war: Er wohnte im Nichts." Keine Erde, *kein Himmel* , keine Menschen! Er wurde zum Universum.' Auf den Windward Isles hat er eine Frau, Papa, der Fels = Papa, Erde, Frau von Rangi , Himmel, in der Maori- Mythologie. Man könnte also argumentieren, dass Taa-roa keine „urzeitliche theistische Idee" ist, sondern lediglich der Himmelsgott (Ouranos in Griechenland). Aber wir können unterscheiden: In der Zuñi- Hymne haben wir den Mythos der Hochzeit von Himmel und Erde, aber der Himmel ist nicht der Ewige, Awonawilona , der „sich ins Leere hinausgedacht hat", vor dem, wie in der polynesischen Hymne, „ es gab keinen Himmel.'[40]

Woher kam die Idee von Taa-roa ? Die euhemeristische Theorie, dass er der Geist eines toten Mannes war, ist absurd. Aber da wir jetzt zu den Polytheisten gehören, könnte man argumentieren, dass angesichts einer Menge von Göttern nach dem animistischen Modell ein Ursprung für sie gefunden werden musste, und dieser Ursprung war Taa-roa . Dies wäre plausibler, wenn wir keine Höchsten Wesen finden würden, bei denen es keinen Abteilungspolytheismus gibt, aus dem sie sich entwickeln könnten. Auf Tahiti sind *Atuas Götter, Oramutuas Das* sind Geister; Die Anführer der Geister waren Geister von Kriegern. Diese waren bösartig: Sie, ihre Bilder und die Schädel der Toten brauchten Versöhnung, und diese Ideen wurden (vielleicht) auf Taa-roa übertragen , dem menschliche Opfer geopfert wurden.[41]

Nun, diese Art von Grauen, Menschenopfer, ist meiner Meinung nach in den frühen wilden Religionen höchster Wesen unbekannt, wie in Australien, bei den Buschmännern, den Andamanesen und so weiter. Ich schlage daher vor, dass in einem fortgeschrittenen Polytheismus wie dem Polynesiens die bösen Opferriten, die von niederen Wilden nicht praktiziert werden , mit der Verehrung sogar des Höchsten Wesens verbunden werden. Geister und Geistergötter forderten Nahrung, und daher wurde dem Höchsten Wesen auch Nahrung angeboten.

Es erwies sich als schwierig oder unmöglich, christliche Konvertiten in Polynesien dazu zu bewegen, die alten Gebete zu wiederholen. Sie begannen, zitterten und enthielten sich. Sie hatten „für fast jeden Akt ihres Lebens" ein

Ritual, etwas, das einfachen Wilden unbekannt war. Tatsächlich nehmen religiöse Straftaten, von Menschenopfern bis hin zur Verbrennung von Jeanne d'Arc , zweifelsohne zu, während sich Religion und Kultur von der Bühne der Buschmänner und Andamanesen auf die Bühne der aztekischen und polynesischen Kultur bewegen. Dem Höchsten Wesen gelingt es, die Zivilisation voranzutreiben , und zwar unter dem Einfluss des Animismus, durch rücksichtslose und unersättliche Geistergötter voller schlimmster menschlicher Eigenschaften. Es gibt also das, was wir eigentlich als moralische und religiöse Degeneration bezeichnen können, die unweigerlich mit dem frühen Fortschritt einhergeht.

Dass dies der Fall ist und dass die ersten Fortschritte in der Kultur *notwendigerweise* eine religiöse Degeneration mit sich bringen, wollen wir nun zu zeigen versuchen. Aber wir können nebenbei bemerken, dass unsere Reihe moralischer oder erhabener, wilder höchster Wesen (die ersten, die uns zur Verfügung standen) aus irgendeinem Grund nicht in anthropologischen Abhandlungen über den Ursprung der Religion zu finden sein wird. Irgendwie scheinen sie von Philosophen übersehen worden zu sein. Doch die Beweise dafür sind hinreichend gut. Seine Exzellenz wird durch seine Einheitlichkeit bewiesen, die sicherlich ungestaltet ist. Einer alten, ja veralteten Theorie – der Degeneration der Religion – liegen Tatsachen zugrunde, die selbst ihre Anhänger ignoriert haben, die die Orthodoxie übersehen hat. So informiert Rev. Professor Flint das Publikum in der Kathedrale von St. Giles darüber, dass es in den Religionen „am unteren Ende der religiösen Skala" immer leicht zu erkennen ist, wie erbärmlich das Göttliche gedacht wird; Wie wenig ist sich der arme Anbeter seiner eigenen wahren Wünsche bewusst? Der arme Anbeter von Baiame möchte seinem Gesetz gehorchen, was in gewissem Maße zur Gerechtigkeit führt.[42]

[Fußnote 1: In Pinkerton, xiii. S. 13, 39; *Prim. Kult* . ii. 342.]

[Fußnote 2: Korrigierte Aussage siehe Vorwort zu dieser Ausgabe.]

[Fußnote 3: *Mythen der Neuen Welt* , S. 47.]

[Fußnote 4: Es gibt eine Beschreibung von Virginia von W. Strachey, einschließlich Smiths Bemerkungen, veröffentlicht im Jahr 1612. Strachey verwob einige dieser Arbeiten mit seinen eigenen Manuskripten. im British Museum, Bacon (Verulam) gewidmet. Diese MS. wurde 1849 von Mr. Major für die Hakluyt Society herausgegeben, mit einem Glossar der Muttersprache von Strachey. Die Bemerkungen zur Religion finden sich in Kapitel VII. Die Passage über Ahone kommt in Strachey (1612), aber *nicht* in Smith (1682) in Pinkerton vor. Der Freundlichkeit von Herrn Edmund Gosse verdanke ich die Fotografien der dem MS beigefügten Zeichnungen. Stracheys Geschichte über die Opferung von Kindern (S. 94, 95) scheint sich auf nichts Schlimmeres zu beziehen als die Einweihung in die Mysterien.]

[Fußnote 5: Siehe Brinton, *Myths of the New World* , für eine philologische Theorie.]

[Fußnote 6: Vergleiche „The Fire Walk" in der *modernen Mythologie* .]

[Fußnote 7: Vergleichen Sie die seltsame Anekdote des heiligen Augustinus in *De Cura pro Mortuis Habenda* über die toten und wiederbelebten Curio. Der Gründer der neuen Sioux-Religion, die auf Hypnose basiert, „starb" und erholte sich.]

[Fußnote 8: Vgl. Demeter.]

[Fußnote 9: Major North, lange Zeit der US-Superintendent der Pawnees.]

[Fußnote 10: Schoolcraft, iii. 237.]

[Fußnote 11: Wie hier dargestellt, ist Nà -pi kein Geist. Die Frage nach Geist oder Nichtgeist hat sich nicht gestellt. Bisher ist Nà -pi Marrangarrah zugeordnet , dem kreativen Wesen des australischen Larrakeah- Stammes. „Ein sehr guter Mann namens Marrangarrah lebt im Himmel; Er erschuf alle Lebewesen, außer den Schwarzen. Er hat alles gemacht…. Er stirbt nie und mag alle Schwarzen.' Er hat einen Demiurgen, Dawed (Mr. Foelsche , *apud* Dr. Stirling, *JAI* ., Nov. 1894, S. 191). Es ist merkwürdig zu beobachten, wie wilde Glaubensbekenntnisse oft die Verantwortung für das Böse vom absolut wohltätigen Höchsten Schöpfer auf eine untergeordnete Gottheit verlagern.]

[Fußnote 12: Grinnells *Blackfoot Lodge-Tales* und *Pawnee Hero Stories* .]

[Fußnote 13: Garcilasso , ich . 101.]

[Fußnote 14: Op. cit. ich . 106.]

[Fußnote 15: Aus all dem könnten wir, wie Herr Prescott, vermuten, dass die Inkas Pachacamac von den Yuncas übernommen und seine Religion vergeistigt haben . Aber Mr. Clements Markham weist darauf hin, dass „ Pachacamac ein reines Quichua-Wort ist."]

[Fußnote 16: Garcilasso , ii. 446, 447.]

[Fußnote 17: Cieza de Leon. S.253]

[Fußnote 18: Markhams Übersetzung, S. 253.]

[Fußnote 19: *Riten und Gesetze der Yncas* , Markhams Übersetzung, S. vii.]

[Fußnote 20: *Riten* , S. 6. Garcilasso , ich . 109.]

[Fußnote 21: *Riten* , S. 11.]

[Fußnote 22: Vergleiche *Berichte zur Entdeckung Perus,* Einleitung.]

[Fußnote 23: *Riten* , S. xv.]

[Fußnote 24: Lord Ailesbury's *Erinnerungen* .]

[Fußnote 25: Garcilasso , ii. 68.]

[Fußnote 26: Cieza de Leon, S. 357.]

[Fußnote 27: *Riten,* S. 28, 29.]

[Fußnote 28: Acosta, lib. vi. CH. 21: Garcilasso . ii. 88, 89.]

[Fußnote 29: *Riten* , S. 12.]

[Fußnote 30: Ebd. S.54.]

[Fußnote 31: *Prim. Kult* . ii, 337, 338.]

[Fußnote 32: *Riten* , S. 29.]

[Fußnote 33: Garcilasso , ii. 69.]

[Fußnote 34: *Riten und Gesetze* , S. 91 *ff* .]

[Fußnote 35: Payne, ich . 139.]

[Fußnote 36: Op. cit. ich . 468. Herr Payne lehnt Ixtlilochitls Geschichte des Monotheismus von Nezahualcoyotl entschieden ab ; „Torquemada weiß nichts davon", sagte ich . 490.]

[Fußnote 37: Cushing, *Report, Ethnol* . *Bureau* , 1891-92, S. 379.]

[Fußnote 38: *JAI* . Mai 1895, S. 341-344.]

[Fußnote 39: ii. 191, 1829.]

[Fußnote 40: *Prim. Kult* . ii. 345, 346. Ellis, ii. 193.]

[Fußnote 41: Ellis, ii. 221.]

[Fußnote 42: *Die Glaubensrichtungen der Welt* , S. 413.]

XV

DIE ALTE DEGENERATIONSTHEORIE

Wenn irgendein Verfechter der anthropologischen Theorie dieses Argument bisher gelesen hat, wird er oft vor sich hin gemurmelt haben: „Die alte Degenerationstheorie!" Hierzu bemerkte Dr. Brinton 1868:

„Die Annahme, dass in der Antike und unter sehr unaufgeklärten Bedingungen, bevor die Mythologie sich entwickelt hatte, ein Monotheismus vorherrschte, der später zu verschiedenen Zeiten von Reformatoren wiederbelebt wurde, ist ein Glaube, der hätte verschwinden sollen, als die Freuden des wilden Lebens und die Lobpreisungen verloren gingen." „ Der Zustand eines Naturzustandes ist nicht mehr das Thema der Philosophen[1]."

„Die alte Degenerationstheorie" löste sich, wie Mr. Tylor sagt, praktisch und trügerisch in zwei Annahmen auf: „Erstens, dass die Geschichte der Kultur mit dem Erscheinen einer halbzivilisierten Menschenrasse auf der Erde begann ; und zweitens, dass sich die Kultur von diesem Stadium an auf zwei Arten weiterentwickelt hat: rückwärts, um Wilde hervorzubringen, und vorwärts, um Zivilisierte hervorzubringen Männer[2].' Diese Hypothese ist im Hinblick auf unser gesamtes Wissen über die Evolution falsch.

Die hier vorläufig vertretene Hypothese geht von keinerlei Annahmen aus. Es ist eine positive Tatsache, dass unter einigen der niedrigsten Wilden kein doktrinärer und abstrakter Monotheismus existiert, sondern ein Glaube an ein moralisches, mächtiges, freundliches, kreatives Wesen, während dieser Glaube im Gegensatz zum Glauben an unverehrte Geister, Totems, steht , Fetische und so weiter. Das mächtige schöpferische Wesen des wilden Glaubens sanktioniert Wahrheit, Selbstlosigkeit, Loyalität, Keuschheit und andere Tugenden. Ich habe die Schwierigkeiten dargelegt, die mit dem Versuch verbunden sind, dieses Wesen von Geistern und anderen niederen Formen des Glaubens abzuleiten.

Nun ist es eine bloße Tatsache und keine Annahme, dass sich das Höchste Wesen vieler eher höherer Wilder vom Höchsten Wesen bestimmter niederer Wilder durch die Vernachlässigung unterscheidet, in der es zurückbleibt, durch die epikureische Ruhe, die ihm zugeschrieben wird und durch seinen vergleichsweise Mangel an moralischer Kontrolle über menschliches Verhalten. An seiner Stelle tritt eine Horde von Geistern und Gespenstern, die im Alltag mächtig und hilfreich sein sollen, die Achtung und Verehrung der Menschen auf sich ziehen und mit Opfern bezahlt werden – sogar mit Menschenopfern.

Wenn wir uns Rassen zuwenden, die noch weiter in der materiellen Kultur stehen, finden wir eine Menge hungriger und grausamer Götter.

Zu diesem Punkt bemerkt Herr Jevons in Übereinstimmung mit meiner eigenen Beobachtung, dass „Menschenopfer in den Ritualen für die Toten zu einem viel früheren Zeitpunkt vorkommen als im Ritual der Götter."[3] Der tote Häuptling braucht Diener und Frauen im Hades, die ihm angeboten werden. Die Australier weisen einige Elemente des Kannibalismus auf, bieten jedoch in der Regel keine menschlichen Opfer an. Bisher stellte die Ahnenverehrung also einen leider „entarteten" Ritus dar, verglichen mit dem moralischen Glauben an ungeernährte Götter.

Den Göttern wurde das Menschenopfer wahrscheinlich (in einigen Fällen) entweder durch eine zivilisierte Kannibalenrasse wie die Azteken oder durch die Piacula zuteil , wobei *der* Gott für die Sünde des Menschen durch das Opfer dessen versöhnt wurde, was der Mensch am meisten schätzte: die „Eifersucht". dass der Gott auf ähnliche Weise besänftigt wird. Aber das sind relativ fortgeschrittene Vorstellungen, die meines Wissens nicht bei den niedrigsten und rückständigsten Rassen zu finden sind. Daher bedeutete der Fortschritt zur Idee des Geistes an einem Punkt eine Degeneration an einem anderen Punkt, bis hin zum Ausmaß des Menschenopfers.

Wenn wir also relativ fortgeschrittene Rassen betrachten, stellen wir fest, dass sie polytheistische Gottheiten und Geister der gerade verstorbenen Könige verehren, die oft durch schreckliche Massaker an menschlichen Opfern besänftigt werden, während, wie im Fall der Taa-roa, das Blut sogar zurückspritzt auf den ungeschaffenen Schöpfer, der existierte, bevor die Erde, das Meer, die Sonne oder der Himmel existierte.

Unbestreitbar sind die hungrigen, grausamen Götter vom australischen Vater im Himmel entartet, der kein anderes Opfer als das der Begierden und des Egoismus der Menschen erhält; Wer will Gehorsam und nicht das Fett von Kängurus? wer braucht nichts von uns; ist ungefüttert und nicht bestochen. In dieser besonderen Hinsicht ist die Degeneration der Religion vom australischen oder andamanischen zum Dinka-Standard – und noch viel mehr zum polynesischen, aztekischen oder populären griechischen Standard – ebenso unbestreitbar wie jede andere Tatsache in der Geschichte der Menschheit.

Die Anthropologie ist dem Wissen um diesen Umstand nur dadurch entgangen, dass sie die nachweislich unbegründete Regel aufstellte, dass „die göttliche Sanktion ethischer Gesetze … fast oder vollständig den Religionen oberhalb der Stufe der Wildheit zusteht, nicht den früheren und niedrigeren Glaubensbekenntnissen". dass „dem wilden Animismus fast das ethische Element fehlt, das für den gebildeten modernen Geist die eigentliche Triebfeder praktischer Religion ist."[4]

Ich habe tatsächlich argumentiert, dass der Gott der niederen Wilden, der die göttliche Sanktion ethischer Gesetze erteilt, *nicht* animistischen Ursprungs ist. Aber selbst wo Herr Im Thurn in Guayana nichts als Animismus der niedrigsten denkbaren Art findet, findet er in diesem Animismus auch die einzige oder stärkste moralische Einschränkung des Verhaltens von Menschen.

Während die Anthropologie sicherlich die falsche Vorstellung vertritt, dass die Religion der rückständigsten Rassen immer unmoralisch sei, kann sie natürlich nicht wissen, dass es tatsächlich eine große Degeneration in der Religion gegeben hat (wenn die Religion auf der australischen und andamanischen Ebene begann, oder). noch höher) überall dort, wo Religion unmoralisch oder unmoralisch ist.

Auch hier hat die Anthropologie, obwohl sie ihren Blick auf Totems, verehrte Mumien, verehrte Geister und geschätzte Fetische gerichtet hat, meines Wissens keine vergleichende Untersuchung der höheren und reineren religiösen Vorstellungen der Wilden durchgeführt. Diese wurden mit einem Wort über leichtgläubige Missionare und christliche Einflüsse übergangen, außer in der kurzen Zusammenfassung, für die Herr Tylor Platz fand. In dieser Arbeit nehme ich nur eine Handvoll Fälle höherer religiöser Meinungen von Wilden und stelle sie zu Vergleichszwecken nebeneinander. In diesem Bereich bleibt noch viel zu tun. Aber das abgedeckte Gebiet ist weit, die Beweise sind die besten, die man erreichen kann, und es scheint zweifelsfrei erwiesen, dass Wilde eine Vorstellung von einem Schöpfer „gesucht" haben, die viel höher ist als die, die ihnen üblicherweise zugeschrieben wird. Wenn diese Vorstellung nun originell oder sehr früh ist (und nichts darin auf eine späte Entwicklung schließen lässt), dann sind die anderen Elemente ihres Glaubens und ihrer Praxis degeneriert.

„Wie", so wurde gefragt, „konnte die ganze Menschheit eine reine Religion vergessen?"[5] Das ist es, was ich jetzt zu erklären versuche. Diese Degeneration würde ich mit der Anziehungskraft erklären, die der einmal entwickelte Animismus auf den ungezogenen natürlichen Menschen, den „alten Adam", ausübte. Ein moralischer Schöpfer, der keiner Gaben bedarf und Lust und Unheil ablehnt, wird einem Mann nicht mit Liebeszaubern oder mit böswilligen „ Sendungen " von Krankheiten durch Hexerei helfen; wird nicht einen Menschen gegenüber seinem Nachbarn oder einen Stamm gegenüber seinen Rivalen bevorzugen , als Belohnung für Opfer, die er nicht annimmt, oder weil er durch Reize eingeschränkt wird, die seine Allmacht nicht berühren. Geister und Geistergötter hingegen, die Nahrung und Blut benötigen und Angst vor Zaubersprüchen und Bindungszaubern haben,[6] sind eine korrupte, aber für den Menschen nützliche Anhängerschaft. Da der Mensch so war, wie er war, war es für den Menschen gewiss, dass er praktisch nützlichen Geistern, Geistergöttern und Fetischen nachjagte, die er in seiner

Brieftasche oder Medizintasche aufbewahren konnte. Für diese war er sicher, dass er auf lange Sicht zunächst seine Vorstellung von seinem Schöpfer vernachlässigen würde; als nächstes vielleicht, Ihn als einen, wenn auch den Höchsten, aus dem käuflichen Pöbel der Geister oder Gottheiten zu betrachten und Ihm als ihnen zu opfern. Und genau das ist passiert! Wenn wir es nicht „Degeneration" nennen sollen, wie sollen wir es dann nennen? Es mag eine alte Theorie sein, aber die Fakten „gewinnen" und stehen auf der Seite einer alten Theorie. Unterdessen entwickelte sich auf der materiellen Ebene die Kultur weiter, Handwerk und Kunst entstanden; Es entstanden Abteilungen, von denen jede einen Gott brauchte. der Gedanke wurde klarer; Eine so bewundernswerte Ethik wie die der Azteken wurde entwickelt, und während auf jedem Altar blutende Menschenherzen rauchten, konzipierte und errichtete Nezahuatl einen unblutigen Fanal für „Der unbekannte Gott, Ursache der Ursachen", ohne Altar oder Idol; und der Inka Yupanqui oder ein anderer erklärte: „Unser Vater und Meister, die Sonne, muss einen Herrn haben."[7]

Aber auf dieser Stufe der Kultur waren das Glück des Staates und die Interessen eines reichen und mächtigen Klerus an der Aufrechterhaltung des alten, animistischen, relativ unmoralischen Systems beteiligt, wie in Cuzco, Griechenland und Rom. Diese populäre und politische Wertschätzung für das Glück des Staates, dieses priesterliche Eigeninteresse (ganz natürlich) konnte nur durch den moralischen Monotheismus des Christentums oder des Islam hinweggefegt werden. Nichts anderes könnte es tun. Im Fall des Christentums war der moralische Monotheismus der hebräischen Religion Jehovas der zentrale und stärkste von vielen kombinierten Einflüssen, abgesehen vom Leben und Tod unseres Herrn.

Nun ist es nicht zu leugnen, dass Jehova zu einem bestimmten Zeitpunkt der hebräischen Geschichte degradiert und anthropomorphisiert wurde, weit unter Darumulun , Puluga , Pachacamac und Ahone , wie man ihn sich in seiner reinsten Form und in der Hochstimmung des Wilden vorstellt Mysterien, die doch so viel Groteskes enthalten. Sogar der große schwarze Mann der Feuerländer steht (was *unsere* Moral betrifft) auf einer höheren Ebene, wenn er das Töten eines Räuberfeindes verbietet, als bestimmte Beispiele frühen hebräischen Verhaltens. Aber unser Wissen über die Feuerländer ist beklagenswert dürftig.

Auch hier tauchen Spuren von Menschenopfern im Ritual Israels auf, und erst relativ spät versuchen die großen Propheten, ihren Dienst wieder auf den Dienst der Unversöhnten zurückzubringen, indem sie zu Recht erklären, dass Jehova dem Blut von Stieren und Widdern gleichgültig sei. ungekaufter Dendid oder Ahone oder Pundjel . Selbst in Israel herrscht Degeneration. Wie die Vorstellung von Jehova in Israel entstand, ob es sich dabei um die Wiederbelebung einer halb ausgelöschten Idee handelte, wie wir sie bei niederen Wilden finden; oder ob es von einem ausländischen Glaubensbekenntnis entlehnt wurde; oder das Ergebnis der Meditation über das philosophische Höchste Wesen der hochägyptischen Theologie war, ist eine andere Frage. Die biblische Aussage lehnt sich an die erste Alternative an. Jehova, nicht mit diesem Namen, war der Gott der Väter Israels gewesen. Die Frage wird später besprochen; aber solange keine neuen Fakten entdeckt werden, müssen wir die Version des Pentateuch akzeptieren oder uns auf Vermutungen verlassen.

Es kommt nicht nur zu einer Degeneration von der besten australischen Vorstellung von Mungan-gnaur zur Vorstellung der semitischen Götter im Allgemeinen, sondern, „menschlich gesehen", war eine Degeneration unvermeidlich, wenn die Religion in reiner Form unter niedrigen Wilden begann . Die fortschreitenden gesellschaftlichen Verhältnisse zwangen die Menschen zur Degeneration. Mungan-ngaur entspricht bisher unseren eigenen Vorstellungen von Göttlichkeit, da er nicht lokalisiert ist . Er wohnt nicht in mit Händen erbauten Tempeln; Es ist unwahrscheinlich, dass er dies tun sollte, wenn seine Anbeter weder ein Haus noch ein Zelt noch eine Stiftshütte haben. Wie Herr Robertson Smith sagt: „Wo der Gott ein Haus oder einen Tempel hatte, erkennen wir die Arbeit von Männern, die keine reinen Nomaden mehr waren, sondern begonnen hatten, feste Häuser zu errichten." Aufgrund der Natur der australischen Gesellschaft konnte eine Gottheit nicht an einen Tempel gebunden werden, und es konnten keine Tempelrituale und daraus resultierende Mythen zur Erklärung dieses Rituals entstehen. Darumulun konnte auch nicht einem Distrikt zugeordnet werden, so wie „die nomadischen Araber die Vorstellung eines Gottes als Landbesitzer nicht assimilieren und auf ihre eigenen Stammesgottheiten anwenden konnten, aus dem einfachen Grund, dass in der Wüste Privateigentum an Land herrschte." war unbekannt.'[8]

Darumulun ist daher nicht in der Lage, zu einem „lokalen Gott wie *Baal* oder Herr des Landes" zu degenerieren, da dies „eine Reihe von Ideen beinhaltet, die dem primitiven Leben des wilden Jägers unbekannt waren", wie die weit verbreiteten Murring- Stämme.[9]

Auch konnte Darumulun nicht in semitischer Manier an einen Ort gebunden werden, indem er sich zunächst dort manifestierte, also dort einen Opferaltar und schließlich ein Heiligtum empfing, denn Darumulun erhält überhaupt kein Opfer.

Auch hier konnte der Schauplatz der Bora kein dauerhafter Wohnsitz von Darumulun werden , da das Bildnis des Gottes nach Abschluss der Riten gewissenhaft zerstört wird. So kann Darumulun in seiner eigenen Wohnstätte „jenseits des Himmels" „überall hingehen und alles tun" (ist allgegenwärtig und allmächtig), wohnt an keinem irdischen Ort, hat keinen Tempel, keine

Stiftshütte, keinen heiligen Berg und auch nicht, wie Jehova, jede Grenze des Landes.[10]

Die frühe hebräische Vorstellung von Jehova ist also praktisch viel stärker vom Raum abhängig als das höchste Wesen, „Der Meister", in der Vorstellung einiger australischer Schwarzer.

„Durch einen Propheten wie Jesaja wird die Residenz Jehovas in Zion fast vollständig entmaterialisiert ..." Da er sich Jehova als den König Israels vorstellt, stellt er sich zwangsläufig vor, dass Seine königliche Tätigkeit von der Hauptstadt der Nation ausgeht."[11]

Aber nomadische Jägerstämme ohne Ahnenverehrung, ohne König und ohne Kapital können ihre Gottheit nicht durch die Bedingungen einer irdischen Monarchie herabsetzen oder ihn durch die Beschränkungen einschränken.

Auf genau die gleiche Weise beweist Major Ellis, dass die Degeneration der Gottheit in Afrika, soweit sie lokalisiert wird , anstatt der universelle Gott zu sein, eine Degeneration impliziert, was sicherlich auch für unseren Geist der Fall ist. Durch die Bindung an einen bestimmten Hügel oder Fluss „würde man die Götter schließlich nicht mehr als an der gesamten Menschheit interessiert betrachten, sondern als diejenigen, die nur an einzelnen Stämmen oder Nationen interessiert sind."

Auf uns wirkt Milton edel chauvinistisch, wenn er davon spricht, was Gott mit „Seinem Englisch" getan hat. Aber diese lokalisierte und im Wesentlichen degenerierte Vorstellung war unvermeidlich, sobald sich im Zuge der fortschreitenden Zivilisation der Gott, der „an der gesamten [bekannten] Menschheit interessiert war", auf einem Hügel, Fluss oder einer Lagune inmitten einer Nation von Anbetern niederließ .

Im Laufe der Bildung der Menschheit sollte diese Form der Degeneration (abstrakt betrachtet) auf die erhabene Vorstellung einer universellen Gottheit hinarbeiten, wie nichts anderes hätte funktionieren können. Denn diese Vorstellung wurde erst durch die Vereinigung zwischen Israel und dem Gott des Sinai und Zions in die praktische Religion umgesetzt (abgesehen von philosophischen Spekulationen). Die Propheten erkannten im Gott des Sinai den Gott ihrer Nation – jemanden, dem die Gerechtigkeit unendlich lieber war als sogar sein auserwähltes Volk –, befreiten die Vorstellung von Gott von lokalen Bindungen und verbreiteten sie über die ganze Welt.

Herr Robertson Smith hat erneut darauf hingewiesen, wie sich die unterschiedliche politische Entwicklung in Ost und West auf die Religion Griechenlands und der Semiten auswirkte. In Griechenland fiel die Monarchie schon früh vor den Adelshäusern. Das Ergebnis war „eine göttliche Aristokratie vieler Götter, die nur durch eine schwache Erinnerung an das alte Königtum in der nicht sehr effektiven Souveränität" (oder *Prytanie*) „des Zeus" verändert wurde. Im Osten neigte der Nationalgott dazu, eine wirklich monarchische Herrschaft zu erlangen."[12] Australien entging der polytheistischen Degeneration, indem es keine Aristokratie gab, wie in Polynesien, wo die Aristokratie wie im frühen Griechenland den Polytheismus entwickelt hatte. Geister und Geister kannten die Australier, aber keine polytheistischen Götter oder Departementsgottheiten wie Kriegs-, Landwirtschafts- oder Kunstgötter. Der Wilde hatte keine Landwirtschaft und seine soziale Lage war nicht abteilungsspezifisch. Auf noch eine andere Weise führt politischer Fortschritt zu religiöser Degeneration, wenn Polytheismus eine Degeneration von der Vorstellung eines relativ höchsten moralischen Wesens ist. Um eine Nation zu bilden, müssen sich mehrere Stämme vereinen. Jeder hat seinen Gott, und die Nation ist geneigt, sie alle gleichermaßen in ihr Pantheon aufzunehmen. Wenn sich also die Anbeter von Baiame , Pundjel und Darumulun zu einer Nation zusammenschließen würden, könnten alle drei Götter in einem neuen Polytheismus zusammenleben. Geht man von einem relativ reinen Ausgangspunkt aus, muss die Degeneration davon jeden Schritt der Zivilisation bis zu einem gewissen Grad begleiten.

Im Gegensatz zu semitischen Göttern erhält Darumulun kein Opfer. Wie wir gesagt haben, hat er keine Verwandtschaft mit Geistern, und ihre Opfer könnten nicht in seinen Kult übernommen werden, wenn Waitz-Gerland (vi. 811) Recht hat, wenn er sagt, dass die Australier keinen Ahnenkult haben. Es wurde angenommen, dass die Kurnai-Geister „von Pflanzen leben"[13], die ihnen nicht angeboten werden. Kalte Geister, die von Menschen nicht gefüttert wurden, kamen zu den erlöschenden Lagerfeuern und fraßen sich über das zerbrochene Fleisch. Die Ngarego und Wolgal hielten es noch schöner, dass Tharamulun (Darumulun) den gerade verstorbenen Geist traf „und ihn zu seiner zukünftigen Heimat jenseits des Himmels führte".[14] Geister könnten auch Reliquien des Körpers begleiten, wie etwa die tote Hand, Von der Familie herumgetragen, die das schwarze Fragment der gefürchteten Aurora Borealis zuwinkte und rief: „Schick es weg!" Ich kenne keine Opfergaben für Ahnengeister bei diesem Volk, das sich nicht lange an seine Vorfahren erinnern kann, weshalb diese Praxis nicht auf den Kult ihres höchsten Meisters übertragen wurde. Im Kult von Darumulun und anderen höchsten Göttern der niedrigsten Wilden entspricht nichts dem hebräischen technischen Priesterwort für Opfer, „Speise der Gottheit".[15] Niemand füttert Puluga , niemand füttert Ahone . Wir hören von keinen feuerländischen Opfern. Herr Robertson Smith sagt: „In allen Religionen, in denen sich die Götter aus Totems [verehrten Tieren und anderen Dingen, die als menschliche Vorräte angesehen werden] entwickelt haben, ist der rituelle Akt, der Gottheit Nahrung vorzulegen, vollkommen verständlich." Pundjel , ein australisches Höchstes Wesen, wird in einigen Mythen mit

Tieren verwechselt, aber es ist nicht leicht zu erkennen, wie solch ein Höchstes Wesen wie er „aus Totems entwickelt werden konnte"! Mir ist wiederum nicht bekannt, dass irgendein australischer Stamm die Tiere, die seine Totems sind, füttert, daher konnte Darumulun das Opfer nicht von ihnen erben und erbte es auch nicht. Herr Robertson Smith vertrat die berühmte Theorie, dass das Opfern von Getreide eine Hommage an einen Gott sei, während das Opfern eines Tieres oder Menschen ein Akt der Gemeinschaft mit dem Gott sei.[16] Menschen und Götter speisten zusammen.[17] „Der Gott selbst wurde als ein Wesen von gleicher Abstammung wie seine Kameraden vorgestellt." Auch Tiere waren vom gleichen Stamm, ein Tier, sagen wir ein Hummer, hatte das gleiche Blut wie ein Hummersverwandter und sein Gott.[18] Gelegentlich wird das heilige Tier der Sippe, das normalerweise weder getötet noch gekostet werden darf, „als eine Art mystisches Sakrament gegessen, eine äußerst zweifelhafte Tatsache".[19]

Nun gibt es, glaube ich, einige Beweise, die in letzter Zeit gesammelt, wenn nicht veröffentlicht wurden, die dafür sprechen, dass Australier Totems essen, ein gewisses, sehr seltenes und feierliches Geheimnis. Es würde mich (nach den erhaltenen Informationen) nicht einmal überraschen, wenn eine sehr tief eingeweihte Person bei bestimmten höchst ungewöhnlichen Gelegenheiten gelegentlich getötet würde, als höchste Stufe der Einweihung. Dies bleibt ungewiss, aber ich habe derzeit keine Beweise dafür, dass irgendein australisches Höchstes Wesen auf dem einen oder anderen Weg, sei es durch Geisterfütterung oder Totemfütterung oder durch die Ernährung mit Totems, überhaupt Opfer erhält. Noch viel weniger, wie bei den Pawnees und semitischen Völkern (bestimmten Spuren nach zu urteilen), ist das australische Oberste Wesen ein Grund für Menschenopfer und daran beteiligt.[20] Die schreckliche Vorstellung vom Mann, der der Gott ist und zu Gottes Ehren gegessen wird, kommt bei polytheistischen Azteken auf einer hohen Ebene der materiellen Kultur vor, nicht bei Australiern, Andamanesen, Buschmännern oder Feuerländern.[21]

So befand sich in der Religion der Darumulun oder ein anderes höchstes Wesen der niedrigsten bekannten Wilden, wild umherstreifenden Menschen, als er ursprünglich auf einem Kontinent traf, der von älteren Tierarten als unserem bevölkert war, (was unsere Reinheit betrifft) auf einer höheren Ebene weit als die Götter der Griechen und Semiten in ihren frühesten bekannten Mythen. Wenn man die Mythologie beiseite lässt und sich nur auf den Kult konzentriert, den Gott des Murrings oder Kurnai, dessen Gebote das Herz erweichen, der die Geheimnisse des Herzens kennt, der Keuschheit, Respekt vor dem Alter und Selbstlosigkeit einschärft und der nicht an räumliche oder örtliche Bedingungen gebunden ist , der kein Blut von geschlachteten Menschen oder Tieren erhält, ist eine Vorstellung, von der die gewöhnlichen polytheistischen Götter unendlich höflicherer Völker offen gesagt degeneriert sind. Der animistische Aberglaube, der wild auf dem Glauben an die Seele basierte, hat ihn nicht befleckt, und die sozialen Bedingungen der Aristokratie, der Landwirtschaft und der Architektur haben ihn nicht zu einem Mitglied einer polytheistischen Menge räuberischer Götter gemacht und ihn auch nicht als Baal an seinen Besitz gefesselt. noch lokalisierte er ihn in einem Tempel, der mit Händen gebaut wurde. Er kann nicht als „Gott der Schlachten" auftreten; Für den Sieg in einer vielleicht ungerechten Sache kann ihm kein *Te Deum gesungen werden, denn er ist das höchste Wesen einer bestimmten Gruppe verbündeter lokaler Stämme.* Einer dieser Stämme hat kein größeres Interesse an ihm als ein anderer, und die gesamte Gruppe führt als Ganzes keinen Krieg gegen eine andere außerirdische Gruppe. Die sozialen Bedingungen seiner Anbeter bewahren Darumulun also vor den offensichtlichen Flecken auf dem Wappenschild der Götter bei viel fortgeschritteneren Rassen.

Auch hier lässt die Idee des Animismus eine endlose Erweiterung zu. Ein Geist kann sich überall befinden, in jedem Stein, Stock, Busch, jeder Person, jedem Hügel oder Fluss. Ein Gott, der nach dem animistischen Vorbild geschaffen wurde, kann jedem Bereich menschlicher Aktivität zugeordnet werden, bis hin zu Sport, Lust oder der Provinz Cloacina . So wird Religion zu einem bloßen, heimgesuchten und pestilenziellem Glaubensdschungel. Aber die theistische Konzeption kann nicht unterteilt und *éparpillé werden, wenn sie noch nicht als spirituell gedacht ist* . Somit ist der Animismus in jeder Hinsicht und auf jeder Seite voller Keime religiöser Degeneration, die in der meiner Meinung nach frühesten bekannten Form der theistischen Konzeption nicht existieren und existieren können: der eines Wesens über dessen Zur Frage der metaphysischen Natur – Geist oder nicht Geist – wurden keine Fragen gestellt, wie Dr. Brinton vor langer Zeit bemerkte.

Diese Vorstellung allein konnte weder das moralische Motiv „einer zu rettenden Seele" liefern noch den metaphysischen Instinkt des Fortschritts der Menschheit befriedigen. Um diesen Bedürfnissen gerecht zu werden, der „Seele" ihren moralischen Anreiz zu geben und einen Ausdruck oder eine Idee zu liefern, unter der die Gottheit durch voranschreitendes Denken vorgestellt werden konnte (dh als Geist) , war der Animismus notwendig. Die Vermischung theistischer und animistischer Überzeugungen war für die Religion unverzichtbar. Aber der Prozess der animistischen Entwicklung unter fortschreitenden sozialen Bedingungen war zwangsläufig mit einer Degeneration verbunden. Daher kam es eine Zeit lang zu einer Degeneration der theistischen Konzeption. Die Fakten sind die Beweise; und nur widersprüchliche Tatsachen in ausreichender Menge können die alte Degenerationstheorie zunichte machen, wenn sie in dieser Form präsentiert wird.

Es Es muss wiederholt werden, dass diese Theorie eine Erklärung dafür liefert, was die alte Degenerationshypothese nicht erklärt. Wenn man davon ausgeht, dass eine Urreligion in ihren Anfängen relativ rein war, warum ist sie dann verkommen?

Herr Max Mullet betrachtet Religion als die Entwicklung des Gefühls des Unendlichen und betrachtet den Fetischismus als eine sekundäre und vergleichsweise späte Form des Glaubens. Wir finden es, stellt er fest, in verschiedenen Formen des Christentums; Das Christentum steht dort also im Vordergrund, die Reliquienverehrung ist zweitrangig. Die Religion beginnt seiner Meinung nach im Sinne des Unendlichen, wie es im Menschen durch hohe Bäume, hohe Hügel usw. erweckt wird, und schreitet zum Unendlichen des Raums und Himmels und damit zum unendlich Göttlichen voran. Das ist primär: Fetischismus ist zweitrangig. Als ich an anderer Stelle gegen diese Idee argumentierte, habe ich gefragt: Welcher *Degenerationsmodus* hat zu ähnlichen Ergebnissen im Christentum sowie in afrikanischen und anderen Religionen geführt? Wie hat es funktioniert? Mir ist nicht bekannt, dass Herr Max Müller diese Frage beantwortet hat. Aber wie die Degeneration funktionierte – nämlich dadurch, dass der Animismus den Theismus verdrängte –, geht aus unserer Theorie deutlich hervor.

Nehmen Sie die ersten Kapitel der Genesis oder einen beliebigen wilden kosmogonischen Mythos. Der unsterbliche Mensch steht dem Schöpfer gegenüber. Er kann in der Religion nicht degenerieren. Er kann kein Opfer darbringen, denn der Schöpfer braucht offensichtlich nichts, und da es keinen Tod gibt, kann er auch keine Tiere für den Schöpfer töten. Aber auf die eine oder andere Weise, meist durch einen Tabubruch, kommt der Tod in die Welt. Dann kommt im Laufe der Evolution der Glaube an hungrige Geister, der Glaube an Geister, die Steine oder Stöcke bewohnen könnten; Wieder tauchen Priester auf, die es verstehen, Geister zu besänftigen und sie zu Stöcken und Steinen zu verführen. Diese Künste werden lukrativ und werden von den klügsten Männern und durch die offensichtlichen Beweise von Prophezeiungen von Konvulsionären unterstützt . Somit wird jede bekannte Art von Degeneration in der Religion zwangsläufig als Ergebnis der Theorie des Animismus eingeführt. Wir brauchen keine Hypothese der Erbsünde als Ursache der Degeneration, und wenn Herrn Max Müllers Lehre vom Unendlichen *realisierbar wäre* , hätten wir im Animismus unter fortschreitenden gesellschaftlichen Bedingungen das geliefert, was er nicht zu liefern scheint, a Ursache und *Art* der Degeneration. Der Fetischismus wäre also *ex- Hypothese wirklich „sekundär"* , aber da wir den Fetischismus nirgends allein finden, ohne die anderen Elemente der Religion, können wir historisch nicht sagen, ob er zweitrangig ist oder nicht. Der Fetischismus benötigt logischerweise in einigen seiner Aspekte die Lehre von den Geistern, und der Theismus, wie wir ihn für seine früheste bekannte Form halten, benötigt logischerweise nicht die Lehre von den Geistern als gegebener Materie. So weit können wir hinsichtlich der Tatsache der Priorität in der Evolution gehen, aber nicht weiter. Dennoch treffen wir unter den rückständigsten Völkern, die wir kennen, unter Menschen, die gerade aus der paläolithischen Kulturstufe hervorgegangen sind, auf Männer, die Angst vor Geistern haben, eine religiöse Idee, die sicherlich nicht aus der Geisterverehrung dieser Männer hervorgegangen ist , Ahnengeister werden nicht verehrt.

In ihren Herzen, auf ihren Lippen, in ihrer moralischen Ausbildung finden wir (wie auch immer mit barbarischen Absurditäten vermischt und durch Riten anderen Ursprungs verdeckt) den Glauben an ein Wesen, das die Welt erschaffen oder konstruiert hat; Wer war aus einer Zeit, die jenseits aller Erinnerung oder Vermutung lag; Wer ist ursprünglich, wer sorgt für Gerechtigkeit und wer liebt die Menschheit? Dieses Wesen hat nicht die Merkmale der Degeneration; sein Zuhause ist „unter den Sternen", nicht auf einem Hügel oder in einem Haus. Für ihn raucht kein Altar, und für ihn wird kein Blut vergossen.

„Gott, der die Welt und alles darin geschaffen hat, da er der Herr des Himmels und der Erde ist, wohnt nicht in Tempeln, die mit Händen gemacht wurden; auch wird nicht mit Menschenhänden angebetet, als ob Er irgendetwas nötig hätte … und hat alle Nationen der Menschen aus einem Blut gemacht …, damit sie den Herrn suchen, wenn sie vielleicht nach Ihm fühlen und Ihn finden könnten, obwohl Er nicht fern von ihm ist jeder von uns; denn in Ihm leben und bewegen wir uns und haben unser Sein.'

Dass die Worte des heiligen Paulus im Hinblick auf das Gefühl nach einem Gott, der nichts aus der Hand des Menschen braucht, buchstäblich wahr sind, scheint uns das Studium der Anthropologie zu beweisen. Dass wir in diesem Gott „unser Wesen" haben, sofern einige von uns in bestimmten Momenten den Fesseln der Zeit und den Fesseln des Raums entkommen können, soll der frühere Teil dieser Abhandlung als eine Sache nahelegen keineswegs notwendigerweise jenseits der Vorstellungskraft eines vernünftigen Menschen. Dass diese beiden Überzeugungen, wie auch immer sie erreicht wurden (ein Punkt, für den wir keine positiven Beweise haben), in den Religionen der Welt häufig einer Degeneration unterworfen waren, ist nur allzu offensichtlich.

Bisher scheint die Natur der Dinge und die Denkfähigkeit die alte Degenerationstheorie nicht zu widerlegen.

Zu diesen Schlussfolgerungen wurden wir, soweit es sich um wissenschaftliche Meinungen handelt, nur durch das Studium der Anthropologie geführt.

[Fußnote 1: *Mythen der Neuen Welt*, S. 44.]

[Fußnote 2: *Prim. Kult*. ich . 35.]

[Fußnote 3: *Einleitung*, S. 199; auch S. 161.]

[Fußnote 4: *Prim. Kult*. ii. 360.361.]

[Fußnote 5: Prof. Menzies, *Religionsgeschichte*, S. 23.]

[Fußnote 6: [Griechisch: legomenai theion anagchai .] Porphyr.]

[Fußnote 7: Ixtlilochitl . Balboa, *Hist. du Pérou*, S. 62.]

[Fußnote 8: Robertson Smith, *Religion of the Semites*, S. 104, 105.]

[Fußnote 9: Op. cit. P. 106.]

[Fußnote 10: Auf dem Glenelg sind einige Höhlen und Berggipfel heimgesucht oder heilig. Waitz , vi. 804, Keine Autorität zitiert.]

[Fußnote 11: *Religion der Semiten*, S. 110.]

[Fußnote 12: *Rel. Sem*. P. 71.]

[Fußnote 13: Howitt, *JAT*. 1884, S. 187.]

[Fußnote 14: Op. cit. P. 188.]

[Fußnote 15: *Rel. Sem*. P. 207.]

[Fußnote 16: *Rel. Sem*. P. 225.]

[Fußnote 17: Op. cit. P. 247.]

[Fußnote 18: Op. cit. P. 269.]

[Fußnote 19: Op. cit. P. 277.]

[Fußnote 20: Op. cit. P. 343. Unter Berufung auf Gen. xxii 2 Könige xxi. 6, Micha vi. 7, 2 Könige iii. 27.]

[Fußnote 21: Ich meine, kommt meines Wissens nicht in den Sinn. Neue Erkenntnisse bringen anthropologische Theorien immer wieder durcheinander.]

XVI

THEORIEN VON JEHOVA

Alle Spekulationen über die wechselvolle Religionsgeschichte enden tendenziell in dem Versuch , herauszufinden, inwieweit die Schlussfolgerungen gezogen werden können, um den Glauben Israels zu veranschaulichen. So wird der Theoretiker, der an die Ahnenverehrung als den Schlüssel aller Glaubensbekenntnisse glaubt, in Jehova einen entwickelten Ahnengeist oder eine Art Fetischgott sehen, der an einem Stein befestigt ist – vielleicht einer alten Grabstele eines Wüstenscheichs.

Der ausschließliche Bewunderer der Hypothese des Totemismus wird Beweise für seinen Glauben an die Verehrung des goldenen Kalbes und der Stiere finden. Der Anhänger der Naturanbetung wird auf der Verbindung Jehovas mit Sturm, Donner und dem Feuer des Sinai bestehen. Andererseits wird jeder, der unsere Vorschläge akzeptiert, dazu neigen, in den frühen Formen des Glaubens an Jehova eine Form der weit verbreiteten Vorstellung eines moralischen Höchsten Wesens zu sehen, wie sie zunächst (oder zumindest zu Beginn unserer Informationen) vorgesehen war in anthropomorpher Form, aber durch die beispiellose und einzigartige Inspiration der großen Propheten nach und nach von allen lokalen Merkmalen befreit. Soweit wir wissen, waren sie seltsam gleichgültig gegenüber dem animistischen Element in der Religion, gegenüber der Lehre vom Überleben menschlicher Seelen und damit natürlich gegenüber dem unbezahlbaren Element des Animismus – der Reinigung der Seele im Licht der Hoffnung auf ewiges Leben. So wie der Hunger der Propheten nach Gerechtigkeit groß ist, so ist ihre Hoffnung, diesen Hunger in einer Ewigkeit sündloser Glückseligkeit und der Freude an Gott endlich zu stillen, zugegebenermaßen unauffällig. Kurz gesagt, sie haben den Theismus auf sein strenges Extrem getrieben – „Obwohl Er mich tötet, werde ich doch auf Ihn vertrauen" –, ohne sich um die Belohnungen des Animismus zu kümmern. Dies ist sicherlich ein seltsames Ergebnis einer Religion, deren Grundlage der anthropologischen Theorie zufolge der Animismus ist.

Wir untersuchen daher bestimmte Formen der animistischen Hypothese, wie sie zur Erklärung der Religion Israels angewendet werden. Es handelt sich um ein Thema, bei dem besondere Kenntnisse des Hebräischen und anderer orientalischer Sprachen absolut unverzichtbar erscheinen; aber anthropologische Spekulanten waren (mit seltenen Ausnahmen) keine orientalischen Gelehrten, während einige orientalische Gelehrte ohne große kritische Unterscheidung Anleihen bei der populären Anthropologie gemacht haben. Diese Umstände müssen uns als Vorwand dienen, uns auf dieses schwierige Terrain zu begeben.

Es ist für uns wahrscheinlich unmöglich, den Aufstieg der Religion Jehovas genau zu verfolgen. „Die Weisen und Gelehrten" streiten endlos über das Datum von Dokumenten, über den Umfang der späteren Lehren, die in die früheren Texte eingefügt wurden, über die Art, Quelle und das Ausmaß des ausländischen Einflusses – chaldäischer, akkadischer, ägyptischer oder assyrischer Art . Wir wissen, dass Israel schon in jungen Jahren die Vorstellung vom moralischen Ewigen hatte; Wir wissen, dass diese Vorstellung schon in jungen Jahren kontaminiert und anthropomorphisiert wurde ; und wir wissen, dass es weitgehend von dieser Korruption befreit wurde, während es stets seinen ursprünglichen ethischen Aspekt und seine ursprüngliche Sanktion beibehielt. Warum die Dinge in Israel so liefen und anderswo nicht, wissen wir nicht, außer dass dies der Wille Gottes bei der geheimnisvollen Erziehung der Welt war. Wie mysteriös diese Bildung war, ist allen bekannt, die sich mit den politischen und sozialen Folgen des Totemismus befasst haben. Oberflächlich betrachtet ein völlig verrückter und erniedrigender Glaube – oberflächlich betrachtet bedeutete er nichts anderes, als die Familie in eine Hölle mörderischen Hasses zu versetzen –, ermöglichte der Totemismus – nein, unvermeidlich – die Vereinigung feindlicher Gruppen zu großen und relativ friedlichen Stämmen Gesellschaften. Angesichts der Materialien, wie wir sie kennen, hätten wir die Welt niemals auf diese Weise erziehen sollen; und wir sehen nicht, warum es so hätte getan werden sollen. Aber wir sind sehr anthropomorph und kennen die Bedingungen des Problems überhaupt nicht.

Ein Beispiel einer anthropologischen Theorie über Jehova wurde von Herrn Huxley dargelegt.[1] Herrn Huxleys allgemeine Vorstellung von Religion auf der untersten bekannten Ebene der materiellen Kultur – durch die die Vorfahren Israels wie andere Menschen gegangen sein müssen – wurde bereits kritisiert . Er verweigerte den rückständigsten Rassen sowohl den Kult als auch die religiöse Anerkennung der Ethik. Er befand sich nachweislich, wenn auch unbewusst, in Bezug auf die Fakten im Irrtum und konnte daher nicht von der Vorstellung ausgehen, dass Israel, das sich im niedrigsten historisch bekannten Zustand der Wildheit befand, den Glauben an einen Ewigen besaß oder, wie andere Rassen auch, besitzen könnte für Gerechtigkeit sorgen. „Ich für meinen Teil", sagt er, „sehe keinen Grund, daran zu zweifeln, dass die Israeliten, wie der Rest der Welt, eine Zeit der reinen Geisterverehrung durchgemacht hatten und durch Ahnenverehrung sowie Fetischismus und Totemismus Fortschritte gemacht hatten." die theologische Ebene, auf der wir sie in den Büchern der Richter und Samuel finden."[2]

Aber warum glaubt er, dass die Israeliten das alles getan haben? Die hebräischen Geister, die sich laut Herrn Huxley in einem ziemlich trägen Zustand im Scheol aufhielten , würden für einen Gläubigen keinen großen praktischen Nutzen haben. Eine Referenz in Deuteronomium xxvi. 14 (Deuteronomium ist *ex hypothesi* ein später frommer Betrug) beweist nicht viel. Der Hebräer wird dort aufgefordert, sich an den Aufenthalt seiner Vorfahren in Ägypten zu erinnern und zu sagen: „Von den heiligen Dingen habe ich nichts für die Toten gegeben" – nämlich an den Zehnten, der den Leviten und den Armen gewidmet wurde. Eine Rasse, die jahrhundertelang unter den Ägyptern lebte , wie es Israel tat – unter einem Volk, das die *Kas* der Verstorbenen aufwendig speiste – könnte eine Spur eines Brauchs aufgreifen, nämlich der Gabe von Nahrung für die Toten, an dem die heilige Monika noch immer festhält bis der heilige Ambrosius sie ermahnte. Aber Herrn Huxley fällt es schwer, Beweise für die Ahnen- oder Geisterverehrung in Israel zu finden, wenn er nach Hinweisen auf diese Riten in „der besonderen Bedeutung sucht, die der Verehrung der Eltern im Vierten Gebot beigemessen wird".[3] *Das vierte* Gebot ist natürlich ein Ausrutscher. Er fügt hinzu: „Das Fünfte Gebot wäre in seiner jetzigen Form ein hervorragender Kompromiss zwischen Ahnenverehrung und Monotheismus." Mögen Kinder diesen hervorragenden Kompromiss noch lange üben ! Es ist wirklich zu weit hergeholt, so zu argumentieren: „Den Menschen wurde geboten, ihre Eltern zu ehren , als Kompromiss zwischen Monotheismus und Geisteranbetung." Wer so argumentieren muss, ist hart, hart zu schlagen! Dies ergibt sich aus der „Schulung im Umgang mit den Präzisionswaffen der Wissenschaft".

Herr Huxley fährt fort: „Die Bundeslade könnte ein Relikt der Ahnenverehrung gewesen sein." „Zu dieser Spekulation gibt es einiges zu sagen." Möglicherweise gibt es die wertvolle Hypothese, dass Jehova ein Fetischstein war, der einst ein Grabstein oder vielleicht ein *Lingam war* und in der Arche unter dem plausiblen Vorwand aufbewahrt wurde, es handele sich um die beiden Gesetzestafeln!

Herr Huxley hält es jedoch wirklich für sicherer anzunehmen, dass Hinweise auf die Ahnenverehrung in der Bibel von späten monotheistischen Herausgebern ausgelöscht wurden, die dennoch so ausführlich und detailliert in ihren Beschreibungen der verschiedenen Häresien sind, in die Israel seit ewigen Zeiten verwickelt war verfallen und dürfen nicht erneut verfallen. Wäre die Ahnenverehrung ein *Péché Mignon* Israels gewesen, hätten die Propheten Israel ihre Meinung dazu mitteilen lassen.

Die Gleichgültigkeit der Hebräer gegenüber der verstorbenen Seele ist in der Tat ein Rätsel, insbesondere wenn wir ihre ägyptische Bildung berücksichtigen – ein so wichtiges Element in Mr. Huxleys Theorie.

Mr. Herbert Spencer ist nicht erfolgreicher als Mr. Huxley darin, die Ahnenverehrung bei den Hebräern zu finden. Zum gesamten Thema schreibt er:

„Wo das Niveau der geistigen Natur und des sozialen Fortschritts am niedrigsten ist, finden wir normalerweise neben dem Fehlen religiöser Ideen im Allgemeinen auch ein Fehlen oder eine sehr geringe Entwicklung der Ahnenverehrung ...“ Cook [Kapitän Cook] erzählte uns, was die Feuerländer waren, bevor der Kontakt mit den Europäern fremde Ideen eingeführt hatte, und sagte, dass es unter ihnen keine Anzeichen von Religion gab; und uns wird weder von ihm noch von anderen gesagt, dass sie Ahnenanbeter waren.'[4]

Wahrscheinlich sind sie es nicht; aber sie besitzen ein Wesen, das ihre Herzen liest und das sicherlich keine Spuren europäischer Ideen zeigt. Wenn die Feuerländer keine Ahnenverehrer sind, so ist dieses Wesen nicht aus der Ahnenverehrung entstanden.

Die Aussagen von Kapitän Cook, kein Anthropologe, sondern ein Seemann, der die Feuerländer kaum gesehen und wenig über sie wusste, sind genau von der Art, vor der uns Major Ellis warnt.[5] Je mehr eine Religion in der Angst vor einem moralischen Hüter des Verhaltens besteht, desto weniger zeigt sie sich durch Opfer oder Riten in den Augen von Kapitän Cook auf dem Schiff seiner Majestät *Endeavour* . Herr Spencer stellt die Andamanesen auf die gleiche Ebene wie die Feuerländer, „soweit man den dürftigen Beweisen trauen kann“. Wir haben gezeigt, dass (wie Mr. Spencer 1876 wusste) man ihm möglicherweise überhaupt nicht trauen kann; Die Andamanesen besitzen ein moralisches Höchstes Wesen, obwohl sie offenbar keine Ahnenanbeter sind. Die Australier „zeigen uns nicht viel Beharrlichkeit bei der Versöhnung von Geistern“, die, wenn sie existiert, aufhört, wenn die Leichen gefesselt und begraben werden, oder nachdem sie verbrannt werden, oder nachdem die Knochen, die eine Weile herumgetragen wurden, freigelegt werden Plattformen. Dennoch besitzen viele australische Stämme ein moralisches Höchstes Wesen.

Tatsächlich kann die Geisteranbetung nach Mr. Spencers Schema nicht recht weit entwickelt werden, bis die Gesellschaft das Niveau „sesshafter Gruppen erreicht hat, deren Grabstätten sich in ihrer Mitte befinden“ . Daher ist die Entwicklung eines moralischen Höchsten Wesens unter Stämmen , die *nicht* so sesshaft sind, nach Mr. Spencers Hypothese undenkbar.[6] Nach dieser Hypothese wurden „verehrte Vorfahren entsprechend ihrer Entfernung als göttlich, halbgöttlich und menschlich angesehen“.[7] Wo wir dann das göttliche Wesen unter Nomaden finden, die sich nicht an ihre Urgroßväter erinnern, die Die Spencerian-Theorie wird durch Fakten widerlegt. Wir haben die Wirkung, das göttliche Wesen, ohne die Ursache, die Anbetung der Vorfahren.

In Bezug auf die Hebräer argumentiert Herr Spencer, dass „das Schweigen ihrer Legenden (bezüglich der Ahnenverehrung) nur eine negative Tatsache ist, die ebenso irreführend sein kann, wie es negative Tatsachen normalerweise sind." Das sind sie tatsächlich; Erleben Sie Mr. Spencers eigenes Schweigen gegenüber wilden Höchsten Wesen. Aber wir können mit Fug und Recht argumentieren, dass die Propheten Israel nicht verschont hätten, wenn Israel der Ahnenverehrung unterworfen worden wäre (was zum Teil aus dem Geheimnis um das Grab Moses hervorgeht), und dass sie weinten. Die Propheten waren ungewöhnlich freimütige Männer, und da sie Israel unbestreitbar für jede andere Art von Ketzerei schelten, würden sie wahrscheinlich nicht über die Ahnenverehrung schweigen, wenn Ahnenverehrung existierte. Mr. Spencer argumentiert dann eher unbedacht, wenn auch richtig, dass „nomadische Gewohnheiten für die Entwicklung der Geistertheorie ungünstig sind."[8] Leider verrät dies den ganzen Fall! Denn wenn alle Menschen als Nomaden begannen und nomadische Gewohnheiten selbst für den gewöhnlichen Geist ungünstig sind , wie entwickelten die Australier und andere Nomaden dann das Höchste Wesen, das *ex Hypothese* die letzte Frucht der Geisterblume ist? Wenn Sie keine „etablierte Ahnenverehrung" haben können, bis Sie nomadische Gewohnheiten aufgeben, wie entwickeln Sie dann, während Sie noch nomadisch sind, ein Höchstes Wesen? Offensichtlich nicht aus Ahnenkult.

Als Beweis für die Ahnenverehrung in Israel nennt Mr. Spencer dann Trauerkleidung, Fasten, das Gesetz gegen Selbstblutung und das Abschneiden der Haare für Verstorbene sowie den Text (Deut. xxvi. 14) über „Ich habe es nicht getan." etwas davon für die Toten gegeben.' „Daher muss die Schlussfolgerung sein, dass sich die Ahnenverehrung so weit entwickelt hatte, wie es die nomadischen Gewohnheiten erlaubten, bevor sie durch eine höhere Verehrung unterdrückt wurde."[9] Aber woher kam diese höhere Verehrung, die offenbar unmittelbar nach dem Ende der Nomadenverehrung eingegriffen hat Gewohnheiten?

Es gibt offensichtliche Spuren von Trauer, die bei den Hebräern auf primitive Weise ausgedrückt wurde. „Ihr sollt euch nicht schneiden und keine Glatze zwischen euren Augen machen für die Toten" (5. Mose xiv. 1). „Man soll ihretwegen auch nicht beklagen und sich nicht ihretwegen schneiden noch kahl machen; Auch sollen sich die Menschen nicht in Trauer um sie weinen, um sie für die Toten zu trösten" (als Gegenmittel zur Trauer); „Und niemand soll ihnen den Kelch des Trostes zum Trinken für ihren Vater oder ihre Mutter geben", weil die Juden aus ihren Häusern vertrieben werden sollten.[10] „Ihr sollt für die Toten keine Einschnitte in euer Fleisch machen und euch keine Zeichen aufdrücken."[11]

Es mag üblich sein, Zufügungen, wie z. B. Schneiden, durch Trauernde als Opfer für den Geist der Toten zu betrachten. Aber man hat gesehen, wie ein Mann sich selbst einen schweren Schlag versetzte, als er die Nachricht von einem Verlust erhielt, der *nicht* durch den Tod bedingt war, und ich wage anzunehmen, dass Schnitte und Schnittwunden bei Beerdigungen lediglich eine gewalttätigere Form des Appells an einen Gegenreiz der Trauer sind, und wiederum ein Zeichen der Rücksichtslosigkeit, verursacht durch einen Kummer, der die Welt zunichte macht. Einer von John Nicholsons einheimischen Verehrern brachte sich bei der Nachricht vom Tod dieses Kriegers um und sagte: „Wofür gibt es noch lebenswertes Leben?" Dies war kein Opfer für die Manes of Nicholson. Das Opfern der Haare des Trauernden, wie bei Achilles, weist auf eine ähnliche Gleichgültigkeit gegenüber persönlichem Charme hin. Noch einmal der Text im Psalm cvi. 28, „Sie schlossen sich Baal- Peor an und aßen die Opfer der Toten", wird von Kommentatoren üblicherweise als Hinweis auf das Ritual von Göttern verstanden, die keine Götter sind. Vielmehr scheint es auf eine Duldung ausländischer Bestattungsriten hinzudeuten. All diese zusätzlichen Beweise tragen nicht viel dazu bei, die Ahnenverehrung in Israel zu beweisen, obwohl die Geheimhaltung der Beerdigung Moses „in einem Tal des Landes Moab, gegenüber von Beth-Peor " ; „aber bis zum heutigen Tag weiß niemand von seinem Grab ", könnte auf die Furcht vor einer beginnenden Verehrung des großen Führers hinweisen.[12] Die Szene des Abfalls im Psalm cvi., Beth-Peor , wird in Numeri xxv. angedeutet, wo Israel den Mädchen und den Göttern Moabs nachläuft: „Und Moab rief das Volk zu den Opfern seiner Götter; Und das Volk aß und verneigte sich vor seinen Göttern. Und Israel schloss sich Baal- Peor an . Psalm cvi. ist offensichtlich eine spätere Wiederholung dieser Abhängigkeit von den moabitischen Göttern, und der Psalm fügt hinzu: „Sie aßen die Opfer der Toten."

Es ist klar, dass die Ahnenverehrung bei den Hebräern, aus welchen Gründen auch immer, höchstens rudimentär war. Andernfalls müsste es von den Propheten unter den anderen Häresien Israels eindeutig angeprangert worden sein. Daher konnte die Ahnenverehrung in Israel, da sie nur rudimentär war, nicht sofort zur Anbetung Jehovas entwickelt werden.

Obwohl die Ahnenverehrung bei den Hebräern laut Herrn Spencer aufgrund ihrer nomadischen Gewohnheiten nicht vollständig entwickelt werden konnte, *war sie* laut Rev. AW Oxford vollständig entwickelt. „Jede Familie, wie jede alte römische und griechische Familie, wurde durch die Verehrung ihrer Vorfahren fest zusammengehalten, der Herd war der Altar, das Familienoberhaupt der Priester …" Das Band, das die Familien eines Stammes zusammenhielt, war seine gemeinsame Religion, die Verehrung seines angeblichen Vorfahren. Der Häuptling des Stammes war natürlich der Priester des Kultes.' Natürlich; aber wie schade, dass Mr. Huxley und Mr.

Spencer Fakten ausgelassen haben, die für ihre Theorie so unschätzbar wertvoll sind! Und woher weiß Rev. Mr. Oxford das? Nun, es gibt seltsamerweise „keinen direkten Beweis" für ein so ausgeprägtes Merkmal in der hebräischen Religion, aber wir werden auf 1. Sam verwiesen. xx. 29 und Richter xviii. 19. 1 Sam. xx. 29 lässt Jonathan sagen, dass David zu einem Familienopfer, also zu einem Familienessen, gehen möchte. Dies deckt kaum die weitreichenden Behauptungen von Herrn Oxford ab. Sein zweites Zitat ist so unglücklich, dass es seiner Beobachtung widerspricht, dass „natürlich" der Häuptling des Stammes der Priester des Kultes war. Micha ist in Richter xvii., xviii. *nicht* der Häuptling seines Stammes (Ephraim), noch ist er nicht einmal der Priester in seinem eigenen Haus. Er „weihte einen seiner eigenen Söhne, der sein Priester wurde", bis er einen zufälligen jungen Leviten fand und sagte: „Sei mir ein *Vater* und ein Priester", für zehn Schekel *pro Jahr*, ein Gewand und vieles mehr Kost und Logis.

Anstelle jeder entfernten Erwähnung, dass ein Häuptling Priester der Geister seiner Vorfahren sei, haben wir es hier mit einem Mann eines Stammes zu tun, der ziemlich gut bezahlt wird, um als Familienkaplan eines Mitglieds eines anderen Stammes zu arbeiten. Einige Moostruppen des Stammes Dan entführten daraufhin diesen wertvollen jungen Leviten und beschlagnahmten einige Götzenbilder, die Micha anfertigen ließ. Und all dies ist nach unserer geistlichen Autorität ein Beweis für die Ahnenverehrung![13]

All dies scheint auf einige inkohärente Spekulationen von Stade zurückzuführen zu sein. Beispielsweise zitiert das gelehrte Deutsch die Geschichte von Micha als Beweis dafür, dass die verschiedenen Stämme oder Clans unterschiedliche Religionen hatten. Das *muss* so sein, denn die Daniter fragten den jungen Leviten, ob es nicht besser sei, Priester einer Sippe zu sein als einer Einzelperson? Es ist, als würde ein Gönner dem Privatkaplan einer Person ein reiches Einkommen anbieten und sagen, dass die neue Position glaubwürdiger und lukrativer sei. Dies würde kaum einen Unterschied in der Religion zwischen dem Einzelnen und der Gemeinde beweisen.[14]

Als nächstes behauptet Herr Oxford, dass „die früheste Form der israelitischen Religion der Fetischismus oder Totemismus war". Dies ist ein weiteres Beispiel für Stades Logik. Stade findet, wie er glaubt, bei Simeon, Levi, Rachel usw. Namen, die auf den Totemismus hinweisen, und kommt zu dem Schluss, dass der Totemismus in Israel vor allem existierte, was dem Monotheismus ähnelte. Denn der Monotheismus könne, so argumentiert er, nicht die Keime des Clans oder der Stammesorganisation hervorbringen , während der Totemismus dies tun könne. Gewiss könnte es so sein, aber da wir in vielen Regionen (Amerika, Australien) den Totemismus und den Glauben an ein gütiges höchstes Wesen unter Wilden nebeneinander existieren sehen, können wir bei der ersten Beobachtung durch Europäer unmöglich dogmatisch sagen, ob es sich um einen groben Monotheismus handelt oder ob In der Reihenfolge der Evolution stand der Totemismus an erster Stelle. Dies gilt für Israel (wenn auch einst totemistisch) ebenso wie für Pawnees oder Kurnai. Stade hat diese wohlbekannten Tatsachen übersehen, und seine Meinung findet Eingang in ein billiges Handbuch und wird in Prüfungen niedergelegt![15]

Aus Herrn Oxfords populärem Handbuch der deutschen Bibelvermutungen erfahren wir auch, dass „Jehova nicht als liebender Vater dargestellt wurde, sondern als ein Wesen, das leicht zum Zorn erregt wird", was für liebende Väter am häufigsten vorkommt.

Wiederum bekräftigt Herr Oxford, dass „die alten Israeliten keinen Unterschied zwischen physischem und moralischem Bösem kannten ...". Die Vorstellung von der Heiligkeit Jehovas enthielt nichts Moralisches" (S. 90). Dies widerspricht eher Wellhausen: „Bei allen alten Naturvölkern ... liefert die Religion ein Motiv für Gesetz und Moral; Bei keinem geschah es mit solcher Reinheit und Kraft wie bei den Israeliten.'[16]

Wir begannen mit der Untersuchung von Herrn Huxleys Bemühungen , Spuren der Ahnenverehrung (nach seiner Meinung der Ursprung der Jehova-Verehrung) unter den Israeliten zu finden. Als nächstes kritisierten wir die Bemühungen von Herrn Spencer in derselben Angelegenheit und die dogmatischeren Behauptungen von Herrn Oxford und Stade. Wir kehren nun zu Herrn Huxleys Bericht über die Entwicklung vom Geisterkult zum Kult Jehovas zurück.

Aus der Geschichte der Hexe von Endor, in der Herr Huxley keinen Grund sieht, sie als eine ehrliche Darstellung dessen zu betrachten, was wirklich geschehen ist, schließt er, dass die Hexe rief: „Ich sehe Elohim." Diese Elohim erwiesen sich als Trugbild des toten Samuel. Von dieser Halluzination bewegt, äußerte die Hexe eine wahre Vorahnung, die ihren eigenen Interessen völlig zuwiderlief und für ihr Leben ungewöhnlich gefährlich war. Das ist psychisch interessant. Der Punkt ist jedoch, dass *Elohim* ein Begriff ist, der dem indianischen *Wakan* , dem fidschianischen *Kahu* , den Maori oder dem melanesischen *Mana* entspricht und das „Übernatürliche", das vage Mächtige bedeutet – in der Tat X. Dieses besondere Beispiel von *Elohim* war ein Phantasma der Toten , aber *Elohim* wird auch für das höchste göttliche Wesen verwendet, daher gehört das höchste göttliche Wesen zur gleichen Gattung wie ein Geist – so argumentiert Herr Huxley. „Der Unterschied, der zwischen den verschiedenen Elohim bestehen sollte, war einer des Grades, nicht der Art."[17]

„Wenn Jehova sich also nur graduell von den zweifellos zoomorphen oder anthropomorphen „Göttern der Nationen" unterscheiden sollte, warum kann man dann annehmen, dass er auch keine menschliche Gestalt hatte?"

Einige Theoretiker *gingen* einst davon aus, dass er eine menschliche Gestalt hatte: An diesem Kopf besteht kein Zweifel. Das ist jedoch nicht der Punkt, an dem wir Einwände erheben. Wir lehnen es ab, wenn eine Halluzination der Hexe von Endor (wahrscheinlich noch unvollständig entwickelt) von ihr *Elohim genannt wird* und Mr. Huxley daher sagt, dass sich der höchste *Elohim von einem Geist nur im Grad und nicht in der Art unterscheidet. Elohim* oder *El*, der Schöpferische, unterscheidet sich in seiner Art von einem Geist, weil er im hebräischen Glauben nie ein Geist war, er ist unsterblich und ohne Anfang.

Herr Huxley untermauert nun seine Theorie durch eine Parallele zwischen der Religion Tongas und der Religion Israels unter den Richtern. Er zitiert Mariner[18], dessen Aussage behauptet, dass es ein höchstes tonganisches Wesen gibt: „Von seiner Herkunft hatten sie keine Ahnung, sondern gingen eher davon aus, dass er ewig sei." Sein Name ist Tá -li-y- Tooboo = „Warte-da- Tooboo ."" „Er ist ein großer Häuptling von der Spitze des Himmels bis zum Grund der Erde." Er und andere von ihm geschaffene „ *ursprüngliche* Götter" werden sorgfältig und absolut von den *Atua unterschieden* , die „die menschliche Seele nach ihrer Trennung vom Körper" darstellen. Alle tonganischen Götter sind *Atua* (*Elohim*), aber alle *Atua* sind keine „ursprünglichen Götter", die von Priestern nicht bedient werden und nicht durch Nahrung oder Trankopfer versöhnt werden, wie der höchste Gott, Tá -li-y- Tooboo , der Ewige von Tonga. „Gelegentlich inspiriert er das Wie" (Wahlkönig), aber oft ist ein Wie überhaupt nicht von Tá -li-y- Tooboo inspiriert , genauso wenig wie Saul schließlich von Jehova inspiriert wurde.

Sicherlich gibt es einen Unterschied *in der Art* zwischen einem ewigen, unsterblichen Gott und einem Geist, obwohl beide *Atua* oder beide *Elohim sind* – das unbekannte X.

Viele Menschen nennen einen Geist „übernatürlich". Sie nennen Gott auch „übernatürlich", aber sie geben zu, dass der Unterschied zwischen dem Phantom eines toten Mannes und der Gottheit meiner Meinung nach ein Unterschied der Art ist. Wir haben gezeigt oder versucht zu zeigen, dass die Vorstellungen von „Geist" und „höchstem Wesen" nicht nur ihrer Art nach, sondern auch ihrem Ursprung nach unterschiedlich sind. Der Geist entspringt der animistischen Theorie und hängt von ihr ab; Das Höchste Wesen, wie ursprünglich angenommen, tut dies nicht. Alle Götter sind *Elohim, Kalou , Wakan* ; Alle *Elohim, Kalou , Wakan* sind keine Götter.

Ein Geistergott sollte Nahrung oder Trankopfer erhalten. Herr Huxley sagt, dass Tá -li-y- Tooboo dies getan hat. „Wenn der Gott, wie Tá -li-y- Tooboo , keinen Priester hatte, blieb der Hauptplatz frei und sollte vom Gott selbst besetzt werden." *Als der erste Becher Kava gefüllt war* , sagte der Mataboole , der als Zeremonienmeister fungierte: „Gib ihn deinem Gott", und er wurde angeboten, allerdings nur aus formalen Gründen."[19]

Das ist falsch. Im Fall von Tá -li-y- Tooboo „*Für den Gott ist kein Kelch gefüllt.*" [20] „*Bevor eine Tasse gefüllt wird,* sagt der Mann neben der Schüssel: „Das Kava ist in der Tasse" (was nicht der Fall ist), „und der Mataboole antwortet: „Gib es deinem Gott.""' aber der Kava ist *nicht* im Kelch, und der Tonga Eternal erhält keine Opfergabe.

Das Opfer, sagt Herr Huxley, bedeute, „dass der Gott entweder ein vergöttlichter Geist oder zumindest ein Wesen von ähnlicher Natur wie diese war."[21] Aber da Tá -li- y- Tooboo kein Opfer hatte, Entgegen Mr. Huxleys Behauptung war er *kein* „vergötterter Geist oder ein Wesen von ähnlicher Natur wie diese". Auf die niederen, nicht geisterhaften tongaischen Götter hatte sich die animistische Opfergewohnheit ausgeweitet, aber noch nicht auf das Höchste Wesen.

Ach, wenn Mr. Gladstone oder der Herzog von Argyll oder irgendein Bischof eine solche Falschdarstellung gemacht hätte, wie hätte Mr. Huxley ihn vernichtet! Aber es handelt sich lediglich um einen Fehler unvorsichtigen Lesens, wie wir ihn alle täglich begehen.

Es ist offensichtlich, dass wir nicht beweisen können, dass Jehova ein Geist ist, indem wir den Vergleich mit einem tongaischen Gott heranziehen, der per Ritual und per Definition *kein* Geist war. Der Beweis beruht daher auf den anthropomorphisierten präprophetischen Berichten und auf dem Ritual Jehovas. Aber der Mensch „ anthropisiert " seine Gottheiten von Natur aus: Er beweist damit nicht, dass sie einst Geister waren.

Was die Opfer für Jehova betrifft, den süßen Duft , den er genießen sollte (entgegen der Meinung der Propheten), so lassen diese Opfer die beste Vermutung zu, dass Jehova ein Geistergott oder ein Gott war, der nach gespenstischen Grundsätzen erbaut wurde.

Aber wir haben gezeigt, dass bei den niedrigsten Rassen weder Geister durch Opfer verehrt werden, noch dass das höchste Wesen, Darumulun oder Puluga , Speiseopfer erhält. Wir haben auch viele Höchste Wesen fortgeschrittenerer Rassen, Ahone , Dendid und Nyankupon , beschrieben, die den Geschmack jeglicher Opfergaben nicht wahrnehmen . Wenn dann (wie im Fall von Taa-roa) ein Höchstes Wesen tatsächlich ein Opfer *erhält* , können wir argumentieren, dass es sich um ein animistisches Ritual handelt, das nicht mit dem Höchsten Wesen in Australien oder Andaman, nicht mit seinem Glaubensbekenntnis in Virginia oder Afrika verbunden ist (wo Geistergötter Opfer erhalten), kann in anderen Regionen von Geistergöttern auf das Höchste Wesen übertragen werden, das nie ein Geist war. An der Theorie einer solchen Übertragung scheint nichts Unglaubliches oder Unlogisches zu liegen.

Einem Gott, der nie ein Geist war, mögen Menschen Opfer bringen (die Baiame und den anderen nicht gebracht werden), denn da sie die Angewohnheit haben, auf diese Weise eine Gruppe körperloser Kräfte zu besänftigen, halten es die Menschen möglicherweise nicht für höflich oder sicher, zu gehen ein weiterer Satz Kräfte aus. Von Natur aus muss der Mensch alle Götter mit einigen menschlichen Leidenschaften und Eigenschaften ausstatten, es sei denn, er lässt wie viele Wilde seinen hohen Gott völlig in Ruhe und ist Sklave von Fetischen und Gespenstern . Aber diese Praxis widerspricht der Geistertheorie.

Bei dem Versuch, die Opfer für Jehova auf diese Weise, nämlich durch Übertragung, zu erklären, stoßen wir auf eine Schwierigkeit, die wir selbst verursacht haben. Wenn die Israeliten den Vorfahren nicht geopfert hätten (wie wir gezeigt haben, gibt es kaum einen Grund zu der Annahme, dass sie es getan haben), wie könnten sie dann den Ritus auf Jehova übertragen, den sie unserer Hypothese zufolge nicht nachweislich den Vorfahren dargebracht haben?

Dies ist sicherlich ein schwieriges Problem, schwieriger (oder vielleicht einfacher), weil wir so wenig über die frühe Geschichte der Hebräer wissen. Ihren eigenen Überlieferungen zufolge hatte Israel Kontakt zu allen möglichen Rassen, die in der materiellen Kultur viel weiter fortgeschritten waren als sie selbst und von einem hochentwickelten polytheistischen Animismus durchdrungen waren. Ihrer Geschichte zufolge „hurten" die Israeliten unverbesserlich fremden Göttern nach. Es ist vielleicht unmöglich, die fremden und die einheimischen Elemente voneinander zu trennen.

Es kann daher vorläufig vermutet werden, dass das frühe Israel seinen Ahone in einem Wesen hatte, das vielleicht noch nicht Jehova hieß. Israel machte sich jedoch, vielleicht aufgrund seiner „nomadischen Gewohnheiten", nur die geringste Sorge um die Geister seiner Vorfahren. Dann finden wir eine historische Tradition säkularer Kontakte zwischen Israel und Ägypten, aus der Israel mit Jehova als Gott hervorgeht, und ein System von Opfern. Wenn wir Jehova als eine wiederbelebte Erinnerung an das moralische Höchste Wesen betrachten, das Israel in sehr fernen Zeiten gekannt haben muss (es sei denn, Israel war weniger begünstigt als Australier, Buschmänner oder Andamanesen), könnten wir die Opfer für ihn als eine Anpassung an die Praktiken von betrachten Religion unter Rassen, die sesshafter als Israel und zivilisierter sind . [22]

Spekulationen über so entfernte Themen müssen mutmaßlich sein, aber unser Vorschlag würde vielleicht Opfer für Jehova erklären, die von einer Rasse gezahlt wurden, die aufgrund ihrer „nomadischen Gewohnheiten" nie viel der Ahnenverehrung zugeneigt war, aber in Kontakt gestanden hatte mit großen opfernden, polytheistischen Zivilisationen . Herr Huxley räumt jedoch, obwohl er den wesentlichen Unterschied zwischen Geistergöttern und dem Ewigen zu verwischen scheint, später ein, dass es „sehr wenige Menschen" ohne zusätzliche Götter gibt, die nicht mit Sicherheit erklärt werden können als vergöttlichte Vorfahren.' Tá -li-y- Tooboo ist natürlich einer dieser Götter, ebenso wie Jehova. Herr Huxley gibt keine Theorie darüber, *wie* diese Götter zum Glauben kamen, außer der Vermutung, dass „die polytheistische Theologie durch die Wahl des kosmischen oder Stammesgottes als einzigem Gott, dem die Verehrung seitens dieser Nation gebührt, verändert wurde." ‚' unbeschadet des Rechts anderer Nationen, andere Götter anzubeten.[23] Das ist „Monolatrie", und „der Ethikkodex, der oft sehr hochrangig ist, steht in engerer Beziehung zum theologischen Glaubensbekenntnis", *weshalb* wir nicht darüber informiert sind. Wir erfahren auch nicht, aus welchen polytheistischen Gottheiten Jehova ausgewählt wurde und aus welchem Grund. Die Hypothese scheitert wie üblich an der engen Beziehung zwischen dem ethischen Kodex und dem theologischen Glaubensbekenntnis, bei niederen Wilden mit einem relativ höchsten Wesen, aber ohne Ahnenverehrung und ohne polytheistische Götter, aus denen ein himmlisches Oberhaupt ausgewählt werden könnte.

Woher kam das moralische Element in der Vorstellung von Jehova? Herr Huxley nimmt an, dass die Israeliten während ihres Aufenthalts im Land Goschen (und *erst recht* davor) „nichts von Jehova wussten".[24] Sie waren polytheistische Götzendiener. Dies folgt offenbar aus Hesekiel xx. 5: „An dem Tag, als ich Israel erwählte und meine Hand zu den Nachkommen des Hauses Jakob erhob *und mich ihnen* im Land Ägypten kundtat." Der biblische Bericht besagt, dass der Gott der Väter Moses, der Gott Abrahams, Moses im Sinai erleuchtete und seinen Namen als „Ich bin, der ich bin" angab (Exodus 3, 6, 14; Übersetzung unsicher). Wir müssen verstehen, dass Moses, ein religiöser Reformator, ein altes und in der ägyptischen Knechtschaft halb ausgelöschtes Glaubensbekenntnis des alten nomadischen Beni-Israel wiederbelebte. Sie sollten sich nicht länger „mit den Götzen Ägyptens verunreinigen", wie sie es offensichtlich getan hatten. Wir wissen wirklich nichts mehr über die Sache. Wellhausen sagt, dass Jehova „ursprünglich ein Familien- oder Stammesgott war, entweder aus der Familie Moses oder aus dem Stamm Joseph". Wie eine Familie ein höchstes Wesen für sich entwickeln konnte, ist uns nicht bekannt, und wir kennen keinen vergleichbaren Fall auf ethnografischem Gebiet. Auch hier war Jehova „nur ein besonderer Name von El, der in einem mächtigen Kreis verbreitet war". Und wer war El?[25] „Moses war nicht der erste Entdecker des Glaubens." Wahrscheinlich nicht, aber Mr. Huxley scheint zu glauben, dass er es war.

Wellhausens und andere deutsche Ideen dringen in populäre Traditionen ein, wie wir in „Eine kurze Einführung in die Geschichte des alten Israel" (S. 19, 20) von Rev. AW Oxford, MA, Vikar von St. Luke's, Soho, gesehen haben .

Hier folgt Mr. Oxfords unbestreitbar „kurzer Weg mit Jehova". „Moses war der Gründer der israelitischen Religion." Jehova, sein Familien- oder Stammesgott, vielleicht ursprünglich der Gott der Keniter, wurde von allen israelitischen Stämmen als Stammesgott angesehen. Dass Jehova nicht der ursprüngliche Gott Israels war (wie die Bibel unverschämt behauptet), „sondern der Gott der Keniter, sehen wir hauptsächlich aus Deut. xxxiii. 2, Richter V. 4, 5 und aus der Geschichte von Jethro, der laut Richter i . 16, war ein Kenit.'

Im ersten Text heißt es, dass laut Moses „der Herr vom Sinai kam", von Seir aufstieg und vom Berg Paran leuchtete . Der zweite Text erwähnt den Aufstieg Jehovas aus Seir und Sinai. Der dritte Text besagt, dass Jethro, Moses' kenitischer (oder midianitischer) Schwiegervater, unter dem Volk von Juda wohnte; Jethro ist ein Priester von Midian. Wie all dies beweist, dass „Moses ein großer Betrüger war", wie der Dichter sagt, und dass Jehova nicht „der ursprüngliche Gott Israels" war, sondern (1) Moses' Familien- oder Stammesgott oder (2) „der Gott des Kenites', gebe ich zu, dass ich es nicht begreifen kann.

Wellhausen selbst hatte Jehova als „einen Familien- oder Stammesgott, entweder aus der Familie Moses" (Stamm Levi) „oder aus dem Stamm Joseph" erklärt. Für Herrn Oxford scheint es völlig unklar zu sein, ob Jehova ein Gott des Stammes Moses oder ganz im Gegenteil „ein kenitischer Gott" war. Dabei macht es wirklich einen großen Unterschied! Denn in einem Komplex von Stämmen, die eine Sprache sprechen, ist es (meines Wissens nach) völlig beispiellos, dass ein Stamm oder eine Familie ganz für sich einen Familiengott besitzt, der auch der Schöpfer ist und später als solcher akzeptiert wird von allen anderen Stämmen. Man kann nach Beispielen für so etwas bei jeder bekannten Rasse und auf jeder Stufe der Kultur fragen. Peru wird uns nicht helfen – nicht der Schöpfer, Pachacamac , sondern die Sonne, ist der Gott der Inka-Familie. Wenn andererseits Jehova ein kenitischer Gott war, waren die Keniten ein halbarabisch-semitisches Volk, das mit Israel verbunden war, und haben möglicherweise Traditionen eines höchsten Wesens beibehalten, die in Ägypten wahrscheinlich als Exodus abgeschwächt wurden behauptet, von fremden Religionen. Der gelehrte Stade mag zwar nicht an den Aufenthalt Israels in Ägypten glauben, aber diese revolutionäre Meinung ist für uns nicht unbedingt bindend und bringt einige Schwierigkeiten mit sich.

Haben Kritiker und Handmacher keine Kenntnis von der vergleichenden Religionswissenschaft? Sind sie sich nicht darüber im Klaren, dass Völker, die viel rückständiger waren als Israel zum damaligen Zeitpunkt, bereits über weite Gebiete moralisch höchste Wesen anerkannt hatten? Haben sie einen Hauch positiver Beweise dafür, dass das frühe Israel jenseits der Dunkelheit der Buschmänner, Andamanesen, Pawnees, Schwarzfüßer, Huronen,

Indianer von Britisch-Guayana, Dinkas , Negern usw. verborgen war? Sofern Israel nicht dieses seltene Unglück hatte (was Israel bestreitet), muss Israel natürlich eine säkulare Tradition, wie düster auch immer, eines Höchsten Wesens gehabt haben. Wir müssen nach einem einzigen Beispiel einer Familie oder eines Stammes in einem Komplex von halbbarbarischen, aber nicht wilden Stämmen einer Rede fragen, die eine private Gottheit besitzen, die zufällig der Schöpfer und Herrscher der Welt war und als solcher war von allen Stämmen akzeptiert. Jehova kam aus dem Sinai, weil dieser Berg als einer seiner Sitze angesehen wurde, da am Sinai eine Theophanie stattgefunden hatte.[26]

Wir haben gesehen, dass es für Herrn Oxford keinen Unterschied zu machen schien, ob Jehova ein Gott der Familie oder des Stammes Moses oder ein kenitischer Gott war . Ersteres (mit der Alternative *Josephs* Familie oder Stammesgott) ist Wellhausens Theorie. Letzteres stammt von Stade.[27] Jedes steht im Widerspruch zum anderen; Wellhausens Fantasie steht im Widerspruch zu allem, was wir über die religiöse Entwicklung wissen: Stades ist hoffnungslos unvereinbar mit Exodus IV. 24-26, wo Moses' kenitische Frau ihm eine Zeremonie seiner, nicht ihrer, Religion vorwirft. Daher unterschied sich die kenitische von der hebräischen *sacra* .

Die Passage ist sehr außergewöhnlich und wird von Kritikern als sehr archaisch bezeichnet. Nach der Offenbarung des brennenden Dornbuschs traf Jehova Moses und seine kenitische Frau Zipporah und ihr Kind bei einem Khan. Jehova wollte Moses unbedingt töten, niemand wusste jemals warum, also besänftigte Zipporah den Zorn Jehovas, indem sie ihren Jungen *mit einem Feuerstein beschnitt* . „Ein verdammter Ehemann bist du für mich", sagte sie, „wegen der Beschneidung" – eine ägyptische, aber eindeutig keine kenitische Praxis. Was auch immer das alles bedeuten mag, es sieht nicht so aus, als ob Zipporah solche Riten wie die Beschneidung im Glauben eines kenitischen Ehemanns erwartet hätte, und es begünstigt auch nicht die Idee, dass die *sacra* von Moses kenitischen Ursprungs seien.

Ohne ein Gelehrter oder Experte für Bibelkritik zu sein, kann man dagegen protestieren, dass den intellektuellen Mittelschichten, die Handbücher lesen, eine Theorie präsentiert wird, die so vage, widersprüchlich und (in jeder Analogie) so unmöglich ist, wie Herr Oxford sie von deutschen Schriftstellern sammelt . Natürlich ist das gesamte Thema, so dogmatisch behandelt, lediglich eine Angelegenheit abweichender Meinungen unter Gelehrten. So leitet M. Renan den Namen Jehova von Assyrien ab, von „ Aramaised" . Chaldäismus .'[28] In diesem Fall war der Name lange vor dem Wohnsitz in Ägypten. Aber vielleicht war Jehova ein lokaler Gott des Sinai oder eine Provinzgottheit in Palästina.[29] Er war schon sehr alten Weisen bekannt, die Namen wie El Shaddai und Elohim bevorzugten. Kurz gesagt, wir haben keine Gewissheit zu diesem Thema.[30]

Ich brauche vielleicht kaum zu sagen, dass ich keine antiquierten Vorurteile gegenüber der Bibelkritik hege. Sicherlich muss die Bibel wie jede andere Dokumentensammlung sprachlich, historisch und im Lichte der vergleichenden Methode studiert werden. Die Leitideen von Wellhausen zum Beispiel zeichnen sich durch Scharfsinn aus: Das kann auch der bescheidenste Laie erkennen. Aber man kann dagegen protestieren, die Bibel oder Homer mit Methoden zu kritisieren , die beweisen, dass Shakespeare Bacon war. Man muss auch gegen die Darstellung widersprüchlicher und wahrscheinlich unbegründeter kritischer Hypothesen in der dogmatischen Kürze billiger Handbücher protestieren.

Noch einmal: Woher kommt das moralische Element in Jehova? Herr Huxley glaubt, dass dies möglicherweise auf die ethische Praxis und Theorie Ägyptens zurückzuführen ist. Im ägyptischen Totenbuch, „einer Art Führer zum Land der Geister", gibt es moralische Kapitel; Der Geist teilt seinen Richtern in Amenti mit , welche Sünden er *nicht* begangen hat. Viele dieser Sünden sind in den Zehn Geboten verboten.

Sie sind in der entstehenden Moral wilder Völker ebenso verboten. Moses brauchte das Totenbuch nicht, um ihm grundlegende Moralvorstellungen beizubringen. Aus den Mysterien von Mtanga hätte er, wäre er dabei gewesen, vielleicht auch die Tugend der selbstlosen Großzügigkeit gelernt. Wenn das Glaubensbekenntnis von Jehova oder von El nur so viel Ethik beibehielt, wie bei den Kurnai unter göttlicher Genehmigung steht, war eine Anpassung aus dem Buch der Toten überflüssig.

Die Sorge um die Verstorbenen, das Ritual des Ka, die intensive Beschäftigung mit dem zukünftigen Leben, die weit mehr als seine Moral die wesentlichen Merkmale des Totenbuchs sind – Israel kümmerte sich um nichts von all diesen animistischen Dingen, brachte nichts davon oder nur sehr wenig davon aus dem Land Ägypten. Moses war sicherlich sehr vielseitig; er nahm nur die Moral Ägyptens an. Aber da Herr Huxley diese Meinung vorläufig vertritt, da er keine sichere historische Autorität über Moses habe, beantwortet sie kaum unsere Frage: Woher kam das moralische Element in Jehova? Man kann vermuten, dass es sich dabei um das Überleben der primitiven, göttlich sanktionierten Ethik der alten, wilden Vorfahren der Israeliten handelte, die ihnen wie den Kurnai bekannt war, bevor sie einen Topf, ein Bronzemesser, einen Samen zum Aussäen oder Schafe hatten zu hüten, oder sogar ein Zelt über ihren Köpfen. In den Ratschlüssen der Ewigkeit wurde Israel dazu erwählt, diese Flamme, die die dunkelsten Orte der Erde erleuchtet, weiterhin zu brennen, wie auch immer sie vom Opferrauch getrübt sein mag, „ein Licht, um die Heiden zu erhellen und die Herrlichkeit deines Volkes Israel" – eine Flamme wie Die Geschichte hat uns ein Licht angezündet, von dem aus es scheint, und die Anthropologie kann nur Vermutungen anstellen. Hier ist die wissenschaftliche Unwissenheit klüger als die Überheblichkeit der Populärwissenschaft mit ihren Geistern und Fetischsteinen und Göttern, die aus Geistern hervorgegangen sind, die sich jedoch aufgrund nomadischer Gewohnheiten nicht entwickeln konnten.

Es scheint also, wenn unser allgemeiner Vorschlag auf Akzeptanz stößt, dass das, was in der Entwicklung der hebräischen Religion geschah, genau das war, was uns die Bibel sagt. Dies muss unserer Generation zwangsläufig höchst paradox erscheinen; aber die ganze Tendenz unseres provisorischen Systems spricht für das Paradoxon. Wenn das wilde Nomadentum Israel die höheren religiösen Vorstellungen hätte, die nachweislich bei einigen der niedrigsten bekannten Rassen existieren, könnten diese Vorstellungen von einem genialen Führer wiederbelebt werden. Sie könnten in einer Krise des Stammesvermögens zum Sammelpunkt eines neuen Nationalgefühls werden. Bis zu einem gewissen Grad durch die Bekanntschaft mit den „Götzen Ägyptens" verschleiert und durch das Nationalgefühl, das sie förderten, eingeschränkt und lokalisiert , wurden diese Vorstellungen gereinigt und weit über alle örtlichen, Stammes- oder nationalen Beschränkungen hinaus erweitert – weit über die Grenzen hinaus *Flamantia moenia mundi* – durch das historisch einzigartige Genie der Propheten. Kombiniert mit der Lehre unseres Herrn und empfohlen durch die Hinzufügung des Animismus in seiner reinen und unbezahlbaren Form – der Belohnung des Glaubens, der Hoffnung und der Nächstenliebe im ewigen Leben – erleuchtete der Glaube Israels die Welt.

All dies geschah laut dem Alten und Neuen Testament. Nach unserer Hypothese wäre all dies zu erwarten, wenn von den vielen Rassen, die in ihrer rückständigsten Kultur eine grobe Vorstellung von einem moralisch schöpferischen, relativ überlegenen Wesen hatten, eine Rasse die Erziehung Israels ertragen würde , zeigte die relative Gleichgültigkeit Israels gegenüber Animismus und Geistergöttern, hörte auf die Propheten Israels und brachte einen Größeren als Moses und die Propheten zur Welt.

Zu diesem Ergebnis hat uns der Logos, wie Sokrates sagt, auf dem Weg der Anthropologie geführt.

[Fußnote 1: *Wissenschaft und hebräische Tradition* .]

[Fußnote 2: Op. cit. P. 361.]

[Fußnote 3: *Wissenschaft und hebräische Tradition* . P. 308.]

[Fußnote 4: *Prin. Soc* . P. 306.]

[Fußnote 5: *Die Tshi-sprechenden Rassen* , S. 183.]

[Fußnote 6: Einige australische Stämme haben Friedhöfe, und ich habe einen einheimischen Zeugen, König Billy, in der Nähe einer dieser Grabstätten für die Feier der Mysterien gefunden. Andere Beweise dafür habe ich nicht gefunden, obwohl ich danach gesucht habe. Der ausgewählte Ort ist normalerweise „in der Nähe des Lagers", und der Ort für ein so großes Lager wird natürlich dort gewählt, wo die Nahrungsversorgung ausreichend ist.]

[Fußnote 7: Vgl. die Arier, *Prinzipien der Soziologie*, S. 314.]

[Fußnote 8: *Grundsätze*, S. 316.]

[Fußnote 9: Ebd. P. 317.]

[Fußnote 10: Jeremia xvi. 6, 7.]

[Fußnote 11: Leviticus xix. 28.]

[Fußnote 12: Deuteronomium xxxiv. 6.]

[Fußnote 13: *Kurze Einführung in die Geschichte des alten Israel*, S. 83, 84.]

[Fußnote 14: Stade i 403.]

[Fußnote 15: Stade, i . 406.]

[Fußnote 16: Wellhausen, *Geschichte Israels*, S. 437. Das Buch von Herrn Oxford wird hier nur deshalb erwähnt, weil es als populäres Handbuch gedacht ist. Wie Herr Henry Foker sagt: „Es scheint schade, dass sich der Klerus in diese Angelegenheiten einmischt."]

[Fußnote 17: *Wissenschaft und hebräische Tradition*, S. 299.]

[Fußnote 18: II. 127.]

[Fußnote 19: *Wissenschaft und hebräische Tradition*, S. 331.]

[Fußnote 20: Mariner, ii. 205.]

[Fußnote 21: Op. cit. P. 335.]

[Fußnote 22: Natürlich wurde davon ausgegangen, dass Israel (im Dunkeln, rückständig und in den Abgründen der Zeit) auch totemistisch gewesen sein könnte, wie die Australier, wie Texte, auf die Herr Robertson Smith hingewiesen hat, anzudeuten scheinen. Es gab auch Teraphim-Verehrung, Respekt vor Steinen und Bäumen und so weiter.]

[Fußnote 23: *Wissenschaft und hebräische Tradition*, S. 349.]

[Fußnote 24: S. 351.]

[Fußnote 25: *Geschichte Israels*, S. 443 Anmerkung.]

[Fußnote 26: *Religion der Semiten*.]

[Fußnote 27: *Geschichte des Volkes Israel*, i . 180.]

[Fußnote 28: *Histoire du Peuple d'Israel*, unter Berufung auf Schrader, S. 23.]

[Fußnote 29: Op. cit. P. 85]

Eine Liste dieser Vermutungen und allgemein Kritik an den gelegentlichen Launen von Kritikern finden Sie in „*Early Religion of Israel*“ von Professor Robertson .]

XVII

ABSCHLUSS

Wir können nun einen Blick zurück auf den Weg werfen, den wir versucht haben, durch den Dschungel der frühen Religionen zu schlagen. Es ist keine Autobahn, sondern die Spur eines einsamen Entdeckers; und dieser Aufsatz gibt vor, nur eine Skizze zu sein – keine erschöpfende Übersicht über Glaubensbekenntnisse. Seine Grenzen liegen auf der Hand, können aber hier erwähnt werden. Die höheren und sogar die niederen Polytheismen werden nur am Rande erwähnt, wobei unser Ziel darin besteht, die Vorstellung eines höchsten oder praktisch höchsten Wesens von den untersten Stufen der menschlichen Kultur bis zum Christentum im Auge zu behalten. Im Polytheismus ist diese Vorstellung zwangsläufig verschleiert und zeigt sich nur schwach, entweder bei den *Prytanis* oder beim Präsidenten der Unsterblichen, wie z. B. Zeus; oder im Schicksal, hinter und über den Unsterblichen; oder in Herrn Max Müllers *Henotheismus* , wo der angesprochene Gott – Indra, oder Soma, oder Agni – im Moment als der höchste angesehen wird und in einer Art monotheistischem Geist verehrt wird; oder schließlich in der veretherten Gottheit fortgeschrittener philosophischer Spekulation.

Für unsere Zwecke war es nicht notwendig, auf diese zivilisierten Religionen näher einzugehen. Wenn wir unserer Hypothese eines frühen höchsten Wesens unter den Wilden zustimmen, das später durch Ahnenverehrung und Geistergötter verschleiert wurde, aber nicht oft vollständig in der religiösen Tradition verloren ging, nehmen der barbarische und der zivilisierte Polytheismus problemlos ihre Position ein und sind leicht verständlich. Der Weltraum verbietet eine Diskussion aller bekannten Religionen; Es wurden nur typische Exemplare ausgewählt. Daher wurde nichts über die Religion des großen chinesischen Reiches gesagt. Es scheint auf einer höheren Ebene aus der Verehrung des Himmels als eines großen Fetischgottes zu bestehen – eine Verehrung, die, wie Dr. Brinton sagt, durchaus schon vor wenigen Tagen begonnen haben könnte, „schon lange bevor sich der Mensch gefragt hatte: „Sind die Himmel?" materiell und Gott spirituell?" – vielleicht, soweit wir wissen, bevor die Idee des „Geistes" entwickelt wurde. Wenn sie also nichts Erhaberenes enthält, steht die chinesische Religion bisher unter der der Zuñis oder dem Glaubensbekenntnis in Taa-roa , in Wesen, die ewig sind, die existierten, bevor die Erde oder der Himmel existierten. Die chinesische Religion des Himmels ist auch von den politischen Verhältnissen Chinas geprägt ; Der Himmel (Tien) entspricht dem Kaiser und wird oft mit Shangti , dem Kaiser oben, verwechselt. 'DR. „Legge beschuldigt Konfuzius", sagt Herr Tylor, „die Neigung, in seinen religiösen Lehren den Namen Tien,

Himmel, durch den Namen zu ersetzen, der in älteren Religionen bekannt ist und in älteren Büchern verwendet wird – Shangti, das Persönliche . " herrschende Gottheit.' Wenn ja, dann hat auch China sein altes höchstes Wesen, das kein vergöttlichter Aspekt der Natur ist.

Aber Mr. Tylors Lesart ist im Einklang mit seiner allgemeinen Theorie anders:

„Es scheint vielmehr, dass der Weise tatsächlich die Tradition des alten Glaubens aufrechterhielt und somit gemäß dem Charakter handelte, auf den er stolz war – dem eines Übermittlers, nicht eines Schöpfers, eines Bewahrers des alten Wissens, nicht." ein neuer Offenbarer.'[1]

Dies ist natürlich eine reine Beweisfrage, die von Sinologen geklärt werden muss. Wenn das persönliche Höchste Wesen, Shang- ti , in älteren Dokumenten die Position einnimmt, die Tien (Himmel) im späteren System von Konfuzius innehatte, warum können wir dann sagen, dass Konfuzius, indem er den Himmel anstelle von Shang-ti vorstellte, ein älteres wiederherstellte? Konzeption? Mr. Tylors Zuneigung zu seiner Theorie führt ihn vielleicht zu dieser Meinung; während meine Zuneigung zu meiner Theorie dazu führt, dass ich dokumentarische Beweise zu ihren Gunsten bevorzuge .

Die Frage kann nur von Spezialisten geklärt werden. Aus heutiger Sicht scheint es mir wahrscheinlich, dass das alte China ein höchstes persönliches Wesen besaß, das weiter entfernt und ursprünglicher war als der Himmel, genau wie die Zuñis . Auf der unteren Ebene ist die chinesische Religion, wie jeder weiß, von Animismus und Ahnenverehrung geprägt. Dies ist so mächtig, dass es zu einer einheimischen Theorie des Euhemerismus geführt hat. Die Abteilungsgottheiten des chinesischen Polytheismus werden von den Chinesen nach euhemeristischen Prinzipien erklärt:

„Der Legende nach war der Kriegsgott oder militärische Weise einst im Leben eines Menschen ein angesehener Soldat; Der Schweinegott war ein Schweinezüchter, der seine Schweine verlor und vor Kummer starb; Der Gott der Spieler war *unentdeckt* . '[2]

Dabei handelt es sich nicht um Tatsachenbehauptungen, sondern um die chinesische euhemeristische Theorie. Nach dieser Hypothese sollte Konfuzius nun ein Gott sein; aber natürlich ist er es nicht; sein Geist ist lediglich in seinem Tempel lokalisiert , wo der Kaiser ihn zweimal im Jahr verehrt, so wie die Geister der Vorfahren verehrt werden.

Jeder Theoretiker wird die Fakten mit seinem System in Einklang bringen, aber ich sehe nicht, dass die chinesischen Fakten im Widerspruch zu meinen stehen. Auf der höchsten Ebene gibt es entweder ein persönliches Höchstes Wesen, Shang- ti , oder es gibt Tien, den Himmel (mit der Erde, Eltern der

Menschen), wobei keines von beiden notwendigerweise seinem Ursprung nach dem Animismus zu verdanken hat. Dann gibt es die politische Reflexion des Kaisers über die Religion (die nicht existieren kann, wenn es keinen Kaiser, König oder Häuptling gibt und daher zu spät kommen muss), es gibt das animistische Gesindel von Geistern, ob Vorfahren oder nicht, und es gibt den Abteilungspolytheismus. Die Geister werden natürlich in üblicher symbolischer Weise von Menschen gefüttert und versorgt. Nichts zeigt oder deutet darauf hin, dass Shangti lediglich ein imaginärer idealisierter erster Vorfahre ist. In der Tat bemerkt M. Réville zu allen solchen Erklärungen des Höchsten Wesens (etwa bei den Kurnai) als idealisiertem imaginären ersten Vorfahren zu Recht Folgendes: „Wir haben nicht nur gesehen, dass in weiten Regionen der unzivilisierten Welt die Verehrung von Vorfahren sind in einen Bereich eingedrungen, der zuvor von „Naturismus" und Animismus im eigentlichen Sinne besetzt war, und liegen daher hinter diesen; Aber darüber hinaus verstehen wir in Mr. Spencers System nicht, warum an so vielen Orten der erste Vorfahre der Schöpfer ist, wenn nicht sogar der Schöpfer der Welt, Herr über Leben und Tod und Besitzer göttlicher Kräfte im Besitz eines seiner Nachkommen. Dies beweist, dass es nicht der erste Vorfahre war, der nach dem Glauben seiner Nachkommen Gott wurde, sondern vielmehr der göttliche Schöpfer und Anfänger von allem, der nach dem Glaubensbekenntnis seiner Anbeter der erste Vorfahre wurde."[3]

Unsere Aufgabe beschränkte sich auf diese Weise hauptsächlich auf die Untersuchung der Religion einiger der niedrigsten Rassen und der höchsten Weltreligionen, wie etwa des Judentums. Der historische Aspekt des Christentums, wie er im Leben, Tod und der Auferstehung unseres Herrn entsteht, würde eine gesonderte Abhandlung erfordern. Dies würde zum Teil mit den Versuchen zu tun haben, in den Erzählungen über unseren Herrn eine große Beimischung der Mythologie und des Rituals zu finden, die mit dem geopferten Rex Nemorensis verbunden sind, *und allem* , was sonst noch in der bäuerlichen Folklore über Frühling und Ernte überlebt.[4]

Nachdem wir uns für die Einschränkungen dieses Aufsatzes entschuldigt haben, können wir einen Blick in die Vergangenheit werfen. Wir begannen damit, zu zeigen, dass Wilde über Theorien stolpern können und gestolpert sind, die nicht im Widerspruch zur Wissenschaft stehen, aber erst vor kurzem von der Wissenschaft entdeckt wurden. Der elektrische Ursprung der Aurora Borealis (ob absolut sicher oder nicht) war ein Beispiel; Ein weiterer Grund war die Wirksamkeit der „Suggestion", insbesondere für Heilzwecke. Es wurde daher angedeutet, dass, wenn Wilde (wenn Sie so wollen) in einen Glauben an Gott und die Seele verfallen, wie unklar er auch immer sein mag, dieser Glaube daher nicht notwendigerweise und im Wesentlichen falsch sei. Anschließend erklärten wir unser Ziel, die angeblichen übernatürlichen Phänomene, ob wild oder zivilisiert , zu untersuchen, die nach Mr. Tylors

Hypothese zur Entstehung der Vorstellung von „Geistern" beitragen. Wie vor den Anthropologen haben wir die Natur unserer Beweise verteidigt, indem wir gezeigt haben, dass wir für den wilden Glauben an übernatürliche Phänomene genau die Art von Beweisen haben, auf denen die gesamte anthropologische Wissenschaft beruht. Die relative Schwäche dieser Beweise, unser Bedarf an mehr und besseren Beweisen, würden wir als Allerletzte leugnen, tatsächlich ist dies Teil unseres Falles. Unsere vorhandenen Beweise werden kaum eine Religionstheorie stützen. Wer diesbezüglich Zweifel hat, braucht nur M. Révilles „Les Religions des Peuples Non- Civilisés " unter den Überschriften „ Mélanésiens ", „ Mincopies " und „Les Australiens " (ii. 116-143) zu lesen, wenn er Ich werde feststellen, dass diese bedeutende französische Autorität die hier vorgelegten Fakten über diese Rassen nicht kennt. Im Jahr 1883 waren sie noch nicht in seinen Wirkungsbereich gelangt. Solch genaue und sorgfältige Nachforschungen durch Männer, die mit den betroffenen Völkern eng vertraut sind, wie die von Dr. Codrington, Mr. Hewitt, Mr. Man und die von Mr. Brough Smyth zusammengestellten Behörden, waren M. Réville unbekannt und daher wiederum neu Tatsachen oder Tatsachen, die uns unbekannt sind, können meine Theorie durcheinander bringen. Diese Gefahr ist von zentraler Bedeutung für die wissenschaftliche Theoriebildung zur Religionsgeschichte.

Nachdem wir auf diese Weise unsere Beweise für den wilden *Glauben* an übernatürliche Phänomene gerechtfertigt hatten, wandten wir uns wie vor den Anthropologen an ein Psychologengericht, um unsere Beweise für die *Tatsache* genau derselben übernatürlichen Phänomene in der zivilisierten Erfahrung zu verteidigen . Wir wiesen darauf hin, dass wir für subjektive psychologische Erfahrungen, etwa der Telepathie, genau die gleichen Beweise hatten, auf denen sich die gesamte nicht-experimentelle Psychologie stützen muss und tut. Nein, wir haben sogar experimentelle Beweise in Experimenten zur Gedankenübertragung. Es handelt sich jedoch hauptsächlich um Aussagen subjektiver Erfahrung. Für das Zusammentreffen einer solchen Erfahrung mit unbekannten Ereignissen verfügen wir über Beweise, die im praktischen Leben von Gerichten anerkannt werden.

Die experimentelle Psychologie stützt sich natürlich auf Experimente, die unter den Augen eines Experten durchgeführt werden, beispielsweise durch Hypnose oder auf andere Weise, unter der Leitung von Dr. Hack Tuke , Professor James, M. Richet, M. Janet. Der Beweis ist eher das Verhalten als die Aussagen des Subjekts. Es gibt auch physiologische Experimente durch Vivisektion (das muss ich leider sagen) und Obduktion. Aber die nicht-experimentelle Psychologie beruht auf der Selbstprüfung des Studenten und auf den Aussagen psychologischer Erfahrungen, die ihm von Personen gemacht werden, denen er vertrauen zu können glaubt. Wenn der Psychologe jedoch, wie Mr. Galton sagt, „einfallslos im strengen, aber ungewöhnlichen Sinne dieses zweideutigen Wortes" ist, braucht er Mr. Galtons „Wort der Warnung". Er wird gebeten, „der allzu häufigen Tendenz zu widerstehen, anzunehmen, dass der Geist jedes anderen gesunden und gesunden Menschen wie sein eigener sein müsse." Der Psychologe sollte den Geist anderer erforschen, so wie er den Geist von Tieren verschiedener Rassen untersuchen sollte, und darauf vorbereitet sein, vieles zu finden, zu dem seine eigene Erfahrung kaum oder gar keinen Aufschluss geben kann."[5] Herr Galton musste die Einfallslosen warnen Ich war auf diese Weise ein Psychologe, weil er gerade dabei war, seine Entdeckung der Fähigkeit zu entfalten, die manchem Geist Zahlen als visualisiert präsentiert farbige Ziffern, „so lebendig, dass sie nur durch zufällige Umstände von der Realität zu unterscheiden sind".

Herr Galton stellte bei seinen Untersuchungen auch fest, dass gelegentliche Halluzinationen von Geisteskranken viel häufiger vorkommen, als er angenommen hatte oder als die Wissenschaft jemals berücksichtigt hatte. All dies war für Psychologen völlig neu, viele von ihnen (zumindest viele populäre Psychologen der Presse) scheinen mit den Umständen immer noch nicht vertraut zu sein. Einer von ihnen teilte mir ganz ernst mit, dass „ *er* nie eine Halluzination gehabt" habe, und dass man daraus, da *er* geistig gesund und geistig gesund sei, den Schluss ziehen könne, dass kein geistig gesunder Mensch jemals halluziniert habe. Herr Galton hat auf *dieses Argument* geantwortet ! Seine Antwort deckt logischerweise den gesamten Bereich psychologischer Fähigkeiten ab, der beispielsweise von Herrn Sully, der nicht gerade ein einfallsreicher Psychologe ist, wenig beachtet wird.

Es umfasst das gesamte Gebiet des Automatismus (wie beim automatischen Schreiben), vielleicht der Wünschelrute, sicherlich der Kristallvisionen und gelegentlicher Halluzinationen, wie Herr Galton in diesem letzten Fall ausdrücklich erklärt. Zumindest den Psychologen muss man nicht sagen, dass solche Fähigkeiten ebenso wenig wie andere menschliche Fähigkeiten immer für Studien und Experimente herangezogen werden können. Unsere Beweise für diese Fähigkeiten und Erfahrungen gehören also normalerweise zu der Klasse, auf die sich der Psychologe verlässt. Aber wenn der Psychologe in Anlehnung an Leibnitz, Sir William Hamilton und Kant das Unterbewusstsein diskutiert (zum Beispiel oft komplexes und reichlich vorhandenes Wissen, das unbewusst erworben wird), haben wir anhand von Beispielen gezeigt, dass der Psychologe sich zufrieden auf Beweisen verlassen kann, die keine Beweise sind alle. Er wird eine undatierte, nicht lokalisierte Legende von Coleridge schlucken, die Coleridge aufgrund von Gerüchten erreicht und die mindestens zwanzig Jahre nach den unbestätigten Ereignissen erzählt wird. Nein, der Psychologe wird niemals im Traum daran denken, zeitgenössische Beweise für eine solch monströse Aussage zu beschaffen, wie die, dass ein unwissendes deutsches Mädchen unbewusst riesige Mengen toter Sprachen erworben und anschließend unbewusst reproduziert hat, weil es einen ehemaligen Meister beiläufig aus dem Hebräischen rezitieren oder laut vorlesen hörte Griechische Bücher. Diese Legende akzeptieren Psychologen überhaupt nicht, weil sie eine Theorie illustriert, die zweifellos eine sehr gute Theorie ist, wenn auch in diesem Fall in einem Ausmaß, das „die Vorstellungskraft übersteigt".

Hier könnte der Psychologe antworten, dass ihn viel weniger Beweise für eine Tatsache zufriedenstellen werden, zu der er zumindest Analogien in anerkannter Erfahrung besitzt, als für eine Tatsache (z. B. telepathische Kristallbeobachtung), zu der er in Erfahrung nichts Analoges *weiß*. So hat er für die mythische deutsche Dienerin die Analogie zu Sprachen, die in der Kindheit gelernt wurden, oder auswendig gelernten Passagen, die während einer Krankheit oder kurz vor dem Tod vergessen und in die gewöhnliche bewusste Erinnerung oder die wahnsinnige Erinnerung zurückgebracht werden. Der Psychologe, der sich auf diese Analogien stützt, wird es wagen, einen Fall anzunehmen, bei dem die Sprache *nicht* erlernt, sondern im wahnsinnigen Gedächtnis reproduziert wurde, und zwar ohne jegliche Beweise. Aber da er keine Analogien für die telepathische Kristallbeobachtung besitzt, wird er es wahrscheinlich ablehnen, unsere zu untersuchen.

Ich möchte seine Aufmerksamkeit zunächst auf den Unterschied zwischen der wiederbelebten Erinnerung an eine einmal bekannte Sprache (Bretonisch und Walisisch in bekannten Beispielen) oder auswendig gelernter Sprache (wie Griechisch in einer Anekdote Goethes) und der verbalen Reproduktion einer unbekannten oder unbekannten *Sprache* lenken auswendig gelernt, aber belauscht – jede Passage wahrscheinlich nur einmal –, während jemand Fragmente rezitierte. In diesem Fall (dem der mythischen Magd) „besteht die Schwierigkeit ... darin, dass die ursprünglichen Eindrücke nicht die Stärke – das heißt die Deutlichkeit – der Reproduktion hatten." „Eine unbekannte Sprache, die man belauscht, ist nur ein Ton ..."[6]

Der hier gezogene Unterschied ist so groß und offensichtlich, dass wir zum Beweis des Falles des deutschen Mädchens bessere Beweise benötigen als Coleridges Gerücht über ein Gerücht , das sozusagen von Hamilton, Maudsley, Carpenter, Du Prel und den üblichen Handbüchern zitiert wird .

Nicht, dass ich *a priori* die Möglichkeit von Coleridges Geschichte leugne. Wie Herr Huxley sagt: „Genau genommen ist mir nichts bekannt, was den Titel „Unmöglichkeit" beanspruchen könnte, außer einem Widerspruch in sich."[7] Zum Entsetzen einiger seiner Bewunderer, Herr Huxley würde die Existenz von Dämonen und dämonischer Besessenheit nicht als „unmöglich" bezeichnen.[8] Herr Huxley war kein blinder Anhänger von

Hume. Auch ich bezeichne Coleridges Geschichte nicht als „unmöglich", aber im Gegensatz zu den Psychologen weigere ich mich, sie in „Bardolphs Sicherheit" zu akzeptieren. Und ich kontrastiere ihr Verhalten, indem sie Coleridges Legende schlucken, mit ihrer Weigerung (falls sie sich weigern), die Beweise für das automatische Schreiben nicht bewusst bekannter Sprachen zu akzeptieren (ab der französischen Poesie und Prosa von Herrn Schiller aus dem 11. Jahrhundert). oder ihre Weigerung (falls sie sich weigern), sich die Beweise für telepathische Kristallbeobachtungen oder andere übernatürliche Demonstrationen von Fähigkeiten anzusehen, die von lebenden und ehrenwerten Personen bezeugt werden.

Ich wünschte, ich hätte einen Ausweg für die orthodoxe, einfallslose Psychologie aus ihrem Dilemma gesehen.

Nachdem wir Anthropologen und Psychologen diese Überlegungen dargelegt hatten, die ich absichtlich wiederhole, untersuchten wir historisch die Beziehungen der Wissenschaft zum „Wunderbaren " und zeigten zum Beispiel, wie Hume, der seiner *apriorischen* Theorie des Unmöglichen folgte, es abgelehnt hätte, sie zu untersuchen, weil sie waren „Wunder", bestimmte Ereignisse, die für Charcot gewöhnliche Ereignisse in der medizinischen Erfahrung waren.

Als nächstes griffen wir die von Herrn Tylor dargelegte anthropologische Religionstheorie auf und kritisierten sie . Anschließend sammelten wir aus seinem Werk eine Reihe angeblicher übernatürlicher Phänomene im Glauben der Wilden, die alle die Grundlage der animistischen Religion bildeten. In mehreren Kapiteln haben wir das Studium dieser Phänomene fortgesetzt, indem wir wilde Beispiele ausgewählt und ihnen zivilisierte Zeugnisse von Erfahrungstatsachen gegenübergestellt haben . Unsere Schlussfolgerung war, dass solche zivilisierten Erfahrungen, wenn sie, wie allgemein behauptet, unter Wilden vorkommen, zur Entstehung beitragen und die Seelenlehre der Wilden, die Grundlage der Religion in der Theorie englischer Anthropologen, sehr stark unterstützen würden. Aber abgesehen von der brutalen Lehre von „Geistern" (ob sie existieren oder nicht), deuten die Beweise auf die Existenz menschlicher Fähigkeiten hin, die in den gegenwärtigen Systemen des Materialismus nicht berücksichtigt werden.

Als nächstes wandten wir uns vom Thema übernatürlicher Erfahrungen den anerkannten Tatsachen über die frühe Religion zu. Wenn man den Glauben an Seelen, Geister und Geister, wie auch immer erreicht, zulässt, wie sollte sich aus diesem Glauben die Idee eines Höchsten Wesens entwickeln? Wir haben gezeigt, dass die von Anthropologen vorgeschlagenen Prozesse, wenn man davon ausgeht, dass das Glaubensbekenntnis in den niedrigsten Rassen verbreitet ist, seine Entwicklung nicht erklären können. Die Fakten würden nicht in die anthropologische Theorie passen, sondern ihr widersprechen.

Die postulierten notwendigen sozialen Bedingungen wurden an den Orten, an denen der Glaube verbreitet ist, nicht gefunden. Ja, die notwendigen sozialen Bedingungen für die Entwicklung selbst der Ahnenverehrung wurden zugegebenermaßen dort nicht gefunden, wo das vermeintliche Endergebnis der Ahnenverehrung, der Glaube an ein höchstes Wesen, reichlich blühte.

Auch hier wurde der Glaube an ein höchstes Wesen, *ex hypothesi* das jüngste in der Evolution und daher das mächtigste, oft zurückgestellt und halb vergessen oder vernachlässigt oder lächerlich gemacht, während der Glaube an den Animismus (ex hypothesi *der frühere*) in voller Kraft war . Wir haben durch Fakten gezeigt, dass die Anthropologie ihre Aufgabe vereinfacht hat, indem sie dieses wesentliche Merkmal, *die vorherrschende Verbindung von Ethik und Religion* , im Glaubensbekenntnis der niedrigsten und am wenigsten entwickelten Rassen ignoriert hat. Glücklicherweise haben wir hier nicht nur die Beweise eines ernsthaften Animisten, Herrn Im Thurn, auf unserer Seite, sondern auch die eines angesehenen semitischen Gelehrten, des verstorbenen Herrn Robertson Smith. „Wir sehen, dass Religion selbst in ihren rohesten Formen eine moralische Kraft war; die Mächte, die der Mensch verehrt, standen auf der Seite der sozialen Ordnung und des moralischen Gesetzes; und die Angst vor den Göttern war ein Motiv, die Gesetze der Gesellschaft durchzusetzen, die auch die Gesetze der Moral waren."[9] Wellhausen wurde bereits in diesem Sinne zitiert.

Allerdings sind die Tatsachen, die beweisen, dass Wahrheit und Selbstlosigkeit, sicherlich ein großer Teil der christlichen Ethik, in der Religion der Wilden göttlich sanktioniert sind, aussagekräftiger als die gelehrteste Meinung auf dieser Seite.

Unser nächster Schritt bestand darin, mehrere Religionen der am weitesten entfernten und rückständigsten Rassen, der Rassen, die am wenigsten mit christlichen oder islamistischen Lehren kontaminiert waren, im Detail zu untersuchen. Unsere Beweise stützten sich, wenn möglich, auf alte und geheime Stammesgeheimnisse und heilige einheimische Hymnen. Wir fanden ein relativ höchstes Wesen, einen Schöpfer, der die Moral sanktionierte und sich nicht durch Opfer versöhnen ließ, unter Völkern, die Angst vor Geistern und Zauberern haben, aber nicht immer ihre Vorfahren verehren. Wir haben gezeigt, dass die anthropologische Theorie der Evolution Gottes aus Geistern in keiner Weise die Tatsachen in der wilden Vorstellung eines höchsten Wesens erklärt. Wir argumentierten dann, dass der Begriff „Geist", der aus dem Geisterglauben stammt, für die Vorstellung eines Höchsten Wesens in seiner frühesten Form logischerweise nicht notwendig war, der Vorstellung abträglich war und durch viele Beweise bestritten wurde, Teil davon zu sein der Konzeption. Das so betrachtete Höchste Wesen mag vor der ersten Vorstellung von Geistern und trennbaren Seelen existiert haben (obwohl dies historisch nicht nachgewiesen werden kann).

Anschließend verfolgten wir die Idee eines solchen Höchsten Wesens anhand der Glaubensbekenntnisse von Rassen, die auf der Skala der materiellen Kultur aufstiegen, und zeigten, dass er durch die Konkurrenz gefräßiger, aber brauchbarer Geister, Geistergötter und Schatten königlicher Vorfahren mit ihren beiseite geschoben wurde Magie und ihre blutigen Rituale. Diese Riten und die animistische Konzeption dahinter wurden in seltenen Fällen auf den Höchsten Ewigen zurückgespiegelt oder gebrochen. Aristokratische Institutionen förderten den Polytheismus, wobei das alte Höchste Wesen verdeckt oder abgelöst oder als Kaiser-Gott oder König-Gott inthronisiert wurde. Wir sahen, wie und in welchem Sinne die alte Degenerationstheorie definiert und verteidigt werden konnte. Wir beobachteten Spuren der Degeneration in bestimmten archaischen Aspekten des Glaubens an Jehova; und wir haben bewiesen, dass (angesichts eines einigermaßen reinen, niederen, wilden Glaubens an ein höchstes Wesen) dieser Glaube unter sozialen Bedingungen mit fortschreitender Zivilisation degenerieren *muss*. Als wir uns als Nächstes mit dem befassten, was wir die Wiederherstellung Jehovas unter den großen Propheten Israels nennen könnten, stellten wir fest, dass ihnen und Israel im Allgemeinen dieser unbezahlbare Aspekt des Animismus, die Sorge um das zukünftige Glück, die durch ihr Verhalten bedingt war, seltsam gleichgültig gegenüberstand der individuellen Seele. Dieser Aspekt war weder vom Volksinstinkt noch von der priesterlichen und philosophischen Reflexion Ägyptens, Griechenlands und Roms vernachlässigt worden. Das Christentum schließlich verband das Gute des Animismus, die Sorge um die individuelle Seele als unsterblichen Geist mit ewiger Verantwortung, mit dem einen gerechten Ewigen des prophetischen Israel und beendete so die lange, komplizierte und mysteriöse theologische Ausbildung der Menschheit. Dies ist unsere Theorie, der es unserer Meinung nach weder an Beweisen mangelt, noch, dass sie mit der Evolutionshypothese unvereinbar ist (wie die anthropologische Theorie offenbar unvereinbar ist).

All dies, darauf muss nachdrücklich hingewiesen werden, wird „unter allen Vorbehalten" verkündet. Während diese vier Stufen, sagen wir, (1) das ungesühnte moralische Wesen Australiens, (2) das vernachlässigte afrikanische Wesen, das immer noch einigermaßen moralisch ist, (3) das relativ höchste Wesen, das an Menschenopfer beteiligt ist, wie in Polynesien, und (4) das moralische Wesen Obwohl die philosophisch wie in Israel wieder eingeführten Theorien Schritte in der Evolution nahelegen, möchten wir kein festes System aufsteigender und absteigender Grade auf unsere gegenwärtigen Beweise stützen. Das eigentliche Ziel besteht darin, zu zeigen, dass Tatsachen in diesem Licht betrachtet werden können, ebenso wie in dem Licht, das die anthropologische Theorie in den Händen von Mr. Tylor, Mr. Spencer, M. Réville oder Mr. Jevons wirft Interessante Arbeit kommt unserer vorläufigen Hypothese am nächsten.

Wir bitten lediglich um Zurückhaltung des Urteils und um Zurückhaltung bei der Annahme der Dogmen moderner Handwerker. Eine Ausnahme von ihnen scheint sicherlich Mr. Clodd zu sein , wenn wir ihm mit Sicherheit eine Rezension (signiert mit C.) von Mr. Grant Allens „Evolution of the Idea of God" zuschreiben dürfen.

„Wir befürchten, dass alle unsere Spekulationen Zusammenfassungen von Wahrscheinlichkeiten bleiben werden." Es sind keine Dokumente vorhanden, die uns aufklären könnten; Wir haben nur bewegliche, komplexe und verworrene Ideen, verkörpert in exzentrischen, oft widersprüchlichen Theorien. Dass dieser Charakter an solchen Ideen festhält, sollte uns davor hüten, Theorien zu formulieren, deren Symmetrie manchmal ihre Verurteilung ist" („Daily Chronicle", 10. Dezember 1897).

Nichts erregt mein Misstrauen gegenüber meiner vorläufigen Hypothese mehr als ihre Symmetrie. Es scheint wirklich zu genau zu den Tatsachen zu passen, wie sie mir erscheinen. Ich würde jedoch vermuten, dass alte, wilde heilige Hymnen und Praktiken in den Mysterien in Wirklichkeit eher von der Natur von „Dokumenten" sind; Zumindest mehr als die beiläufigen Beobachtungen einiger Reisender oder der Klatsch von Einheimischen, die viel mit Europäern in Kontakt stehen.

Angenommen, die Argumente in diesem Aufsatz würden auf eine gewisse Akzeptanz stoßen, welche Auswirkungen hätten sie, wenn überhaupt, auf unsere Gedanken über Religion? Was ist ihre praktische Tendenz? Der am wenigsten zweifelhafte Effekt würde, so hoffe ich, darin bestehen, uns davon abzuhalten, die anthropologische Theorie der Religion oder irgendeine andere Theorie als ausgemachte Sache zu akzeptieren. Ich habe versucht zu zeigen, wie dürftig unser Wissen ist, wie schwach oft unsere Beweise sind , und dass wir, da wir unter den niedrigsten Wilden alle Elemente aller Religionen finden, die sich bereits in unterschiedlichem Maße entwickelt haben, historisch gesehen nicht sagen können, dass eine früher als die andere sei. Diesen Prioritätspunkt können wir historisch nie klären. Wenn wir Wilden mit Geistern und ohne Götter begegneten, könnten wir nicht sicher sein, dass sie einst einen Gott besaßen und ihn vergaßen. Wenn wir Wilden mit einem Gott und ohne Geister begegneten, könnten wir historisch gesehen nicht sicher sein, dass nicht ein höherer Glauben einen niedrigeren Glauben ausgelöscht hätte. Aus diesen Gründen erscheinen dogmatische Entscheidungen über den *Ursprung* der Religion einer Wissenschaft unwürdig. Sie werden jedem Studenten, der so weit geht und bezweifelt, dass die höchsten Götter der niedrigsten Rassen mithilfe der Geistertheorie entwickelt werden konnten oder nachgewiesen werden konnten, noch sinnloser erscheinen. Für den, der diesen Punkt erreicht, scheint die gesamte animistische Geisterlehre als einziger Keim der Religion gefährdet zu sein . Das wichtigste praktische Ergebnis wird also sein, dass man zögern wird, die neueste wissenschaftliche Meinung zu akzeptieren, selbst wenn sie von großen Namen unterstützt und in kleinen Fibeln veröffentlicht wird.

Nach der hier der Kritik vorgelegten Hypothese gibt es zwei Hauptquellen der Religion: (1) den Glauben an einen mächtigen, moralischen, ewigen, allwissenden Vater und Richter der Menschen, (1) den Glauben an einen mächtigen, moralischen, ewigen, allwissenden Vater und Richter; (2) der (wahrscheinlich aus normalen und übernatürlichen Erfahrungen entstandene) Glaube an etwas vom Menschen, das das Grab überleben könnte. Dieser zweite Glaube wird logischerweise nicht als gegebenes Material für den ersten in seiner scheinbar frühesten Form benötigt. Nach allem, was wir wissen, handelt es sich chronologisch gesehen um den späteren der beiden Glaubenssätze. Aber auch dieser Glaube war für die Religion notwendig; Erstens, um endlich eine Formel zu liefern, mit der sich fortschreitende Intellektuelle das Mächtige Wesen vorstellen können, das im früheren Glaubensbekenntnis enthalten ist; als nächstes, um die Vorstellung des Menschen von seiner eigenen Natur zu verbessern. Durch den zweiten Glauben wird er zum Kind des Gottes, dem er vielleicht schon vertraut hat und in dem er sein Wesen hat, ein Wesen, das nicht dazu bestimmt ist, mit dem Tod des Körpers zugrunde zu gehen. Der Mensch ist somit nicht nur das Kind, sondern auch der Erbe Gottes, ein „ Säugling der Unsterblichkeit", der in das ewige Leben eintreten kann. Auf den moralischen Einfluss dieses Glaubens ist es überflüssig, näher darauf einzugehen.

Von den rückständigsten Rassen, die wir in der Geschichte kennen, bis hin zu denen unseres eigenen Status sind alle mehr oder weniger von den Wassern dieser doppelten Strömung der Religion überschwemmt worden. Soweit wir wissen, waren die Hebräer hauptsächlich vom ersten Glauben, dem Glauben an das Ewige, beeinflusst und hatten vergleichsweise geringes Interesse daran, welche posthumen Schicksale die einzelnen Seelen erwarten könnten. Andere zivilisierte Völker, sagen die Griechen, erweiterten die zweite oder animistische Theorie auf Formen schöner Fantasie, das Material der Kunst. Doch sowohl in Griechenland als auch in Rom, wie wir aus der „Republik" (Bücher I . III.) von Platon und aus dem gesamten Umfang des Gedichts von Lucretius und aus der bemalten Veranda in Delphi lernen, die den Fresken von entspricht In Pisan Campo Santo herrschte unter dem Volk etwas, was den Hebräern unbekannt war: eine extreme Angst vor dem posthumen Schicksal und einer möglichen Bestrafung der einzelnen Seele. Eine Art Begnadiger und Ablassverkäufer lebten in Griechenland von dieser Sorge. Für die griechischen Begnadiger, die ein Interesse am zukünftigen

Glück der Seele bezeugen, das in Israel nicht zu finden ist, sei Herr Jevons zitiert:

„Die *Agyrtes* behaupteten, durch seine Rituale die Menschen von den Sünden zu reinigen, die sie selbst begangen hatten … und so denjenigen, die er reinigte, eine Befreiung von dem bösen Los in der nächsten Welt zu sichern, das diejenigen erwartete, die nicht eingeweiht waren." „Ein Zauberspiegel" (Kristallblick) „gehörte zu seinen Besitztümern."[11]

In Ägypten reichte ein moralisches Leben nicht aus, um unsterblichen Lohn zu sichern. Erforderlich waren auch Kenntnisse über die Zaubersprüche, die die Dämonen vertreiben, die in Amenti , wie auch im indianischen und polynesischen Hades, auf Seelen lauern. Dieses Wissen war in Kopien des Totenbuchs enthalten – dem *Gagne -Schmerz* der Priester und Schriftgelehrten.

Das frühe Israel hatte, soweit wir wissen, ein einzigartiges Desinteresse an der Zukunft der Seele und wurde geboren, um sich ungestört der Entwicklung der theistischen Konzeption und des Glaubens an einen gerechten Ewigen hinzugeben.

Überall – insbesondere in Griechenland – vertrat der Polytheismus die animistische Vorstellung mit ihren verrückten, vergänglichen Gottheiten. Die griechische Philosophie konnte den Ewigen, für den die Propheten in Israel kämpften, kaum wiederherstellen; den einige der niedrigsten Wilden kennen und fürchten; den die animistische Theorie oder der animistische Kult überall mit seiner Menge hungriger, grausamer, interessierter, von Lebensmitteln besänftigter Geistergötter verdeckt. In der Religion unseres Herrn und der Apostel wurden die beiden Strömungen des Glaubens an einen gerechten Gott und der Sorge um die individuelle Seele gereinigt und vereint. „Gott ist ein Geist, und die ihn anbeten, müssen ihn im Geist und in der Wahrheit anbeten." Auch der Mensch ist ein Geist und als solcher in den Händen eines Gottes und lässt sich nicht durch menschliche Opfer oder Mönchsrituale besänftigen. Wir wissen, wie diese Lehre tatsächlich durch den Animismus und durch die Opfer und Rituale der mittelalterlichen Kirche erneut gestört wurde. Die erhabene und barmherzige Mutter der Christenheit war zu bestrebt, „allen alles zu sein", und nahm den früheren Animismus in neuen Formen der Heiligenanbetung, Pilgerfahrt und Volkszeremonie wieder auf – Dinge, die von der Gerechtigkeit getrennt sind, aber gemeinhin als Ersatz dafür angesehen werden des Lebens und der Selbstlosigkeit, die in grausamen Geheimnissen verankert ist. Für die Weichheit, nicht weniger als für die Härte der Herzen der Menschen wurden diese Dinge verordnet: zum Beispiel Messen für die geliebten Toten.

Das moderne Denken hat das, was in der Religion vom Anthropomorphismus übrig geblieben war, entanthropomorphisiert und uns am Ende höchstens Gott überlassen, „einem Strom von Tendenzen, die zur

Gerechtigkeit führen", oder einer unbekannten und unerkennbaren Energie – dem Geist eines Geistes. Denn die Seele bleibt uns aufgrund ihres Glaubens, an den sich der Mensch in seiner eigenen Wertschätzung und mehr oder weniger in seiner ethischen Stellung erhob, eine Verneinung oder einen wehmütigen Zweifel.

Zu diesem Teil der modernen wissenschaftlichen Lehre deutet die frühere Position dieses Aufsatzes auf eine Ablehnung hin. Mit Hilfe der Tradition und des Glaubens an übernatürliche Phänomene bei den niederen Rassen und durch bezeugte Phänomene der gleichen Art von Erfahrung bei den höheren Rassen habe ich den Versuch gewagt, zu behaupten, dass „wir nicht nur Gehirn sind"; Dieser Mensch hat seinen Teil, wir wissen nicht wie, woran wir nicht wissen, Fähigkeiten und Visionen, die kaum durch die Grenzen seines normalen Wirkungsbereichs bedingt sind. Bei den Beweisen für all dies handelt es sich um oft triviale Dinge, wie etwa die elektrischen Funken, die aus der Haut des Hirsches gerieben werden, die jedoch mit einer unbegrenzten, wesentlichen Kraft des Universums verknüpft sind. Da ich nicht in der Lage bin, diese Tatsachen wegzuerklären oder an dieser Stelle eine notwendigerweise verfrühte Theorie darüber anzubieten, betrachte ich sie, obwohl sie schattenhaft erscheinen, als Gründe der Hoffnung oder zumindest als Zeichen dafür, dass die Menschen brauche noch nicht zu verzweifeln. Nicht zum ersten Mal wurden die schwachen Dinge der Erde ausgewählt, um die starken Dinge zu verderben. Männer dieser Meinung waren auch nicht immer die Schwächsten; Nicht zu den Schwächsten gehören Sokrates, Pascal, Napoleon, Cromwell, Charles Gordon, St. Theresa und Jeanne d'Arc .

Ich bin mir vollkommen darüber im Klaren, dass der „Aberglaube" des früheren Teils dieses Aufsatzes jeglichen Effekt beeinträchtigen muss, den das Argument des letzten Teils möglicherweise auf die kritische Meinung haben könnte. Doch dieses Argument hängt in keiner Weise davon ab, was wir über die Phänomene denken – seien es normale, übernatürliche oder illusorische –, auf denen die Theorie von Geist, Seele oder Geist basieren könnte. Es zeigt, dass Religion wahrscheinlich in einer Art Theismus beginnt, der dann bis zu einem gewissen Grad durch den Animismus in all seinen Spielarten ersetzt oder sogar korrumpiert wird. Schließlich erhält der ausschließliche Theismus Israels seine Ergänzung in einem gereinigten Animismus und tritt als Christentum hervor.

Ganz abgesehen von jeder positiven Schlussfolgerung, die manche aus den Phänomenen ziehen könnten, und ganz abgesehen von der allgemeineren Meinung, dass alle modernen Fälle voll von Betrug, Fehlbeobachtung, mythopäischem Gedächtnis und abergläubischer Voreingenommenheit sind, ist der systematische Vergleich von zivilisierten und wilden Überzeugungen und angeblichen Erfahrungen dieser Art kann die Anthropologie klugerweise nicht vernachlässigen. *Humani nihil a se alienum putat* .

[Fußnote 1: *Prim. Kult* . ii. 352.]

[Fußnote 2: Gekürzt aus *Prim. Kult* . ii. 119.]

[Fußnote 3: *Histoire des Religions* , ii. 237, Anmerkung. Es ist zu bemerken, dass M. Révilles System sich von meinem dadurch unterscheidet, dass er die ersten Aufsätze der Religion in der Verehrung von Aspekten der Natur (*Naturismus*) und im „Animismus im eigentlichen Sinne" findet, unter dem er das Instinktive versteht, vielleicht nicht explizit formuliert, das Gefühl haben, dass alle Dinge, was auch immer, belebt und persönlich sind. Ich habe nicht bemerkt, dass dieser Aspekt des Glaubens bei den rückständigsten Rassen so weit verbreitet ist, und ich versuche nicht, hinter das zu blicken, was wir historisch über die frühe Religion wissen. Ich stimme soweit mit M. Réville darin überein, dass der Glaube an Geister und Geister (Mr. Tylors „Animismus") nicht unbedingt in der ursprünglichen unbestimmten Vorstellung des Höchsten Wesens oder allgemein in „Ursprünglichen Göttern" postuliert ist. Aber M. Réville sagt: „ L'objet de la religion humaine ." Europäische Sommerzeit nécessairement un esprit' (*Prolégoménes* , 107). Dies scheint nicht mit seiner eigenen Theorie vereinbar zu sein.]

[Fußnote 4: Vergleichen Sie Mr. Frazers *Golden Bough* mit Mr. Grant Allens *Evolution of the Idea of God* .]

[Fußnote 5: *JAI* . X. 85.]

[Fußnote 6: Massey. Hinweis an Du Prel . *Philosophie der Mystik* , II 10.]

[Fußnote 7: *Wissenschaft und christliche Tradition* , S. 197]

[Fußnote 8: Op. cit. P. 195.]

[Fußnote 9: *Religion der Semiten* , S. 53.]

[Fußnote 10: Die Hypothese des heiligen Paulus scheint nicht die unbefriedigendste zu sein, Röm. ich . 19.]

[Fußnote 11: *Einleitung* . *zu Hist. von Rel* . P. 333; Aristoph . *Frösche* , 159.]

ANHÄNGE

ANHANG A

GEGENSTÄNDE DER WISSENSCHAFT

Die ausführlichste Antwort auf die Argumente für Telepathie, basierend auf dem
Report of the Census of Hallucinations, ist die von Herrn Parish in seinen „Hallucinations and Illusions".[1]

Herr Parish ist derzeit gegen die Theorie, dass die Volkszählung eine telepathische Ursache in den sogenannten „zufälligen" Geschichten festlegt, die, wie er sagt, „mit gebührender Zurückhaltung und auf der Grundlage einer erstaunlichen Menge an Materialien" vorgebracht werden , teilweise kritisch behandelt.'

Er bezweifelt zunächst, dass für das Zusammentreffen von Halluzination und Tod ein Zeitrahmen von zwölf Stunden vorgesehen sei; Aber wenn wir bedenken , dass zwölf Stunden selbst in einem Jahr wenig sind, Zufälle innerhalb von zwölf Stunden, kann man das, ohne zu denken, zugeben , *auch wenn* wir die Theorie ablehnen, dass es, vorausgesetzt, es gibt eine echte telepathische Wirkung, Zeit und Ruhe dafür brauchen könnte es entwickelte sich zu einer völligen Halluzination. Wir müssen uns nicht mit den sehr seltsamen Fällen aus München befassen, da diese nicht in den ausgewählten dreißig Fällen des Berichts enthalten sind. Herr Parish verweilt dann bei dieser *Halluzination der Erinnerung* , in der wir das Gefühl haben, als ob alles, was vor sich geht, schon einmal passiert wäre. Den meisten von uns mag es eingefallen sein, dass wir uns tagsüber durch eine Gedankenassoziation an einen Traum der vergangenen Nacht erinnert fühlten, den wir vergessen hatten. Als ich zum Beispiel von einer Brücke aus auf einen Bach blickte und darüber nachdachte, wie ich ihn angeln würde, fiel mir ein, dass ich in der Nacht zuvor davon geträumt hatte, auf einer Wiese eine Fliege zum Üben auszuwerfen. Niemand würde auf die Idee kommen, die Tatsache zu bestreiten, dass ich wirklich einen solchen Traum hatte, ihn vergaß und mich an ihn erinnerte, als ich ihn durch Gedankenassoziationen daran erinnerte. Aber wenn der vergessene Traum „erfüllt" worden wäre und erst im Moment der Erfüllung ins Gedächtnis zurückgerufen worden wäre, würde die Wissenschaft leugnen, dass ich jemals einen solchen Traum gehabt habe. Der angebliche Traum würde als „Halluzination der Erinnerung" beschrieben werden . Wenn etwas passierte, so würde man sagen, hatte ich das nicht sehr ungewöhnliche Gefühl: „Das ist mir schon einmal passiert", und das Gefühl wurde zu einer falschen Erinnerung, dass es passiert *war* – in einem Traum. Ich denke, diese Theorie wird nicht dann vertreten, wenn ein gewöhnlicher Traum durch eine Wacherfahrung in Erinnerung gerufen wird, sondern nur, wenn der Traum mit dieser Erfahrung zusammenfällt und ihr vorausgeht, was etwas ist, wozu Träume nichts zu suchen haben. Solche zufälligen Träume sind wissenschaftlich gesehen notwendigerweise „falsche Erinnerungen". Welchen Einfluss hat nun diese Theorie der falschen Erinnerung auf zufällige Halluzinationen?

Es scheint, dass Geisteskranke dazu neigen, die falsche Erinnerung zu haben: „Das geschah schon einmal" und *dann* zu sagen, dass ihnen das Ereignis in einer Vision offenbart wurde.[2] Dem Geisteskranken kann empfohlen werden, die Vision *vor dem Ereignis* zu notieren und ordnungsgemäß beglaubigen zu lassen . Die gleiche Bemerkung gilt für die „Vorahnungen" des Gesunden. Aber es trifft *nicht* zu, wenn Jones mir sagt: „Ich habe meine Großtante letzte Nacht gesehen", und wenn *nach* dieser Bemerkung die Nachricht kommt, dass Jones' Tante in dieser Nacht in Timbuctoo gestorben ist. Dennoch scheint Herr Parish (S. 282) der Meinung zu sein, dass das Argument der falschen Erinnerung teilweise zutrifft, selbst wenn einer anderen Person von einer Halluzination berichtet wurde, *bevor* sie in Erfüllung ging. Natürlich hängt alles von der Wahrhaftigkeit des Erzählers und der Person ab, der er seine Geschichte erzählt hat. Um einen gegebenen Fall zu nehmen:[3] Brown, sagen wir, reist mit seiner Frau und träumt, dass ein tollwütiger Hund seinen Jungen zu Hause in den Ellbogen gebissen hat. Er erzählt es seiner Frau. Zu Hause angekommen stellt Brown fest, dass es so war. Herr Parish scheint so zu argumentieren:

Brown hat überhaupt nichts geträumt, aber er ist aufgeregt, als er zu Hause die schlechte Nachricht hört; Er glaubt aufgrund einer falschen Erinnerung, dass er sich daran erinnert, und sagt zu seiner Frau: „Meine Liebe, habe ich dir letzte Nacht nicht gesagt, dass ich das alles geträumt habe?" und seine ebenso aufgeregte Frau antwortet: „Stimmt, mein Brown, das hast du, und ich sagte, es sei nur einer deiner Träume." Und beide glauben nun, dass der Traum wahr geworden ist. Das ist sehr plausibel, nicht wahr? Nur die Wissenschaft würde nichts darüber sagen, wenn der Traum *nicht* in Erfüllung gegangen wäre – wenn Brown gesagt hätte: „Egad, meine Liebe, der Anblick dieses Pferdes erinnert mich daran, dass ich letzte Nacht davon geträumt habe, in einem Hundekarren zu fahren." Denn dann war Brown nicht aufgeregt.

Keine dieser exquisiten Überlegungen zu Träumen lässt sich auf Wachhalluzinationen anwenden, über die vor dem angeblichen Zufall berichtet wurde, es sei denn, wir akzeptieren eine kollektive Halluzination der Erinnerung bei einem oder mehreren Sehern und auch bei den Personen, denen ihre Geschichte erzählt wurde.

jedoch auf der Hand, dass Erinnerungen dazu neigen, mythopoetisch zu werden, indem sie die Nähe des Zufalls übertreiben und romantische Details hinzufügen. Wir brauchen Herrn Parish nicht, um uns *das zu sagen* ; Wir begegnen dem Umstand in allen Erzählungen aus dem Gedächtnis, unabhängig vom Thema, sogar in Herrn Parishs eigenen Schriften.

Wir müssen zugeben, dass das Publikum in Geistergeschichten, wie in allen Erzählungen zu allen Themen, zu „phantasievollen Ergänzungen" neigt. Daher sollten wir, wie Herr Parish zu Recht anmerkt, „ allen Berichten über wahre Halluzinationen eine sehr skeptische Haltung bewahren" . „Nicht, dass wir sie als Ammenfabeln abtun sollten – eine allzu verbreitete Methode – oder auch nur an der Treu und Glauben des Erzählers zweifeln sollten." Wir sollten sie wie Geschichten über große Fische behandeln, die entkommen; Manchmal gibt es gute Beweise dafür, dass es sich wirklich um große Fische handelte, manchmal nicht. Wir werden auf diese falschen Erinnerungen zurückkommen.

Gab es bei den in der Volkszählung abgedruckten Fällen der Gesellschaft überhaupt einen Zufall? Herr Parish hält drei der ausgewählten 26 Fälle für sehr zweifelhaft. In einem Fall ist ein Spielraum von vier Tagen *möglich* , ein anderer (übrigens falsch nummerierter) kommt unter den sechsundzwanzig überhaupt nicht vor. Im dritten Fall liegt Herr Parish mit seiner Aussage falsch.[4] Dies ist ein schönes Beispiel für die Nachlässigkeit des Skeptikers und zeigt zusammen mit der falschen Aussage im zweiten Fall, dass die Ungenauigkeit nicht nur auf der Seite der Seher liegt. Der Fall ist jedoch nicht sehr gut, da die beiden Beobachter glauben, dass das Datum des Ereignisses weniger weit entfernt liegt, als es tatsächlich ist. Leider kritisiert Herr Parish nur diese drei Fälle, wie treffend wir es bemerkt haben. Für mehr hatte er keinen Platz.

Als nächstes rügt Herr Parish die wahrscheinliche Auswahl guter Fälle durch Sammler, zu der die Herausgeber des Census bereits Beobachtungen gemacht haben, da sie auch diese Fehlerursache weitgehend berücksichtigt haben. Dann gibt er die erstaunliche Aussage ab, dass „nach Ansicht der englischen Autoren, eine Ansicht, die natürlich in allen Berechnungen dieser Art vorausgesetzt wird, eine Halluzination ebenso lange im Gedächtnis verbleibt und als Antwort auf a ebenso leicht abgerufen wird." Frage, ob das Erlebnis beim Wahrnehmenden nur einen geringen Eindruck machte oder ihn tief berührte, wie es beispielsweise der Fall wäre, wenn sich herausstellte, dass die Halluzination mit dem Tod eines nahen Verwandten oder Freundes zusammenfiel.'[5] Diese Behauptung von Herrn Parish ist so falsch, dass der Bericht ausdrücklich sagt: „Wenn die Jahre in die Ferne rücken, ist das Verhältnis der Halluzinationen, an die man sich erinnert, zu denen, die vergessen oder zumindest ignoriert werden, „sehr groß". Nochmals: „An Halluzinationen der beeindruckendsten Klasse wird man sich nicht nur besser erinnern als an andere, sondern sie werden, wie wir vernünftigerweise annehmen können, von den Wahrnehmenden auch häufiger ihren Freunden gegenüber erwähnt."[6]

Herr Parish behauptet jedoch, dass bei allen Berechnungen davon ausgegangen wird, dass Halluzinationen gleichermaßen leicht erinnert werden, ob beeindruckend oder nicht! Noch einmal heißt es im Bericht (S. 246): „ *Es ist nicht so* ", dass zufällige (und beeindruckende) Halluzinationen ebenso leicht in Vergessenheit geraten wie nicht zufällige und nicht beeindruckende. Die Herausgeber multiplizieren daher die nicht zufälligen Fälle mit vier und argumentieren, dass keine zufälligen Fälle (Treffer) vergessen werden, während drei von vier nicht zufälligen Fällen (Fehltreffer) vergessen werden oder vermutlich wahrscheinlich vergessen werden. Unmittelbar nach der Erklärung, dass die englischen Autoren davon ausgehen, dass alle Halluzinationen gleichermaßen gut erinnert werden (was genau das Gegenteil von dem ist, was sie sagen), gibt Herr Parish zu, dass die Autoren die Fehlschläge mit dem Vierfachen multiplizieren, „unter dem Einfluss anderer Überlegungen" (S. 289).). Aus welchen anderen Gründen? Sie geben ihren Grund an (denn genau den Grund, den sie nicht in Betracht ziehen wollen, sagt Herr Parish), nämlich, dass Fehlschüsse viermal häufiger vergessen werden als Treffer. „Auf die Gründe für die Annahme dieses Plans näher einzugehen, würde zu weit führen", schreibt er. Ja, es ist genau der Grund, der, wie er sagt, bei den englischen Autoren *keinen* Anklang findet !

Wie merkwürdigerweise ist diese wissenschaftliche Kritik weit davon entfernt, mit einfachen Tatsachen „zufällig" oder überhaupt „wahrhaftig" zu sein! Herr Parish sagt, dass eine „Ansicht" (die es nicht gibt) „selbstverständlich bei allen Berechnungen vorausgesetzt wird"; und auf derselben Seite sagt er, dass dies *nicht* angenommen wird! „Die Zeugen des Berichts haben — freilich unter dem Einfluss anderer Überlegungen" (was nicht der Fall ist) „versucht, den Sinn dieses Einwands umzukehren, indem sie die Gesamtzahl der (nicht zufälligen) Fälle mit vier multipliziert haben." ' Dann wird die „Ansicht" *nicht* „in allen Berechnungen vorausgesetzt", wie Herr Parish gerade behauptet hat.

Was führte Herrn Parish, einen ehrenwerten und klaren Kritiker, in dieses Labyrinth falscher und widersprüchlicher Behauptungen? Es ist interessant zu versuchen, den Ursachen solcher *nicht-wahrheitsgemäßen Illusionen auf die Spur zu kommen und die Points de repère* dieser literarischen Halluzinationen zu finden . Man könnte vermuten, dass Herr Parish, als er „die Kapitel neu formulierte" seiner deutschen Ausgabe, wie er in seinem Vorwort zur englischen Version sagt, versehentlich eine Passage weggelassen hat, die auf einem früheren Aufsatz von Mr. Gurney basiert[7], ohne dies zu beachten es war nicht mehr korrekt oder angemessen.

Nach dieser seltsamen Passage argumentiert Herr Parish, dass eine „wahre" Halluzination von den englischen Autoren als „zufällig" angesehen wird, selbst wenn äußere Umstände genau diese Halluzination zu einem wahrscheinlichen Ereignis gemacht haben, indem sie „Spannung der entsprechenden Nervenelementgruppen" hervorgerufen haben. Das heißt, eine Person befindet sich in einem Zustand – einem nervösen Zustand –, der *a priori wahrscheinlich* eine Halluzination hervorruft . *Es* entsteht ganz natürlich eine Halluzination ; und wenn es also zufällig mit einem Ereignis zusammenfällt, sollte der Zufall nicht zählen – es ist reiner Zufall.[8]

Hier ist ein Beispiel. Eine Dame, die vor einem alten Sideboard stand, sah einen Freund, der keinen Mantel trug und eine Weste mit einem Rücken aus glänzendem Stoff trug. Innerhalb einer Stunde wurde sie dorthin gebracht, wo ihre Freundin im Sterben lag, ohne Mantel und in einer Weste mit glänzendem Rücken.[9] Hier ist die wissenschaftliche Erklärung von Herrn Parish: „Der Schimmer einer reflektierenden Oberfläche [der Anrichte?] bildete den Anlass für das halluzinatorische Auftauchen einer unbewusst wahrgenommenen glänzenden schwarzen Weste [Zitat natürlich falsch] *und* einer Person, die unbewusst damit in Verbindung gebracht wurde." Eindruck.[10] Ich frage jede Dame, ob sie die Männer, die sie kennt, bewusst oder unbewusst mit der Rückseite ihrer Westen in Verbindung bringt. Die Erklärung von Herrn Parish wäre eine glänzend zufriedenstellende Erklärung, wenn sie nur den gedruckten Worten treu bliebe, die ihm beim Schreiben vor Augen lagen. Es handelte sich in dem Koffer nicht um eine „glänzende schwarze Weste", sondern um eine Weste mit *glänzender Rückseite* . Herren und insbesondere alte Herren, die in Badesesseln herumlaufen (wie der Mann in dieser Geschichte), ziehen in England neunzehnjährigen Damen normalerweise nicht ihre Mäntel aus und zeigen die Rückseite ihrer Weste. Und wenn Herr Parish sich die Mühe gemacht hätte, seinen Fall zu lesen, hätte er darin ausdrücklich festgestellt, dass die Dame „den Mann nie ohne seinen Mantel gesehen hatte" (und ihn daher nicht mit dem Eindruck einer glänzenden Rückseite seiner Weste in Verbindung bringen konnte). bis *nach* der Halluzination, als sie ihn nackt auf seinem Sterbebett sah. In diesem Fall hatte Herr Parish eine völlig falsche halluzinatorische Erinnerung an die Seite unter seinen Augen. Der Fall wird dann mit Hilfe der „phantasievollen Nachträge", gegen die Herr Parish zu Recht Einwände erhebt, aus dem Weg geräumt. Er gibt zunächst den Sachverhalt falsch an und erklärt dann einen Vorfall, der, wie er berichtete, nicht eingetreten ist und auch nicht behauptet wurde.

Ich gestehe, wenn die Version von Herrn Parish sowohl richtig als auch im Wesentlichen ungenau wäre, würde seine Erklärung mich zweifeln lassen. Denn die Umstände waren so, dass der alte Herr aus der Geschichte täglich mit der Mutter der jungen Dame zu Mittag aß. Angenommen, sie kannte die glänzende Rückseite seiner Weste (was nicht der Fall war), dann sah sie ihn trotzdem täglich, und auch täglich war ihr die (hypothetisch) glänzende Oberfläche der Anrichte im Weg. In diesem Fall verfügte sie jeden Tag über die subjektiven und objektiven Materialien der Halluzination. Doch es kam nur *einmal vor*, und dann fiel es genau mit dem Todeskampf des alten Herrn und seinem mantellosen Zustand zusammen. Warum nur das einmal? *C'est Là le Wunder!* „Wie viel kostet dieser kleine Veskit ?" wie der Mann David Copperfield fragte.

Als nächstes erfindet Herr Parish einen Grund für eine Halluzination, mit der ich meiner Meinung nach nicht hätte rechnen dürfen, weil der Wahrnehmende mit dem Kranken zusammengesessen hatte. Dies würde er als „verdächtigen" Fall einstufen. Aber selbst wenn man ihm seine eigene Art und Weise zugestehen würde, mit der Statistik umzugehen, hätte er immer noch einen viel zu großen Anteil an Zufällen, als dass die Gesetze des Zufalls dies zulassen würden, wenn wir uns überhaupt auf diese Statistiken verlassen würden.

Sein nächstes Argument ist praktisch, dass Halluzinationen immer nur eine Art Träume sind.[11] Er beweist dies durch die große Zahl zufälliger Halluzinationen, die im Schlaf auftraten. Ein Mann ging früh zu Bett und wachte früh auf; ein anderer wurde „aus dem Schlaf geweckt"; zwei Damen saßen im Bett und gaben ihren Babys Nahrung; ein Mann las auf einem Sofa eine Zeitung; eine Dame lag um sieben Uhr morgens wach; und es gibt acht weitere englische Fälle, in denen Menschen während einer Halluzination im Bett „wach" waren. Nach Ansicht von Dr. Parish müssen wir nun argumentieren, dass sie *nicht* wach waren, oder nicht viel; also waren die Halluzinationen bloße Träume. Träume sind so zahlreich, dass Zufälle in Träumen als reiner Zufall beseitigt werden können. Die Leute mögen sicherlich sagen: „Ich bin an Träume gewöhnt und betrachte sie nicht; *Das* war meiner Erfahrung nach etwas Einsames.' Aber es darf uns nichts ausmachen, was die Leute sagen.

Dennoch fürchte ich, dass wir uns darum kümmern müssen, was sie sagen. Zumindest müssen wir bedenken, dass Schlafträume ausgerechnet am leichtesten vergessen werden; während eine vollmundige Halluzination, wenn wir zumindest glauben, wach zu sein, uns auf einer völlig anderen Ebene der Eindrücklichkeit erscheint, und (*experto Crede*) ist wirklich sehr schwer zu vergessen. Daher kann es Herrn Parish nicht gestattet sein, das übliche Argument des 18. Jahrhunderts zu verwenden: „Alle Träume!" Denn die beiden Arten von Träumen, im Schlaf und im scheinbaren Wachzustand, scheinen für das Subjekt ihrer *Art nach unterschiedlich zu sein* . Und sie unterscheiden sich wirklich in ihrer Art. Es ist die Essenz des Nachttraums , dass wir uns unserer tatsächlichen Umgebung nicht bewusst sind und uns einer fantastischen Umgebung bewusst sind. Es ist die Essenz des

Wachwerdens , sich unserer tatsächlichen Umgebung bewusst zu sein. Im gewöhnlichen Traum konkurriert nichts Wirkliches mit seinen Visionen. Wenn wir uns unserer Umgebung bewusst sind, konkurriert alles Wirkliche mit jeder Halluzination. Daher unterscheidet sich eine Halluzination, die, wenn wir uns unserer materiellen Umgebung bewusst sind, tatsächlich mit ihr konkurriert, in ihrer *Art* von einem gewöhnlichen Traum. Die Wissenschaft gewinnt nichts, wenn sie willkürlich erklärt, dass zwei so radikal unterschiedliche Erfahrungen identisch seien. Jeder würde dies sehen, wenn er nicht unter einer vorherrschenden Idee argumentieren würde.

Herr Parish behauptet als nächstes, dass Menschen, die Bilder in Kristallkugeln usw. sehen, nicht so hellwach sind, dass sie sich im normalen Bewusstsein befinden. Es kommt zu einer „Dissoziation" (praktisch Schläfrigkeit), wenn auch nur in geringem Maße. Herr Moll spricht auch von Kristallbetrachtungsbildern als „hypnotischen Phänomenen".[12] Möglicherweise hat keiner dieser Gelehrten jemals jemanden gesehen, der sich an der Kristallbetrachtung versucht. Herr Parish macht niemals geltend, dass eine solche persönliche Erfahrung die Grundlage seiner Meinung über den nicht normalen Zustand des Betrachters sei. Zu diesem Schluss kommt er aus einer Anekdote, die ein Freund von Fräulein Sie schaute aus einem Fenster in einem braunen Arbeitszimmer. Dies ist ein edles Beispiel für Logik. Jemand sagt, dass *Fräulein* Daher, argumentiert Herr Parish, sei niemand bei seinem normalen Bewusstsein, wenn er in die Kristalle starre.

Vergebens kann sich „eine so gute Beobachterin *wie* Miss Sie wurde von einer Freundin mit „ *etwas Unheimlichem* " *in Verbindung gebracht* und sprach anschließend „ *in einem verträumten, fernen Ton* " (S. 297). Obwohl Fräulein Aber der Punkt ist, dass sie nicht freiwillig auf einen Kristall starrte, um sich zu amüsieren oder zu experimentieren – vielleicht um zu sehen, wie ein Mikroskop die Bilder beeinflusst – oder um einen Freund abzulenken.

Ich appelliere an die Schatten von Aristoteles und Bacon gegen die wissenschaftliche Logik in den Händen von Herrn Parish. Hier ist sein Syllogismus:

A. ist gelegentlich verträumt, wenn er *nicht* gerade den Kristall betrachtet.
A. ist ein Mensch. Daher schläft jeder Mensch, wenn er einen Kristall betrachtet, mehr oder weniger.

Er leitet aus einer einzelnen Bejahung eine allgemeine Bejahung ab, was zufälligerweise nicht auf den Punkt kommt. Es ist genau so, als ob Herr Parish argumentierte:

Frau B. verbringt Stunden beim Einkaufen.
Frau B. ist ein Mensch. Deshalb kommt jeder Mensch immer zu spät zum Abendessen.

Ich glaube , Fräulein

Doch Herr Parish würde wahrscheinlich zu jedem Kristallbeobachter sagen, der so argumentierte: „Oh nein; Verzeihung, du warst *nicht* ganz wach – du warst ein Traum. Ich weiß es besser als du.' Aber da er im Gegensatz zu mir Dutzende Male keine Kristallbeobachter gesehen hat, bevorzuge ich meine eigene Meinung. Und da diese Behauptung, der Wahrnehmende sei „dissoziiert", „schlafend" oder „nicht wach", sicherlich nicht auf alle Kristallbeobachter mit meiner beträchtlichen Erfahrung zutrifft, kann ich sie aufgrund der Autorität von Herrn Parish nicht akzeptieren, der keinen Anspruch darauf erhebt überhaupt keine persönliche Erfahrung.

Was das Betrachten von Kristallen betrifft, wenn der Betrachter redet, lacht, plaudert, Experimente macht, indem er den Ball dreht, das Licht verändert, Prismen und Lupen benutzt, Streichhölzer in den Wasserkrug wirft und so weiter, wie können wir das überhaupt? Sagen Sie, dass „es unmöglich ist, zwischen Halluzinationen im Wachzustand und denen im Schlaf zu unterscheiden" (S. 300)? Wenn ja, ist es unmöglich, überhaupt zwischen Schlafen und Wachen zu unterscheiden. Wir sind alle wie die Siebenschläfer! Herr Parish argumentiert hier *a priori* , ohne persönliche Kenntnis der Fakten; und vor allem steht er unter der „dominanten Idee" seiner eigenen Theorie – der der *Dissoziation* .

Als nächstes zerschmettert Herr Parish die Telepathie mit einem Argument, das – wie einer der Gründe, warum die Glocken für Königin Elizabeth nicht geläutet wurden, nämlich, dass es keine Glocken zum Läuten gab – möglicherweise zuerst und allein gekommen sein könnte. Uns wird gesagt (in Kursivschrift – sehr beeindruckend für die Allgemeinheit): „*Egal wie groß die Zahl der Zufälle ist, sie bieten nicht einmal den Schatten eines Beweises für Telepathie*" (S. 301). Was, selbst wenn alle Halluzinationen, oder neunundneunzig Prozent, mit dem Tod der gesehenen Person zusammenfielen? Um Himmels willen, warum nicht? Warum, weil die „gewichtigste" Ursache von allen in unseren Berechnungen weggelassen wurde, nämlich unser guter alter Freund, *die Assoziation von Ideen* (S. 302). Unsere Seite kann das *Fehlen* (Kursivschrift) der *Ideenassoziation nicht beweisen* . Sicherlich können wir das nicht; Aber den ganzen Tag über werden unzählige Ideen miteinander in Verbindung gebracht. Hunderttausend verschiedene, unbemerkte Assoziationen könnten mir Jones oder Brown in den Sinn bringen. Aber ich sehe weder Brown noch Jones, der nicht da ist. Noch weniger sehe ich Dr. Parish oder Nebukadnezar oder einen Affen oder einen Lachs oder einen Golfball oder Arthurs Sitz (die mir alle durch die Assoziation von Ideen in den Sinn kommen), wenn sie nicht vorhanden sind.

Nehmen wir also an, dass ich einmal in meinem Leben den abwesenden Jones sehe, der in dieser Stunde (oder innerhalb von zwölf Stunden) stirbt.

Ich bin verwirrt. Warum hat Association ausgerechnet diesen Tag in meinem Leben für ihren einsamen Freak ausgewählt? Und wenn diese assoziative Wahl von Freaks bei anderen Menschen vorkommt, sagen wir zweihundert Mal häufiger, als der Zufall zulässt, beginnt der Freak zu vermuten, dass es dafür möglicherweise einen Grund gibt.

Nicht einmal der von Herrn Parish angeführte Umstand, dass ein schläfriger Schneider, der „im Traum näht", der arme Kerl, einen Kunden in seinem Geschäft sah, während dieser im Sterben lag, löst das Problem. Der Schneider soll kein einziges Mal einen Kunden gesehen haben, der *nicht* im Sterben lag; Dennoch schreibt er: „Ich war es gewohnt, häufig die ganze Nacht zu arbeiten." Der Schneider glaubt, er habe geschlafen, weil er unregelmäßige Stiche gemacht hatte, und vielleicht war er es auch. Aber von all seinen Mahnwachen und all seinen Kunden löste die Assoziation nur *eine* Halluzination aus, und zwar die eines sterbenden Kunden, von dem er annahm, dass es ihm vollkommen gut ging. Warum um alles in der Welt sind Verbände so angetan von sterbenden Menschen – wenn man die Statistiken zulässt, die „eine andere Geschichte" sind? Die Erklärung erklärt nichts. Herr Parish schiebt die Schwierigkeit nur einen Schritt zurück, und da wir ohne die Assoziation von Ideen nicht leben können, werden sie von unserer Seite als selbstverständlich angesehen. Wie Mrs. Sidgwick bemerkt, führt die Assoziation von Ideen nicht zu Halluzinationen, auch wenn sie deren Inhalt bestimmen kann.

Das schwierige Thema der zufälligen kollektiven Halluzinationen, wenn zwei oder mehr Menschen gleichzeitig die gleiche falsche Vorstellung von einer Person haben oder vorgeben, die tatsächlich abwesend ist und stirbt, wird als nächstes von Herrn Parish erledigt. Die gleichen *Repère -Punkte* , derselbe Ton, das gleiche Lichtflackern oder die gleiche Schattenanordnung können bei zwei oder mehr Menschen gleichzeitig die gleiche oder eine ähnliche falsche Wahrnehmung hervorrufen. So blicken zwei Mädchen in verschiedenen Räumen auf verschiedene Teile des Flurs ihres Hauses. „Beide hörten gleichzeitig ein [objektives?] Geräusch" (S. 313). Dann, sagt Herr Parish, „ *sah die eine Schwester, wie ihr Vater den Flur durchquerte,* nachdem er eingetreten war; der andere sah, wie der Hund (der übliche Begleiter seiner Spaziergänge) an ihrer Tür vorbeilief.' Vater und Hund hatten das Esszimmer nicht verlassen. Herr Parish kommt zu dem Schluss, dass derselbe *point de repère* (das offensichtliche Geräusch eines Schlüssels im Schloss der Haustür) „auf beide Schwestern suggestiv gewirkt hat", jedoch aufgrund der Verschiedenheit der beiden Schwestern unterschiedliche Halluzinationen hervorgerufen hat verbundene Verbände.' Ein Mädchen brachte den Klang mit ihrem verehrten Vater in Verbindung, das andere mit seinem treuen Hund; So sah einer einen Hund und der andere einen älteren Herrn. Wenn ja, sollte dies zunächst *immer* geschehen, da wir alle unterschiedliche

Ideenassoziationen haben. Wir befinden uns also in einem Spukhaus; es ist das Geräusch eines klappernden Fensters zu hören; Ich verbinde es mit einem Einbrecher, Brown mit einem Milchmann, Miss Jones mit einer Dame in Grün, Miss Smith mit einem Ritter in Rüstung . Diese Sammlung von Phantasmen sollte dann gleichzeitig zu sehen sein, wie der Hund und der alte Herr; Alle unsere Berichte sollten variieren. Dies geschieht jedoch nicht. Zum größten Unglück für Herrn Parish illustriert er seine Theorie, indem er eine Geschichte erzählt, die zufällig nicht korrekt wiedergegeben wird. Zuerst dachte ich, dass ein Erinnerungsfehler oder eine optische Täuschung ihn erneut verraten hätte, wie in seiner Legende von der Weste . Aber ich neige jetzt dazu zu glauben, dass das, was wirklich geschah, Folgendes war: Herr Parish brachte sein Buch auf Deutsch heraus, bevor der Bericht über die Volkszählung der Halluzinationen veröffentlicht wurde. In seiner deutschen Ausgabe zitierte er wahrscheinlich eine Geschichte, die genau zu seiner Theorie über die Entstehung kollektiver Halluzinationen passte. Diese Anekdote hatte er in Prof. Sidgwicks Präsidentenrede vom Juli 1890 gefunden.[13] Wie Prof. Sidgwick feststellte, passte der Fall genau zu Herrn Parish, der sich auf S. 190, und noch einmal auf S. 314. Er gibt keinen Hinweis, aber seine Version liest sich wie eine traditionelle Variante der von Prof. Sidgwick. Nun war Prof. Sidgwicks Version falsch, wie die ausführliche Darstellung des Falles im Report of the Census beweist, der Herrn Parish vorlag, ihn aber bei der Erstellung seiner englischen Ausgabe vernachlässigte. Die Geschichte war leider falsch! genau in dem Punkt, wo es für Herrn Parishs Absicht hätte richtig sein sollen. Es wird angenommen, dass die Halluzination nicht kollektiv war, doch Herr Parish verwendet sie, um kollektive Halluzinationen zu erklären. Zweifellos hat er die genaue Version im Bericht übersehen.[14]

Die Tatsachen waren, wie dort berichtet wurde, nicht das, was er erzählte, sondern wie folgt:

Miss CE war im Januar 1883 gegen 18:30 Uhr im Frühstücksraum und vermutete, dass ihr Vater mit seinem Hund spazieren ging. Sie hörte Geräusche, die möglicherweise eine andere Ursache hatten, die sie aber für die Geräusche eines Schlüssels im Türschloss, eines Stocks, der auf die Fliesen im Flur klopfte, und für das Klappern der Pfoten des Hundes auf den Fliesen hielt. Dann sah sie, wie der Hund an der Tür vorbeikam. Als nächstes betrat Miss CE die Halle, wo sie niemanden vorfand; aber in der Speisekammer traf sie ihre Schwestern – Miss E., Miss HGE – und eine berufstätige Frau. Miss E. und die Arbeiterin waren im Flur gewesen und hatten dort das Geräusch gehört, das sie wie Miss CE für das eines Schlüssels im Schloss hielten. Sie verstießen im Flur gegen eine kleine Haushaltsregel, also rannten sie „direkt in die Speisekammer und trafen unterwegs Miss HGE". Miss CE und Miss E. sowie die Arbeiterin hörten alle das Geräusch, als würde ein Schlüssel im Schloss stecken, aber niemand soll „den Vater durch den Flur gehen sehen" (wie Herr Parish behauptet). „Miss HGE war der Meinung, dass Miss E. (inzwischen tot) *nichts gesehen hat* , und Miss CE war geneigt, ihr zuzustimmen." Miss E. und die (inzwischen verstorbene) Arbeiterin betonten „nachdrücklich, dass der Vater das Haus betreten hatte"; Dies *schlossen* die beiden jedoch nur aus dem Geräusch, woraufhin sie in die Speisekammer flohen. Wenn wir nun davon ausgehen, dass ein anderes Geräusch mit dem des Schlüssels im Schloss verwechselt wurde, haben wir es hier *nicht* (wie Herr Parish behauptet) mit einer *kollektiven* , aber dennoch diskrepanten Halluzination zu tun – die Diskrepanz wird „durch die Verschiedenheit verbundener Assoziationen" verursacht –, sondern mit einer *einsame* Halluzination. Herr Parish wandelt jedoch unbeabsichtigt eine einsame in eine kollektive Halluzination um und nutzt dann das Beispiel, um kollektive Halluzinationen im Allgemeinen zu erklären. Er behauptet, dass Miss E. „gesehen hat, wie ihr Vater den Flur überquert hat". Die Schwestern von Fräulein E. glauben, dass sie nichts dergleichen gesehen hat. Nehmen wir nun an, dass Herr E. zu diesem Zeitpunkt gestorben wäre und dass der Fall von unserer Seite als „kollektive zufällige Halluzination" behauptet wurde, wie gerechtfertigt könnte Herr Parish ausrufen, dass alle Beweise gegen eine kollektive Halluzination sprechen würden! Das Geräusch in der Schleuse, das von drei Personen gehört wurde, war wahrscheinlich ein weiteres Geräusch, das falsch interpretiert wurde. Und auf jeden Fall gibt es keinen Beweis dafür, dass es *zwei* Halluzinationen hervorgerufen hat; Die Beweise gehen genau in die entgegengesetzte Richtung.

Hier verdeutlicht Herr Parish, mit der gedruckten Geschichte vor Augen, einmal mehr mangelnde Aufmerksamkeit. In gewisser Weise verbessern seine Fehler seinen Fall. „Wenn ich, ein ernsthafter Mann der Wissenschaft, weiterhin verzerrte Legenden aus meinem eigenen Kopf erzähle, während die Fakten klar und deutlich vor mir liegen", argumentiert Herr Parish, „um wie viel mehr werden es wahrscheinlich die populären Geschichten über zufällige Halluzinationen sein." verzerrt sein?' Es ist wirklich ein sehr starkes Argument, aber nicht genau das Argument, das Herr Parish zu vertreten glaubt.[15]

Diese unglückliche Ungenauigkeit ist, wie wir gezeigt haben, in Herrn Parishs Werk chronisch und lässt sich wahrscheinlich durch Unaufmerksamkeit gegenüber Tatsachen, durch „Erwartung" geeigneter Tatsachen und durch „Angst" erklären, eine Theorie zu beweisen. Er erklärt die ähnlichen oder identischen Berichte von Zeugen einer kollektiven Halluzination mit „dem Fall, mit dem sich solche Erscheinungen in der Erinnerung anpassen" (S. 313), insbesondere natürlich nach Ablauf der Zeit. Und dann verdeutlicht er seinen Fall unbewusst durch den Fall, dass gedruckte Fakten vor seinen Augen sich völlig fälschlicherweise an seine eigene Erinnerung und persönliche Voreingenommenheit anpassen, wenn er sie auf sein Papier kopiert.

Abschließend argumentiert er, dass selbst wenn kollektive Halluzinationen auch „verhältnismäßig häufig" zufällig sind, dies folgendermaßen erklärt werden kann: „Die Seltenheit und der Grad des Interesses, der dadurch (durch eine solche Halluzination) erzwungen wird, wird natürlicherweise dazu neigen, sich mit ihnen zu verbinden." ein anderes bedeutendes Ereignis; und umgekehrt ist das Eintreten eines solchen Ereignisses wie der Tod oder die tödliche Gefahr eines Freundes am ehesten geeignet, Erinnerungsillusionen dieser Art hervorzurufen."

Im zweiten Fall ist es wahrscheinlich, dass die Aufregung, die der Tod eines Freundes hervorruft, zwei oder mehr vernünftige Menschen dazu veranlassen kann, zu sagen und zu glauben, sie hätten *ihn* woanders gesehen, als er tatsächlich im Sterben lag. Der einzige Beweis für diese Tatsache besteht darin, dass solche Illusionen in manchen Irrenanstalten gelegentlich, *nicht aber kollektiv*, vorkommen . „Es handelt sich jedoch nicht um eine Form von Gedächtnisfehler, der häufig bei Geisteskranken beobachtet wird." „Kraepelin nennt zwei Fälle." „Der Prozess tritt sporadisch bei bestimmten gesunden Menschen unter bestimmten aufregenden Bedingungen auf." Es werden keine Beispiele genannt! Was als *individuelle* Torheit unter Wahnsinnigen selten ist, erklärt Herr Parish als Erklärung für die theoretisch „falsche Erinnerung", bei der vernünftige Menschen sich selbst einreden, sie hätten eine Halluzination gehabt, und andere davon überzeugen, dass ihnen davon erzählt wurde, obwohl so etwas nicht vorkam.

Um auf unser altes Beispiel zurückzukommen. Jones erzählt mir, dass er gerade seine Tante gesehen hat, von der er weiß, dass sie in Timbuctoo ist. Es kommt die Nachricht, dass die Dame starb, als Jones sie in seinem Raucherzimmer sah. „Oh, Unsinn", argumentierte Herr Parish, „Sie, Jones, haben nichts dergleichen gesehen, und Sie haben es auch Herrn Lang nicht erzählt, der leider Ihrer Meinung ist." Was geschah, war *folgendes* : Als heute die schreckliche Nachricht vom Tod Ihrer Tante kam, waren Sie natürlich und sogar glaubwürdigerweise aufgeregt, besonders als die arme Dame getötet wurde, indem sie auf einem Ameisenhaufen festgebunden wurde. Diese eher lobenswerte Aufregung ließ Sie *glauben* , Sie hätten Ihre Tante gesehen und es Herrn Lang erzählt . Er ist auch ein äußerst aufgeregter Mensch, obwohl ich zugeben muss, dass er Ihre liebe Tante noch nie in seinem Leben gesehen hat. Daher *glaubt* er nun (aufgrund seiner Aufregung), dass Sie ihm erzählt haben, dass Sie Ihre unglückliche Verwandte gesehen haben. Diese Art der falschen Erinnerung kommt sehr häufig vor. Zwei Fälle werden von Kraepelin registriert, darunter Geisteskranke. Sicherlich verstehen Sie meine Argumentation ganz?'

Ich verstehe es durchaus, aber ich verstehe nicht, wie es dazu kommen kann, dass es Herrn Parish als gute Logik erscheint.

Die andere Theorie ist noch lustiger. Jones hatte noch nie zuvor eine Halluzination. „Die Seltenheit und das dadurch erweckte Interesse" brachten Jones dazu, „es mit einem anderen bedeutenden Ereignis in Verbindung zu bringen", etwa dem Tod seiner Tante, der sich tatsächlich, sagen wir, neun Monate später ereignete. Dabei handelt es sich jedoch lediglich um einen Beweisfall , *dessen* Kritik Sache der SPR ist .

Herr Parish befindet sich in der glücklichen Lage, die in amerikanischen Spekulationskreisen als „Straddle" bezeichnet wird. Wenn ein Mann allein eine Halluzination hat, befand er sich in einer Situation, die den Schlafzustand begünstigte. Die Halluzination ist also wahrscheinlich ein Traum. Aber wenn der Seher in Gesellschaft war und alle die gleichen Halluzinationen hatten, dann hatten sie alle die gleichen *Points de repère* und die gleichen adaptiven Erinnerungen. Also tötet Herr Parish mit beiden Läufen.

Wenn irgendetwas Fremdes den Glauben an zufällige und wahre Halluzinationen fördern könnte, dann wären es diese „Oppositionen der Wissenschaft". Wenn ein gelehrter und fairer Gegner keine besseren Beweise als Logik und (unbewusste) Perversionen von Tatsachen wie die Logik und die Aussagen von Herrn Parish finden kann, scheinen die Argumente für telepathische Halluzinationen tatsächlich stark zu sein. Aber wir müssen ihm die Existenz der adaptiven und mythopoeischen Kräfte des Gedächtnisses zugestehen, die er behauptet und auch veranschaulicht. Ich gebe auch zu, dass eine Zählung von 17.000 Anfragen möglicherweise nur „die Sahne abgeschöpft" hat (S. 87). Ein weiterer Absturz des Netzes, der 17.000 neue Antworten hervorbringt, könnte den gesamten Aspekt des Falles auf die eine oder andere Weise verändern. Darüber hinaus können wir mit dieser Art der Untersuchung keine wissenschaftlichen Beweise erhalten. Wenn sich die Öffentlichkeit für die Frage interessierte und ihre Natur verstand und wenn jeder, der eine Halluzination hatte, diese sofort schwarz auf weiß aufzeichnete und vor einem Richter von den Personen, denen er Bericht erstattete, ordnungsgemäß unter Eid beglaubigt wurde, bevor der Zufall bekannt wurde Und wenn alle derartigen Aufzeichnungen, ob zufällig oder nicht, fünfzig Jahre lang im British Museum aufbewahrt wurden, dann könnte uns eine Untersuchung dieser Aufzeichnungen etwas aufzeigen. Aber das alles ist völlig unmöglich. Wir mögen uns zu diesem Punkt wahrer Halluzinationen einen Glauben bilden, aber darüber hinaus ist es unmöglich, weiterzukommen. Dennoch könnte die Wissenschaft ihren Auftrag lesen!

[Fußnote 1: Walter Scott.]

[Fußnote 2: Parish, S. 278.]

[Fußnote 3: Ebd. S. 282, 283.]

[Fußnote 4: S. 287, Mr. Sims, *Proceedings* , x. 230.]

[Fußnote 5: Parish S. 288, 289.]

[Fußnote 6: *Bericht* , S. 68.]

[Fußnote 7: S. 274, Anmerkung 1.]

[Fußnote 8: Parish, S. 290.]

[Fußnote 9: *Bericht* , S. 297.]

[Fußnote 10: Parish, S. 290.]

[Fußnote 11: S. 291, 292.]

[Fußnote 12: Moll, *Hypnotismus* , S. 1.]

[Fußnote 13 *Proceedings* , vol. vi. P. 433.]

[Fußnote 14: Parish, S. 313.]

[Fußnote 15: Vergleiche *Report* , S. 181-83, mit Parish, S. 190 und 313, 314.]

ANHANG B

DER POLTERGEIST UND SEINE ERKLÄRER.

Im Kapitel über „Fetischismus und Spiritualismus" wurde vermutet, dass die Bewegungen unbelebter Objekte, scheinbar ohne Kontakt, eine der Ursachen für den Fetischismus gewesen sein könnten, also für die Annahme, dass ein Geist einen Stock, einen Stein oder was auch immer bewohnen könnte . Wir fügten hinzu, dass es unerheblich sei, ob solche Bewegungen durch Betrug verursacht wurden oder nicht, solange der Wilde den Betrug nicht entdeckte.

Der Beweis für den echten übernatürlichen Charakter solcher Phänomene wurde nicht diskutiert, um die Kontinuität des allgemeinen Arguments zu wahren. Die Geschichte solcher Phänomene ist zu lang, als dass sie hier dargestellt werden könnte. Die gleichen Berichte finden sich „von China bis Peru", von Eskimos bis zum Kap, von ägyptischen magischen Papyri bis zur gestrigen Provinzzeitung.[1]

von Medien, im Allgemeinen Amerikanern, domestiziert und organisiert . Dies waren Nachahmer des rätselhaften David Dunglas Home, der sicherlich ein äußerst begabter Mann oder ein äußerst erfolgreicher Betrüger war. Den Vorkommnissen wurde große wissenschaftliche Aufmerksamkeit geschenkt; Herr Darwin, Herr Tyndall, Dr. Carpenter, Herr Huxley, sie alle hatten einen Blick auf die Phänomene geworfen und waren bei *Sitzungen anwesend* . In den meisten Fällen waren die Ausstellungen im Dunkeln oder bei sehr schlechtem Licht unverschämte Betrügereien und wurden von den *Gelehrten* , die sie betrachteten, auch so angesehen. Eine Reihe von Enthüllungen gipfelte in der kürzlichen Entdeckung von Eusapia Paladino durch Dr. Hodgson und andere Mitglieder des SPR in Cambridge.

Es gab jedoch eine offensichtliche Ausnahme. Der Erzmystagoge Home wurde, obwohl er keineswegs ein kluger Mann war, nie in betrügerischen Inszenierungen fetischistischer Phänomene entdeckt. Dies wird hier behauptet, da mehrere Geschichten aus dritter Hand über aufgedeckte Betrugsfälle durch Home im Umlauf sind und man hofft, dass ein gut belegter Fall der Aufdeckung aus erster Hand hervorgerufen werden kann.

Über Homes Erfolge mit Sir William Crookes, Lord Crawford und anderen bleibt noch etwas zu sagen; Doch zunächst werden wir uns mit Erklärungsversuchen für angebliche physikalische Phänomene befassen, die *nicht* in der Gegenwart eines bezahlten oder gar eines anerkannten „Mediums" auftreten. Es wird unserer Meinung nach den Anschein haben, dass die Erklärungen der so weit verbreiteten, so einheitlichen, so alten und so neuen Beweise alles andere als zufriedenstellend sind. Unsere Schlussfolgerung wäre lediglich, dass wir solche Phänomene im Auge behalten sollten, wenn berichtet wird, dass sie wiederkehren.

Herr Tylor sagt: „Ich bin mir durchaus darüber im Klaren, dass das Problem [dieser Phänomene] in seiner Beschaffenheit diskutiert werden muss, um zu einer eindeutigen Meinung zu gelangen, inwieweit es mit Fakten zusammenhängt, die von der Wissenschaft nicht ausreichend gewürdigt und erklärt werden. " und wie weit mit Aberglauben, Wahnvorstellungen und purer Gaunerei. Eine solche Untersuchung, die durch sorgfältige Beobachtung im wissenschaftlichen Geist durchgeführt wird, dürfte geeignet sein, Licht auf einige interessante psychologische Fragen zu werfen."

Auf Herrn Tylors Hinweis hin führt Herr Podmore als Erklärungen Folgendes an: (1) Betrug; (2) Halluzinationen, die durch aufgeregte Erwartung und durch die *Schwärmerei verursacht werden,* die sich aus dem Sitzen in stiller Hoffnung auf Wunder ergibt.

Um zunächst den Betrug zu nennen: Herr Podmore hat in jüngster Zeit elf sporadische Fälle von flüchtigen Gegenständen gesammelt und analysiert.[2] Seine erste Instanz (Worksop , 1883) liefert keinen Beweis für Betrug und kann nur aufgrund des schlechten Charakters der anderen Fälle abgewiesen werden, und weil Herr Podmore die Beweise fünf Wochen nach den Ereignissen aufgenommen hat. Auf dieses Beispiel beschränken wir uns. Über diesen Fall wurde offenbar erstmals „Anfang März" 1883 (eigentlich am 9. März) in der „Retford and Gainsborough Times" berichtet. Es scheint Herrn Podmore nicht in den Sinn gekommen zu sein, diese zeitgenössischen Berichte zu veröffentlichen, um uns zu zeigen, inwieweit sie mit den Beweisen übereinstimmen, die er fünf Wochen später vor Ort gesammelt hat. Dies war umso notwendiger, als er großen Wert auf Gedächtnisschwäche legt. Daher habe ich mir mit freundlicher Genehmigung des Herausgebers den Original-Zeitungsbericht gesichert. Kurz gesagt, das Phänomen begann am 20. oder 21. Februar, als der Tisch freiwillig umkippte und eine Kerze umkippte, während Mrs. White die Waschwanne nur durch Schnelligkeit und Ansprache rettete. „Der ganze Vorfall kam ihr sehr außergewöhnlich vor." Es steht nicht im Zeitungsbericht. Am 26. Februar verließ Herr White sein Zuhause und ein Mädchen, Eliza Rose, „Kind einer halb schwachsinnigen Mutter", wurde durch die Freundlichkeit von Frau White in ihr Bett aufgenommen. Das Mädchen war achtzehn Jahre alt und suchte eine Anstellung als Dienstmädchen. Über ihre Mutter steht in der Zeitung nichts. Herr White kehrte am Mittwochabend zurück, reiste jedoch am Donnerstagmorgen ab und kehrte am Freitagnachmittag zurück. Am Donnerstag, in Abwesenheit von Herrn White, traten Phänomene auf. Am Donnerstagabend, in Anwesenheit von Herrn White, nahmen sie an Kraft zu . Ein Arzt wurde hinzugezogen, auch ein Polizist. Am Samstag um 8 Uhr begann der Streit erneut. Um 16 Uhr schickte Mr. White Eliza Rose weg und der Frieden kehrte zurück. Wir bieten jetzt das an

ERKLÄRUNG VON POLIZEI CONSTABLE HIGGS. Ein Mann von guter Intelligenz, von dem man glaubt, dass er absolut ehrlich ist …

„In der Nacht vom Freitag, dem 2. März, hörte ich von seinem kleinen Bruder Tom von den Unruhen in Joe Whites Haus. Soweit ich das beurteilen kann, ging ich um 23.55 Uhr zum Haus und fand Joe White in der Küche seines Hauses. Im Raum brannte eine Kerze und es brannte ein gutes Feuer, so dass man die Dinge ziemlich klar sehen konnte. Die Schranktüren standen offen, und White ging und schloss sie, dann kam er und stellte sich an die Kommode. Ich stand in der Nähe der Außentür. Zu diesem Zeitpunkt war niemand sonst im Raum. White hatte die Schranktüren kaum geschlossen, als sie aufflogen, und ein großes Glasgefäß kam an mir vorbei heraus, fiel draußen im Hof auf und zerschmetterte. Ich habe nicht gesehen, wie das Glas den Schrank verließ oder durch die Luft flog; es ging zu schnell. Aber ich bin mir ziemlich sicher, dass es nicht von White oder sonst jemandem geworfen wurde . White hätte es nicht geschafft, ohne dass ich ihn gesehen hätte. Das Glas konnte nicht geradlinig vom Schrank zur Tür gelangen; aber es ging auf jeden Fall.

„Dann bat mich White, zu kommen und mir die Dinge anzusehen, die im inneren Raum zerschlagen worden waren. Er ging voran und ich folgte ihm. Als ich an der Kommode in der Küche vorbeikam , bemerkte ich, dass ein Glas darauf stand. Kurz nachdem ich vorbeigekommen war , hörte ich ein Krachen und als ich mich umsah, sah ich, dass das Glas in Richtung des Kamins auf den Boden gefallen war und zerbrochen war. Ich weiß nicht, wie es passiert ist. Es war niemand sonst im Raum.

„Ich ging in den Innenraum und sah die Topfreste und andere Dinge auf dem Boden, und dann kam ich mit White zurück in die Küche. Das Mädchen Rose war während unserer Abwesenheit in die Küche gekommen. Sie stand mit dem Rücken gegen den Mülleimer in der Nähe des Feuers. Auf dem Mülleimer, etwas näher an der Tür, stand eine Tasse. Sie sagte zu mir: „ Der Pokal wird bald weg sein; er ist schon dreimal ausgefallen.“ Dann schob sie es etwas weiter auf den Mülleimer, drehte sich um und stand am Feuer und redete mit mir. Kaum hatte sie das getan, sprang der Becher plötzlich etwa einen Meter in die Luft, fiel dann auf den Boden und zerschmetterte. White saß auf der anderen Seite des Feuers.

„Dann kam Mrs. White mit Dr. Lloyd herein; außerdem Tom White und Solomon Wass. Nach zwei oder drei Minuten passierte noch etwas anderes. Tom White und Wass standen mit dem Rücken zum Feuer direkt davor. Eliza Rose und Dr. Lloyd waren in ihrer Nähe, mit dem Rücken zum Mülleimer, der Arzt näher an der Tür. Ich stand bei den Schubladen und Mrs.

White war neben mir in der Nähe der Innentür. Dann plötzlich erhob sich ein Becken, das am Ende des Behälters in der Nähe der Tür stand, in die Luft und *drehte sich dabei immer wieder um. Es stieg nicht sehr schnell auf, nicht so schnell, als wäre es geworfen worden* . Als es die Decke erreichte , fiel es prall zu Boden und zerschellte. Ich machte Dr. Lloyd darauf aufmerksam und wir alle sahen es. Niemand war in der Nähe und ich weiß nicht, wie es passiert ist. Ich blieb noch etwa zehn Minuten, sah aber nichts anderes. Ich weiß nicht, was ich davon halten soll. „Ich glaube nicht, dass White oder das Mädchen die Dinge getan haben könnten, die ich gesehen habe."

Podmore abgegeben . Wir vergleichen es mit der Aussage des intelligenten Polizisten, die zwischen dem 3. und 8. März, also unmittelbar nach den Ereignissen, abgegeben und in der Lokalzeitung vom 9. März veröffentlicht wurde.

ERKLÄRUNG VON POLIZEI CONSTABLE HIGGS . – Am Freitagabend besuchte Polizeibeamter Higgs das Haus und gibt zu diesem Besuch die folgende Erklärung ab.

„Am Freitagabend etwa zehn Minuten nach zwölf trafen mich Buck Ford, Joes Bruder Tom White und Dr. Lloyd in der Bridge Street. Tom sagte zu mir: „Gehst du mit uns zu Joe und du wirst etwas sehen, was du noch nie zuvor gesehen hast?" Ich ging; und als ich im Haus ankam, ging Joe und schloss die Schranktüren. Kaum hatte er das getan, flogen die Türen wieder auf und ein Glasgefäß normaler Größe flog durch die Küche, aus der Tür in den Hof. Auch ein Zuckerglas flog unbemerkt aus dem Schrank. Tatsächlich haben wir nichts gesehen und nichts gehört, bis wir es zerschlagen hörten. Die von den Artikeln zurückgelegte Distanz betrug etwa sieben Meter. Ich blieb ein oder zwei Minuten stehen, und dann sprang das Glas, das ich an den Schubladen bemerkte, einen Meter entfernt von den Schubladen und zerbrach in etwa hundert Teile. Das nächste war eine Tasse, die auf dem Mehlkasten direkt hinter der Hoftür stand. Es flog nach oben, fiel dann zu Boden und zerbrach. Das Mädchen sagte, dass dieser Becher dreimal auf dem Boden gelegen habe und dass sie ihn kurz bevor er von der Bank gefallen sei, aufgehoben habe. Ich sagte: „Ich nehme an, der Pokal wird der nächste sein." Der Becher fiel zwei Meter von der Mehlkiste entfernt zu Boden. Dr. Lloyd war im Nebenhaus gewesen und hatte einem kleinen Jungen, der dorthin gebracht worden war, den Rücken aufgeschlitzt. Er kam nun herein und wir begannen zu reden, wobei der Arzt sagte: „Das ist eine höchst mysteriöse Sache." Er drehte sich mit dem Rücken zum Mehlkasten, auf dem eine Schüssel stand. Das Becken flog schräg in die Luft, flog über den Kopf des Arztes und fiel ihm in Stücken zu Füßen. Dann ging der Arzt hinaus. Ich blieb noch eine kurze Zeit stehen, sah aber weiter nichts. Während diese Dinge vor sich gingen, waren sechs Personen im Raum, und soweit ich sehen konnte, war kein menschliches Handeln am Werk. Ich hatte nicht den geringsten Glauben an irgendetwas, was mit dem Übernatürlichen zu tun hatte. Ich ging kurz vor ein Uhr, nachdem ich dreißig Minuten im Haus gewesen war.'

Wie der Polizist sagt, gab es nichts „Übernatürliches", aber es gab den Anschein von etwas ziemlich Übernatürlichem. Am Samstagnachmittag schickte White das Mädchen Rose weg, und eine Reihe von Leuten schauten in seinem Haus bis nach Mitternacht zu. Obwohl der skeptische Reporter glaubte, dass Gegenstände dort platziert wurden, wo sie leicht umgekippt werden könnten, wurde keiner umgekippt. Der Geist wurde gelegt. Die „erregte Erwartung" entsprach ihrer Funktion so sehr, dass sie keine Phänomene hervorbrachte.

Die Zeitungsberichte enthalten keine Theorie, die dafür verantwortlich wäre, dass White seine Möbel und sein Geschirr zerbrochen hat, noch dafür, dass Rose ihre eigene Entlassung aus einem Haus, in dem sie freundlich aufgenommen wurde, durch die vorsätzliche Zerstörung des Eigentums ihrer Gastgeberin sicherte. Ein Amateur veröffentlichte eine Theorie über seidene Fäden, die an leichten Gegenständen und dicke Schnüre an schweren Gegenständen befestigt waren, von denen Zeugen, die die flüchtigen Gegenstände untersuchten, keine Spur fanden. Eine komplizierte Maschinerie von an der Decke befestigten Flaschenzügen, die Anwesenheit eines Betrügers in einer verschlossenen Speisekammer, offensichtliche Fehler in der Darstellung des Flugs der Gegenstände und eine Reihe von Komplizen waren alle an dieser lokalen Erklärung beteiligt, wie der Erklärer zugab er konnte sich nicht vorstellen, *warum* die Streiche gespielt wurden. Waren im Wert von sechs oder acht Pfund wurden zerstört, und es ist auch nichts Seltsames, dass die arme Frau White über ihre zerschmetterten Penaten weinte.

Die Zerstörung begann natürlich in *Abwesenheit* von White. Das Mädchen Rose erzählte der Zeitung den gleichen Bericht wie die anderen Zeugen, aber da White dachte, *sie* sei die Agentin, verdächtigte sie White, obwohl sie zugab, dass er nicht zu Hause war, als der Ärger auftrat.

Herr Podmore untersucht den Fall und sagt: „Die beschriebenen Phänomene sind mit gewöhnlichen mechanischen Mitteln völlig unerklärlich."[3] Dennoch weist er an anderer Stelle[4] darauf hin, dass Rose selbst, „als Instrument mysteriöser Kräfte oder einfach als schwachsinniges Mädchen, begabt mit ungewöhnlicher List und Liebe zum Unfug, direkt für alles verantwortlich gewesen sein könnte, was geschah." Das heißt, ein schwachsinniges Mädchen konnte (abgesehen von „mysteriösen Agenten") „etwas tun, was mit gewöhnlichen mechanischen Mitteln völlig unerklärlich ist", während sie, dem Polizisten zufolge, bei manchen Gelegenheiten nicht einmal anwesend war. Aber aus der Aussage von White, der anderen Zeugin, lässt sich nicht leicht erkennen, ob dieses Mädchen Rose anwesend war oder nicht, als das Glas aus dem Schrank flog, was einem schwachsinnigen Mädchen leicht gelang. Solche Diskrepanzen sind in allen Beweisen bis hin zu den gewöhnlichsten Ereignissen üblich. Auf jeden Fall kann ein schwachsinniges Mädchen nach Mr. Podmores Theorie etwas tun, „das mit gewöhnlichen mechanischen Mitteln völlig unerklärlich ist". Es gibt nicht den Hauch eines Beweises dafür, dass das Mädchen Rose den unschätzbaren Vorteil hatte, „dumm" zu sein; Sie wird von Herrn Podmore als „das Kind einer schwachsinnigen Mutter" beschrieben . Das Phänomen begann in einem Einzelfall (dem umgekippten Tisch), *bevor* Rose das Haus betrat. Sie wurde freundlich aufgenommen, fungierte als Dienstmädchen und hatte *kein Interesse* daran, das Geschirr zu zerbrechen und die Möbel nicht durcheinander zu bringen. Die Unruhen, die vor der Ankunft des Mädchens begannen, traten offenbar auch dann auf, wenn sie nicht anwesend war, und wenn sie anwesend war, *konnte* sie sie nicht „durch gewöhnliche mechanische Mittel" verursacht haben, während von außergewöhnlichen mechanischen Mitteln zugegebenermaßen keine Spur vorhanden war. Nach ihrer Entlassung hörten die Unruhen auf, sonst verbindet sie nichts damit.

Herrn Podmore, durch Betrug eine normale Erklärung zu liefern, hat daher kein Gewicht. Er muss den Beweiswert solcher Diskrepanzen, wie sie in allen menschlichen Beweisen zu allen Themen vorkommen, überbewerten. Er muss dabei den Abstand von fünf Wochen zwischen den Ereignissen und der Zeugenaussage durch ihn selbst betonen. Aber zeitgenössische Berichte erschienen in den lokalen Zeitungen, und er vergleicht nicht die zeitgenössischen mit den späteren Beweisen, wie wir es getan haben. Es gibt eine Diskrepanz, die den Anschein erweckt, als ob ein hier nicht zitierter Zeuge glaubte, er hätte gesehen, worüber er gesprochen hatte. Nachdem Herr Podmore schließlich die Idee aufgegeben hat, dass möglicherweise mechanische Mittel die Wirkung hervorgerufen haben könnten, greift er auf die List eines schwachsinnigen Mädchens zurück, von dem nichts darauf hindeutet, dass es schwachsinnig war. Die Alternative ist, dass das Mädchen „das Instrument mysteriöser Agenturen" war.

So viel zur Hypothese eines Betrugs, dessen Ergebnisse von China bis Peru und von Grönland bis zum Kap identisch waren.

Wir wenden uns nun der anderen und gleichzeitig aktiven Ursache in Mr. Podmores Theorie zu, der Halluzination. „Viele der Zeugen beschrieben, dass sich die Gegenstände langsam durch die Luft bewegten oder eine Flugbesonderheit aufwiesen." (Siehe z. B. den Worksop- Fall.) Herr Podmore fügt einen weiteren englischen Fall hinzu, der noch erwähnt werden soll, und einen deutschen. „In Ermangelung jeglicher experimenteller Beweise" (wie wäre es mit denen von Mr. William Crookes?) „„ dass Störungen dieser Art jemals auf eine abnormale Wirkung zurückzuführen sind, bin ich geneigt, den Anschein einer langsamen Bewegung oder eines Fluges als eine sensorische Illusion zu erklären, die durch die … bedingt ist." aufgeregter Zustand des Wahrnehmenden.' („Studien", 157, 158.)

Bevor wir diese Erklärung kritisieren , wollen wir auf die englische Affäre eingehen, auf die Herr Podmore anspielte .

Der merkwürdigste moderne Fall, den ich kenne, ist nicht neueren Datums, sondern ereignete sich bei vollem Tageslicht, in Anwesenheit vieler Zeugen, und die Phänomene hielten wochenlang an. Die Ereignisse stammen aus dem Jahr 1849, und die Aufzeichnung wird durch Herrn Bristow, einen Zuschauer, anhand eines von ihm im Jahr 1854 verfassten Berichts erweitert. Die Szene war Swanland, in der Nähe von Hull, in einer Tischlerei, wo Herr Bristow mit zwei Personen beschäftigt war Arbeitskollegen. Um es kurz zu machen: Sie wurden mit Holzstücken beworfen, die etwa die Größe einer gewöhnlichen Streichholzschachtel hatten. Jeder beschuldigte den anderen, bis diese Erklärung unhaltbar wurde. Die Arbeitsräume und der Raum darüber wurden vergeblich durchsucht. Die Holzstücke tanzten manchmal über den Boden, häufiger segelten sie sanft dahin oder „bewegten sich, als würden sie von sanft wogenden Wellen getragen". So etwas wiederholte sich sechs Wochen lang. Ein Stück Holz „kam aus einer entfernten Ecke des Raumes auf mich zu und beschrieb etwas, das man mit einem geometrischen Quadrat oder einem Korkenzieher mit einem Durchmesser von etwa 18 Zoll vergleichen könnte … Es wurde nie gesehen, dass ein Stück durch die Tür hereinkam." Herr Bristow hält diese Zeit für „die bemerkenswerteste Episode meines Lebens". (27. Juni 1891.) Die Phänomene „hingen nicht von der Anwesenheit einer einzelnen Person oder einer Anzahl von Personen ab."

Als Mr. Sidgwick 1891 nach Swanland reiste, traf er auf einen überlebenden Zeugen dieser Vorkommnisse, der behauptete, dass die Gegenstände wegen der Exzentrizität ihrer Flugbahn, die er auf die gleiche Weise wie Mr. Bristow beschrieb, nicht geworfen worden sein könnten. Der Werfer muss sicherlich ein angeborenes Genie für das „Pitching" beim Baseball gehabt haben. Dieser Zeuge namens Andrews wurde von Herrn Bristow in seinem Bericht erwähnt, von ihm jedoch nicht zur Bestätigung herangezogen. Diejenigen, auf die er sich bezog, waren tot oder ausgewandert. Die Dorfbewohner hatten eine abergläubische Theorie über die Phänomene, die durch einen Toten hervorgerufen wurden, dessen Angelegenheiten nicht nach seinen Wünschen geregelt worden waren. Also tanzte Mr. Darwins Löffel – auf einem Grab.[5]

Dieser Fall hat ein gewisses Interesse *an der Vermutung von* Herrn Podmore , dass alle derartigen Phänomene durch Tricks entstehen, die bei den Zuschauern Aufregung hervorrufen, während Aufregung Halluzinationen

hervorruft, und Halluzinationen nehmen die Form an, wenn man sieht, wie sich die geworfenen Gegenstände auf unnatürliche Weise bewegen . Deshalb werfe ich immer wieder Dinge herum. Wenn Sie diese List nicht bemerken, geraten Sie in Aufregung, infolgedessen in Halluzinationen, und Sie glauben, Sie sehen, wie sich die Dinge spiralförmig bewegen oder wie auf Wellen wellenartig bewegen, oder hüpfen, oder schweben oder auf unmögliche Weise gleiten. Die Einheitlichkeit der Halluzinationen ist so groß, dass diese Phänomene von Zeugen (natürlich Halluzinationen) in alten und neuen Zeiten mit ähnlichen Begriffen beschrieben werden, wie in Fällen, die von Glanvil, Creating Mather, Telfer (von Rerrick) und allgemein zitiert werden , in Werken des 17. Jahrhunderts. Diese einheitliche Halluzination ist auch nicht auf England beschränkt. Herr Podmore zitiert ein deutsches Beispiel, und ich erhielt ein ähnliches Zeugnis (über die Flucht eines Gegenstands um eine Ecke) von einem Herrn, der Esther Teed, „das Amherst-Mysterium", in seinen Dienst stellte. *Er* war nicht aufgeregt, da er normalerweise in seinem normalen Stall beschäftigt war, als sich der Vorfall unerwartet ereignete, als er sich um sein Vieh kümmerte. Man kann den Fall von Cideville (1851) und die Beweise von Sir W. Crookes sowie den von Herrn Schhapoff hinzufügen
.

Herr Podmore muss daher annehmen, dass sich in Erregungszuständen dieselbe eigentümliche Form der Halluzination gleichmäßig in Amerika, Frankreich, Deutschland und England (ganz zu schweigen von Russland) entwickelt und über verschiedene Zeitalter hinweg anhält. Dies ist ein neues und wertvolles psychologisches Gesetz. Darüber hinaus muss Herr Podmore behaupten, dass die „Aufregung" unter den Tischlern in der Werkstatt in Swanland sechs Wochen lang anhielt, von denen einer wie ein Mann von großer Intelligenz schreibt und sich zu einem Meister seines Fachs entwickelt hat. Es ist schwer zu glauben, dass er sechs Wochen lang aufgeregt war, und wir wundern uns immer noch, dass die Aufregung die gleiche Gleichmäßigkeit der Halluzination hervorruft, die Polizisten, Zimmerleute, Marquisen und einen FRS betrifft. Wir spielen auf den Fall von Sir W. Crookes an.

Eine streng wissenschaftliche Untersuchung dieser Wunderkinder war bisher sehr selten. Das beste Beispiel sind die Experimente von Sir William Crookes, FRS, mit Home.[6] Er demonstrierte mithilfe einer für diesen Zweck konstruierten und automatisch registrierenden Maschine, dass in Anwesenheit von Home ein Gleichgewicht im Ausmaß von zwei Pfund beeinträchtigt wurde, wenn Home keinen Kontakt mit dem Tisch hatte, auf dem die Maschine stand. Er sah auch Gegenstände in der Luft schweben, mit einer Bewegung wie ein Stück Holz auf kleinen Wellen des Meeres (offenbar Erregung, die Halluzinationen hervorruft), während Home in einiger Entfernung war, andere Zuschauer seine Hände hielten und seine Füße sichtbar umschlossen waren in einer Art Käfig. Alle Anwesenden hielten sich gegenseitig an den Händen und alle waren Zeugen der Phänomene. Da Sir W. Crookes beruflich für die Genauigkeit seiner Beobachtungen bekannt ist, sind diese Umstände schwer zu erklären, und es handelt sich dabei nur um wenige Fälle unter einer Vielzahl.

Ich wage anzunehmen, dass Herr Podmore bei genauerem Nachdenken daran zweifeln wird, ob er ein universelles Gesetz der erregten Fehlwahrnehmung entdeckt hat oder ob das bemerkenswerte und sicherlich unbeabsichtigte Zusammentreffen der Beweise für den einzigartigen Flug von Objekten nicht eher auf eine „ „Anormale Agentur" ist in ihren Wirkungen einheitlich. Ansteckende Halluzinationen können Zeugen, die in vielen Ländern und Zeitaltern nichts von der Existenz des anderen wissen, nicht beeinflussen, und sie könnten ihre Berichte auch nicht so gestalten, dass sie zu Berichten passen, von denen sie nie gehört haben.

Wir wenden uns nun den Besonderheiten des sogenannten Mediums zu, wie dem Schweben in der Luft, der Veränderung der Masse und dem Entkommen aus Verletzungen beim Umgang mit oder beim Betreten von Feuer. Herr Tylor sagt nichts über die Fälle von Sir William Crookes (1871), sondern spricht von der angeblichen Levitation oder dem Schweben in der Luft von Wilden und zivilisierten Menschen. Diese werden in buddhistischen und neuplatonischen Schriften sowie bei Indianern, in Tonquin (wo ein Jesuit die Phänomene 1730 sah und beschrieb), in den „Acta Sanctorum" und bei modernen Spiritualisten aufgezeichnet. Im Jahr 1760 war Lord Elcho zu Hause beim *Prozess* zur Heiligsprechung eines Heiligen (unbenannt) anwesend und hörte Zeugen schwören, den Heiligen beim Schweben gesehen zu haben. Sir W. Crookes bestätigt, dass er Home mehrmals in der Luft schweben sah . Im Jahr 1871 legte der Kapitän von Lindsay, jetzt Lord Crawford and Balcarres, FRS, die folgende Aussage vor, die von den beiden anderen Zuschauern, Lord Adare und Captain Wynne, bestätigt wurde.

„Ich saß mit Mr. Home und Lord Adare und einem Cousin von ihm zusammen." Während der Sitzung verfiel Mr. Home in Trance und wurde in diesem Zustand aus dem Fenster des Zimmers neben uns getragen und an unser Fenster gebracht. Der Abstand zwischen den Fenstern betrug etwa sieben Fuß sechs Zoll, und es gab nicht den geringsten Halt zwischen ihnen, und jedes Fenster hatte auch einen Vorsprung von mehr als zwölf Zoll, der als Sims zum Abstellen von Blumen diente. *Wir hörten, wie das Fenster im Nebenzimmer hochgehoben wurde* , und fast unmittelbar danach sahen wir Home vor unserem Fenster in der Luft schweben. Der Mond schien voll in den Raum; Ich hatte dem Licht den Rücken zugewandt und sah den Schatten auf der Wand des Fensterbretts und Homes Füße etwa fünfzehn Zentimeter darüber. Er blieb ein paar Sekunden in dieser Position, dann öffnete er das Fenster, glitt mit den Füßen voran ins Zimmer und setzte sich.

„Lord Adare ging dann in den Nebenraum, um sich das Fenster anzusehen, aus dem er getragen worden war. Es war etwa fünfzig Zentimeter angehoben, und er drückte seine Verwunderung aus, wie Mr. Home durch eine so enge Öffnung gebracht werden konnte. Home sagte immer noch fasziniert: „Ich werde es dir zeigen", und dann lehnte er sich mit dem Rücken zum Fenster zurück und wurde mit dem Kopf voran und steifem Körper aus der Öffnung geschossen und kehrte dann ganz leise zurück. Das Fenster befindet sich etwa siebzig Fuß über dem Boden.' Die Hypothese einer mechanischen Anordnung von Seilen oder Stützen außerhalb wurde vorgeschlagen, deckt jedoch nicht den beschriebenen Sachverhalt ab.

Herr Podmore , der dies zitiert, erklärt, dass die Zeugen aufgeregt waren und dass Home „Kopf und Schultern aus dem Fenster streckte". Wenn er es aber tat, konnten sie es nicht sehen, denn er befand sich im Nebenzimmer. Zwischen ihnen und ihm befand sich eine Mauer. Ihr erster Blick auf Home war, dass sie „vor unserem Fenster in der Luft schwebten". Es ist nicht ganz einfach, anzunehmen, dass ein Glaube, für den es so viele und universelle Beweise gibt, wie der Glaube an die Levitation, durch eine Reihe von Heiligen, Zauberern und anderen hervorgerufen wurde, die ihre Köpfe und Schultern aus den Fenstern steckten die Beobachter konnten sie nicht sehen. Auch im Fall von Lord Crawford ist es nicht leicht anzunehmen, dass drei gebildete Männer, wenn sie halluzinierten, alle auf die gleiche Weise halluziniert würden.

Das Argument der aufgeregten Erwartung und der daraus resultierenden Halluzination gilt nicht für Herrn Hamilton Aïdé und Herrn Alphonse Karr, von denen keiner ein Mann der Wissenschaft war. Beide waren äußerst voreingenommen gegen Home und gingen nach Nizza, um ihn zu sehen und, wenn möglich, zu entlarven. Home war Gast in einer großen Villa in Nizza, M. Karr und Mr. Aïdé waren zu zweit in einem geräumigen, strahlend beleuchteten Salon, wo Home sie empfing. Ein großer schwerer Tisch, abseits ihrer Gruppe, bewegte sich auf sie zu. Herr Karr ging dann unter einen Tisch, der in die Luft ragte, und untersuchte sorgfältig den Raum darunter, während Herr Aïdé ihn von oben beobachtete. Keiner von ihnen konnte eine Erklärung für das Phänomen finden, und sie gingen zusammen weg, angewidert, enttäuscht und beschimpft Home.[7]

In diesem Fall gab es weder Aufregung noch den Wunsch zu glauben, sondern den starken Wunsch, nicht zu glauben und Home bloßzustellen. Wenn zwei solcher Zeugen halluziniert sein könnten, müssen wir unsere Vorstellung von den Grenzen der Fähigkeit, Halluzinationen zu hegen, erheblich erweitern.

Im Fall von Home wurde über ein einzigartiges Phänomen berichtet, das jedoch wenig mit einer denkbaren Geistertheorie zu tun hat. Es hieß, er sei in Trance in die Länge gezogen worden.[8] Herr Podmore erklärt, dass „er sich vielleicht wirklich zu seiner vollen Größe ausgestreckt hat" – eine der einfachsten Arten, ein Wunder zu wirken. Jamblichus berichtet von demselben Phänomen bei seinen besessenen Männern.[9] Jamblichus fügt hinzu, dass sie manchmal sowohl verbreitert als auch verlängert wurden. Nun stellt M. Féré fest, dass „jeder Teil des Körpers eines hysterischen Patienten sein Volumen ändern kann, einfach weil die Aufmerksamkeit des Patienten auf diesen Teil gerichtet ist."[10] Möglicherweise die Verlängerung von Home und dem alten Ägypter Medien könnten ein Extremfall dieser „Volumenänderung" gewesen sein. Könnte dies durch Beispiele bewiesen werden, wäre Homes Verlängerung kein „Wunder" mehr. Daraus würde jedoch folgen, dass die Beobachter in diesem Fall *nicht* halluziniert waren, und es würde die Vermutung aufgestellt werden, dass sie in den anderen Fällen nicht halluziniert waren. Tatsächlich ist dieses Argument universell anwendbar.

Es gibt eine weitere Klasse „physikalischer Phänomene", die keinen direkten Bezug zu unserem Thema hat. Es wird gesagt, dass viele Menschen in vielen Zeitaltern mit Feuer umgegangen sind oder durch Feuer gegangen sind, nicht nur ohne Schmerzen zu erleiden, sondern auch ohne Hautverletzungen. Jamblichus erwähnt dies als eine der Besonderheiten seiner „besessenen" Männer; und in „Modern Mythology" (1897) habe ich Beweise aus erster Hand für dieses Kunststück in der klassischen Zeit sowie in Indien, Fidschi, Bulgarien, Trinidad, den Straits Settlements und vielen anderen Orten gesammelt. Die Beweise stammen von Reisenden , Beamten, Missionaren und anderen und werden (was fotografische Zeugnisse wert sind) durch Fotos der Aufführung gestützt. Glühende Kohlen in der Hand zu halten und anderen die Kraft, dies zu tun, zu vermitteln, gehörte zu Homes *Repertoire* . Lord Crawford sah es achtmal geschehen und erhielt selbst unversehrt die glühende Kohle aus Homes Hand. Ein Freund von mir trägt jedoch immer noch die Wunde der Verletzung, die er dabei erlitten hat. Die Beweise von Sir W. Crookes sind wie folgt:

„Auf Wunsch von Mr. Home ging ich mit ihm zum Kamin im hinteren Wohnzimmer, während er ganz verzückt war. Er sagte: „Wir möchten, dass Sie besonders bemerken, was Dan tut." Dementsprechend stand ich nahe am Feuer und beugte mich hinab, als er seine Hände hineinstreckte ...

'Herr. Dann schwenkte Home das Taschentuch zwei- oder dreimal in der Luft, hielt es über seinen Kopf, faltete es dann zusammen und legte es wie ein Kissen auf seine Hand. Er steckte seine andere Hand ins Feuer, holte einen großen Klumpen Asche heraus, der im unteren Teil glühend heiß war, und legte den roten Teil auf das Taschentuch. Unter normalen Umständen wäre es ein Feuer gewesen. Nach etwa einer halben Minute nahm er sie mit der Hand vom Taschentuch und sagte: „Da die Kraft nicht stark ist, wird die

Kohle brennen, wenn wir sie länger stehen lassen." Dann legte er es auf seine Hand und brachte es zum Tisch im Vorderzimmer, wo alle außer mir saßen.'

Herr Podmore erklärt, dass nur zwei Kerzen und das Feuer einmal Licht spendeten und dass „möglicherweise" Homes Hände durch eine „nicht leitende Substanz" geschützt waren. Er erklärt weder, wie Lord Crawford diese Substanz in die Hände bekam, noch sagt er uns, was diese wertvolle Substanz sein könnte. Der Wissenschaft ist davon nichts bekannt, obwohl es den Fidschianern, Tonganern, Klings und Bulgaren, die unverletzt durchs Feuer gehen, bekannt zu sein scheint.

Es ist nicht notwendig, den Behauptungen von Sir W. Crookes zu glauben, dass er gesehen habe, wie Home die Feuertricks vorführte, denn wir können auf den Mangel an Licht (nur zwei Kerzen und das Feuerlicht) sowie auf das Gesetz der verursachten Halluzination zurückgreifen durch Aufregung. Aber es *ist* notwendig, der Aussage dieser angesehenen Autorität über seine Unkenntnis „irgendeiner nichtleitenden Substanz" Glauben zu schenken:

In Schulbüchern und mittelalterlichen Erzählungen wird beschrieben, wie man das mit Alaun und anderen Zutaten machen kann. Es ist möglich, dass die Haut durch solche Präparate so verhärtet und verdickt wird, dass es zu oberflächlicher Verkohlung kommt, ohne dass der Schmerz größer wird; aber die Hautoberfläche würde sicherlich stark leiden. Nachdem sich Home von der Trance erholt hatte, untersuchte ich sorgfältig seine Hand, um festzustellen, ob Anzeichen von Brennen oder einer früheren Vorbereitung auftraten. Ich konnte keine Spuren oder Verletzungen auf der Haut entdecken, die weich und zart war wie die einer Frau . Es gab auch keine Anzeichen dafür, dass zuvor ein Präparat angewendet worden war. Ich habe oft gesehen, wie Zauberer und andere mit glühenden Kohlen und Eisen umgingen, aber es gab immer spürbare Anzeichen von Verbrennungen."[11]

Im September 1897 reiste eine Besatzung von Passagieren aus Neuseeland, um sich die fidschianischen Riten anzusehen, die, wie in der „Fiji Times" berichtet wurde, genau der Beschreibung entsprachen, die von Herrn Basil Thomson, der selbst Zeuge war, veröffentlicht wurde. Der historisch interessante Punkt ist die Kombination des gesamten *Repertoires* der besessenen Männer in Jamblichus in Home. Mit Hilfe einer hypothetischen „nichtleitenden Substanz" können wir den Feuertrick sicherlich nicht beseitigen. Bis die „Substanz" experimentell getestet wird, ist sie keine *vera causa* . Wir könnten auch gleich „Geister" sagen. Sowohl diese „Substanz" als auch diese „Geister" sind gleichermaßen „in der Luft". Doch Mr. Podmores „Erklärungen" (die für ihn selbst unbefriedigend sind) sind so gründlich im Geiste der Populärwissenschaft konzipiert – eine davon entdeckt beiläufig ein neues psychologisches Gesetz, eine zweite widerspricht den Tatsachen, die sie zu erklären versucht, und eine dritte erfindet großzügig ein neues psychologisches Gesetz unbekannter Substanz – dass sie von Gutachtern und Dozenten begrüßt werden sollten.

Es scheint klüger zu sein, unsere Unwissenheit zuzugeben und unseren Glauben aufzugeben.

Hier endet das vergebliche Kapitel der Erklärungen. Betrug ist eine *vera causa* , aber eine schwer anwendbare Hypothese, wenn man zugibt, dass die Auswirkungen nicht durch gewöhnliche mechanische Mittel verursacht werden konnten. Halluzination durch Erregung ist eine *vera causa* , aber ihre bemerkenswerte Einheitlichkeit, wie sie von Zeugen aus verschiedenen Ländern und Zeitaltern beschrieben wird, die nichts voneinander wissen, lässt uns zögern, eine pauschale Halluzinationshypothese zu akzeptieren. Der Beweis dafür ist nicht bestätigt, wenn wir die gleichen Berichte von Zeugen haben, die sicherlich nicht begeistert sind.

Dieses außergewöhnliche Bündel von Berichten, die praktisch identisch sind, von Tatsachen, die den Glauben lähmen , dieses Bündel von Aussagen aus so vielen Zeitaltern und Ländern kann also nur „als Referenz abgelegt" werden. Aber es ist offensichtlich, dass jeder Wilde, der die Erfahrungen von Sir W. Crookes, Lord Crawford, Mr. Hamilton Aïdé , M. Robert de St. Victor in Cideville und dem Polizisten Higgs in Worksop teilte , glauben würde, dass ein Geist einen Stock in Besitz nehmen könnte oder Stein – so sehr, dass er glaubte, ein Fetischist zu sein. Somit liegt der wahrscheinliche Ursprung selbst des Fetischismus in einer Region, von der wir nichts wissen – der X-Region.

[Fußnote 1: Eine Skizze der Geschichte findet sich in „*Cock Lane*" und „*Common Sense*" *des Autors* .]

[Fußnote 2: Die beste Quelle ist sein Artikel über „Poltergeister". *Verfahren* xi. 45-116. Siehe auch seine „Poltergeister" in *Studies in Psychical Research* .]

[Fußnote 3: *Studien zur psychischen Forschung* , S. 140.]

[Fußnote 4: Zur Korrektur siehe Vorwort zu dieser Ausgabe.]

[Fußnote 5: *Tagungsband* , SPR vii. 383-394.]

[Fußnote 6: Siehe Sir W. Crookes' *Forschungen zum Spiritualismus* .]

[Fußnote 7: Herr Aïdé hat mir diese Informationen gegeben. Er hielt die Umstände damals in seinem Tagebuch fest.]

[Fußnote 8: *Bericht der Dialektischen Gesellschaft* , S. 209.]

[Fußnote 9: Siehe Porphyry, in Partheys Ausgabe (Berlin, 1857), iii. 4.]

[Fußnote 10: *Bulletin de la Société de Biologie* , 1880, S. 399.]

[Fußnote 11: Crookes, *Proceedings* , ix. 308.]

ANHANG C

KRISTALLBLICK

Da das Kapitel über das Betrachten von Kristallen in Druckform erschien, ist ein Werk von Dr. Pierre Janet mit dem Titel „Les Névroses et les Idées Fixes"[1] erschienen. Es enthält ein Kapitel über das Betrachten von Kristallen. Die Meinung von Dr. Janet als die eines Gelehrten, der in der Salpêtrière mit „neurotischen" Visionären vertraut ist, kann nur interessant sein. Leider muss der Aufsatz durch Dr. Janets einzigartige Behandlung seines Themas als ernsthaft wertgemindert angesehen werden. Bei diesen Untersuchungen ist nichts wichtiger als die Genauigkeit der Aussagen. Nun hat Dr. Janet eine Reihe von Erfahrungen oder Experimenten von Miss X. aus dem bereits zitierten interessanten Aufsatz dieser Dame übernommen; hat sie nicht Miss X. zugeschrieben, sondern verschiedenen Personen – zum Beispiel *une junges Mädchen, un pauvre voyante , un personne un peu mystique* ; hat die Tatsachen im Geiste der Romantik verändert; und hat triumphierend die von Fräulein X. selbst gegebene Erklärung, Wiederbelebung der Erinnerung, abgegeben.

In seiner gesamten Arbeit erscheint Dr. Janet als der ruhige Mann der Wissenschaft, der ein Urteil über die visionären Launen „heimgesuchter" junger Mädchen und enttäuschter Seherinnen fällt. Es waren keine solchen Personen betroffen; Es gab keine solchen Spukerlebnisse, vermeintlichen Vorahnungen oder „Ernüchterungen"; die romantischen und „ wunderbaren " Umstände sind mythopoetische Ansammlungen, die auf Dr. Janets eigene Erinnerung oder Fantasie zurückzuführen sind; seine wissenschaftliche Erklärung ist die seiner Dreieinigkeit: *jeune fille, pauvre voyante* und *personne un peu mystique* .

Dr. Janet beschäftigt sich intensiv mit der Untersuchung „neurotischer" und hysterischer Patienten und glaubt, dass sie am ehesten dazu neigen, Kristallvisionen zu sehen. Vielleicht sind sie es; und man bezweifelt, dass man ihren Beschreibungen mehr Glauben schenken kann als dem romantischen Aufsatz ihres Arzthelfers. Als Dr. Janet (wie er es tat) Miss durch ihre eigenen Anstrengungen bestätigt.

Da ich keine Bekannten in neurotischen Kreisen habe, kann ich nicht sagen, ob solche Personen mehr Fälle der Fähigkeit des Kristallsehens aufweisen als gewöhnliche Menschen; Man sollte jedoch meinen, dass man ihrem Wort viel weniger vertrauen kann als dem von Männern und Frauen in bester Gesundheit. Die Kristallvisionen, die ich aus eigenem Wissen zitiert habe (und ich könnte Dutzende anderer zitieren), wurden von Männern und Frauen gesehen, die den alltäglichen Pflichten des Lebens nachgingen.

Studenten, Rechtsanwälte, Romanautoren, Anwälte, Schulleiter, Schulleiterinnen, Golfspieler – für alle war das Thema völlig neu – sie alle haben die Fakultät vorgestellt. Es ist merkwürdig, dass ein arabischer Autor des 13. Jahrhunderts, Ibn Khaldoun , der von M. Lefébure zitiert wird , den gleichen Bericht über die Erscheinung der Visionen liefert *wie* der von Miss Angus im *Journal* of the SPR, April 1898. Zitat von M. Lefébure wurde mir per Brief zugesandt.

Ich füge M. Lefébures Zitat von Ibn Khaldoun bei . Das Original ist in „Notices et Extraits des MSS" übersetzt. de la Bibliothèque Impériale , I. xix. P. 643-645.

'Ibn Kaldoun Admet , dass bestimmte Männer die Fakultät für Bildung besuchen l'avenir .

'" Ceux , ajoute -t-il, qui Considerent dans les corps diaphanes , tels que les miroirs , les cuvettes antwortet d'eau et les liquides ; Wer inspiziert die Herzen , die Gänseblümchen und die Tiere , … alle ces gens- là appartient Gehört auch zur Kategorie der Götter , aber aufgrund der Unvollkommenheit ihrer Natur sind sie unzulänglich . _ Gießen Sie den Voile des Sens aus , den Schleier devin n'a pas besoin de grandiose Bemühungen; Quant aux autres , Ils tâchent d'arriver au but en *Essayant de concentrer en un seul sens kündigt an Ihre Wahrnehmungen* . Comme la vue est le sens le plus noble, ils lui donnent la préférence ; Fixiermittel Schauen Sie sich das oberflächliche Objekt an Irgendwie sind sie gerade mit Aufmerksamkeit beschäftigt ce qu'ils y aperçoivent la selected qu'ils veulent Ansager . Quelques Personen Croient que l'image Der Schein dieser Manöver soll auf die Oberfläche des Spiegels gerichtet sein ; Mais ils se trompent . Le devin Hochachtung Fixierung Diese Oberfläche ist genau richtig ce qu'elle disparaisse et qu'un rideau, semblable a brouillard , s'interpose entre lui et le miroir . Auf dieser Reise wollen sie ihre *Wahl* treffen *Wunsch apercevoir* , et cela lui Permet de Donner des Indikationen soit affirmatives, soit Negative , sur ce que l'on Wunsch Savoir. Der Erzähler Alors les Perceptions Telles qu'il les reçoit . Les devins , Pendant qu'ils Sont dans cet état, n'aperçoivent pas ce qui se voit réellement dans le miroir ; Es handelt sich um einen anderen Wahrnehmungsmodus, der zu Ihnen passt und der nicht aus dem Blickfeld , sondern aus der Ferne kommt . Es ist Ich glaube , *für alle , die Wahrnehmungen der Welt ähnlich à celles des sens au point de les tromper* ; Fait qui, du reste , est gut connu . Ich habe mich entschieden, dort anzukommen, wo ich die Herzen und die Foies untersucht habe d'animaux . Wir haben einige von ihnen gesehen Individuum *Eindringling Der Betrieb des Senses* erfolgt durch den Einsatz einfacher *Begasungen* , kann aber auch dienen d' *Beschwörungsformeln* [2] afin de donner à l'âme la disposition requise ; Badezimmer mit eigenem Bad racontent ce Qu'ils Ont aperçu. Ces formes , disent-ils , se montrent dans l'air et représentent des personnages : elles leur apprennent , au moyen d'emblèmes et de signes , les selecteds qu'ils cherchent à savoir. Les individus de cette classe se détachent Weniger Einfluss auf die Sinne , die die Klasse haben vorläufig ."

[Fußnote 1: Lican , Paris, 1898.]

[Fußnote 2: L'auteur Araber avait déjà erwähnt (S. 209) l'emploi des incantations et indiqué qu'elles Es handelt sich um einen einfachen unterstützenden Körperbau, der dazu bestimmt ist, bestimmte Männer zu einer Exaltation zu verleiten Sie dienen dazu , sie zu entschlüsseln l'avenir .

„Gießen Sie den höchsten Grad. " d'inspiration Ich bin nicht dazu in der Lage, ich werde es tun Sie greifen auf bestimmte Phrasen zurück, die sich durch einen *Rhythmus und einen Parallelismus* auszeichnen *Besonderheiten* . Der Aufsatz ce moyen *Er hat den Einfluss seiner Sinne* und seine Kraft verloren , um sich *in* einem Kontakt mit der spirituellen Welt zu messen . Diese Aufregung des Geistes, verbunden mit dem Einsatz des Moyens intrinsèques Don't nous avons Sprechen Sie , begeistern Sie sich in der Seele der Ideen , die das sind Organ Exprime par the ministère de la langne . Les paroles qu'il aussprechen sont tantôt vraies , tantôt fausses . En effet , le devin , voulant Wenn man die Unvollkommenheit der Natur bedenkt , kann man sich nur ein einziges Mal in die Irre führen Fähigkeit zur Wahrnehmung und zur Übereinstimmung de aucune façon avec elle . Donc la vérité et l'erreur se presentent à lui de Auch wenn es Zeit ist, kann ich es nicht tun aucune Vertrauen de Ses paroles. Quelquefois Ich greife auch auf Vermutungen und Vermutungen zurück, als ich die Vermutung hegte, die Wahrheit zu erkennen und zu täuschen ceux qui l'interrogent .']

[Fußnote a: Vergleichen Sie Tennysons Art, einen Trancezustand zu erreichen, indem er seinen eigenen Namen wiederholt.]

ANHANG D

Häuptlinge in Australien

In den Bemerkungen zur australischen Religion wird argumentiert, dass Häuptlinge in Australien bestenfalls sehr unauffällig seien und dass ein toter Häuptling nicht zu einem höchsten Wesen herangewachsen sein könne. Es sollte jedoch auf Herrn aufmerksam gemacht werden. Howitts Bemerkungen zu australischen „Häuptlingen" in seinem Traktat über „Die Organisation australischer Stämme" (S. 103-113).

Er verbindet mit „Häuptlingen" mehr Macht als Mr. Curr in seinem Werk „The Australian Race". Die Anführer erreichen in der Regel den Einfluss, den sie besitzen, durch ihr Dienstalter, wenn sie von Mut, Weisheit und in manchen Fällen auch von magischen Fähigkeiten begleitet werden. Es gibt Anzeichen einer Tendenz, das Amt (falls man es überhaupt so nennen darf) in der gleichen Verwandtschaft zu belassen. „Aber Vich Ian Vohr oder Chingahgook sind bei australischen Stämmen nicht zu finden" (S. 113). Ich beobachte nicht, dass die Mähnen oder der Geist eines toten Häuptlings irgendeine Verehrung oder einen Dienst erhalten, der darauf abzielt, ihn im Stammesgedächtnis zu verankern und so zur Entwicklung einer Gottheit zu führen, obwohl ein Häuptling im gesamten Dieyri mächtig war Stamm über dreihundert Meilen Land. Eine solche Person könnte sich, wenn sie nach dem Tod besänftigt würde, möglicherweise zu einem Helden, wenn nicht sogar zu einem kreativen Wesen entwickeln. Aber wir müssen auf Beweise warten, die belegen, dass diesem Mann, Ialina , posthum Ehrfurcht entgegengebracht wurde Piramurane (Neumond). Der Aufsatz von Herrn Howitt befindet sich in den „Transaktionen der Royal Society of Victoria für 1889".